U0940530

北京市经济信息中心

2018 北京市经济形势分析与预测

◎ 王维然 • 等著

BEIJING ECONOMIC SITUATION ANALYSIS & FORECAST

中国财经出版传媒集团
中国财政经济出版社

图书在版编目（CIP）数据

2018北京市经济形势分析与预测 / 王维然等著.
— 北京：中国财政经济出版社，2018.2

ISBN 978-7-5095-8047-9

Ⅰ. ①2… Ⅱ. ①王… Ⅲ. ①区域经济—经济分析—北京—2017②区域经济—经济预测—北京—2018 Ⅳ. ①F127.1

中国版本图书馆CIP数据核字（2018）第022672号

责任编辑：金　宇　　　　责任校对：杜建东

版式设计：丁雪莲　　　　装帧设计：北京真色彩广告有限公司

中国财政经济出版社 出版

URL：http：//www.efeph.cn

E-mail：cfeph@cfeph.cn

（版权所有　翻印必究）

社址：北京市海淀区阜成路甲28号　邮政编码：100142

营销中心电话：88190406　北京财经书店电话：64033436　84041336

北京金源通印刷有限责任公司印刷　各地新华书店经销

787×1092毫米　16开　28.5印张　360 000字

2018年2月第1版　2018年2月　北京第1次印刷

定价：88.00元

ISBN 978-7-5095-8047-9

（图书出现印装问题，本社负责调换）

本社质量投诉电话：010-88190744

打击盗版举报热线：010-88190492、QQ：634579818

《2018北京市经济形势分析与预测》撰写委员会

主　　任： 王维然

副 主 任： 林明金　刘岚芳

委　　员： 杨彦军　杨永恒　邢志俊　高　亚　胡彭辉

邹　锐　张　萌　司　彤　奚　春　杜小虎

宋亚妮　胡慧璟　任　哲　韩沐洵

序

党的十九大明确提出，我国经济已由高速增长阶段转向高质量发展阶段，正处在转变发展方式、优化经济结构、转换增长动力的攻关期。必须坚持质量第一、效益优先，以供给侧结构性改革为主线，推动经济发展质量变革、效率变革、动力变革，提高全要素生产率，着力加快建设实体经济、科技创新、现代金融、人力资源协同发展的产业体系，着力构建市场机制有效、微观主体有活力、宏观调控有度的经济体制，不断增强我国经济创新力和竞争力。推动高质量发展将是当前和今后一个时期确定发展思路、制定经济政策、实施宏观调控的根本要求。

2017年以来，我国经济形势好于预期，经济结构不断优化，新旧动能加快转换，质量效益有所提升，总体上呈现出好中趋稳态势，预计全年GDP增长6.9%左右，可以较好地实现政府预期调控目标。但也要看到，世界经济处于由收缩向复苏转变的关键时期，国内发展不平衡不充分已经成为满足人民日益增长的美好生活需要的主要制约因素，经济发展质量和效益还不高，创新能力不够强，金融发展和稳定面临较大的风险隐患。

2018年是贯彻党的十九大精神的开局之年，是改革开放40周年，是决胜全面建成小康社会、实施“十三五”规划承上启下的关键一年。我们将紧扣我国社会主要矛盾变化，坚持稳中求进工作总基调，坚持新发展理念，坚持以供给侧结构性改革为主线，统筹推进稳增长、促改革、调结构、惠民生、防风险各项工作，创新和完善宏观调控，引导和稳定预期，促进经济社会持续健康发展。在此背景下，亟须按照高质量发展的要求，创新形势监测分析指标体系、方法体系，科学研判国内外经济大势，提出科学有效的对策，推动我国经济在实现高质量发展上不断取得新进展。

北京是全国的政治中心、文化中心、国际交往中心、科技创新中心，是引领我国经济走向高质量发展的排头兵和领头雁。多年来，北京市经济信息中心（以下或称“中心”）始终把为实现首都战略定位和经济发展提供决策服务作为首要任务，长期从事经济监测预测预警分析、国民经济和社会发展重大问题研究，参与五年规划和年度计划经济发展主要目标的确定和平衡测算，承担了多项重大战略、重大规划、重大政策的研究和制定，在政府决策中发挥了重要的支持作用，多项科研成果获得国家和市级奖励，参与的多篇专题报告获得市领导批示，2017年入选第一批首都高端智库试点单位。

自2008年起，北京市经济信息中心每年都会推出由“中心”研究团队撰写的《北京市经济形势分析与预测》，总结当年北京市综合经济运行特征及存在问题，分析来年经济运行面临环境和影响因素，结合数量方法前瞻预判来年经济走势，并提出政策建议。本书丰富了“中心”2017年在运用大数据技术支撑形势分析的初步探索。绿皮书连续出版十年来，已成为综合决策部门、相关研究机构了解北京经济形势变化的有益渠道之一，具有较强的影响力。

多年来，我对北京市经济信息中心的经济预测分析工作一直非常关注，也经常在一起开展课题研究。他们专业、深入、前瞻的研究报告我都认真学习，其研究方法和研究结论对我启发很大。在未来的分析研究工作中，希望北京市经济信息中心能够再接再厉，在落实新版城市总体规划、推动经济高质量发展、推动京津冀城市群建设、推进供给侧结构性改革的关键时期，在“中心”推动智库建设的重要节点，进一步创新方法，提升站位，拓展视野，为首善之区提供首善的决策服务！

是为序！

祝宝良

2018年1月

目 录

第一部分 宏观篇

第二部分 综合篇

第三部分 产业篇

第四部分 专题篇

第五部分 大数据应用探索篇

第一部分　宏观篇

2017年全国经济形势分析及2018年展望

摘要：2017年以来，我国经济形势好于预期，经济结构不断优化，新旧动能加快转换，质量效益有所提升，总体上呈现出好中趋稳态势，较好地实现了政府预期调控目标。展望2018年，世界经济处于技术革命向商业化转变的关键期，国内经济已由高速增长阶段转向高质量发展阶段，党的十九大精神必将激发全社会创造力和发展活力，国民经济保持稳定发展的有利条件仍然较多。但是，发展不平衡不充分已经成为满足人民日益增长的美好生活需要的主要制约因素，国际环境不确定性较多、国内高杠杆率、地方政府隐性债务、房地产泡沫、实体经济发展困难等问题依然突出，提升经济发展质量的基础仍不稳固。建议继续坚持稳中求进的工作总基调，把提高经济发展质量放到更加重要的位置，积极的财政政策精准有效，稳健的货币政策适度中性，大力支持实体经济发展，防范化解重大风险，着力提升经济发展质量。

关键词：中国经济　调控政策　经济展望　发展质量

2017年以来，我国经济形势好于预期，经济结构不断优化，新、旧动能加快转换，质量效益有所提升，总体上呈现出好中趋稳态势，预计全年GDP增长6.8%左右，可以较好地实现政府预期调控目标。但也要看到，国际环境依然复杂多变，国内经济发展不平衡不充分的一些突出问题尚未解决，发展质量和效益还不高，创新能力不够强，实体经济水平有待提高，生态环境保护任重道远。

展望2018年，我国进入全面贯彻落实党的十九大精神的第一年，也是“十三五”规划承上启下的关键一年，将决胜全面建成小康社会，开启全面建设社会主义现代化国家新征程；世界经济处于由收缩向复苏转变的关键时期，国内经济已由高速增长阶段转向高质量发展阶段，党的十九大精神必将激发全社会创造力和发展活力，国民经济保持稳定发展的有利条件仍然较多。但是，发展不平衡不充分已经成为满足人民日益增长的美好生活需要的主要制约因素，国际环境不确定性较多、国内房地产泡沫、杠杆率过高、地方政府隐性债务、实体经济发展困难等问题依然突出，提升经济发展质量的基础仍不稳固。进入新时代，面对新矛盾，贯彻新思想，追求新目标，必须坚持质量第一、效益优先，以供给侧结构性改革为主线，推动经济发展质量变革、效率变革、动力变革，提高全要素生产率。建议继续坚持稳中求进的工作总基调，把提高经济发展质量放到更加重要的位置，积极的财政政策精准有效，稳健的货币政策适度中性，大力支持实体经济发展，防范化解重大风险，着力提升经济发展质量。

一、2017年宏观经济运行基本特征及全年预测

2017年以来，在外需好于预期、房地产销售依然旺盛、工业补库存等需求拉动，供给侧结构性改革扎实推进，新旧动能加快转换，以及政治周期等因素作用下，我国经济运行呈现出增速加快、结构优化、动能增强、质量效益提升的好中趋稳特征。

（一）经济增长好于预期

2017年前三季度，我国GDP同比增长6.9%，较2016年提高0.2个百分点，明显好于预期。我国经济运行延续了党的十八大以来稳中有进的发展态势，2013~2016年，我国年均经济增速达到7.2%，对全球经济增长的贡献率年均超过30%，居世界第一位。

1．生产形势趋于好转

农业发展基础扎实，前三季度农业生产增长3.7%，同比加快0.2个百

分点。粮食产量稳步提升，畜牧业稳定运行，农业投资增长较快，农业技术创新取得进展，农业供给侧结构性改革加速推进。**工业稳中有升**，前三季度规模以上工业生产增长6.7%，同比加快0.7个百分点。工业对经济增长的贡献率为31%，拉动经济增长2.1个百分点。供给侧结构性改革加快工业领域产能出清进程，钢铁、煤炭以及高耗能行业加快转型升级，市场供需关系有所改善，工业新动能增长势头迅猛。**服务业运行平稳**，前三季度服务业生产增长7.8%，同比加快0.2个百分点，对经济增长的贡献率达到58.8%，拉动经济增长4.0个百分点。尤其突出的是信息传输、软件和信息技术服务业增速高达23.5%，对经济增长的贡献率为10.5%，拉动经济增长0.72个百分点。

2．需求走势有所分化

投资需求逐季放缓。2017年前三季度，固定资产投资增长7.5%，较2016年同期回落0.7个百分点。从季度看，投资增速呈下滑态势，一季度投资增长9.2%，二季度放缓至8.3%，三季度进一步下滑至5.5%。前三季度投资实际增速仅为2.2%，同比回落7.3个百分点。受严控地方政府违规举债融资、财政支出放缓等影响，基建投资延续放慢态势；受实体经济经营困难的影响，制造业投资呈回落态势。前三季度，固定资本形成对经济增长的贡献率为32.8%，同比减少10.3个百分点。**消费需求基本平稳。**我国居民消费名义增长基本稳定、实际增速小幅回落。前三季度，社会消费品零售总额名义增长10.4%，与2016年同期持平，实际增长9.3%，同比回落0.5个百分点。前三季度，最终消费对经济增长的贡献率为64.5%，同比增加2.8个百分点。**出口增速明显好于预期。**前三季度，外贸出口增长7.5%，进口增长17.3%，同比分别提高16.1个百分点和25.6个百分点。外需对经济增长的贡献由负转正，净出口对经济增长的贡献率为2.7%，而2016年同期为-4.8%。

（二）经济结构优化升级

1．供给侧结构性改革不断深化

2017年前三季度，全国工业产能利用率为76.6%，比2016年同期提高3.5个百分点，钢铁、煤炭等重点领域提前完成全年“去产能”任务；9月末商品房待售面积同比下降12.2%；9月末规模以上工业企业资产负债率为55.7%，比2016年同期下降0.6个百分点；1~9月份规模以上工业企业每百元主营业务收入中的成本比2016年同期减少0.23元；1~9月份“补短板”领域生态保护和环境治理业、公共设施管理业、农业投资分别增长25.0%、23.7%和16.2%。

2. 新旧动能转换持续推进

工业领域中，高技术制造业、装备制造业、战略性新兴产业呈现快速增长态势，2017年前三季度，分别同比增长13.4%、11.6%和11.3%，增速分别高于全部规模以上工业6.7个百分点、4.9个百分点和4.6个百分点。服务业领域中，新兴服务业快速发展，前三季度，文化信息传输服务业营业收入增长36%。消费领域中，以网络销售和快递业为代表的互联网经济快速增长，分享经济覆盖范围不断拓展，共享单车、网络约车、在线医疗等新模式涌现。部分消费升级类商品保持较快增长，前三季度，体育娱乐用品类、文化办公用品类分别同比增长17.4%和9.9%。

（三）物价水平温和可控

居民消费价格指数保持平稳上涨态势，既没有通胀压力，也没有通缩担忧。前三季度CPI上涨1.5%，同比回落0.5个百分点。粮食、猪肉、鸡蛋等食品价格下跌下拉CPI涨幅，医疗保健、居住、教育服务等价格支撑CPI上涨。工业生产者出厂价格高位运行。前三季度PPI上涨6.5%，同比提高9.6个百分点。工业品价格上涨中翘尾因素带动了八成左右，煤炭、钢铁、石化、有色等原材料价格拉动了八成左右。此外，环保督察风暴使得部分高污染企业关停也推动相关产品因供给减少而涨价。

（四）发展的质量效益有所提升

2017年前三季度，就业形势基本稳定，全国城镇新增就业1097万人，比2016年同期增加了30万人。居民收入较快增长，全国居民人均可支配收入实际增长7.5%，高于GDP增速0.6个百分点，城乡居民人均收入倍差2.81，比2016年同期缩小0.01。企业效益大幅改善，规模以上工业企业利润增长22.8%，同比加快14.4个百分点。财政收入增势良好，全国一般预算收入增长9.7%，同比加快3.8个百分点，部分省份扭转财政收入下降的局面。节能降耗成效显现，单位国内生产总值能耗同比下降3.8%，全国300多个地级及以上城市PM2.5浓度同比大幅下降。

（五）可以较好实现全年预期增长目标

展望四季度，社会预期有所改善、新产业新业态蓬勃发展、服务业保持平稳增长对经济运行形成支撑，保持经济稳定增长的有利条件仍然较多。但是，贸易价格、基数因素等使得出口增速将会有所回落，房地产市场降温、工业领域补库存趋缓、整顿地方政府债务、金融领域“去杠杆”等因素会抑制经济增长，宏观经济将呈现稳中趋缓态势，预计四季度GDP增长6.7%左右，全年GDP增长6.8%左右，自2010年以来首次出现年度增速回升，可以较好地完成6.5%左右的政府预期增长目标，也实现了“在实际工作中争取更好结果”的目标。居民消费价格温和可控，预期全年上涨1.6%左右；城镇新增就业1100万人目标提前两个月实现；进出口增速高于预期，国际收支基本平衡（见表1）。

表1　2017年四季度及全年中国主要宏观经济指标预测表

时间	2017年1~9月实际		2017年四季度预测		2017年预测	
单　位	亿元	%	亿元	%	亿元	%
GDP	593288	6.9	234289	6.7	827578	6.8
第一产业	41229	3.7	24284	4.0	65513	3.8
第二产业	238109	6.3	96112	6.1	334221	6.2
第三产业	313951	7.8	113893	7.8	427844	7.8
规模以上工业增加值	-	6.7	-	6.2	-	6.6
城镇固定资产投资	458478	7.5	178244	5.1	636723	7.1
房地产投资	80644	8.1	29716	6.2	110360	7.6
社会消费品零售总额	263178	10.4	103499	10.3	366678	10.3
出口（亿美元）	16324	7.5	6147	6.0	22472	7.1
进口（亿美元）	13363	17.3	5083	13.5	18446	16.2
居民消费价格指数	101.5	1.5	101.9	1.9	101.6	1.6
工业生产者出厂价格指数	106.5	6.5	105.8	5.8	106.3	6.3

二、对当前国内外经济重大问题的基本判断

（一）世界经济处于由收缩向复苏转变的关键期

发达经济体私人部门资产负债表修复、劳动力市场改善、企业利润回升、社会信心逐渐恢复，带动全球经济复苏动能增强。IMF《世界经济展望》连续第二次上调2017年全球经济增长预期至3.6%，改变了过去几年来IMF多次持续下调增长预期的状况。世界经济出现由收缩向复苏转变，主要表现为：**一是全球贸易增长动能增强。**世贸组织数据显示，截至第三季度，全球贸易景气指数为102.6，创2011年4月以来新高，波罗的海干散货指数由年初的953上升至10月末的1522。世贸组织上调2017年全球贸易量增速1.2个百分点至3.6%。**二是全球外商直接投资恢复增长。**国际贸易改善、企业利润反弹以及投资者信心增强对全球外商直接投资形成有利支撑。联合国贸发组织预计，2017年全球外商直接投资规模将达到1.8万亿美元，增速由2016年的-2%升至5%。**三是全球就业形势向好。**2017年前三季度，主要发达经济体劳动力市场持续改善，9月份，美国失业率降至4.2%，为2000年以来新低；欧元区失业率降至8.9%，为2009年初以来的低位；日本失业率降至2.8%，为1994年以来新低。**四是全球通胀水平逐步回升。**主要经济体已摆脱通缩风险，9月份，美国通胀率回升至2.2%，欧元区升至1.5%，日本通胀率达0.7%。**五是全球制造业回暖。**主要经济体制造业PMI指数达阶段性高点，其中美国制造业扩张强劲，制造业PMI达60.8，为近13年来新高；欧元区制造业加速扩张，PMI达58.1，为2011年以来的高点；日本制造业PMI达52.9。全球经济逐步摆脱“低增长、低通胀、低利率”的三低状态。

展望未来，**从长波周期看，**以页岩油气革命为代表的新能源技术取得较大突破，以移动支付为代表的新一代信息技术快速发展，以人工智能为引领的智能制造方兴未艾，节能环保以及生物工程等技术的研发正在如火如荼进行中，全球技术革命逐渐由单一领域“裂变”引领转向多领域“聚变”，支撑第六长波的技术革命已现端倪。**从短波周期看，**美、欧、日及

我国等世界主要经济体制造业呈现筑底回升态势，全球经济从以制造业复苏为支撑逐渐步入上行周期，经济活力不断增强，经济增速在2016年达到近六年以来的低点后，2017年开始出现明显回升。在长波周期和短波周期的叠加效应下，预计2018年全球经济将继续保持复苏势头。但也应注意到，全球经济尚未完全摆脱对高信贷增长以及宽松政策的依赖，前期全球过度宽松的货币环境导致流动性“脱实向虚”现象严重，滋生了资产泡沫，积聚了较大金融风险。美国等部分经济体货币政策、财政政策同步回归正常化，将存在刺破资产泡沫、引发金融市场动荡的风险，可能给全球经济复苏带来一定的负面冲击。

（二）中国经济由高速增长阶段转向高质量发展阶段

党的十九大报告指出，“我国经济已由高速增长阶段转向高质量发展阶段”。2017年以来学界对于我国经济新周期的讨论较多，当前与其说中国经济进入新周期，不如说中国经济进入新阶段，准确地说由经济快速下降阶段过渡到稳定提质阶段，未来工作重点将集中到提高经济发展质量上来。高质量发展阶段主要强调更高质量、更有效率、更加公平和更可持续的发展，必须坚持质量第一、效益优先，以供给侧结构性改革为主线，推动经济发展质量变革、效率变革、动力变革，提高全要素生产率。

1．推动经济发展方式显著转变

我国顺应经济发展基本规律，通过深化改革和激励创新来推动发展方式的切实转变，经济逐步由要素投入型向创新驱动型转变，由以投资拉动为主向消费、投资、出口协调拉动转变，由以第二产业带动为主向三大产业协调发展转变，由技术引进型向自主创新型转变，由高碳型经济向低碳型经济转变，由资源消耗型向环境友好型转变，由“少数人先富”向“共同富裕”型社会转变。

2．推动供给质量显著提升

以供给侧结构性改革为主线，把发展经济的着力点放在实体经济上，把提高供给体系质量作为主攻方向，显著增强我国经济质量优势。加快建设制造强国，大力发展先进制造业，推动互联网、大数据、人工智能和实体经济深度融合发展。支持传统产业优化升级，加快发展现代服务业，瞄准国际标准提高水平。促进我国产业迈向全球价值链中高端，努力培育若干世界级先进制造业集群。

3．推动增长动力显著转换

我国以科技创新为核心带动全面创新，以健全教育体系培养人才，以打造人才队伍支撑创新，推动产业链、创新链、人才链、教育链有机衔接，促进经济发展更多依靠创新驱动。大力推动大众创业、万众创新，积极推进“中国制造2025”、“互联网+”行动计划，新产品新服务快速成长，平台经济、分享经济、协同经济等新模式广泛渗透，跨境电商、智慧家庭、智能交流等迅速成长，新旧动能加速转换，为经济提质增效不断注入新的强劲动力。

（三）我国社会主要矛盾重大变化对未来发展提出新要求

站在新的历史起点上，我国经济社会发展由“站起来”到“富起来”进入“强起来”新时代。新时代面临的社会主要矛盾发生了重大变化。我国社会主要矛盾已经由“人民日益增长的物质文化需要和落后的社会生产之间的矛盾”转化为“人民日益增长的美好生活需要和不平衡不充分的发展之间的矛盾”。一方面，随着居民消费结构不断升级，衣食住行得到较大满足，休闲娱乐、健康医疗、文化体育等服务消费需求日益增加。人民不仅对物质文化生活提出了更高要求，而且在民主、法治、公平、正义、安全、环境等方面的要求日益增长。另一方面，我国社会生产力水平得到显著提高，已经是世界制造业大国，社会生产能力大幅提高，因此发展中存在的已是城乡间、地区间发展不平衡问题，以及质量效益不高、创新能力不强、生态环境保护不力、可持续发展能力不足等发展不充分问题。发展不平衡不充分成为满足人民日益增长的美好生活需要的主要制约因素。从短期看，如何提高投资效率、科技创新和结构调整是重中之重。2018年，我国经济领域的问题主要有以下几方面：

1．金融领域蕴藏“灰犀牛”风险

近年来，一些市场主体行为出现异化，道德风险明显上升，而金融监管体制机制尚不适应；在经济全球化深入发展、国际金融危机外溢性加大的背景下，金融问题叠加周期性、结构性、体制性矛盾，形成了当前金融领域内的影子银行、银行不良贷款、企业债、互联网金融、房地产泡沫、地方隐性债务、违法违规集资等“灰犀牛”风险隐患，具有极大隐蔽性、突发性、传染性和危害性。一旦发生“灰犀牛”事件，跨市场、产品关联和机构关联的金融市场特征将极易引发系统性金融风险。

2. 地方政府隐性债务风险

尽管有关部门加强地方政府债务管理，地方政府杠杆率由升转降，但是部分债务风险不容忽视。表现为：（1）融资平台无序扩张、政府购买服务异化、基金融资“明股实债”等隐性债务风险不容忽视，购买服务贷款异化形成违规政府性债务。（2）规范地方政府融资行为迫切需要，但在“堵后门”的同时没有很好地打开“前门”，使得部分基建项目面临较为突出的融资难题。（3）存在按时完成存量融资整改难度较大、基础建设项目政府购买服务与财政规划期限不匹配、已开工项目面临资金链断裂风险等问题。

3. 房地产市场泡沫影响经济稳定运行

2014年“9·30”新政以来，受限购限贷放宽、利率下调、交易环节税收减免等政策刺激，我国房地产市场量价齐涨，“全民皆房”推动房价持续快速飙涨，资产泡沫风险明显加大，使得商品房已经严重超越了居住属性，扭曲为财富再分配的金融工具，房地产市场扭曲式发展已经影响到社会经济的平稳发展和群众的切身利益。高房价使得大学应届毕业生等新市民群体几乎买房无望，高房价吸引各种社会资本涌入加剧房地产市场的扭曲，并在一定程度上“挤出”了实体经济的发展。与此同时，房地产市场一旦深度调整，将会打击一系列相关行业的正常发展，并造成金融乃至经济动荡。近期部分中小房企已面临着资金链断裂的金融风险。

4. 民间资本投资意愿较低

近年来，民间投资增速已经连续慢于全部投资。民间投资的70%以上投向制造业和房地产开发。当前制造业领域整体产能过剩和市场需求不旺的矛盾尚未根本化解，民间资本投资意愿普遍较低。在“去产能”和环保督察过程中对部分中小民营制造业形成了一定的挤出效应。受调控政策收紧的影响，房地产开发投资增速也将有所回落。此外，企业融资成本偏高、国企改革进展缓慢等因素也制约民间投资增长。

三、2018年经济增长前景及预期调控目标建议

（一）生产侧逐步实现市场出清，结构优化升级

1. 工业生产稳中趋缓，结构继续优化

供给侧结构性改革深入推进，钢铁、煤炭等重点领域连年超额完成“去产能”任务，传统行业供需关系逐步改善；集成电路、人工智能、机器人等高技术产业快速成长，装备制造、战略性新兴产业势头良好，工业发展的新动能不断累积。但是，金融领域防风险、“去杠杆”力度不减，企业尤其是民营企业融资等成本难以下降；工业领域由补库存逐步转向去库存；环保督察风暴对钢铁、有色、化工等污染严重的企业关停限产。初步预计，工业生产将稳中趋缓，2018年工业生产将增长6.2%左右。

2. 服务业主导作用进一步增强

随着互联网、大数据、人工智能等技术的快速发展，我国分享经济、科技服务、信息传输、软件和信息技术服务等现代服务业加速发展；我国居民消费结构不断升级，旅游、文化、体育、健康、养老等五大幸福产业快速发展；中长期服务业发展规划等一系列促进服务业发展的政策出台，为服务业稳步前行提供了制度保障。但是，金融领域“去杠杆”导致融资等行为更趋谨慎，房地产市场销售与投资活跃程度下降，对服务业支持作用减弱。初步预计，2018年服务业生产增速将基本稳定在7.5%左右。

（二）需求侧发展更加均衡，增速稳中放缓

1. 投资增长略有放缓

货币政策回归正常化成为国际趋势，“去杠杆”、防风险要求货币政策保持稳健中性，社会投资成本难以进一步下降；新开工项目计划总投资增速处于金融危机以来的相对低位，投资到位资金增速放缓；商品房销售放

慢的影响将会逐步传导至房地产开发建设领域，房地产开发投资增速将小幅回落；财政部等六部委联合出台规范地方政府举债融资的措施，在一定程度上抑制地方基础设施投资的资金来源。当然，经济结构升级带动装备制造、高技术产业投资较快增长，国家深化放管服改革、简化投资程序、优化投资流程等有利于创造良好的投资环境，这些因素将会增强投资需求韧性。初步预计，2018年固定资产投资将增长6.8%左右。

2．消费需求继续发挥对经济发展的基础性作用

我国城镇新增就业保持较快增长，农民工就业形势改善，城镇调查失业率处于较低水平；城乡居民收入增速高于GDP增速，为后期消费稳步运行提供良好基础；健康养老等幸福产业不断加速，为消费增长提供了新的空间；服务消费需求不断增长，并成为促进消费的重要增量来源。但是，汽车领域优惠政策效益递减将导致汽车消费减慢，房地产调控将抑制关联商品如家电、家具、装修等消费，农村消费增长的脆弱性较大，小微企业关停导致结构性失业问题显现等。初步预计，2018年社会消费品零售总额将增长10%左右。

3．进出口保持温和增长

世界经济呈现回暖态势，市场需求继续改善，国际贸易和投资日趋活跃，新兴经济体基础设施建设需求加大，我国对外贸易结构优化升级，外贸企业竞争力增强，加工贸易增长企稳回升，国内市场需求改善，有助于我国进出口保持平稳增长。但是，美国对我国发起“301调查”等贸易保护行为，制约我国重点领域对美出口；美联储加息及启动缩减资产负债表，对国际金融市场和各国货币政策带来一定冲击；全球地缘政治形势复杂，恐怖袭击、地缘冲突等突发事件较多；国际大宗商品价格震荡波动等，导致我国出口面临的不确定性仍然较大。初步预计，2018年美元计价我国出口和进口将分别增长5%和8.5%左右。

（三）物价领域延续温和涨势

1．居民消费价格温和回升

社会总供给和总需求基本平衡，居民消费价格保持温和上涨态势。消费品市场供过于求，工业品价格上涨对消费品价格的传导作用有限；粮食库存居高不下，食品价格上涨空间受限；货币环境难以进一步宽松，流动性稳中趋紧，不支持消费价格明显攀升。但是，肉禽、部分油料等食品价格具有较大不确定性。初步预计，居民消费价格温和上涨，2018年CPI将上涨2.0%左右。

2．工业品出厂价格涨幅回落

PPI翘尾因素影响将会较2017年明显减弱，生产领域供大于求局面仍然存在；对2017年工业品价格影响巨大的国内原材料价格涨幅将会趋缓；全球铁矿石供应增加、美国页岩油气复产，国际大宗初级产品价格将震荡走弱。但是，生态文明建设要求提高，环保督察力度不减，部分污染严重的工业品存在一定供应压力。初步预计，2018年PPI上涨3.5%左右。

（四）建议2018年GDP预期调控目标为6.5%左右

进入新时代，面对新矛盾，我国经济已由高速增长阶段转向高质量发展阶段，正处在转变发展方式、优化经济结构、转换增长动力的攻关期。贯彻新思想，追求新目标，必须坚持质量第一、效益优先，以供给侧结构性改革为主线，推动经济发展质量变革、效率变革、动力变革，提高全要素生产率。建议2018年继续坚持“稳中求进”的工作总基调，把提升经济发展质量放到更加重要的位置。一方面，我国经济“稳”的压力较小，经济总量持续扩大，新旧动能不断转换，经济运行的稳定程度增强，对就业的吸纳能力提升；另一方面，“进”的压力较大，改革措施落实显效、创新驱动能力提升、经济发展提质增效，尤其是防范化解重大风险、精准脱贫、污染防治等任务十分繁重。综合考虑全面贯彻落实党的十九大精神、国内外发展环境和我国潜在经济增长水平，建议把2018年GDP增长预期调控目标确定为6.5%左右；警惕工业品价格上涨向消费领域传导以及食品价格的不确定性，物价涨幅控制在3%以内；保持就业基本稳定，城镇新增就业1100万人以上；推动外贸进出口平稳增长，促进国际收支基本平衡（见表2）。

表2　　2017~2018年中国主要宏观经济指标预测表

时　间	2017年预测		2018年预测	
单　位	亿元	%	亿元	%
GDP	827578	6.8	911027	6.6
第一产业	65513	3.8	69703	3.8
第二产业	334221	6.2	366674	6.0
第三产业	427844	7.8	474650	7.5
规模以上工业增加值	-	6.6	-	6.2
固定资产投资（不含农户）	636723	7.1	680020	6.8
房地产投资	110360	7.6	115878	5.0
社会消费品零售总额	366678	10.3	403346	10.0
出口（亿美元）	22472	7.1	23595	5.0
进口（亿美元）	18446	16.2	20014	8.5
居民消费价格指数	101.6	1.6	102.0	2.0
工业生产者出厂价格指数	106.3	6.3	103.5	3.5

四、主要政策建议

针对社会主要矛盾判断的重大变化和经济中存在的主要问题，建议继续坚持稳中求进的工作总基调，把提高经济发展质量放到更加重要的位置，积极的财政政策精准有效，稳健的货币政策适度中性，积极支持实体经济发展，防范化解重大风险，着力提升经济发展质量。

（一）保持积极的财政政策精准有效

一是建议2018年全国赤字率控制在3.0%左右，适度加大地方政府专项债券发行力度；进一步优化财政支出结构，重点支持民生、创新、绿色发展等薄弱领域和重点领域建设。**二是**积极财政政策的重点由增加赤字转向以减税为主，密切关注美、欧等国家税改动向，研究出台普遍降低企业增值税和所得税税率措施。**三是**积极推进财税体制改革。加快推进财政事权与支出责任划分改革，制订出台中央和地方财政收入划分总体方案；研究推进个人所得税改革，推进综合与分类相结合的税制改革，启动新一轮个人房产税试点。

（二）坚持稳健的货币政策适度中性

坚持稳健的货币政策适度中性，积极稳妥“去杠杆”，做到不紧不松。

"不紧"是保证实体经济增长的合理、正常资金需要，"不松"是防止金融加杠杆卷土重来、防止房地产泡沫进一步膨胀与金融风险过度上升。**一是**建议2018年社会融资规模存量增长目标设定为12%。适应货币供应方式变化和金融创新发展，保持社会融资规模平稳扩张，社会流动性合理充裕。**二是**加强价格型调控，维持利率水平与人民币汇率基本稳定。**三是**协调金融调控与金融监管政策，引导信贷资金流向实体经济和"小微""三农"等社会薄弱环节，实现"强实抑虚"，强化经济增长的新动能。充分运用公开市场操作、窗口指导等具有预调微调、结构优化功能的政策手段，坚持对法定存款准备金率的差异化调整以及实行差异化MPA监管要求，引导信贷资金流向，优化信贷结构。

（三）着力提升经济发展质量

全面贯彻落实党的十九大精神，提高中国经济发展质量。**一是**转变发展理念，以新时代的新发展理念为指导，从速度规模型进一步转变为质量效益型，不过分强调经济增长速度，主要从结构调整、创新发展、协调优化、制度建设等方面考虑进一步提高经济发展质量。**二是**深入研究中国经济发展的不平衡不充分问题，挖掘症结所在，通过改革创新的办法化解经济领域的主要矛盾。**三是**深入推进供给侧结构性改革，化解产能过剩，支持实体经济，降低杠杆率，提高供给体系质量，培育新的增长点，提高国家科技创新、技术创新、管理创新能力，实现国家增长动力转换。**四是**重视新时代人民对生态环保的新需求，摒弃粗放式增长，强调人与自然和谐共生，打造美丽中国。**五是**增加人民的获得感、幸福感和安全感，通过改善教育水平提高全民素质，通过完善制度增强社会保障能力，同时进一步改善就业与收入情况，重视国民健康、养老医疗、公平正义等问题。

（四）积极支持实体经济发展

一是运用市场机制、经济手段、法治办法，实行严格的环保、能耗、安全、技术、质量标准，继续化解过剩产能。分类推进企业兼并重组、债务化解乃至破产清算。**二是**努力降低企业成本，着力降低税费成本、制度性交易成本、融资成本、物流成本等。**三是**对工业企业采购先进设备按采购金额的一定比例予以财政补贴；鼓励企业积极进行工业化与信息化融合发展，提高企业生产经营效率。**四是**促进金融服务实体经济，加大政银合作信贷产品创新与合作，丰富政银合作信贷产品数量，通过金融产品创新扩大商业银行对实体企业金融支持的覆盖面。

（五）防范化解重大经济风险

一是防范金融风险。健全货币政策和宏观审慎政策双支柱调控框架，健全金融监管体系，守住不发生系统性金融风险的底线。针对前期商业银行自查暴露出的问题，进一步提高现场监管效率，重点深化对表外业务和同业业务实施“穿透式”监管；通盘考虑监管政策，减少政策漏洞；针对金融机构集团化、金融业务混业化的趋势，加强“一行三会”的信息共享，开展联合监管，消除监管“真空”地带。**二是**有效化解地方政府债务风险。强化地方限额管理和预算管理，加快存量政府债务置换步伐，坚决堵住违法违规举债的后门，遏制隐性债务增量；通过定向增发、资产置换、政府债务转为商业债务等渠道，低成本的政策性资金置换信托融资和商业银行贷款；通过财政贴息的方式，试点中小企业债务置换，实现贷款证券化；建立发改、财政、审计和银监部门数据共享机制，加强信息披露，共同做好风险的前瞻性防范。**三是**防范房地产市场风险。对一线城市及部分热点二线城市需实施更具差异化的政策，根据市场情况采取更审慎的价格监控及房地产信贷政策；金融机构应对流入房地产市场的资金加强监管，防控楼市风险和泡沫，同时引导更多的资金“脱虚向实”，进入实体经济；督促各地落实年度住房用地供应计划，加快市政配套、轨道交通和城市卫星城建设，尽快形成住房的有效供应。不断创新调控方式，切实加快建立房地产市场长效机制。

（执笔人：牛 犁①、闫 敏②）

① 牛犁，国家信息中心经济预测部副主任，副研究员，研究方向为国内外宏观经济、能源、国际油价等。

② 闫敏，国家信息中心经济预测部宏观经济研究室副主任，副研究员，研究方向为宏观经济、对外贸易等。

2017年北京市经济形势分析及2018年展望

摘要：2017年，北京市以前所未有的力度推动城市功能的优化提升，不断加大对宏观经济政策调控力度，深入推进“三去一降一补”，增强区域性金融风险防范，连续密集发布房地产市场调控政策。与此同时，“三城一区”建设大幅提速，协同发展加快突破，北京市经济发展动能转换取得新进展，预计全年经济增长6.7%左右。2018年，在全国经济发展质量变革、效率变革、动力变革的环境中，北京市将进一步加快非首都功能疏解，加速经济结构调整，预计2018年将实现更有质量的经济发展，但面临的增长下行压力也更大，全年GDP增长6.6%左右，延续稳中趋缓运行态势。

关键词：北京市宏观经济 经济周期 实体经济 三大需求

2017年，在世界经济复苏与全球贸易增长好于预期，国内经济延续稳中有进稳中向好态势的环境中，北京市经济保持了中高速增长。2018年，北京市将全面落实经济发展质量变革、效率变革、动力变革的要求，加速经济结构调整，质量第一、效益优先的特征将更加突出，但面临的强约束远超其他省市，土地减量、产业禁限、节能减碳、环境治理、安全保障的要求更高，增长下行的压力较大，预计2018年将延续缓中趋稳的运行态势。

一、2017年北京市经济运行特征

（一）经济持续稳定运行

伴随北京市疏解整治促提升行动的快速推进，2017年北京市经济呈现出一般性产业快速退出、高精尖产业蓬勃发展的良好态势。与此同时，金融、房地产风险控制取得成效，债务杠杆率、住宅价格有所下降，实现了增长速度保持平稳、发展质量大幅提升的预期目标。1~3季度GDP增长6.8%，与上年全年的增速持平。四季度，环保限产、安保限运、金融转型的阵痛将进一步体现，在一定程度上下拉经济增速。**预计全年经济增长6.7%左右，增速与上年基本持平。**

从年内经济运行看，1~3季度，北京市宏观经济运行继续保持在稳定的绿灯区域（见图1）。分项指数中，投资消费需求略显疲弱，从年初运行正常的绿灯区步入趋冷的浅蓝灯区，财政收入、居民收入呈现逐步改善的态势，工业综合效益指标持续在高位的红灯区域运行，工业生产和用电量指数运行较为平稳（见图2）。但先行指数出现较为明显的向下趋势，预示四季度经济小幅放缓的可能性有所上升（见图3）。年内经济总体呈现小幅度的前高后低走势。

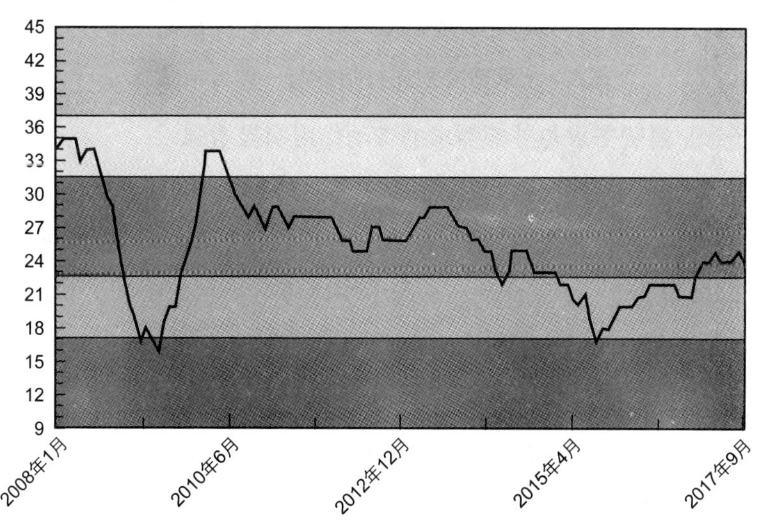

图1　北京市宏观经济综合警情

开始时间：2016年9月　结束时间：2017年9月　● 过热　○ 趋热　● 正常　● 趋冷　● 过冷

年	2016年				2017年								
月	9月	10月	11月	12月	1月	2月	3月	4月	5月	6月	7月	8月	9月
工业增加值增长率-TC	●	●	●	●	●	●	●	●	●	●	●	●	●
消费增速-TC	●	●	●	●	●	●	●	●	●	●	●	●	●
全社会固定资产投资增速-TC	●	●	●	●	●	●	●	●	●	●	●	●	●
地区出口累计增长-TC	●	●	●	●	●	●	●	●	●	●	●	●	●
城镇居民可支配收入累计增速-TC	●	●	●	●	●	●	●	●	●	●	●	●	●
一般财政预算收入累计增长-TC	●	●	●	●	●	●	●	●	●	●	●	●	●
居民消费价格指数累计-TC	●	●	●	●	●	●	●	●	●	●	●	●	●
用电量增长-TC	●	●	●	●	●	●	●	●	●	●	●	●	●
工业综合效益指数-TC	●	●	●	●	●	●	●	●	●	●	●	●	●
预警指数输出	●	●	●	●	●	●	●	●	●	●	●	●	●

图2　北京市主要经济领域景气状况

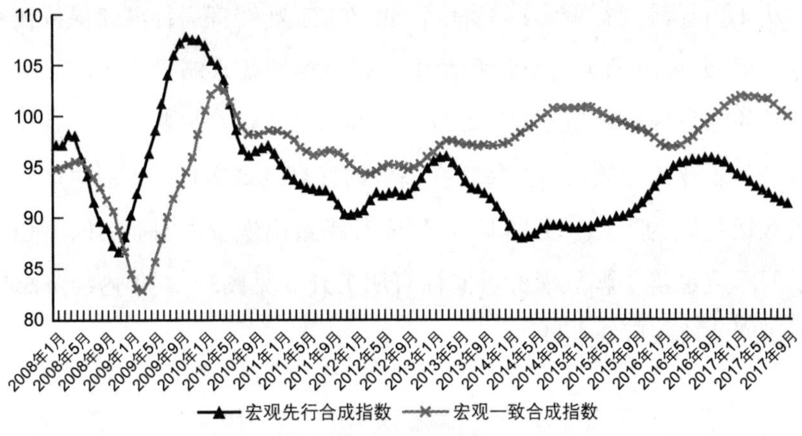

图3　北京市宏观先行指数与一致合成指数

（二）消费需求与外部需求的带动作用明显增强

1．投资需求增长压力较大

预计全年投资仅能实现5%左右的增长，较上年放缓约0.9个百分点。从投向看，房地产投资对全社会固定资产投资的拖累较大，1~3季度房地产投资同比下降6.8%，下拉作用高达3.3个百分点；基础设施发挥了投资“稳定器”的重要作用，1~3季度增长26.9%，拉动投资7.2个百分点；工业投资同比增长15.5%，拉动投资1.3个百分点。

2．消费需求继续保持稳定运行

预计2017年全年总消费增长8.8%左右，高于上年0.6个百分点左右，相应的服务性消费与社零额增长11.5%和5.7%左右。其中，**服务消费保持较快增长**，1~3季度服务性消费增长11.7%，在总消费中的比重达到52.3%，拉动市场总消费增长6个百分点，贡献率达到69.6%，是带动北京市消费规模扩大、消费结构升级的主要因素。**商品消费将继续稳定增长**，1~3季度社零额增长5.4%，慢于上年1.1个百分点。网上消费，热点消费、节日消费需求带动明显，1~3季度，北京市累计实现网上零售额1504.8亿元，同比增长11.7%，拉动商品性消费增长3.7个百分点。

3．外部需求明显改善

在全球金融市场稳定性明显增强、全球贸易出现快速增长、各国促进实体经济发展政策渐显成效、政治风险边际性消退等因素带动下，1~3季度以美元计价的进出口增长13.5%，预计全年进出口增速为12%左右，有望实现从2016年双位数负增长到2017年两位数正增长的跃升。

总体来看，消费需求与外部需求对于经济增长的拉动会有所提升，投资需求对于经济增长的拉动作用将有所弱化，预计最终消费、货物和服务净流出对于经济增长的拉动将分别由2016年的4.2个百分点、0.5个百分点上升至4.4个百分点、0.8个百分点，固定资本形成对经济增长的拉动由2016年的2.2个百分点下降至1.5个百分点。

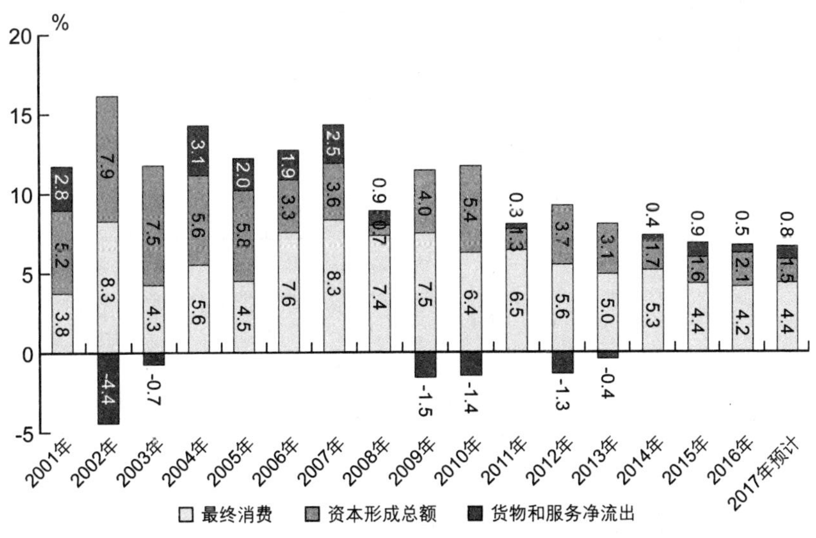

图4　2001年以来北京市三大需求对GDP的拉动情况

（三）工业与服务业实现稳定增长

工业保持稳定增长，预计全年增长5%左右，与上年基本持平。分行业看，工业调整转型升级效果逐步显现，汽车单点支撑的格局大为改观，高精尖工业拉动力量持续提升，以1/4左右的比重，贡献一半左右的增长。

分化运行中服务业总体保持稳定，预计全年增长7.2%左右。与实体经济关联紧密的交通、批零、住宿餐饮同比增速分别由2016年全年的6.6%、2.0%、0.9%上升到今年1~3季度的13.1%、6.8%和2.5%，对服务业贡献了0.9个百分点；而金融、房地产业同比增速下降，则从2016年的9.3%、5.5%下降至1~9月的7.4%、-2.0%，比2016年少贡献了1个百分点；信息、科技服务业运行相对平稳。

初步判断，工业的贡献基本持平，建筑业放缓将带来第二产业增长贡献下降，服务业对于经济增长的贡献有所提升，三次产业对于经济增长的拉动分别由2016年的-0.1个百分点、1.2个百分点、5.6个百分点，调整为0个百分点、0.9个百分点、5.8个百分点。

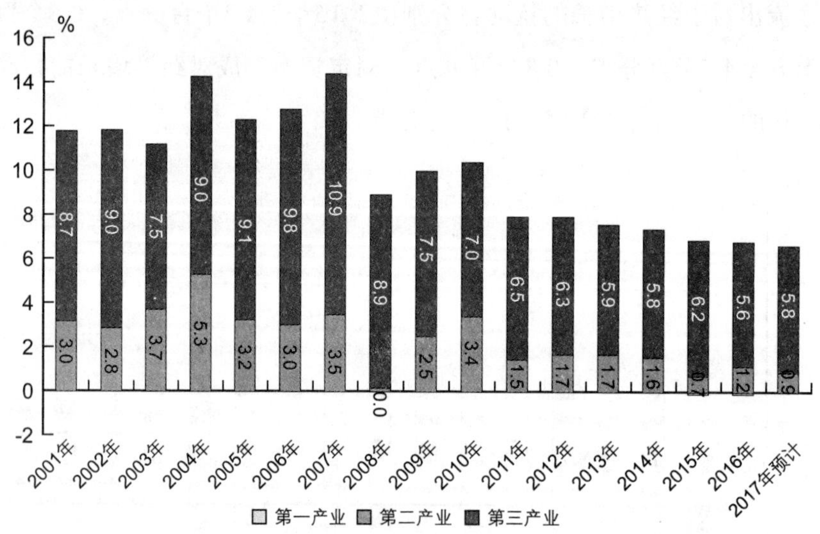

图5　2001年以来北京市三次产业对GDP拉动情况

（四）经济效益持续改善

1．北京市居民收入保持较快增长

预计全年北京市居民收入能够实现与经济增长同步，较好地落实了党的十九大提出的“满足人民日益增长的美好生活需要”的精神。1~3季度，北京市居民人均可支配收入42641元，同比增长9.2%，扣除价格因素，实际增长7.2%，快于GDP增速0.4个百分点。但农村居民收入增长相对放缓，近8年来首次低于城镇居民增速，扣除价格因素后仅增长6.4%，慢于GDP增速0.4个百分点。北京市适时出台了《北京市关于进一步激发重点群体活力带动城乡居民增收的若干政策措施》以改善这一问题。

2. 财政收入稳定增长

面对减税降费力度不断加大、金融房地产调控升级等减收因素影响，北京市进一步加大高精尖产业税源涵养，带动财政收入保持平稳增长，1~3季度，北京市一般公共预算收入完成4243.2亿元，同比增长6.1%（剔除营改增影响同口径增长11.1%），预计全年公共财政收入增长6.5%左右，基本保持与经济增长同步。

3. 企业效益大幅改善

在“高精尖”工业的带动下工业企业效益不断提升。1~9月，北京市规模以上工业企业实现实现利润总额1377.4亿元，比上年同期增长26.9%。在39个工业行业大类中，27个行业利润实现同比增长，亏损的企业八成为涉限企业。**服务业收入平稳增长，新产业新业态蓬勃发展。**1~8月，北京市规模以上服务业企业盈利面接近六成，与上年同期基本持平。其中，规模以上战略性新兴服务业与高技术服务业增速均比上年有所提高。

（五）空间布局大幅优化

北京市新版总体规划《北京城市总体规划（2016~2035年）》明确提出北京“一核一主一副、两轴多点一区”新发展格局，并为每个区域赋予了相应的功能定位。其中，“一主”区域是非首都核心功能疏解的重点区域；“多点”区域是承接非首都核心功能大力构建高精尖经济的主要区域。按照这一定位，2017年，北京市展开了经济空间布局的深度调整，经济功能与城市功能的匹配度进一步提高。**从GDP增速看，**“多点”区域领跑经济增长。“多点”区域地区生产总值同比增长8.5%，较北京市增速高出1.7个百分点，对北京市经济增长的贡献率为20.8%。**从需求看**，“一副”是北京市建设发展的重中之重，在副中心建设带动下，通州区投资增长16.9%，高于北京市11.9个百分点，对北京市投资增长贡献率为34%。“一区”“多点”两个区域社会消费品零售额同比分别增长6.9%和6.4%，均高于北京市增速。**从产业看**，“一主”区域的文化创意产业和金融业依然是驱动经济增长的主要力量，高技术和战略性新兴制造业向“多点”区域集聚，1~3季度，平原新城规模以上高技术制造业、战略性新兴制造业增加值分别占到北京市相应产业增加值的67.3%和66.1%，占比均超过六成。此外，**“三城一区”建设提速**，编制完成“三城一区”规划，高能同步辐射光源、子午工程二期、多模态跨尺度生物医学成像设施等“十三五”规划项目全部开工，财政科研项目与经费管理“28条”新政加快落实，市级层面促进科技成果转化工作平台得以建立。

二、发展中存在的问题

（一）支柱产业的竞争力亟待提升

构建“高精尖”经济结构不仅需要新产业的导入，更需要原有支柱产业的升级，但目前北京市支柱产业的竞争力相对不足，汽车制造业、电子制造业主营收入利润率仅为7.9%、3.3%，均低于工业8.1%的整体水平，根据市场调研，汽车、电子行业合资企业普遍存在研发由母公司负责，企业以组装生产加工为主的模式；服务业的生产效率不高，2017年1~8月人均营业收入仅为54万元，分别低于天津、上海8.2%、18.4%。上海、天津、重庆等多个省市均设立自贸区，在投资管理、金融制度、监管贸易方面实现了较多政策突破。调研还发现，北京市部分互联网企业把新增的投融资、互联网金融等业务布局在天津、上海等地。

（二）商服地产的“去化”周期不断延长

商服地产是城市十分重要的生产要素和宝贵的经济资源，在提升城市品质有着不可替代的作用。但目前商服地产的供给与城市战略定位、高精尖经济结构的定位不相匹配，在商办限购政策出台后，商业地产的“去化”

周期不断延长，土地低效利用的问题进一步凸显。自2010年住宅限购政策实施以来，商服地产的需求激增，商服地产已经形成了较大的供给规模，商服地产开发面积占北京市房地产开发面积的比重逐步提升，施工面积由四成左右的历史均值上升至2016年的超过六成。为促进房地产业健康发展，2017年3月份，北京市出台了商办限购政策，市场需求锐减，销售面积大幅下降，1~3季度同比下降58.1%，占商品房销售面积的比重为1/3，供需不匹配的问题进一步凸显，开发面积短期内难以消化，截至9月底，商服地产"去化"周期达35.2个月，比2016年底延长1年。

（三）网上零售数据分流趋势需要引起关注

随着信息技术的不断成熟，线上消费逐步发展成为拉动北京市商品消费的重要力量，2017年1~3季度，线上消费在社会消费品零售总额的比重达到18%，拉动北京市零售额增长2.2个百分点，增长贡献率达到40.7%。但伴随全国电商发展走向成熟，各省市均出台强有力的政策加快引进电商企业。电商企业在自身规模扩张和外省市政策吸引作用下，不断调整发展战略，向京外布局仓储物流。从重点企业看，京东、小米和苹果是北京电商的巨头，三家企业零售额占线上消费的比重在七成左右。近年来，电商企业均在实施销售下沉的发展战略，在京外设立物流中心与仓库。如京东共有北京、上海、广州、沈阳、西安、成都、武汉七大物流中心，在全国50座城市运营；小米在国内有北京、天津、沈阳、深圳、郑州、成都、上海、珠海、广州等十多个仓储物流中转站。在强化买方统计的统计改革背景下（现有商业统计制度是以商业企业法人为统计对象），电商推动销售渠道下沉将分流北京市的网上消费数据。

三、2018年发展环境判断

（一）全球经济将延续复苏趋势

贸易增长自危机后低点反弹，工业生产逐步向好，投资活动趋于活跃，大宗商品价格开始回稳；巴西、俄罗斯、尼日利亚等新兴市场国家基本走出了持续两年的阴霾，美国、欧洲等主要发达国家经济运行趋于稳定，**全球经济有望达到近七年中的最快增长水平**。但新兴市场的债务风险正在上升，特朗普政府的"美国为先"政策有可能触发贸易战，影响全球经济。

（二）国家经济呈现稳中趋缓运行态势

党的十九大报告明确提出了建设现代化经济体系的宏伟目标，将进一步把发展经济的着力点放在实体经济上。2017年以来我国开始步入设备更新周期（朱格拉周期，历时9~10年）的上升阶段，挖掘机、装载机、汽车起重机等工程机械行业销量、柴油销量持续回升，采矿业、装备制造业率先企稳，预计2018年实体经济对经济增长的贡献将会有所提升；货币周期方面，国家将更加突出金融服务实体经济的本质要求，顺应实体经济的结构性变化，做好金融服务的加法与减法，助力实体经济振兴，预计在全球货币政策的同步性大幅提升、国家金融"去杠杆"、强监管的环境中，货币市场仍将处于紧缩阶段，但与今年相比，市场的流动性将会更加稳定。目前，国家已在过紧的货币市场上进行了定向降准的操作，流动性正在从过紧状态向稳健中性回归。房地产周期方面，将坚持"房子是用来住的、不是用来炒的"的定位，加快建立多主体供给、多渠道保障、租购并举的住房制度，预计房地产交易、投资、价格全面回落，根据历史经验，2018年还将处于下行阶段。**综合来看，2018年实体经济会有所恢复，但金融、房地产对于经济的下拉作用将进一步体现，整体将呈现稳中趋缓的运行态势。**

根据国际货币基金组织（IMF）10月10日发布的《世界经济展望报告》，2017年、2018年全球经济增长预期分别为3.6%和3.7%，比2017年年初和8月份的报告上调了0.1个百分点（见表1），其中，连续4次上调对中国经济增速的判断，预计2017年、2018年中国经济增长6.8%、6.5%；世界银行在10月4日发布的最新东亚及太平洋地区经济更新报告中将中国2017年、2018年的经济增速预期分别调高了0.2个百分点和0.1个百分点，分别达到6.7%、6.4%。

表1　　国际机构对全球及我国经济增长的预期

机 构	全球经济增速预期		中国经济增速预期		预测时间
	2017年	2018年	2017年	2018年	
国际货币基金组织	3.6%	3.7%	6.8%	6.5%	2017年10月
世界银行	2.7%	2.9%	6.7%	6.4%	2017年10月
经济合作与发展组织	3.5%	3.6%	6.8%	6.6%	2017年9月
穆 迪	/	/	6.8%	6.4%	2017年8月

（三）北京市将深入推动疏解整治促提升

2018年是“十三五”规划承上启下之年，是深入落实党的十九大精神和新版城市总体规划的重要之年，既要严格守住“三条红线”，又要在北京市疏解整治取得积极成效的基础上将着力点放在促提升上，经济保持平稳健康发展将有更强的支撑。**空间布局方面，**副中心、郊区新城建设加速推进，加快“腾笼换鸟”将会形成更大支撑；**产业方面，**将进一步探索腾退土地再利用等制约首都经济发展的重大问题，“高精尖”产业项目将会加速落地，持续提升“高精尖”产业对全市经济的拉动；**发展动力方面，**将进一步推动“三城一区”建设，进一步改善营商环境，用创新和改革增强经济发展的核心竞争力和内生动力，驱动经济平稳健康发展。

四、2018年北京市经济展望

（一）结构升级中需求将实现稳定增长

2018年，需求结构将得到进一步优化，消费主导的特征将进一步显现，投资更加精准有效，体现更多社会效益，外部需求总体稳定。

1. 投资需求将进一步弱化，预计增长4%左右

从要素看，资金要素的约束有所强化，土地供应有所增多。一是资金约束趋于强化，财政资金收支平衡压力持续加大，地方政府债务清理政策持续，金融信贷监管增强，民间资本过多集中在房地产领域，近年来资金来源增速持续低速增长。二是土地供应增加推升投资，2017年1~9月，实际成交土地73宗，比2016年同期多50宗，合计成交面积552.4万平方米，是2016年同期的1.7倍，根据土地交易走势先于新开工面积与施工面积1年

左右的历史规律，2018年房地产新开工面积与施工面积增速将有所提升。**分领域看**，一是基础设施投资依然是稳定投资的主要力量，新一轮百万亩平原造林、大规模的轨道交通建设将形成大规模投资，但续建项目的减少将拖累其增幅由20%以上的水平回落至10%左右；二是占比约一半的房地产开发投资在高端商服地产回暖、棚户区改造工程实施、政策性住房加快供应的带动下有望实现零增长；三是产业投资在传统产业层次低，转型压力大，“腾笼换鸟”相关的土地变性、税收优惠等政策尚不完善等因素影响下，预计增速将从两位数增长的水平回落至5%左右。**初步判断，占比约1/3的基础设施投资增速放缓，对投资拉动作用将由2017年约7个百分点的水平下降至3.5个百分点左右；占比约一半的房地产投资将出现恢复，对2017年投资约3.5个百分点的拖累将会消失；产业投资对于经济增长的贡献将由2017年约1.5个百分点的水平下降至0.5个百分点左右，全社会固定资产投资预计增长4%左右。**

2. 消费需求总体稳定，预计总消费增长9%左右

从消费趋势看，北京市将跨越人均GDP 2万美元大关，随着收入水平的提高，消费需求将持续快速释放，特别是伴随服务业扩大开放政策效果不断显现、生活性服务业品质不断提升，将适应新时代的消费需求加速形成种类丰富、质优价稳的优质消费供给，为消费提供稳定支撑。**从消费方式看**，线上线下消费进一步融合，体验消费将实现跨越式发展，“京东便利店”、无人零售、大数据、黑科技、商超O2O等新型消费点将快速涌现。**从区域分布看**，涵养区、发展新区与城六区之间，农村地区与城镇地区之间消费水平还存在较大差距，在城市副中心和平原新城快速发展的带动下，将激发出更多的潜在消费需求。**从消费内容看**，服务消费中医疗保健类、教育文化和娱乐类、交通和通信类消费需求持续快速增长，商品消费中新能源汽车、家用电器和音像器材类、文化办公用品类商品零售为市场追捧。**初步判断，商品消费将实现6%左右的平稳增长，服务性消费将继续保持快于商品性消费的增长势头，预计服务性消费的贡献率继续保持在七成左右，并带动总消费将实现9%左右的增长。**

（二）实体经济恢复中产业将保持稳定增长

发展实体经济已成为国家建设现代化经济体系的着力点，全国实体经济正呈现稳步恢复的发展态势，北京市的实体经济以及与实体经济关联较密的流通、商务等产业稳中向好，预计2018年产业能够实现稳定增长。

1. 工业将实现5%左右的较快增长

2017年北京市工业增长已渡过剧烈的调整下行阶段开始稳固筑底，预计2018年将保持稳中有升的趋势。**一是**拉动工业增长的新力量已经形成，经过多年的产业结构调整，北京市“高精尖”产业比重已上升至北京市工业的1/4左右，战略新兴产业的比重超过1/5，对于北京市工业的增长贡献率也达到一半。**二是**市场需求在不断改善，从上游的工业原材料价格PPIRM到工业产成品价格指数PPI均呈现企稳回升的运行态势，产销率、出口交货值增速保持在合理较好水平，调查数据PMI长期处于“荣枯线以上。**三是**分行业看，电子信息、医药制造业、装备制造业在国内制造业中的竞争优势较强，预计在全国实体经济向好的环境中能够继续保持平稳较快增长，汽车制造业依然处于调整期，预计2018年仅能实现零增长。按照电力热力生产供应业增长2%左右考虑（2017年1~3季度为7.3%），根据上述重点行业的走势及其在工业增加值中的比重（65%左右），**粗略估算，2018年北京市工业增速与2017年基本持平，继续保持5%左右的平稳增长。**

2. 分化运行中服务业将实现7%左右的平稳增长

从趋势看，服务业波动相对较小，是经济的稳定器，经济增长的贡献率保持在八成左右，近年来总体呈现稳中趋缓的发展态势。**从动力看，**新产业、新业态、新技术、新制度的引领作用进一步增强，规模以上战略新兴服务业、软件信息服务、文化艺术服务领域收入均保持两位数增长，“互联网+”与各领域加速融合，规模以上电子商务平台法人单位收入也保持两位数增长，伴随北京市“三城一区”建设的提速，创新驱动经济增长的作用将会进一步增强。**分行业看，**北京市的**信息服务、科技服务等行业**竞争优势突出，近年来一直保持了10%左右的较快增长；**商贸流通业**伴随实体经济的好转，内部结构升级和外部需求放缓的双重压力将会有所缓解，行业将步入弱复苏的阶段；**金融业**将继续承受转型阵痛，特别是占比较高的传统货币服务行业，预计增加值增速将回落至与服务业整体增速大体相当的水平；**公共服务业**在触网融合脚步加快推动需求加速释放，放管服深入推进带来优质供给快速增加等因素共同带动下，预计能实现10%左右的增长。根据重点行业的走势及其在服务业增加值中的比重，**初步判断，2018年北京市服务业增速将会较2017年略有回落，预计增加值增速为7%左右。**

（三）CPI涨幅预计上升至2.6%左右

从经济因素看，2018年是实体经济的恢复期，原材料、产成品价格将进一步上涨，PPIRM与PPI对CPI的传导作用将进一步增强。**从政策因素看**，资源服务价格改革加快推动，将适时出台新一轮医疗价格改革、农业水价改革等，直接推升CPI涨幅；营商环境的持续改善，有利于降低企业的综合成本，在一定程度上拉低涨幅；非首都功能疏解、提升环保要求等倒逼经济转型政策的实施，用工成本、运输成本等运营成本也将持续拉动价格上涨。**从输入性通胀的压力看**，目前全球大概率已步入弱复苏共振阶段，并有望持续2~3年。包括原油、粮食在内的通胀品价格有望在需求推动下呈现上行态势。**分类别看**，服务项目价格将延续温和上涨态势，房地产市场平稳运行有利于房租价格保持稳定，通信服务价格有望在提速降费计划落实后持续下行，医疗保健、教育服务将延续上涨态势；商品价格将会小幅提升，汽油、柴油价格将进一步上涨，衣着、食品价格总体稳定。综合判断，CPI将延续稳中略升运行态势，**粗略估算，翘尾因素对北京市2018年CPI的影响约为0.9%，新涨因素约为1.7%，CPI全年涨幅约为2.6%，略高于2017年。**

（四）综合判断GDP增长6.6%左右

2018年，支撑经济稳定增长的因素依然较多，但也存在经济减速因素。**需求方面**，投资需求弱化的影响较为突出，全社会固定资产投资预计增长4%左右；消费增速小幅提升，市场总消费预计将实现9%左右的增长；外部需求预计稳定增长，三大需求对于经济增长的支撑分别为4.5个百分点、0.8个百分点和1.3个百分点。**产业方面**，金融业转型阵痛会进一步体现，高压调控政策下房地产业依然持续低速增长，实体经济将会有所回暖，工业、流通、商务等产业增速将略高于近5年来的平均水平，预计工业将保持5%左右的平稳增长，继续低于整体经济增速，服务业出现小幅放缓，预计增长7%左右，三次产业对经济增长的拉动分别为0个百分点、1个百分点、5.6个百分点。**综合来看，增长下行压力有所加大，预计全年增长6.6%左右，略低于2017年**（见表2）。

表2　2016~2018年北京市主要经济指标

指标	2016年		2017年				2018年预计	
			前三季度		全年预计			
	亿元	%	亿元	%	亿元	%	亿元	%
地区生产总值	25669.1	6.8	19569.8	6.8	27879	6.7	28490	6.6
第一产业	129.8	-8.7	86.9	-4.6	107	-5	130	-5
第二产业	4944.4	6.3	3429.6	5.4	5250	4.8	5443	5
#工业	4026.7	5.1	2811.9	5.8	4231	5	4462	5
第三产业	20594.9	7	16053.3	7.1	22521	7.2	22916	7
全社会固定资产投资总额	8461.7	5.9	6093.7	5	8885	5	9196	4
总消费	19926.2	8.1	17150.6	8.6	21680	8.8	23609	9
社会消费品零售额	11005.1	6.5	8174.9	5.4	11632	5.7	12249	5.5
地区进出口总额（亿美元）	2820	-11.7	2354	13.5	3158	12	3489	10
居民消费价格总指数	101.4	1.4	101.9	1.9	101.8	1.8	102.6	2.6
城镇居民人均可支配收入	57275	8.4	46296	9.1	62315	8.8	67860	8.5
农村居民人均可支配收入	22310	8.5	19347	8.4	24139	8.2	26215	8.3

注：2017年3季度开始，地区生产总值（GDP）季度核算实施研发支出改革，将研发支出计入地区生产总值部分进行补充核算。

五、对策建议

（一）从解决区域发展不平衡问题中要动力

不平衡不充分发展是我国社会的主要矛盾所在，也是发展的潜力所在。国家在过去的十年间，经济发展不平衡问题得到一定程度的改善，发展程度最高的省份与最低的省份在人均GDP上的差距由2006年的8.5倍下降至2016年的4.1倍，教育支出、社会保障与就业、医疗卫生与计划生育的三项人均财政支出总额的差距由4.6倍下降至3倍左右。根据研究机构测算，我国"十三五"时期区域平衡发展能够拉动GDP的潜力在0.8个百分点左右。与其他省（市、区）相比，北京市正在推动非首都功能疏解，对于经济增长来说，这是挑战，更是机遇，能够以前所未有的力度和速度解决发展中的南北不平衡、副中心与中心城区的不平衡，以及中心城区与郊区平原地区、生态涵养区的不平衡，拉动经济增长的潜力更大。

（二）要做优投资做强消费

在后工业发展阶段，抓投资的思路要从做强投资到做优投资转变，从重总量向抓实物量转变。要抓实体经济拉动作用强的建安投资，增强有形资产投资质量；适应当前科技文化企业轻资产的特征，新的统计核算办法中已经将研发支出算作固定资本形成，今后在实际工作中要更加重视无形资产投资增量。在投向上，要坚持质量第一、效益优先，找准有效投资的发力点，突出创新驱动，加大对科技、金融、信息、文化创意、商务服务等现代服务业以及集成电路、新能源等高技术产业和新兴产业等领域的投资；突出"补短板"，在疏解整治促提升、污染防治攻坚、交通拥堵治理、基本公共服务均等化等方面加大投资力度，不断扩大公共产品和公共服务供给。

抓消费的思路要从做大消费到做强消费转变，不断增加消费的有效供给。从重商品消费到重服务消费转变，经历了从1997年商品供求总量矛盾基本得到解决到现在20余年的发展，商品消费需求已经基本得到满足，在消费中的比重不断下降，2017年1~3季度在总消费中的比重已经下降至47.7%，今后的发展是如何做优的问题，要提升消费品标准和质量，规范经营秩序，改善消费环境。服务性消费发展相对滞后，总量矛盾与结构问题都十分突出，特别是在公共服务方面。要利用好首都信息、科教、文化、卫生、体育、金融等优势资源，鼓励民间资本和外商资本进入教育培训、健康医疗、养老服务、体育休闲领域，扩大行业准入范围、降低准入标准，在土地使用、人才引进等方面予以支持，满足中高收入群体层次高、个性化强的消费需求，使消费结构更加契合首都城市战略定位。

（三）发展实体经济要突出服务型制造业的特色

实体经济是建设现代化经济体系的着力点，是科技创新的载体，是

"高精尖"经济结构的重要组成部分。作为超大型都市，北京不适合发展一般性制造业以及高端产业的制造环节，需要更多地发展服务型制造。要推动制造业本身的价值向服务端转移，大力发展工业设计，推广个性化定制服务，实施质量品牌战略，促进知识产权产业化和服务型制造标准化；要促进制造业与服务业深度融合，推动制造业企业发展模式升级，以信息化为桥梁促进工业与服务业融合，推广以智能制造为代表的信息制造模式，建设网络化协同制造服务体系，鼓励支持企业发展服务外包业务；要围绕重点电子信息、汽车、装备制造等重点产业，打造"制造—服务"产业链，进一步发挥产业集群效应和知识外溢效应。

（四）要加大对总部企业扶持力度留住优质企业

从北上广深等城市以及滨海新区等国家级新区的总部经济扶持政策来看，北京市吸引总部企业的政策"含金量"相对较低。**一是**"门槛"较高，享受注册资本奖励需要企业注册资本达到1亿元以上，深圳为1000万元以上。**二是**在补助办公用房方面差距较大。天津滨海新区对新引进总部企业购买的自用办公用房，按1000元/平方米的标准给予最高1000万元的资金补助；租赁的自用办公用房，5年内给予50%的租金补助，每年最高不超过200万元；对有特殊需求的重点总部企业，提供用地并根据企业实际需求代为订制办公、生产用房。**三是**在吸引高端人才方面，天津滨海新区对新引进总部企业的高管即时办理天津市人才绿卡，取得绿卡即享受本人及家属的落户政策，并为家属提供就业机会，同时安排解决子女的入学和入托问题；新引进总部企业年纳税额超过1000万元的，其员工享受"就业即落户"政策。北京市需要加大力度支持与首都城市战略定位相匹配的总部经济发展，引导总部企业向价值链、产业链、创新链高端发展。

（五）要进一步扩大服务业开放

关于进一步扩大服务业开放方面，北京大有可为。**一是**要抓住国家推进"一带一路"建设的时机，推进北京国际交往中心建设。北京有近两百家驻华使馆，有几十个国际组织和代表处，要为这些机构组织国际会议和相关活动提供便利，也可与他们合作举办国际会议，这些活动本身将带动北京服务业发展。二是北京本地企业要更多“走出去”，不仅可以促进北京国际交往中心建设，还可扩展北京的发展空间。截至2016年底，我国企业在36个国家建立了77个产业合作园区。国内一些省市，如江苏、山西等，由当地的大型企业牵头，当地政府给予支持，在海外建设产业合作园区，取得了不错的效果。北京可参照此类做法进行操作，也可与央企合作建设。三是发挥专业化智库对国际交往和经贸合作的先行作用。目前国内关于中亚、西亚、南亚、北非、中东欧等区域的研究难以满足需要，北京各类智库可在相关区域或专业领域，联合央属研究机构和企业，深入开展研究，促进国际交往和经贸合作。

（执笔人：王维然①、杨永恒②、杜小虎③）

① 王维然，北京市经济信息中心主任。

② 杨永恒，北京市经济信息中心经济研究部副主任，高级经济师，研究方向为数量经济、区域经济。

③ 杜小虎，北京市经济信息中心经济研究部，助理经济师，研究方向为数量分析方法。

第二部分 综合篇

2017年北京市投资形势分析及2018年展望

摘要：2017年，北京市投资整体呈现放缓态势，前三季度增长5%，同比回落1.2个百分点。投资结构进一步优化，对房地产投资的依赖有所下降，更加注重产业投资，投资布局凸显功能区定位和区域协同导向，投资的经济效益与社会效益有所增强。但投资增速下行问题需客观看待，民间在京投资意愿弱、重点产业投资增长后劲不足、投资资金来源不足等问题比较突出。展望2018年，投资将在落实新版城市总体规划中发挥关键性作用，更多增加直接经济效益不明显的“补短板”投资，投资资金来源紧张态势仍将延续，预计北京市投资将继续回落至4%左右。

关键词：城市功能定位 有效投资 减量增效 质量效益

2017年，北京市全面落实习近平总书记两次视察北京重要讲话精神，实施新的城市总体规划，进一步凸显投资在城市功能定位和空间布局方面的引领作用，投资呈现出增长稳中趋缓、结构继续优化、效益有所提升的态势，预计全年投资增长呈现稳中略降趋势，增速小幅回落至5%，拉动经济增长近两个百分点。2018年，积极贯彻党的十九大报告指出的发挥投资对优化供给结构的关键性作用，推动投资发展由追求规模速度向注重质量效益转变，投资的供给和需求双重效应将充分显现，围绕“建设一个什么样的首都，怎样建设首都”的重大问题扩大有效投资，同时，稳增长、调结构、优功能、补短板、惠民生方面的投资需求仍将持续释放。预计2018

年北京市投资将有所回落，全年实现4%左右的增长（见图1），其中，基础设施投资将高位回落，房地产开发投资有望实现由负转正的小幅增长，产业投资小幅下滑。

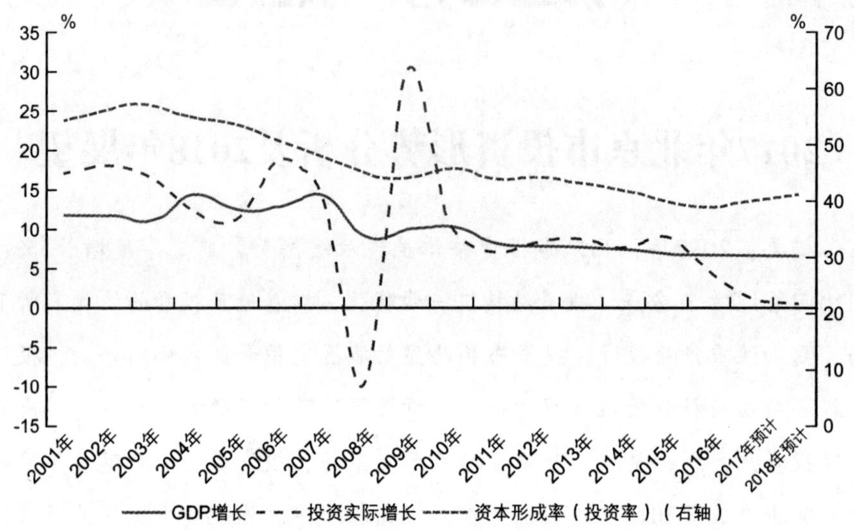

图1　2001~2018年北京市GDP增速、投资实际增速及投资率

一、2017年北京市投资导向和主要政策

2017年，北京市投资按照城市总体规划要求，紧紧围绕“四个中心”建设，在有序疏解整治中优化提升首都功能，在资源环境承载力硬约束下确定投资的用地规模和开发强度，在构建“高精尖”经济结构体系过程中更加注重充分释放投资主体活力，通过构建“亲”、“清”新型政商关系营造良好投资环境，保障投资在疏解北京非首都功能、优化城市功能和空间布局，治理“大城市病”、构建超大城市有效治理体系，提高城市发展水平和民生保障服务水平，促进均衡发展方面发挥先行引领作用。

（一）投资目标更加聚焦提升首都功能

紧紧围绕新版城市总体规划，落实首都城市战略定位，在“疏解整治促提升”、污染防治攻坚、交通拥堵治理、住有所居、基本公共服务均等化等方面加大投资力度，**一方面**，继续紧抓重点工程建设这一投资的“牛鼻子”，近年，重大工程项目数量及投资规模持续增加，2017年重点工程项目数量230项，比2016年增加20项，当年计划投资2744亿元，比2016年增加118亿元。项目投向更加注重京津冀协同发展与生态环境提升领域投资，京津冀协同发展重点项目个数由2015年的16个大幅增加至62个，生态环境提升项目新增9个项目至50个。治理“大城市病”，提升城市服务水平的重点项目有所增加，2017年新增加城乡结合建设项目4项，进一步突出对便民设施类民生改善项目的支持。**另一方面**，按照疏解功能谋发展的要求和全国科技创新中心的定位，突出创新驱动发展，大力发展服务经济、知识经济、绿色经济和总部经济等“高精尖”经济，以“三城一区”和中关村示范区建设为抓手，加大对科技、金融、信息、文化创意、商务服务等现代服务业及集成电路、新能源等高技术产业和新兴产业的投资，更多吸引符合首都城市战略定位的产业、企业、人才、品牌、活动等落户北京。

（二）投资发展注重向质量效益转变

坚持质量第一、效益优先的原则，不断优化投资结构，扩大有效投资。**一是**加大“补短板”投资力度，投资向污染防治攻坚、交通拥堵治理、保障性住房、基本公共服务均等化等方面倾斜。**二是**在发展全国科技创新中心及文化创意总部的导向下，投资更多聚焦新兴领域、高端环节和创新业态，发展先导性强、附加值高、资源能源消耗低的文化科技融合产业、现代互联网技术、科技服务业等。**三是**通过发展混合所有制、政府和社会资本合作等方式，引导社会投资积极参与符合首都功能定位的产业，特别是鼓励民间投资进入轨道交通装备、“互联网+”、大数据和工业机器人等产业链长、带动效应显著的行业领域。**四是**减少投资对房地产的依赖。坚持“房子是用来住的，不是用来炒的”定位，综合运用“疏堵结合”政策措施引导房屋回归居住属性，房地产调控由需求调控为主向需求和供给调控并重，更加注重长效机制建立，引导房地产市场健康有序运行。在需求端实施限购、限贷、限价、限售、限商住等系列举措抑制炒房等投机投资性需求，在供给端持续加大政策性住房土地供应，制定《北京市2017~2021年及2017年度住宅用地供应计划》，五年内供应6000公顷住宅用地建设150万套保障性住房，出台《北京市共有产权住房管理暂行办法》《关于加快发展和规范管理北京市住房租赁市场的通知》，探索建立租购并举机制，实现住有所居的目标。

（三）土地供应坚持减量增效与存量提升并举

一是加强土地供应供给侧结构性改革，坚持减量发展，实施城乡建设用地减量规划，从更大的空间尺度优化用地结构布局，保障城市发展、产业转型的土地供应。2017年北京市国有建设用地计划供应4140公顷，与2016年基本持平，用于保障城市高效运行的公共设施用地有所增加，公共管理与公共服务用地增加150公顷至850公顷，交通运输用地增加400公顷至2000公顷。二是探索建立住宅用地供应长效机制，完善租购并举的住房体系，北京市计划供应住宅用地1200公顷，与2016年相比，大幅减少商品住宅用地200公顷，增加集体土地租赁房用地200公顷。三是保障投资于北京市产业的民营企业合理用地需求，创新基础设施和公共服务项目供地政策，落实发展新产业新业态的供地政策，北京市财政局、北京市规划和国土资源管理委员会《关于政府和社会资本合作（PPP）项目用地有关事项的通知》（京财经二[2016]2520号），明确可将通过竞争方式确定项目投资方和用地者的环节合并实施，进一步明确和规范了PPP项目供地政策。四是探索存量土地发展提升创新，建立新增建设用地与疏解腾退土地挂钩机制，开展农村集体经营性建设用地乡镇统筹利用试点，对承包经营权确权登记颁证，推进土地征收制度改革。

（四）进一步扩大利用民间投资和外商投资

着力激发并充分释放民间投资活力，继续深入落实民间投资27条措施，落实《关于发挥民间投资作用 推进实施制造强国战略的指导意见》，发挥民营企业在制造业领域主力军和突击队的作用，引导民营制造业企业转型升级，激发民间投资活力；通过联席会议制度，构建政企沟通长效机制和政策反馈机制，健全民间投资协调促进机制；优化提升北京市促进民间投资信息平台建设，及时发布新政策信息及投资服务信息，服务好社会与民间投资。贯彻落实国家关于扩大对外开放积极利用外资相关政策的实施意见，进一步扩大利用外商投资；修订《外商投资产业指导目录》及相关政策法规，放宽服务业、制造业、基础设施建设等领域外资准入限制，支持外资参与创新驱动发展战略实施、制造业转型升级和海外人才创业发展；借助京交会、京港洽谈会、科博会等平台，积极吸引外商投资。

（五）营造更加开放的投资环境

纵深推进服务业扩大开放，落实《深化改革推进北京市服务业扩大开放综合试点工作方案》新一轮措施，放宽科学技术服务等六大领域及育幼养老等竞争性领域外资准入限制。大幅提高投资审批效率，实施《关于完善北京市公共服务类建设项目投资审批改革的意见》《关于公共服务类建设项目投资审批改革试点市政府集体审议工作的暂行规定》，将投资项目审批、核准、备案全部通过投资项目在线审批监管平台统一办理，再压减50%的政府核准投资事项，实现投资审批"一张网"。修订《北京市投资促进局促进首都功能产业指导目录》，加强项目统计管理。开展营商环境跟踪评估，根据投资人和企业普遍性诉求解决好企业共性化与个性化需求；通过京港会、京洽会等投资促进活动挖掘有效项目与落实产业项目的潜力。持续改进提升政务服务水平，深化减证便民专项行动，构建普惠化智慧惠民服务体系，推进"互联网+政务服务"，推进政务服务标准化和规范化，实现数据"一次汇聚、多次共享"，打造"一号申请、一窗受理、一网通办"的对外政务服务统一门户。

二、2017年北京市投资运行特点

（一）投资整体呈现放缓态势

2017年1~9月，北京市完成全社会固定资产投资6093.7亿元，同比增长5%，扣除价格因素实际仅增长0.6%（见图2），与2016年同期水平相比，实际增速下滑5.7个百分点。从年内投资运行看，投资增长逐季放缓，前三季度分别实现7.9%、6.2%、5%的增长，全年预计实现5%左右的增长。北京市投资增长放缓与北京市全年大体量投资项目投资完成进度良好、政府投资项目投资节奏加快、采暖季环保限产、社会投资意愿不足密切相关，**一是**上半年城市副中心行政办公区首批办公楼主体结构封顶，二次结构砌筑及幕墙施工基本完成，新机场航站楼钢结构全面封顶；二是截至7月底，北京市550亿元市政府固定资产投资计划提前全部下达完毕，39个中央预算内投资项目开工32个，开工率高达82.1%，开工率在全国排名前列；三是实施2017~2018年秋冬季建设系统施工现场扬尘治理攻坚行动方案，停止城六区、新城区及经济技术开发区及建成区的道路工程、水利工程等土石方作业和房屋拆迁施工，影响北京市四季度及全年投资增长；四是京津冀区域政策较多变化导致社会投资落地北京意愿不足，主要表现为疏解非首都功能及设立雄安新区等政策导致社会投资多持观望态度，以及民间投资进入教育、医疗、养老等公共服务领域“最后一公里”的问题尚待解决。

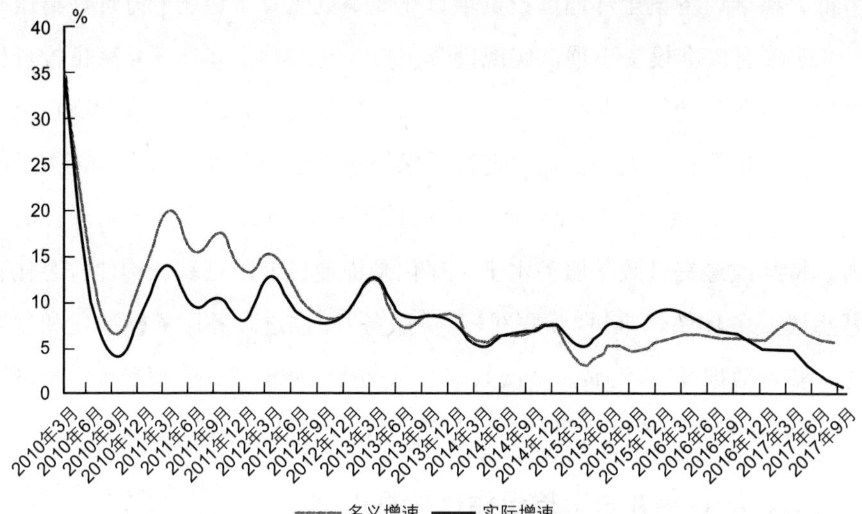

图2　2010年以来北京市全社会固定资产投资各季度名义增速与实际增速

（二）投资结构进一步优化

2017年，北京市投资在加快建设国际一流和谐之都、落实首都城市战略定位中的引领作用凸显，更多投向京津冀协同发展、生态环境提升、基础设施建设、民生改善、“高精尖”产业等与打造首都为核心的世界级城市群相关的重点领域，同时，北京市投资结构继续优化，房地产开发投资比重持续下降，基础设施投资继续高速增长，高技术产业投资带动下的工业投资保持良好增长势头。投资主体结构有所改善，非国有投资的主体地位开始加强，但民间投资表现仍不够活跃。

投资对于房地产的依赖继续降低。受2016年9月30日开启的一系列最严房地产调控政策影响，房地产开发投资连续19个月呈负增长态势，2017年1~9月房地产开发投资比2016年同期下降6.8%，是仅次于2008年的历史同期低位；占全社会固定资产投资的比重持续下降，由2016年同期的49.2%大幅下降至43.4%（见图3），是2012年以来同期的最低水平。但房地产开发有效投资有所增加，合计占比三成的建安投资、设备工器具投资等年内增长呈缓中趋稳态势，1~9月同比分别增长-3.3%、17.3%，比2016年同期分别提高5.2个百分点、31个百分点。从房地产开发投资结构看，受住宅新开工项目大幅减少，在施项目投资增长大幅放缓影响，占比四成以上的住宅投资增长由正转负，下降10.6%，与2016年同期相比下跌11.3个百分点，下拉房地产开发投资近5个百分点；受限制商改住、商服用地供应减少及中国樽等CBD项目、王府中环项目建设结束影响，占比五成以上的写字楼（办公楼）、商业、非公益用房及其他投资延续负增长态势。四季度，受房地产调控常态化持续影响，北京市房地产商品房新开工项目依然较少，续建项目进度仍将缓慢，但政策性住房还需要完成大约142亿元的投资，预计全年房地产开发投资降幅将有所收窄，但仍延续负增长态势，预计全年下降5%。

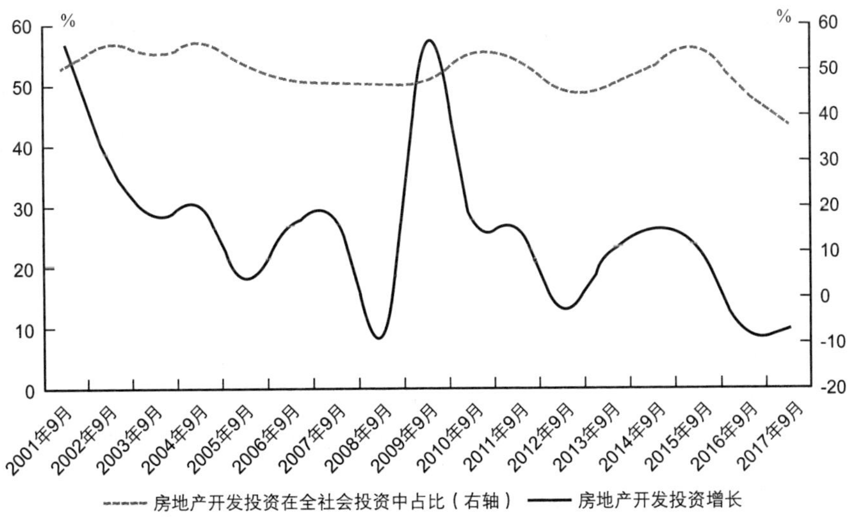

图3　2001年以来历年1~9月北京市房地产开发投资累计增速及占投资比重

重大项目带动下基础设施投资保持快速增长。一是基础设施投资保持高位运行态势。2017年1~9月，基础设施投资完成1960亿元，同比增长26.9%，是2013年以来同期最高水平，占比32.2%，同比提高5.6个百分点（见图4），并达到2009年以来的同期最高水平，对投资增量的贡献率达到144.3%。从年内运行看，受财政支出节奏加快、项目推进进程提速影响，基础设施投资呈现波动放缓趋势，增速由年初71.5%的高位放缓至上半年及三季度的21.8%、26.9%。二是重点领域重大项目投资建设进展顺利。城市副中心重大工程加快建设，1~9月新开工项目与在施项目大幅增加，累计完成投资400多亿元。首都地区环线高速、京霸铁路、京唐城际铁路、新机场高速加快建设，带动交通领域完成投资700多亿元；煤改清洁能源项目提前启动、电网项目支撑作用明显，西六环中段天然气工程、热电中心项目加快建设，带动能源领域投资完成近300亿元，完成投资情况远超预期；永定河生态廊道、京冀生态水源保护林等生态合作项目有序推进，完成水务领域投资近200亿元；环首都森林湿地公园体系加快建设，带动绿化领域投资100多亿元。

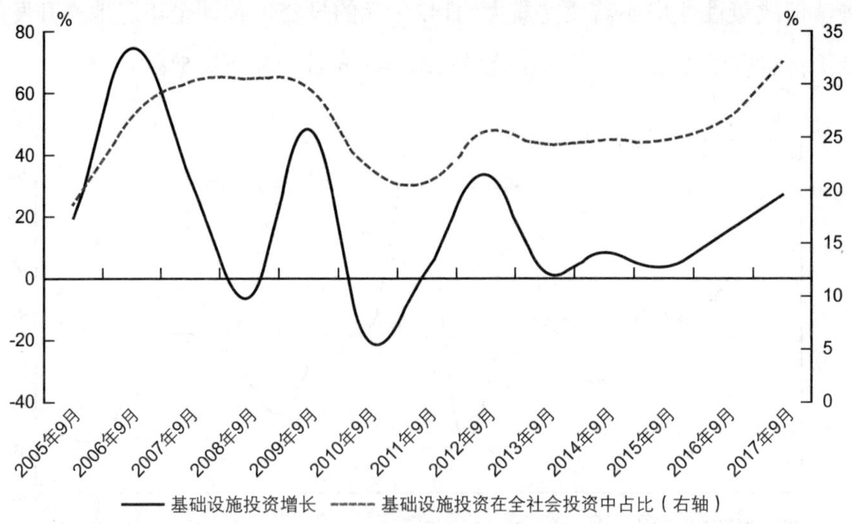

图4 2005年以来历年1~9月北京市基础设施投资累计增速及占投资比重

产业投资呈现“一增一稳一降”的运行态势。第一产业投资快速增长。2017年1~9月，第一产业投资完成65.3亿元，同比增长13.3%，达到2014年同期以来的高位，农村产业融合有序推进。房山区、大兴区农村产业融合发展试点示范区已颇具规模，不断加大投资支持沟域经济发展。2017年转移支付财政资金1.5亿元，市政府固定资产投资1.8亿元，支持门头沟、房山、延庆等山区沟域和乡村旅游发展。**高技术制造业投资带动下第二产业投资保持平稳增长态势。**2017年1~9月，北京市第二产业投资完成562.8亿元，同比增长15%（见图5），延续2016年以来两位数的增长态势。反映企业技术更新升级的工业技改投资保持两位数增长；从重大产业项目看，“高精尖”产业项目对工业投资提供有力支撑，2017年北京市共有新建“高精尖”产业重点项目16项，包括地球系统数值模拟等两个国家重大科技基础设施项目，材料基因组研究等5个前沿交叉研究平台，在建高技术制造业项目130余项，其中中芯北方和中芯北京项目完成投资占高技术制造业投资的比重超过六成。**第三产业投资增长有所放缓。**1~9月，第三产业投资（不含房地产开发投资）完成2695.5亿元，同比增长15.8%（见图5），较2016年同期放缓个10.9百分点。符合首都功能定位的产业投资快速发展，信息传输、软件和信息技术服务业实现50.1%的高速增长，快于2016年同期70.9个百分点，租赁与商务服务业基本保持90%以上的增长水平；占比三成的交通运输、仓储和邮政业，合计占比四成的房地产业和水利、环境

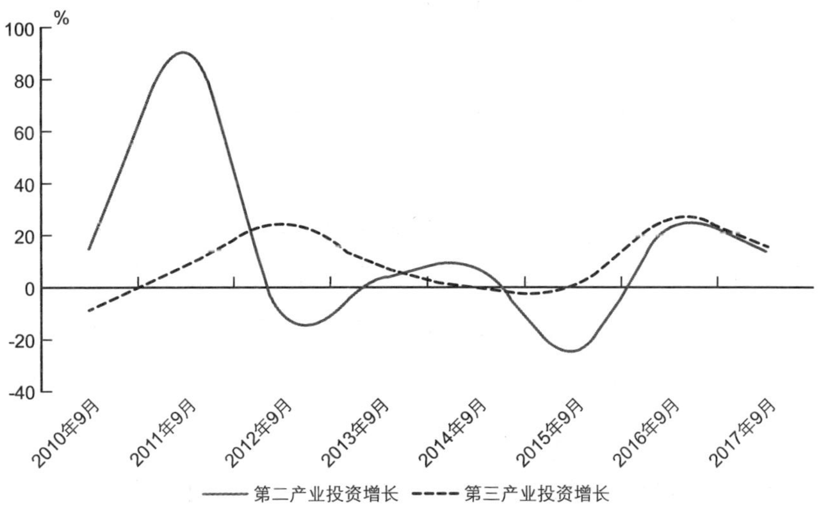

图5　2010年以来历年1~9月北京市第二产业与第三产业投资累计增速

和公共设施管理业投资均不同程度放缓；受环球影城、国家自主创新示范区房山园良乡东区等项目建设高峰期结束影响，文化创意业、科技服务业增速有所下降。

（三）投资布局注重功能区定位和区域协同

北京市市域投资紧紧围绕首都四个中心的战略定位，中心城区坚持疏解存量与严控增量相结合，首都核心功能区与城市功能拓展区坚持疏解非首都功能与城市综合整治并举，西城区整合全区文化资源，实施《西城区文化创意三年行动计划（2018~2020）》，东城区重点建设历史文化传承发展轴、东二环高端服务业发展带、王府井商业发展带、永外现代商务区等区域，创新发展金融服务业，优化发展商务服务业、拓展发展信息服务业，投资保持平稳增长态势，2017年1~9月首都功能核心区投资增长8.9%，同比提升4.8个百分点；朝阳区“一廊两带三区”建设、海淀区高新技术产业集聚区与永丰基地建设、丰台区丽泽金融商务区建设等带动城市功能拓展区投资保持平稳增长，占北京市投资比重同比提高1个百分点。城市发展新区对接空间腾退与功能优化提升，通州区积极腾退瓦片经济、大院经济等，加快城市副中心配套设施建设，深入推进“三城一区”建设，打造世界知名科学中心，提高创新驱动承载力，承接投资功能不断增强，1~9月完成投资2506.4亿元，增长3%，占北京市投资比重41.1%，与2016年同期基本持平。

深入落实京津冀协同发展战略，全力支持雄安新区建设，着力改变单中心集聚的发展模式，在更大空间范围内优化投资布局，从北京对津冀投资看，2017年1~9月，北京对津冀两地所投企业的注册资本总额达到2440.9亿元，其中，在天津滨海新区等热点区域带动下，北京对天津投资增长平稳；雄安新区设立极大加快北京企业布局河北进程，带动北京对河北投资的大幅增长并呈现赶超天津之势。

（四）投资效益有所增强

投资的经济效益有所增强。2017年1~9月，北京市建安投资完成2216.1亿元，增长8%，快于2016年同期6.4个百分点，带动北京市投资增长2.9个百分点。设备工器具购置完成投资877.1亿元，增长10.5%，占全社会固定资产投资的比重提高0.7个百分点至14.4%。土地购置费等其他费用完成投资2872.3亿元，下降1.6%，与2016年同期相比增长由正转负。建安投资和设备工器具购置均对经济增长有拉动作用，特别是建安投资反映投资实际工作量，对经济增长的拉动直接有效。投资内部结构的优化反映出投资经济效益有所提高。

投资的社会效益开始显现。与百姓生活息息相关的棚户区改造、基础设施投资领域快速增长，1~9月份，北京市累计完成棚户区改造40718户，比2016年同期增长46%，京津冀区域高速公路“断头路”全部打通，三地相邻城市间“1.5小时交通圈”加快构建，年底前增加城市休闲公园15个，公园绿地500米服务半径覆盖率将提高到77%；北京市路网、轨道交通和市政配套设施建设取得明显成效，城市运载力进一步加强，1~9月地铁通车总里程574公里，位于全国前列；城市管理和服务能力不断提升，100处道路拥堵节点通过“微手术”缓解，东四、交道口、北新桥等13处平房集中区域将在2017年底建成胡同立体停车场，开通“-MyBeijing-”免费无线上网服务的场所近300个等。

三、投资运行中需要关注的问题

（一）客观看待投资增速放缓态势

近年来北京市全社会固定资产投资呈现放缓态势，由2001~2010年年均13%以上的增长，下降到2011~2016年年均6%的增长。2017年前三季度增长5%，已经不及2011年同期的三分之一，全年预计增长5%，明显低于2011年以来年均6%以上的增长水平。投资率则由2010年的45.7%下降到2016年的39.2%，对经济的贡献率也由2010年的51.8%下降到2016年的33.5%。究其原因，以2017年为例，大体量投资项目主体建设工程提前完工，房地产调控持续加码是直接影响因素。但客观来说，随着城市发展逐步成熟，城市承载力不断提升，发展符合首都功能定位的文化创意产业、科技创新产业等多具有轻资产特征，投资无形资产的比重高于固定资产，造成当期资本形成难以高增的状况；同时，探索建立房地产长效机制下，将不再依赖房地产开发拉动投资增长的模式，特别是在强化减量发展的背景下，投资增长放缓具有其合理性，这也是经济发展向高质量阶段和高端经济结构调整的规律使然，更符合超大城市的发展特征。新常态下，投资将在高位平稳运行，应将对投资总量的关注转变为对投资质量、投资结构的关注上，转变到对城市发展短板的投资、契合和提升首都功能定位的产业投资以及市场主体的各类社会投资的关注上，转变到对有效投资的关注上。

（二）民间投资在京意愿仍显不足

民营经济是经济运行中的突出亮点，北京市民间投资意愿不足问题尤其值得关注，自2016年以来，民间投资由两位数的高速增长转为持续负增长，2017年1~3季度，北京市民间投资完成1857.7亿元，下降4.5%，与2016年同期相比继续回落2.6个百分点；民间投资项目继续减少，截至9月底，北京市在建民间投资项目共1550个，同比减少64个，新开工117个，同比减少55个。究其原因，一是民间投资在房地产开发领域的集中度仍然较高，民间投资投向房地产开发投资的比重已由原来的八成以上下降至七成，比重的小幅下降并不必然代表民间投资投向的优化，可能更多反映的是持续最严房地产调控政策的影响，而房地产开发行业投资回报率高、投资回收前景好对民间投资持续有较强的吸引力；也从侧面反映出电力、水利设施、铁路、卫生、医疗及服务业等领域的体制机制制约仍存，“大国有、小民间”的首都投资格局持续保持。二是民间投资对北京市各领域政策的预期仍不稳定。新版城市总体规划紧紧围绕“四个中心”的战略定位，明确通过疏解腾退、留白增绿优化城市功能和空间布局，通过“疏解整治促提升”、“腾笼换鸟”构建“高精尖”经济结构，在大力推进疏解进程的同时，对减量谋发展、优化利用存量空间、引入高端增量等问题的解决方案尚不明确，各领域的详细规划尚未落地，也未制定引入民间资本进入“高精尖”产业的政策，不利于稳定民间资本在北京投资预期。三是在推进雄安新区建设及深化京津冀协同发展促进下，北京市民间投资积极布局津冀。龙信数据显示，随着三地互联互通交通体系等基础设施的进一步完善，“2＋4＋N”的产业承接平台体系的构建，2017年1~9月，北京市各类资本流向河北的企业投资金额653亿元，同比增长73%，随着北京市较多的民间资本纷纷布局雄安新区、滨海新区、张北地区等环京区域，北京自身民间投资增长放缓问题值得关注。

（三）重点产业投资增长后劲不足

产业投资关系到产业发展后劲，北京市在疏解非首都功能方面已经实现飞跃式进展，而在构建“高精尖”经济结构方面仍需不断探索。**一是**制造业过度集中于少数行业和少数企业，高技术制造业单点支撑现象突出，制造业增长基础不稳固。2017年1~9月，受高技术制造业投资增长由正转负影响，北京市制造业完成投资247.6亿元，下降12%，同比大幅回落37.5个百分点，其中，占高技术制造业比重近八成的的计算机通信和其他电子设备制造业投资增长下滑近150个百分点；同时，过度依赖中芯国际企业项目完成投资，其在建项目占高技术制造业投资超过六成。**二是**符合首都功能定位的新兴服务业发展尚不具规模，影响投资增长后劲。2017年1~9月，符合“四个中心”战略定位的文化创意业受环球影城项目进入平稳期影响，增速同比下降9.7%，科技服务业在中关村房山园等项目建设高峰期结束后，增速同比下降11.3%。**三是**产业投资跨越北京平原新城流向雄安新区的问题值得关注。当前北京平原新城地区产业转型步伐缓慢，项目、资源、创新要素支撑格局尚未形成，而国家和北京对雄安新区全力支持的表态，将尽快推动一系列新区发展规划及具体政策举措出台，助力雄安新区成为吸引高端要素的高地，这就增加了北京“高精尖”产业直接落户雄安新区的可能，进而导致平原新城地区成为投资“洼地”，影响北京市“高精尖”产业投资增长后劲。

（四）投资资金来源明显不足

受国家降低金融业杠杆、规范管理地方政府购买服务及政府投融资相关政策影响，北京市本年投资资金来源明显回落，2017年1~9月，北京市本年投资资金来源增长4.1%，同比回落17.7个百分点。**一是**北京市投资资金的保障程度显著偏低，近年投资的资金充足率持续低于1.0，1~9月为0.6，低于国家整体投资资金充足率0.4个点，更是低于上海市整体投资资金充足率0.6个点。二是国家预算内到位资金持续紧张问题难以缓解，主要是受深入落实国家减税降费政策，强化地方政府债务限额管理、预算管理，进一步推进融资平台公司市场化转型等系列财政政策举措持续影响，近年北京市用于资本性支出的财政资金有所减少。三是支持实体经济发展的信贷资金“脱虚入实”的机制尚不健全，2016年以来，我国坚持稳健货币政策，更加注重防范化解系统性金融风险，多措并举切实降低金融业杠杆，但部分资金流向专项信托、保险等行业通道类业务，支持实体经济发展的资金仍然不足，1~9月，北京市银行及非金融机构贷款增长2.4%，同比回落52.3个百分点，预计全年增长由负转正，但仍将处于低位。四是企业自筹资金增长转负，1~9月，自筹资金下降4.7%，同比回落36.7个百分点，这既有防范金融风险政策影响，企业资金综合加权平均资本成本有所上升，股票、债券等直接融资方式在严厉的金融市场监管下，取得资金难度有所增大；还有企业投资意愿不足的影响，特别是在当前北京发展战略的调整下，民营企业投资观望较多，投资意愿明显不足，导致企业自筹资金的减少。

（五）土地利用方式创新需要进一步探索

目前，北京市在实现城乡用地建设规模减量、降低平原地区开发强度方面取得了明显成效，但在调整土地利用结构，促进低效工业用地转型、转性方面，现有土地政策和管理办法的制度性约束依然较强，仍需进一步探索有效盘活存量用地方式。一是土地使用性质和建筑使用功能的变更难度大制约产业转型，现有政策规定，工业用地仅可用于工业生产，行政办公及生活服务设施用地面积之和不得超过工业项目总用地面积的5%，建筑面积不得超过总建筑面积的10%，但产业转型升级过程中，高端环节比重不断加大，对行政办公及生活服务设施用地面积的需求增加，既有用地配置的规定制约企业发展。二是现有政策制约腾退空间再利用，主要是郊区新城在“疏解整治促提升”专项行动中腾退出大量建设用地，但由于土地转型需要补缴地价款过高等因素影响，腾退空间再利用受限，大量仓库厂房处于闲置状态。三是土地出让后，相关执法部门对土地利用监管力度不够，导致土地闲置、土地单位产出偏低等问题长期存在，如中关村示范区通州园和房山园2016年地均产出仅为0.18亿元/公顷和0.19亿元/公顷。另外，项目退出机制不够健全，园区进驻企业转让自有用地时缺乏政策干预等都会影响用地效率。

四、2018年投资形势判断

2018年，外部环境不确定性因素依然较多，各类风险事件仍有较大概率发生，世界经济复苏基础仍脆弱，贸易和投资的限制壁垒将增多，我国经济转向高质量发展阶段，并处在转变经济发展方式、优化经济结构、转换增长动力的攻关期，优化投资质量、提升投资效益成为主攻方向之一。北京市投资将服务于首都城市战略定位，以新版城市总体规划为根本遵循，助推城市发展方式转变、城市功能优化调整、产业结构转型升级、人居环境切实改善，为实现城市各项发展目标的协调统一提供有力支撑。初步判断，北京市基础设施投资将高位放缓，房地产开发投资增长有望转正，产业投资将有所放缓，预计投资增长4%左右。

（一）投资将在落实新版城市总体规划中发挥关键性作用

投资将积极适应国内经济发展阶段的转变。国内经济由高速增长向高质量发展阶段的转变，要求未来经济发展必须坚持质量第一、效益优先，以供给侧结构性改革为主线，推动经济发展质量变革、效率变革、动力变革。投资将充分发挥优化供给结构的关键性作用，并保障稳增长、调结构、优功能、补短板、惠民生目标的实现，以投向引导促进投资动力转换，以结构优化促进投资效率提升，把投资转变为有效供给特别是中高端供给。

北京市投资将为保障城市发展目标实现提供支撑。北京市投资将紧紧围绕新版城市总体规划，更好服务于城市战略定位，充分发挥其在深化京津冀协同发展战略、推进城市功能重组和空间布局优化、完善城市治理体系、构建“高精尖”经济结构中的引导带动作用。契合城市功能布局，精准扩大有效投资规模，进一步推动城市东部的城市副中心建设，城市西部新首钢转型、冬奥工程建设，城市南部新机场及临空经济区建设，城市北部三大科学城、世园会建设，城市中部棚户区改造、城市基础设施和环境整治等工程投资。同时，坚持城乡建设用地规模减量，严格落实土地用途管制制度。2018年，北京市土地供应仍将维持从紧态势，并继续鼓励和引导利用存量建设用地，优化土地供应结构，增加保障房建设用地、市政基础设施、公共设施用地，盘活存量用地，优化利用腾退土地。

投资管理体制改革将进一步深化。2018年，将纵深推进"放管服"改革，优化审批流程，创新审批方式，继续精简行政审批事项，合并投资项目报建审批事项，进一步强化企业投资主体地位；放宽放活社会投资，探索发挥商会组织桥梁作用，构建"亲"、"清"新型政商关系，最大限度激发民间投资的潜力和创新活力；创新政务服务模式，完善政务服务机制，继续探索运用"互联网+"思维，构建统一、规范、多级联动的"互联网+政务服务"技术和服务体系，打造政务服务"一张网"；探索更加完善的投资调度与管理方式，形成常态化北京市投资调度机制。

（二）投资的资金来源紧张态势仍将延续

2018年，北京市财政收支紧平衡态势仍将延续，防范金融风险、降低金融杠杆政策影响下，信贷环境依然偏紧，资本市场融资难度有所增加。综合判断，北京市投资资金来源态势将更加紧张。

财政资金将保持平稳增长。北京市将确保财政资金的使用与供给侧结构性改革、京津冀协同发展战略、构建"高精尖"经济结构等目标深度结合，不断创新建设资金筹集方式，充分发挥财政资金杠杆作用，保障基本建设财政支出及时到位。在减税降费等减收因素有所弱化，环境保护税开征、水资源费改税等增收因素带动下，财政收入增长放缓的幅度将减小。虽然财政收支紧平衡的态势仍将延续，但考虑到更多PPP项目落地所吸引的社会资本，新增土地储备、公路收益等专项债券发行等因素影响，预计用于保障北京市重点项目加快建设的财政资金将保持平稳增长。

信贷资金增长仍将延续负增长。2018年，北京市仍将贯彻执行从紧的货币政策，切实防范金融风险，进一步降低金融业杠杆，继续加强对银行业治理，将同业存单纳入同业负债MPA（宏观审慎评估体系）考核，限制银行业表外资产无序扩张，信贷资金增长将延续放缓趋势，一般贷款加权平均利率将上行，企业融资成本将有所升高。继续降低非银行金融机构杠杆率，限制资管、私募基金等金融机构的通道业务，防范监管套利，从严审核股市、债市融资项目，再加上禁止土地配资的持续影响，将大幅推升企业融资成本，预计满足北京市投资项目的信贷资金仍将延续负增长态势。

自筹资金和其他资金或将处于低位。近年，北京有较多的投资资金流向天津、河北，主要是当前京津冀区域投资规划尚不稳定，特别是雄安新区规划尚未出台，民营企业对在北京投资普遍持观望态度，参与重大项目建设的资金较少。龙信监测数据显示，2017年1~9月，北京投向天津、河北的企业注册资本总额达到2440.9亿元，尤其河北被投企业的注册资本总额已超过2016年全年水平。2018年，在深入推进京津冀协同发展战略及雄安新区规划落地带动下，更多资金将投向津冀区域，下拉自筹资金及其他资金来源增长。同时，在提高财政资金使用效率的相关政策带动下，结转结余资金进一步盘活，企业利润虽然增长较快，但满足资本支出的资金规模有限，综合判断，自筹资金增长将处于低位；在其他资金来源中，房地产开发企业定金及预收款占比较高，严格的房地产市场调控政策下，北京市新房市场交易量将持续处于低位，这将较大程度拖累其他资金来源增长。

（三）2018年北京市投资将有所回落

2018年，北京市缺乏类似城市副中心、新机场主体工程等千亿元投资量建设项目，将一定程度导致基础设施投资高位放缓，而城市功能完善、民生改善、生态环境提升方面的项目依然能带动基础设施投资增长，保证对投资70%左右的贡献，在房地产长效机制建设不断完善下，房地产开发投资将转入低速增长时期，对投资的贡献将由负转正，产业投资将波动放缓，由于其所占比重较小，对投资增长影响不大；考虑到2017年建设项目计划总投资放缓，新开工项目投资规模增长转负，续建项目投资规模将有所下降，预计2018年内投资增速将小幅回落至4%左右。投资结构将进一步优化，建安投资和设备工器具购置投资仍将保持较快增长，土地购置费用等其他费用将延续负增长态势。

1．基础设施投资将高位放缓

在城市副中心、新机场等千亿元级重大项目投资带动下，2017年北京市基础设施投资高速增长，增速基本保持在20%以上，1~9月增长26.9%，比2016年同期提高12.3个百分点。2018年，受较大投资量的建设项目缺乏影响，北京市基础设施投资将高位放缓，但在以冬奥会、世园会等重大活动及补齐城市发展短板的基础设施项目带动下，仍能保持10%左右的增长水平，预计带动全社会固定资产投资增长约3个百分点。

基础设施建设规划多为前期规划的延伸和完善。《2018年北京市缓解交通拥堵行动计划》有望出台，继续在2017年基础上确保达到600公里以上的轨道交通运营里程，中心城区路网交通指数控制在5.7左右，绿色出行比例达到72%以上；落实新机场临空经济区建设的控制性详细规划将陆续出台；落实2018年冬奥会场馆及配套基础设施建设计划，加快建设国家速滑馆等多项冬奥会、冬残奥会续建工程；对接雄安新区的投资在交通领域率先突破，京雄城际铁路等交通线路将加快建设。

重点领域建设项目支撑带动作用有所减弱。一是2018年大多数新增及续建基础设施项目将是重点领域及区域的配套项目，项目投资的辐射带动作用弱于主体工程项目，如服务于城市副中心的交通、生态环境治理等项目，当年实际投资不足300亿元；新机场相关的轨道交通、高速公路、综合管廊等项目贡献的投资量，远不及主体工程800亿元的投资量。二是续建重大项目完成当年建设进度的投资与往年持平，带动作用有限。环球主题公园一期工程地上建筑将全面开工，世园会等文化旅游项目基本完工；投资1000亿元左右完善城市交通路网；300多亿元用于水环境治理与供水工程建设，煤改清洁能源项目投资近百亿元；公共服务及便民设施当年投资约50亿元。以上项目多为续建项目，仅按照建造进度于2018年形成一定量投资，并不带动更多投资。

系列举措下，基础设施项目建设的政府引导资金将进一步规范。一是将着力完善PPP法规政策体系。近年，北京市PPP项目增长迅速，从2012年的4个快速增加至目前的114个，项目落地率达60.4%，超过全国平均水平33.2个百分点。2018年将是PPP项目规范年，随着财政部PPP相关条例推进及《北京市政府和社会资本合作（PPP）项目库管理办法》等规范项目建设制度构建，预计财政资金的运用、社会资本的进入将更加规范。**二是**将加大政府投资引导基金规范管理力度。2017年已设立市级子基金25支，投资实体经济企业项目800多个，放大倍数约1:3.5，2018年将对子基金开展自查、规范运行，或将出台政府投资基金管理办法，强化引导基金管理。

2. 房地产开发投资有望实现正增长

自2016年“9•30”以来，北京市保持最严房地产调控态势，从土地、信贷、交易等环节密集出台系列调控政策，房地产开发投资连续19个月负增长，2017年1~9月下降6.8%，各月呈现降幅波动收窄态势。2018年，在房地产市场预期趋于稳定，刚性需求和改善性需求部分释放的带动下，预计房地产开发投资有望实现1%左右的增长，拉动全社会固定资产投资增长近0.5个百分点。

房地产开发投资相关的先行指标呈改善态势。一方面，在较快土地供应节奏下，土地实际成交规模大幅增加，2017年1~9月，实际成交土地74宗，比2016年同期多51宗，合计成交面积552.4万平方米，是2016年同期的1.7倍，成交总额达到1847.4亿元，同比增长315%，扭转2016年以来的负增长趋势。根据土地交易走势领先于新开工面积与施工面积1年左右的历史规律，2018年房地产新开工面积与施工面积增速将有所提升，按照每平方米投资量粗略估计，或将带动房地产开发投资增加200多亿元。**另一方面，**在供暖季停工等环保限产政策影响下，新开工面积与施工面积未能延续降幅收窄态势，较多的新开项目与在施项目恢复建设将对2018年房地产开发投资形成有力支撑，预计对房地产开发投资增长的贡献率近40%。

占比五成的住宅投资将带动房地产开发投资增长。主要是保障性安居工程供应继续增加将支撑房地产开发投资，**一是**《北京市共有产权住房规划设计宜居建设导则（试行）》《关于加快发展和规范管理北京市住房租赁市场的通知》将带动较多共有产权房与租赁住房建设；**二是**2018年将供应国有建设用地与集体建设用地1200公顷，用于保障至少30万套产权类住房与租赁住房建设，根据往年投资规模估计，形成投资近800亿元；**三是**继续推进棚户区改造，为确保2020年前基本完成棚户区改造任务的总体目标，2018年除继续建设望坛、菜园街及枣林南里等棚户区改造项目外，还将涉及新增改造3.5万户左右的建设项目。

写字楼及商服地产投资预计跌幅有所收窄。一是重点区域开发建设仍能形成较大投资量。2018年，继CBD核心区中国樽主体工程落成后，中金公司、中国投资有限责任公司的未来总部大楼建设也将陆续启动。据仲量联行测算，至2020年，该区域甲级办公楼新增供应将达到180万平方米，是现有总存量的一倍；满足城市副中心商务服务主导功能的运河CBD区域的世界侨商中心、新光大中心等项目将陆续开工建设；丽泽金融商务区中国铁物大厦项目，平安国际金融中心项目等续建项目将加快建设。**二是**写字楼及商服地产新开工面积降幅不断收窄，有力支撑2018年投资增长。2017年1~9月，写字楼（办公楼）同比下降31.3%，较年初持续收窄25.3个百分点，商业、非公益用房及其他同比下降42.9%，较年初收窄9.6个百分点。

3．产业投资将有所放缓

2018年，北京市郊区新城发展环境改善不会一蹴而就，企业投资意愿依然较谨慎，考虑到京津冀产业协同发展将有所深化、雄安新区建设逐渐展开，将吸引部分企业投资陆续布局京津冀区域，都将影响北京市产业投资，预计产业投资增长放缓至5%左右，拉动全社会固定资产投资增长约

0.3个百分点。

北京市产业投资面临较大挑战。一方面，在中心城大力推动功能疏解的同时，郊区的发展还远远不足，平原五区投资明显放缓，传统产业层次低，转型压力大，“腾笼换鸟”相关的土地变性、税收优惠等政策尚不完善，制约“高精尖”产业投资落地。**另一方面，**雄安新区规划实施将导致北京部分产业投资流向新区。按照新版城市总体规划的表述，北京市将支持在京资源向河北雄安新区转移疏解，加上雄安新区规划2018年落地后，预计将吸引部分高端产业企业投资流向新区。

重点行业投资增速放缓将下拉产业投资增速。受燃油车逐步退出、新能源汽车补贴退坡的影响，汽车制造业投资将持续负增长，占比四成的计算机通信和其他电子制造业现有产能充足，电子产品市场趋于稳定，预计该行业投资增速有所放缓。受需求增加和提前排产的影响，医药制造业投资将继续低位增长。“疏解整治促提升”行动持续推进过程中，交通运输、仓储和邮政业，房地产业、住宿和餐饮业等占比较大的传统服务业投资将持续放缓。

4. 投资支撑点更加关注新经济和补足城市短板

未来，北京市房地产开发投资占比仍将不断下降，在“高精尖”经济结构构建、城市治理、生态环保领域、民生改善等领域的重点项目投资将不断增加，**一是**“高精尖”制造业相关投资将快速增长，落实《加快推进环保装备制造业发展的指导意见》《“智造100”工程实施方案》《北京“高精尖”产业活动类别（试行）》等细化支持政策，数字化车间、智能工厂、京津冀联网智造云平台、机器人、环保装备制造等相关行业投资项目将陆续落地，预计带动高技术制造业投资恢复高速增长态势。**二是**新兴服务业投资有望提速。在《深化改革推进北京市服务业扩大开放综合试点工作方案》获批带动下，金融业、信息传输、软件和信息技术服务业、商务和旅游服务业等行业投资或将增长较快。**三是**彰显社会效益的投资将全面推进。“疏解整治促提升”、整治开墙打洞等城市治理投资，城市路网、水务治理、电网改造、煤改清洁能源等相关的“补短板”投资，“腾笼换鸟”相关的瓦片经济清退、留白增绿、市级机关部分市属委办局搬迁城市副中心等相关的完善城市功能布局投资，都将带来一定规模的投资量。

另外，研发支出计入GDP核算方法改革将提速企业研发投资投入。北京市瞄准“白菜心”产业布局，聚焦研发投入较高的创新型产业集群，在研发支出核算方法改革政策带动下，粗略估算将形成新增投资20亿元左右，预计新经济投资将保持快速增长趋势。

五、多措并举优化提升投资质量与效益

（一）加快郊区新城基础设施配套项目建设投资

优化区域路网体系，提速郊区新城城市主次干路建设投资，打造对内大循环、对外大开放的交通网络，打通通往重点城镇“断头路”，扩容“瓶颈路”，提高交通转换能力。加大对郊区新城生态建设项目投资，加快推进污水处理和再生水利用设施建设进程。加强便利性，完善公共医疗和养老保健、义务教育、商业服务等方面 配套设施投资。多渠道筹集建设资金来源，设立城市建设发展基金，整合郊区新城PPP项目库，撬动民间投资。加强区域内公共服务资源预留用地谋划，积极对接市属优质教育资源、医疗资源、文化资源等向郊区新城布局。

（二）进一步激发民间投资有效投资活力

积极落实《进一步激发民间投资有效投资活力指导意见》，鼓励民营企业进入轨道交通、大数据和机器人等产业链长、带动效应显著的行业领域；鼓励民间资本参与PPP项目，采取多种PPP运作方式，推动项目运作流程程序化、制度化；推动重大建设规划尽快落地，强化投资预期；落实国家出台的一系列减税降费政策，降低民营企业经营成本，增强民间投资动力；深入推进“放管服”改革，继续清理规范、精简合并投资项目报建审批事项；积极构建“亲”、“清”新型政商关系，发挥相关协会的桥梁纽带作用，明确政商交往“正面清单”和“负面清单”。

（三）多渠道拓宽投资资金来源

规范政府投资引导基金管理，确保已有与新设子基金规范运行；发展政府支持的融资担保和再担保机构，鼓励设立信贷风险补偿基金、过桥转贷资金池等；创造平等竞争机会，推动更多领域向民间资本开放，在更多投资项目中推广ABO（授权—建设—运营）模式；加快建设普惠金融体系，发展和丰富循环贷款等金融产品，着力解决对企业抽贷、压贷、断贷等融资难题；发挥各类金融机构优势，完善特许经营权、收费权等权利确权、登记、抵押、流转等配套制度；完善多层次的资本市场建设，引导企业充分利用新三板与股权交易中心融资，提高直接融资的比重。

（四）建立常态化的投资管理机制

建立投资调度工作机制，对投资完成情况及时进行总结分析，集中调度重点、难点和共性问题；建立项目台账，将重点工程、重大投资项目、加快审批服务项目等纳入台账、统筹调度，实行全过程、台账式管理；完善重大项目组织管理体系，以区政府重大项目管理部门为主体，加强管理组织机构建设，严格管理职能和责任分工，强化"事前控制、事中监督、事后考核"的管理机制，逐步实现重大项目从立项、开工、建设、竣工全过程组织管理；建立各区和相关部门重大项目联系推进机制，加强各区与部门的组织领导。

（执笔人：司 彤[①]）

[①] 司彤，北京市经济信息中心经济研究部，经济师，研究方向为固定资产投资、财政税收。

2017年北京市消费形势分析及2018年展望

摘要：2017年，北京市市场总消费保持平稳增长态势，其中商品消费缓中趋稳，服务消费持续快速增长，服务消费是市场消费增长的主要引擎。2018年，品质生活将带动整体消费平稳增长，文化娱乐、旅游休闲、体育健身、养老康健、信息服务等更重视发展享受和精神需求的服务消费加速带动新的消费热点形成。针对当前市场存在供需结构性失衡等问题，建议创新丰富有效供给、拓展多层次消费供给新空间、构建现代流通体系、优化消费市场环境等方面促进消费，挖掘消费市场潜力。

关键词：市场消费 商品消费 服务消费

2017年，北京市市场总消费保持平稳增长，其中商品消费缓中趋稳，服务消费持续快速增长，主导消费市场的特征愈加明显。预计2017年全年总消费增长8.8%左右。未来一段时期，品质生活成为消费结构升级的重要载体，品质商品和品质服务将带动整体消费平稳增长，文化娱乐、旅游休闲、体育健身、养老康健、信息服务等更重视发展享受和精神需求的服务消费需求将进入爆发期，加速带动新的消费热点形成。展望2018年，北京市居民就业和收入增长将保持平稳增长；同时，商品和服务供给进一步丰富，不断完善的便民服务进一步拓展和满足居民的便利消费需求，居民消费具备稳定增长的基础。预计2018年全年总消费将增长9%左右。

一、2017年北京消费运行特征分析

消费是北京经济发展的“压舱石”。从2006年至今，北京市消费对经济增长的贡献率持续超过投资，对北京市经济增长的贡献率接近七成。2017年，在一系列深化商业转型升级和促进消费政策的叠加推动下，市场总消费保持平稳增长态势。1~9月，实现总消费17150.6亿元，增长8.6%，是2015年开始统计以来的同期最好水平（见图1），其中商品消费、服务消费分别增长5.4%、11.7%，服务消费对总消费的贡献率接近七成，拉动消费增长的主引擎作用日益突出。从年内走势看，市场总消费增长呈现波动下行态势，1~4月增长达到最高点9.5%后开始下降，1~6月再次呈现上扬态势，1~8月服务消费出现下行带来总消费增长放缓。四季度，北京市消费者信心指数持续位于高位运行区间，节日和促销密集仍将带来较高的消费景气度，商品消费将在商品零售和餐饮消费稳步增长的带动下保持平稳增长，医疗保健、交通和通信、教育文化和娱乐等服务消费需求持续快速增长，预计四季度消费市场仍将平稳运行，全年消费有望增长8.8%左右。

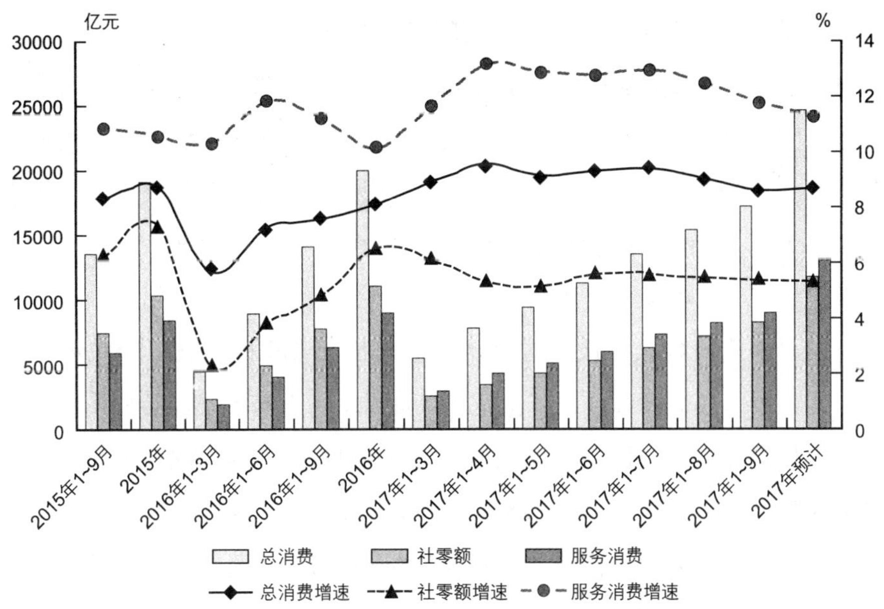

图1　2015年以来历年1~9月北京市市场消费情况比较

（一）商品消费缓中趋稳，便民消费不断提升

在居民收入水平平稳增长和系列促消费举措的作用下，北京市商品消费呈现缓中趋稳的态势。2017年1~9月，北京市社会消费品零售额实现8174.9亿元，增长5.4%，同比提高0.6个百分点。虽然增速相比2016年有所回升，但仍是近五年的较低水平。从年内走势来看，呈现波动增长态势，其中3月份受前两月新能源汽车无法正常购买导致需求集中释放带动，社零额增速达到最高点10.1%，4月份增速开始下行，6月份受年中大促拉动再次上扬。在四季度商品零售和餐饮消费稳步增长的带动下，预计2017年全年社会消费品零售额增长5.7%左右。

2017年，北京市商品消费增长变化呈现以下特征：

一是疏解区域性批发市场等举措在一定程度上影响商品消费。北京市清退、疏解动批、天意、大红门、永外城等区域性批发市场，开展"疏解整治促提升"专项行动，整治占道经营、"开墙打洞"等违规行为，加上2017年北京市新增商业面积仅约77.8万平方米，较2015年130万平方米、2016年208万平方米相比大幅减少，这些举措势必会影响社零额的增长。

二是受政策影响住行相关商品消费减弱。受新能源汽车购车补贴政策实施退坡机制等政策影响，北京市新能源汽车消费增速有所下降。2017年1~9月，新能源汽车增速为38.5%，远远低于2016年同期增长3倍的增速。住房消费在2017年房地产严格调控政策的影响下，市场迅速降温并持续低迷。1~9月，住宅销售面积增速同比下降42.9%。家具、家电、建筑装潢等相关消费在一定程度上受到影响。

三是医药价格改革政策对药品零售增长产生积极影响。2017年4月8日，北京市医药分开综合改革实施，政策带动中西药品类商品规模和增速持续大幅提升。1~9月，中西药品类商品销售增速达到48.8%。中西药品类商品对限上商品类值的拉动力增强，对社零额的贡献增强。

四是餐饮收入稳步回升，创近5年增速新高。在消费升级背景下，北京市餐饮行业不断从客源结构、销售策略、菜品置换、服务转型等方面

构建面向大众的餐饮服务体系。全聚德等中高端餐饮业开始从大众市场中挖掘新的利润增长点、餐饮行业外卖模式的崛起、新增两万家“阳光餐饮”单位、开展“明厨亮灶”工程等满足了居民对餐饮的品质、速度、安全等需求，激发了大量潜在消费，有效带动了餐饮行业的增收。2017年以来，餐饮收入增长开始超过社零额增长（见图2）。1~9月，餐饮收入增长7.8%，高于社零额2.4个百分点；占社零额的比重9.5%，同比提高0.5个百分点。

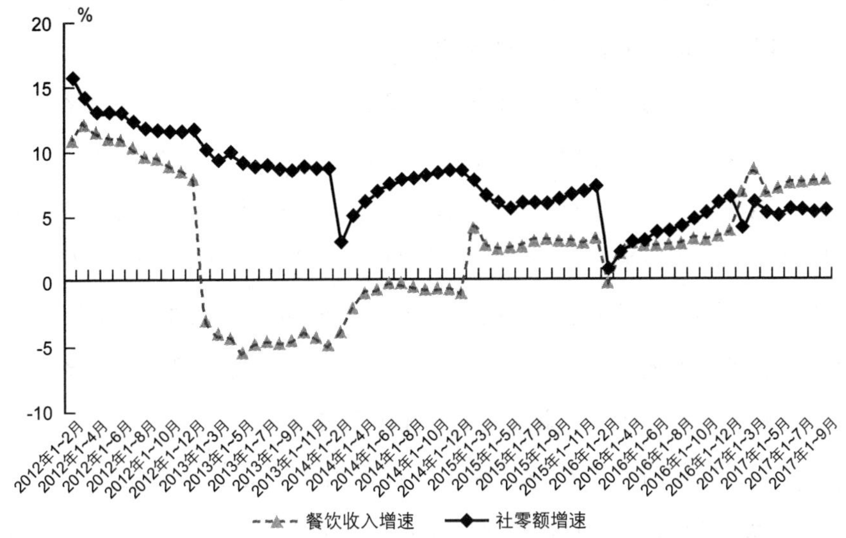

图2　2012年以来北京市社零额与餐饮收入增长情况

五是便民消费成为商品消费主要发力点。2017年，北京市继续实施生活服务业品质提升行动计划，持续推进便民商业网点建设。便民商业网点的建设和规范所带来的不仅是社区生活便利度和消费品质的提升，还有社区商业对应市场空间的扩大。社区便民消费约占北京市商品消费额的60%。1~9月，北京市共建设提升蔬菜零售等7类基本便民商业网点1113个，提前完成1000个网点的年度建设任务。北京市蔬菜零售、便利店、早餐等基本便民商业服务网点在城市社区覆盖率达到88.9%。

（二）服务消费持续旺盛，新兴消费不断扩张

北京市服务消费持续快速发展，服务消费的增速高于商品消费已经常态化，是拉动消费增长的主要动力。从年度增长趋势看，服务消费稳中有升。2017年1~9月，服务性消费实现8975.7亿元，增长11.7%，比2016年同期提高0.6个百分点，快于商品消费增速6.3个百分点；占总消费的比重为52.3%，对总消费的贡献率达到69.6%。在四季度医疗保健、交通和通信、教育文化和娱乐等服务消费需求仍将保持快速增长的带动下，预计2017年全年服务性消费增长11.5%左右。

2017年，北京市服务消费呈现以下特征：

一是政策着力培育服务消费。2017年6月，国务院批复《深化改革推进北京市服务业扩大开放综合试点工作方案》，北京推出新一轮85项服务业扩大开放措施，促进科技、文化、医疗、互联网与信息、商贸旅游等方面扩大开放，丰富服务供给。2017年7月，北京市发布首个综合性促消费文件——《关于培育扩大服务消费优化升级商品消费的实施意见》，意见中列出了19条措施，着力培育扩大文化、旅游、体育、健康、养老、教育培训等服务消费，推动北京服务消费优化升级。

二是居民服务消费需求旺盛。居民的消费观念逐渐变化，对生活品质的要求上升，愈加重视服务性消费。从八大类消费支出来看，以创新、消费升级和人口老龄化为代表的新兴消费如文体娱乐、旅游休闲、医疗保健和养老服务等成为居民消费热点，带动服务消费市场扩容。2017年1~9月，共占人均消费支出三成以上的医疗保健、交通和通信、教育文化和娱乐分别增长16.6%、10%、7.6%，同比分别提高7个百分点、6.3个百分点、5个百分点，占人均消费支出的比重分别提高0.7个百分点、0.4个百分点、0.1个百分点。

三是服务项目价格水平有所上升。2017年全年服务项目价格水平均比2016年同期有所提高，服务价格的上升在某种程度上给服务消费的扩容带来积极支撑。2017年1~9月，服务项目价格上涨4.7%，比2016年同期提

高2.2个百分点；其中旅游、医疗保健、居住、教育服务等4类价格增长较快，分别增长12.4%、7.4%、3.8%、2.7%。

（三）新模式引领网络零售快速增长，线上线下全方位融合

随着居民线上消费习惯的形成、“互联网+”新业态新模式的发展、跨境电商方面改革力度加大以及共享经济模式的兴起，北京市网络零售持续快速增长，但增长趋势有所放缓。2017年1~9月，限上批零业网上零售额增长11.7%，高于社零额增速6.3个百分点，占社零额的比重为18.4%，同比提高1.6个百分点。值得关注的是，随着移动终端的普及，移动网络购物交易额在整个网络零售交易额占比越来越高。并且，随着“互联网+”快速进入家政、美容、维修等民生服务领域，创造了大量新的需求，并不断给经济增长带来新动能。

在现今消费升级的市场环境下，消费者对商品品质以及商品个性化的要求越来越高，越来越看重购物体验，线上线下不断融合。众多电商品牌开始实行线上线下同价机制，消费者线下购买也能享受线上购买的优惠。线上平台开始进行线下布局，线下企业开始朝着线上进行延伸。

（四）农村消费快于城镇，外围区域快于中心城区

随着北京非首都功能疏解、城市副中心加快建设，郊区轨道交通和消费基础设施加快建设，人口进一步向郊区疏解转移，继续呈现出城镇消费平稳增长、农村消费潜力持续释放的运行态势。2017年1~9月，城镇和农村社零额分别增长5.1%和14.8%。分区域来看，城市发展新区和生态涵养发展区商品消费增长较快，分别增长6.7%和6.9%，均高于北京市社零额增速，也快于首都功能核心区5%和城市功能拓展区4.9%的增长水平。北京中心城区的比重不断下降，外围区域比重不断上升，区域消费差距持续缩小。

二、当前消费增长需要关注的问题

（一）商品消费放缓苗头需引起关注

北京市社零额增速从2012年起逐年下降，年均降速1.2个百分点。汽车类、通讯器材类、金银珠宝类等原有商品消费支撑点增速均大幅回落，而适应居民消费结构升级的新消费热点尚未形成。并且北京市电商发展已进入平稳发展期，对社零额增长的拉动作用减弱。在非首都功能疏解的大背景下，北京市城市管理和调控政策对新增商业面积、人口存量增量等均存在影响，在一定程度上也会减少商品消费规模的增量。

（二）消费市场供需仍存在结构性失衡

党的十九大报告指出，我国社会主要矛盾已经转化为人民日益增长的美好生活需要和不平衡不充分的发展之间的矛盾。目前，北京市居民年人均可支配收入超过8000美元，中高消费阶层正在崛起。居民消费的特点已经从模仿型排浪式的基本消费，逐步转变为个性化、多样化的高品质消费，旅游、教育、养老、医疗等服务需求与日俱增，但消费市场供需仍存在结构性失衡。主要表现在高技术含量、高附加值的品质商品和服务创新不够、开发不力，消费供给侧高品质的产品和服务供给相对不足，如体育场馆和文化场馆开放不足等。此外，企业适应需求变化的调整速度较慢、效率偏低，难以适应年轻一代和中高收入消费人群的需求变化，导致部分消费需求未得到满足。

（三）便民服务网点的布局和功能有待完善

《北京市提高生活性服务业品质行动计划》实施两年来，北京市基本便民商业网点的规范化、连锁化水平以及社区覆盖率大幅提升，但也存在便民商业网点布局不尽合理、数量不足、功能重复等现象，不能完全满足居民生活服务消费需求。如南锣鼓巷周边地区，迎合年轻人的时尚餐馆、酒吧、咖啡店随处可见，但满足居民日常需要、距离较近的菜市场、饭馆、理发店、超市却很少；地铁15号线望京站周边有近十个“便民服务点”，都是功能重复的维修点，有的甚至不常开放或已经不开放，丧失便民服务功能。另外，在“疏解整治促提升”专项行动中，许多低端市场被腾退，有的被升级为便民网点，有的原有商业项目对未来转型仍较为迷茫。在“开墙打洞”专项整治行动中，许多分散在居民区的便民小店被取缔，但却没有及时对进社区的便民网点提前进行布局，给居民消费的便利性和原有消费需求的即时释放带来了一定的影响。

三、2018年消费面临的环境分析

2018年，北京市居民就业和收入增长将保持平稳增长。同时，商品和服务供给进一步丰富，不断完善的便民服务进一步拓展和满足居民的便利消费需求，居民消费具备稳定增长的基础。

（一）居民就业和收入增长稳定，消费基础夯实稳固

党的十九大报告中明确指出，坚持在经济增长的同时实现居民收入同步增长、在劳动生产率提高的同时实现劳动报酬同步提高。2018年北京市宏观经济将保持平稳增长态势，民生逐步改善。在全面建成小康社会及惠及民生多项政策引导下，新产业新业态新模式多渠道激发就业潜力，居民收入分配制度和税收政策不断完善，就业和收入稳定增长成为居民扩大消费的坚实基础。此外，北京市的教育、医疗、养老等社会保障水平逐年提高；坚持“房子是用来住的，不是用来炒的”定位，加快建立多主体供给、多渠道保障、租购并举的住房制度，均将缓解居民消费的“后顾之忧”。

（二）商品和服务供给更加多样化

商品与服务供给在不断的调整和创新中进一步丰富。北京通过发挥科技创新资源优势，以技术创新推动产品创新，更好满足居民智能化、个性化、时尚化的消费需求；利用北京老字号品牌资源，增强展现首都文化底蕴、具有工匠精神的特色国货精品供应，不断增品种、提品质、创品牌，引导品质消费需求升级；研发旅居挂车、通用航空等中高端新兴消费产品，开拓消费新领域。

商品与服务进一步融合。在生活服务业领域，围绕提高生活性服务业品质，聚焦解决基本便民服务商业发展不平衡、不充分的问题，不断完善便民商业网点布局，加快建设既可购物又可享受餐饮、休闲、娱乐等各种生活服务的一站式便民服务综合体，不断促进生活性服务业“规范化、连

锁化、便利化、品牌化、特色化”发展；积极推动旅游、文化、体育、健康、休闲、养老、托幼等服务领域深度融合，挖掘文化旅游、体育旅游潜力，拓展中医药健康养生旅游、研学旅游等新兴旅游消费，在加快服务消费发展的同时促使商品消费与服务消费互促共赢。

积极开发便民亲民、功能复合、服务优良的服务消费新业态、新模式。围绕跨境电子商务，积极推进国家外贸综合服务企业试点工作，推广应用线上线下（O2O）直购体验模式，探索开展保税备货运营模式，不断完善跨境电子商务公共服务平台、跨境物流体系、优化支付方式，加快跨境电子商务发展；不断通过互联网、大数据、云计算等技术创新丰富消费方式，提供更具消费内涵、能给予消费者良好消费感受和体验的产品与服务。以电影市场为例，票房市场的走高，不仅与硬件设施的完善有关，更是离不开影片质量内容的提升与影片类型的多元化，还有在线售票平台提供的便利和实惠。

四、2018年消费形势判断

展望2018年，品质生活成为消费结构升级的重要载体，品质商品和品质服务将带动整体消费平稳增长，文化娱乐、旅游休闲、体育健身、养老康健、信息服务等更重视发展享受和精神满足的服务消费需求进入爆发期，加速带动新的消费热点形成。结合近五年消费增长情况以及商品消费占比不断下降、服务消费占比稳步上升的发展趋势特征，综合判断，2018年社会消费品零售额增长5.5%左右，服务性消费增长11.5%左右，在商品消费和服务消费的共同支撑下，预计2018年全年总消费增长9%左右。

（一）品质消费将带动整体消费平稳增长

未来品质生活将成为消费结构升级的重要载体，品质消费将带动整体消费平稳增长。随着北京居民消费结构的优化升级，必需品的消费支出占比逐渐减少，非必需品的支出占比不断增加，大部分消费者已从“基础消费”阶段上升到“品质消费”阶段，出现“重品质、轻价格”的趋势。居民追求原创、智能、绿色、精致、全球化、体验的品质消费特征愈加明显。如原创设计成为人们表达个性和提升服装品质的重要元素；智能可穿戴设备、智能家居产品等代表城市白领生活的精致消费将成为不容忽视的消费增长点；艺术品、自由行、培训课程等带来美好生活体验的产品表现将更加亮眼，绿色、环保、天然产品更受追捧等。此外，人们从对产品的购买上升到对售前、售中、售后服务的体验要求，对于提供优质服务以及增加服务便利、提升服务体验的生活服务类平台和企业，将有效促进服务消费供需匹配，带动服务消费持续快速增长。

（二）健康消费增速仍将居于八大类消费支出首位

随着居民收入的持续增加和生活条件的逐步改善，人们的健康意识逐步增强，不但舍得为健康买单，而且健康的消费理念已经从有病治病向无病预防转变。北京市拥有大量优质医疗卫生资源，医疗供需关系优良，医疗服务、商业健康保险、健康管理、医疗器械、保健用品等多元化的健康消费需求巨大，中医药、特色医疗、疗养康复、美容保健等新兴健康服务消费也在不断增长，私人健康和高端医疗成为高收入群体的急切需求。根据9月新公布《健康北京2030规划纲要》，北京将倡导全生命周期的大健康管理理念，重点保障流行病防控、妇幼保健、老年慢性病防控、康复、护理等健康需求，丰富健康咨询、健康体检和疾病预防消费服务，夯实居民健康消费基础；同时积极发展多元化健康产业，优化多元办医格局，鼓励在京医疗机构与津冀医疗机构组建医疗联合体或医院集团，支持发展特色诊所等新型健康服务机构，支持推广健康云服务，发展移动医疗、远程医疗等健康信息服务，满足居民多层次健康消费需求。目前北京市老龄化比例已超24%，老龄化程度较高，由此带来的康复护理、养身保健、心理咨询、老龄特色用品等需求旺盛。北京还将提高基层医疗服务能力，推广家庭医生签约服务，细化老年人急需的居家医疗卫生服务项目。预计2018年医疗保健消费支出增速仍将保持两位数的快速增长，增速居于八大类消费支出增速首位。

（三）文娱消费意愿提升支撑文娱消费较快增长

北京已成为全球领先的文化娱乐市场之一，文娱消费支出高于人均消费性支出，教育、文化和娱乐消费占北京市服务消费的28.3%，占比较大。随着居民文化娱乐消费水平增强和移动终端的普及，居民文化娱乐的消费习惯逐渐养成，消费意愿不断提升。文化娱乐消费的受众覆盖面进一步加宽，受众与文娱消费的内容、形式的互动也在不断增强，从影视娱乐、出版传媒、视频新媒体、文化演艺、动漫游戏、艺术品到文化旅游等主流文化娱乐形态市场消费活跃。但同时消费市场也存在文娱消费满意度不足的现状，对于文娱产品诉求也在不断增加，这也是文娱市场颇具潜力的表现之一。

2018年，北京将不断壮大动漫网络游戏、移动音乐、网络视频、微电影等新业态，拓展文娱新消费；积极培育品牌知名度高、具有示范引领作用的实体书店，规范提升娱乐场所，引导居民投资、收藏各类文化艺术品，不断拓展文娱消费新空间；继续通过北京国际音乐节、北京国际电影节、北京国际图书节、北京国际设计周等国际文化交流活动，丰富居民文娱消费；长城文化带、运河文化带、西山永定河文化带的建设推进，将促进传统文化消费；北京惠民文化消费季活动的继续实施，也将引导和鼓励文化消费。伴随着文化娱乐供给的全面升级、消费者对于优质内容付费意愿的增强以及90后、00后正成为文娱消费主流人群，数字娱乐与媒体内容、院线与在线票务、“场景+内容+产品”的跨界混搭、电子竞技和虚拟现实等领域或将成为文娱消费重要的增长引擎，支撑文娱消费较快增长。

（四）旅游消费成为日常生活的重要组成部分

大众旅游时代下，旅游消费已经成为居民日常生活的重要组成部分。随着居民旅游观念的转变、跨境电商的渗入，北京市旅游消费市场进入一个全新的发展阶段。旅游消费更加趋于理性，旅游消费结构从“购买商品”转向“购买体验”，旅游需求的品质化和中高端化趋势日益明显。北京市旅游业在转型升级、旅游供给侧结构性改革、旅游市场秩序治理、旅游业扩大开放试点、旅游交流合作和市场推介、重大活动服务保障、各区旅游业发展等方面都有较大的进展。目前，北京市旅游产业不断壮大，据《北京旅游绿皮书：北京旅游发展报告（2017）》预计，2017年旅游业增加值占北京市GDP比重在7.3%以上，旅游购物和餐饮消费额占社会消费品零售总额在24%以上，并且入境游客的旅游收入贡献力是旅游总体水平的4倍，是国内来京游客的4.8倍。

2018 年，"一带一路"倡议和京津冀协同发展战略的深入实施，将为北京旅游发展拓展更大空间；2022年冬奥会、2019年世园会、2020年世界休闲大会等重大活动筹办和城市副中心、北京新机场、环球主题公园等重大建设项目的推进，将带动旅游与生态、文化、体育、休闲等产业深度融合，助力形成多点支撑的大旅游发展格局。北京市将持续以市场需求为导向，积极开发体验型、服务型、娱乐型旅游项目，特别是发展健康养老、文化娱乐、休闲购物、精品文博、游学会奖、房车旅居、体育赛事、低空旅游等高端旅游消费；开展多形式海外推介活动，开发以"数字故宫"为代表的北京历史文化魅力新型旅游产品，加强"北京礼物"品牌旅游商品体系建设，落实京津冀联动的144小时过境免签政策，进一步完善境外旅客购物离境退税政策等，积极拓展北京入境旅游市场，同时不断优化旅游消费环境，提升旅游消费水平，逐步将北京成打造全球旅游消费目的地。

（五）体育消费或成为消费增长新亮点

越来越多的人们认识到体育和积极的运动型生活方式的好处并投身其中，体育运动需求随之不断升级，如跑步、骑行、健身等成为风尚并走向专业化，配套装备与消费随之升级。体育消费形态逐步社交化，并开始与具有休闲娱乐属性的钓鱼、棋牌、电竞及体育周边消费相互渗透。北京市体育消费市场经过一系列的发展与扩张，目前形成了较为完善的产业链，整个产业已经细分出IP、用品、赛事运营、竞猜、培训、电商等行业，为体育消费的增长构建了良好的生态基础。

2018年，北京将积极补齐体育设施短板，加快建设一批便民利民的中小型体育场馆、公众健身活动中心、户外多功能球场、健身步道等设施，扩大开放中小学体育设施范围，继续发放全民健身消费补助，积极开展全民健身活动，打造“一刻钟健身圈”，并支持发展健身跑、健步走、足球、篮球、排球、网球、自行车、轮滑、武术、游泳、冰雪运动等群众喜闻乐见和有发展空间的体育项目，促进群众体育消费。盘活鸟巢、水立方等重要体育场馆资源，不仅要从举办大型、顶级的竞技性赛事促进体育消费，更要激发体育场馆活力，最大限度地开发其价值。以世园会、休闲大会和冬奥会为契机，进一步促进体育健身、冰雪旅游和休闲旅游等相关消费，积极打造京张冰雪体育休闲旅游带、生态体育公园等一批集滑雪、登山、徒步、露营等多种集体育活动与旅游活动于一体的旅游综合体项目，由点带面，激活包括体育、餐饮、住宿、商业等多个领域的新商机；加快推进体育产品和服务生产、传播、消费的数字化、网络化进程，拓展线上线下相结合的体育消费新空间；积极推动体育消费成为北京消费增长的新亮点。

（六）信息消费规模持续扩容

随着云计算、大数据等信息技术创新应用的不断深化，智能手机、智能穿戴、智能家居产品等不断升级换代，新产品不断涌现，信息类产品更新加速；北京市的中国云产业园、中关村云计算产业基地等云服务专业园区已形成了云计算平台、云计算应用支持服务等的产业链，云计算、大数据等信息技术的应用催生了大量信息消费新业态、新模式。电子商务、数字媒体、互联网金融、互联网教育、互联网医疗等大量信息消费新业态迅速成长，为信息消费增长注入强大动力。此外，移动互联网快速发展，促使即时通信、手机搜索、位置服务、智能导航、手机购物、手机游戏等应用更加丰富，带动信息消费规模的持续扩容。预计未来增材制造（3D打印）、机器人、新一代健康诊疗、体验分享等也将成为信息消费新热点。

五、政策建议

（一）创新和丰富有效供给，挖掘消费市场潜力

一是加强产品创新。支持企业深度挖掘用户需求，在产品开发、外观设计、产品包装、市场营销等方面加强创新，积极开展个性化定制、柔性化生产，丰富和细化消费品种类。**二是**提高重点领域消费品品质。加快推动家居产品健康化、高端化、智能化发展，消费类电子产品创新化发展，服饰类产品时尚化品牌化发展、食品类产品安全化营养化发展等，以先进标准促进消费品质量提升。**三是**强化融合型服务消费供给。推动旅游、文化、体育、健康、休闲、养老、托幼等服务领域深度融合，挖掘服务消费潜力。引导实体商业设施引入特色文化、休闲等资源，向多功能、复合式经营场所升级。积极开发服务消费新业态、新模式，挖掘和释放融合型消费潜力。

（二）拓展多层次消费供给新空间

一是改造升级中心城区都市消费区。推动王府井、西单、前门—大栅栏、三里屯、后海等商圈和特色商业街提质升级，打造中高端、国际化全球知名都市消费区品牌。支持购物中心丰富体验业态，由传统销售场所向社交体验、文化消费中心转变。**二是**加快重点区域消费设施建设。科学安排城市副中心和重点产业功能区配套商业设施。结合重点镇规划，建设发展一批集购物消费、住宿餐饮、文化健身、托幼养老、专业培训等复合功能于一体的消费综合体，推动消费升级。**三是**科学合理布局便民商业网点。根据社区人口、消费能力、社区规模和潜力及未来发展空间，科学选址服务网点；根据居民消费需求尤其要根据社区的差异性，对“一刻钟社区服务圈”进行合理定位，合理分配购物、休闲、餐饮、娱乐、服务、文化、医疗的比重，打造快捷、便利、惠民的社区消费服务网络。

（三）构建适应超大城市消费需求的现代流通体系

一是优化现代物流设施网络。加快城市物流升级和转型，优化物流基地、物流中心和配送中心的分级物流基础设施网络，积极开展多式联运模式示范应用，提升物流服务保障能力和水平。**二是**增强现代物流市场主体服务能力。完善生鲜食品、药品等冷链物流配送服务网络，鼓励大型物流企业发展专业货机、电商快递专列，提高物流效率。三是发展城市物流共同配送。完善城市物流共同配送网络，推进社区物流共同配送站建设，支持物流、快递企业建设各类公共智能快递服务终端，做好“最后一公里”配送服务。

（四）持续优化消费市场环境

一是完善标准与质量监管体系。完善养老、健康、体育、文化等消费服务标准体系和行业规范，提升标准化水平。统筹规划和推进食品、药品等重要产品追溯体系建设。**二是**改善优化市场信用环境。加快北京市公共信用信息服务平台建设，实现信用信息的统一管理。扩大商业保理试点范围，鼓励有条件的大型零售企业开展直接面向消费者的信用消费业务。**三是**健全消费者权益保护机制。打击侵权假冒行为，加大商标专用权保护力度，集中整治侵犯知识产权行为。建立健全网络消费者合法权益保护机制，积极防范商业和金融风险。**四是**健全消费统计分析体系。完善商品、服务消费统计，建立反映总消费规模、结构、速度与效益的统计体系。运用互联网、大数据等技术，加强对市场总消费统计及消费政策的分析研究，准确把握消费发展趋势、消费结构变化，及时、科学提出促消费的政策措施。

（执笔人：邹锐[①]）

[①] 邹锐，北京市经济信息中心经济研究部，经济师，研究方向为消费经济、区域经济。

2017年北京市外资外贸形势分析及2018年展望

摘要：2017年北京市对外贸易总额增长显著，其中货物贸易增速大幅回升，服务贸易延续亮眼增长；国际双向投资低位运行，实际利用外资基本保持平稳，对外投资在监管趋严背景下大幅下降。展望2018年，对外贸易总额延续向好态势，货物贸易小幅增长，结构不断优化，服务贸易增长继续领先全国；国际双向投资有所好转，实际利用外资有望稳中有升，对外直接投资降幅或将收窄。

关键词：货物贸易　服务贸易　实际利用外资　对外直接投资

2017年，在国内外需求有所改善的作用下，北京市对外贸易总额增长显著，货物贸易扭转前三年负增长态势，且增速高于全国；服务贸易增速依然亮眼，占全国服务贸易比重两成左右。国际双向投资呈现低位运行态势，实际利用外资基本保持平稳，结构与首都功能定位更加契合；对外投资在审核监管趋严背景下大幅下降，非理性投资得到有效遏制。展望2018年，全球范围内经济周期复苏、工业增长预期向好、投资回暖和大宗商品价格温和回升均有利于全球经贸环境的改善。我国多项战略举措的实施不断优化外贸企业的发展环境，助力其拓展新的增长空间，外资外贸呈现健康、有序的发展态势。北京市“四个中心”建设进一步推进及服务业扩大开放综合试点深化促进北京市对外经贸结构优化。但全球贸易保护主义依然严峻，热点地区地缘政治局势紧张，国际市场竞争激烈，发达国家制造业回流和新兴经济体中低端制造业崛起形成双重挤压。预计2018年北京市外资与外贸呈现分化态势，对外贸易总额延续向好态势，货物贸易小幅增长，结构不断优化，服务贸易增长继续领先全国；国际双向投资有所好转，实际利用外资有望稳中有升，对外直接投资降幅或将收窄。

一、2017年北京地区对外经贸运行分析

2017年以来，全球经济回暖，国际市场需求总体回升，中国经济呈现稳中有进、稳中向好态势，对外经贸发展面临的国内外环境有所改善。同时，北京市出台了一系列促进外资外贸稳定增长的政策举措，统筹贸易与投资、内贸与外贸融合发展，坚持"引进来"和"走出去"并重、货物贸易和服务贸易并进、引资和引技引智并举。整体来看，2017年对外贸易总额增长显著，其中货物贸易实现两位数增长，服务贸易延续亮眼增长；国际双向投资保持低位运行，实际利用外资基本保持平稳，对外投资在监管趋严背景下大幅下降。

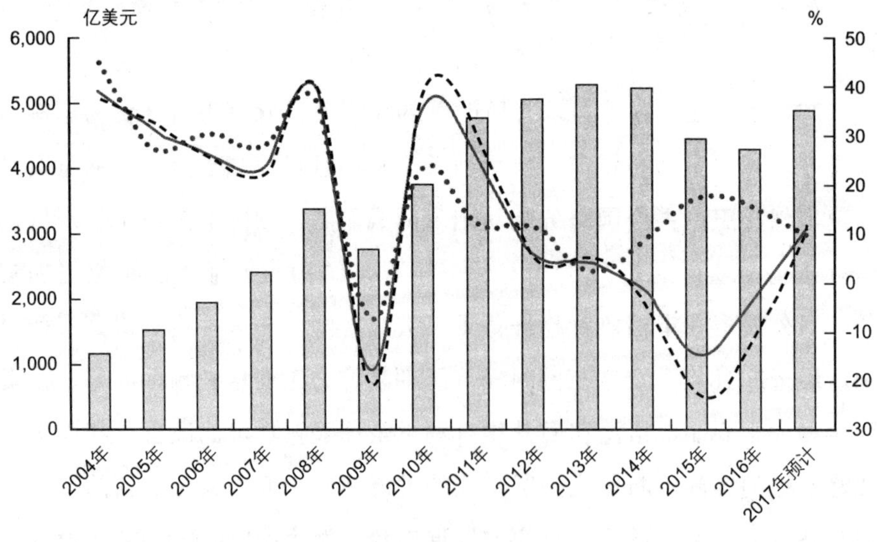

图1 2004年以来北京地区对外贸易总额及其增速走势图

（一）贸易总额增长显著，结构持续优化

2017年，对外贸易总额显著增长，货物贸易扭转了连续三年负增长的态势，增速重回两位数，服务贸易依然保持亮眼增长，领先全国。预计2017年北京地区对外贸易总额增长13%左右（见上图1），贸易结构不断优化，货物贸易和服务贸易继续保持6:4的格局。

1. 货物贸易增长显著

2017年，伴随国内外经济形势的好转，北京地区货物贸易扭转2014年以来连续负增长的局面，呈现企稳回升的态势。前三季度，货物贸易进出口总额为2354.5亿美元，累计同比增长13.5%（见图2），增速高于全国1.8个百分点（见表1），在全国贸易总额中的比重由2016年末的7.65%上升至7.93%。其中，全球经济复苏带动出口增长，前三季度出口额为410.6亿美元，累计增长10.6%，高于全国7.5%的增速，尤其成品油、船舶、纺织物品、文化产品、液晶显示板等拉动作用明显。国内实体产业发展稳中向好，带动大宗商品进口需求，前三季度进口额达到1943.9亿美元，同比增长14.1%，进口额的明显回升是拉动货物贸易增长的主要动力，其中原

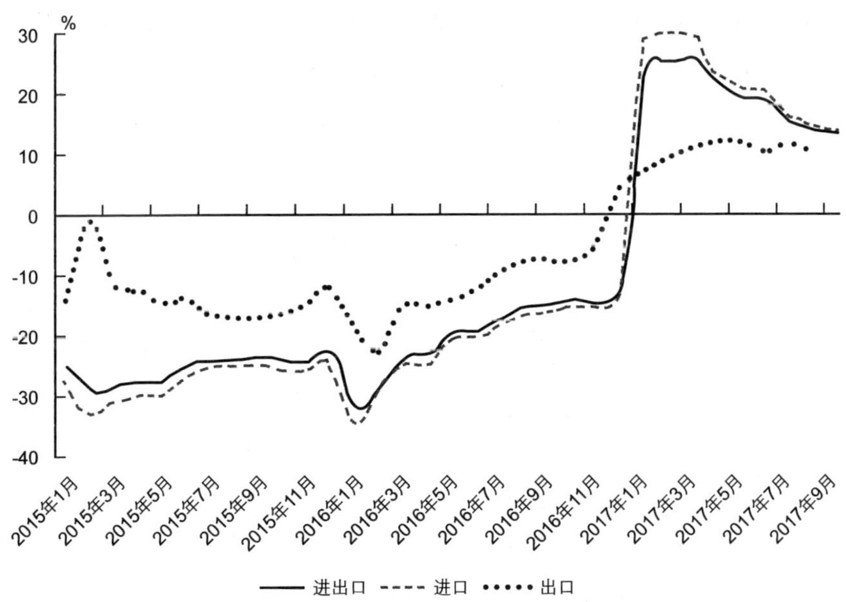

图2　2015年以来北京地区货物贸易月度累计增速走势图

油、天然气、铁矿石、煤炭等进口额涨幅均超过30%，量价齐升成为进口额增长的主要因素。四季度，能源价格提高促使国内炼厂加大原油进口，提高产量锁定利润，煤改气与取暖季的到来带动天然气进口量价齐升。预计全年货物贸易有望增长15%左右。

表1　全国与北京货物贸易增长对比及比重变化

单位：%

指标		2016年1~9月	2017年1~9月
全国	进出口总值	-8.49	11.70
	出口总值	-8.63	7.50
	进口总值	-8.31	17.30
北京	进出口总值	-14.90	13.50
	出口总值	-7.90	10.60
	进口总值	-16.30	14.10
北京/全国	进出口总值	7.71	7.93
	出口总值	2.33	2.52
	进口总值	14.89	14.55

从贸易方式来看，一般贸易仍为外贸增长的主导力量。前三季度，北京地区一般贸易总额达到1898.27亿美元，增长14.43%，占同期北京地区外贸总值的80.62%（见表2）。加工贸易进出口261.90亿美元，增长6.92%。海关特殊监管方式进出口123.53亿美元，增长9.54%。一般贸易主导的特征与北京市总部经济集聚的特点契合。

表2　2017年1~9月北京地区进出口总额按贸易方式分类

单位：亿美元，%

指标	进出口		出口		进口	
	金额	同比	金额	同比	金额	同比
北京地区贸易总额	2354.50	13.50	410.6	10.6	1943.9	14.1
一般贸易	1898.27	14.43	233.17	19.9	1665.10	13.7
加工贸易	261.90	6.92	100.38	-6.2	161.52	17.1
进料加工	58.25	-16.87	39.89	-13	18.37	-24.2
来料加工	203.64	16.46	60.49	-1.1	143.15	25.9
海关特殊监管区域	123.53	9.54	19.71	-18.5	103.82	17.2

从贸易产品来看，“优进优出”特征更突出。出口方面，北京市深入参与国际产能合作，不断提高装备制造和高附加值产品比重，9月底北京市“双自主”企业出口占比近20%，京东方、小米、联想等企业的国际地位不断提高；前三季度，高新技术产品中生物技术产品、计算机集成制造技术产品和光电技术产品出口金额分别达到3658.9万美元、4.82亿美元和5.52亿美元，同比分别增长42.4%、36.0%和15.8%，高于北京市出口增速；机电产品中的技术制品和仪器仪表分别出口20.29亿美元和18.16亿美元，同比分别增长11.5%和11.3%，远高于北京市机电产品3.4%的出口增速；金属加工机床中车床和铣床分别大幅增长217.8%和113.7%。进口方面，自动数据处理设备及其部件、生物技术产品同比分别增长24.2%、15.3%。随着《北京市“十三五”时期工业转型升级规划》的不断落实以及“智造100”工程的持续推进，进出口产品的科技含量和附加值有望进一步提高。

从贸易区域来看，“一带一路”沿线国家承包工程增多，带动北京市货物进出口快速增长，成为货物贸易新的增长极。2017年1~8月，北京市与“一带一路”沿线国家双边贸易进出口、出口和进口分别实现5512.7亿元、1053.2亿元和4459.5亿元，同比分别增长35.8%、20.4%和40.1%，增速分别高出北京市平均水平16个百分点、3.2 个百分点和19.7个百分点。其中，对外承包工程带动货物出口162亿元，增长22.2%。北京与东盟国家、中东国家外贸额上涨显著，前三季度与东盟进出口额达到186.39亿美元，同比增长31.00%，与中东进出口额为450.13亿美元，同比增长33.46%（见表3），其中与马来西亚、缅甸、柬埔寨、印度尼西亚、伊朗、沙特阿拉伯、卡塔尔等国贸易额上升显著，同比增速均在25%以上。

从经营主体来看，国有企业仍是拉动进出口回升的主要力量，民营企业带动外贸活力增强。2017年，国有企业作为北京市外贸主体的地位不变，前三季度国有企业进出口同比增长18.18%，高于北京市外贸增速，由2016年同期占比为 67.8%上升至71.0%（见表4）。民营企业发展势头良好，2017年有14家入选全国民营企业500强，主要分布于信息技术服务、互联网服务、金融服务三大领域。民营企业在外贸出口方面同样表现突出，1~9月累计出口77.42亿美元，同比增长25.8%，高于国有企业和外商投资企业的11.5%和-0.6%。民营企业的出口改善，对于实体经济发展、居民就业和收入增长、社会稳定等都起到十分重要的作用。

表3　2017年1~9月北京地区与世界主要地区进出口总额情况

单位：亿美元，%

	进出口			出口			进口		
	金额	同比	比重	金额	同比	比重	金额	同比	比重
合　计	2354.5	13.5	100	410.6	10.6	100	1943.9	14.1	100
亚　洲	1020.74	11.88	43.4	246.37	16.1	60	774.37	10.6	39.8
非　洲	235.10	23.02	10.0	37.91	15.4	9.2	197.19	24.6	10.1
欧　洲	497.21	0.62	21.1	49.92	-5.1	12.2	447.29	1.3	23
拉丁美洲	200.43	32.71	8.51	27.69	15.3	6.7	172.74	36	8.9
北美洲	251.98	12.40	10.70	38.25	2.4	9.3	213.72	14.4	11
大洋洲	149.03	47.38	6.3	10.44	-13.4	2.5	138.59	55.6	7.1
APEC（21国）	947.11	9.65	40.2	235.93	13.6	57.5	711.18	8.4	36.6
东盟（10国）	186.39	31.00	7.9	86.85	26.7	21.2	99.55	35	5.1
欧盟（28国）	311.73	6.48	13.2	36.69	3.4	8.9	275.04	6.9	14.1
中东（17国）	450.13	33.46	0.19	27.66	4.7	6.7	422.47	35.9	21.7

表4　　2017年1~9月北京地区进出口总额按企业性质分类

单位：亿美元，%

	进出口			出口			进口		
	金额	同比	比重	金额	同比	比重	金额	同比	比重
合　计	2354.5	13.5	100	410.6	10.6	100	1943.9	14.1	100
国有企业	1671.51	18.18	71	243.29	11.5	59.3	1428.22	19.4	73.5
外商投资企业	480.99	2.79	20.4	89.81	-0.6	21.9	391.18	3.6	20.1
民营企业	201.19	8.13	8.5	77.42	25.8	18.9	123.77	-0.6	6.4

2．服务贸易延续亮眼增长

2016年，北京市服务贸易进出口额达到1508.6亿美元，同比增长15.8%，占全国服务贸易进出口总额的18.8%，其中出口额532.1亿美元，同比增长8.4%，进口额976.5亿美元，同比增长20.2%。2017年，得益于中国服务产业日益成长壮大、《深化改革推进北京市服务业扩大开放综合试点工作方案》的正式批复，以及北京市一系列举措支持，北京市服务贸易规模进一步扩大，预计全年北京地区服务贸易进出口总额增长10%左右，继续保持全国领先地位。

北京市服务贸易发展呈现如下特点：**第一**，从主要领域看，旅行、运输和电信、计算机和信息仍是北京地区服务进出口排名前三位的领域。2016年这三大领域共占北京市服务贸易进出口总额的72.1%。2017年，以留学为目的的旅行服务势头不减，消费升级和人民币趋稳背景下出境旅行人数增加，货物进出口快速增长带动下，运输服务贸易增速显著，电信、计算机和信息服务作为北京市的优势产业有望延续快速增长。**第二**，新兴服务领域全国优势明显。我国新兴服务领域在服务贸易总额中占比近一半，特别是得益于数字经济的快速发展，与之相关的知识产权使用费、电信服务、计算机服务、信息服务进出口均实现20%以上增长，成为服务贸易的增长亮点。在全国服务贸易欣欣向荣的背景下，拥有人才、科创、政策等多项优势的北京，新兴服务贸易更具优势，2016年电信、保险、法律、金融等新兴领域服务进出口分别占全国同类服务进出口的70.4%、62.4%、45.8%和40.3%。在强化首都核心功能带动下，2017年这一优势仍将延续。**第三**，文化服务贸易增速相比2016年同期有所下降，上半年北京市文化服务贸易进出口总额22.94亿美元，同比增长11.1%，相比2016年同期下降11.1个百分点，其中进口13.16亿美元，同比增长4.3%，相比2016年同期下降19.9个百分点。究其原因，一方面由于“萨德事件”后中国从韩国进口的文化产品、服务和由此产生的中间商品大幅减少，而这一行业始终是韩国对中国出口占比最大的领域；另一方面霍尔果斯等地区对文创企业的税费优惠政策吸引大量北京市文创企业外迁，成为文化服务进口下降的影响因素之一。

3. 新兴贸易业态发展良好

科技创新驱动新兴贸易业态发展。全球范围内，3D打印、大数据、云计算等新技术不断涌现，数字经济、共享经济、平台经济等新产业新模式加快发展，特别是中国互联网金融发挥后发优势快速崛起，微信、支付宝等移动支付逐步拓展国际市场，正在成为服务便利化的重要手段。跨境电商、市场采购贸易、外贸综合服务企业等外贸新业态持续发力。2017年上半年，中国跨境电商交易规模增长超过30%，北京年交易额上亿元的电子商务平台就有166个，其中有9个平台年交易额在1000亿元以上。

服务外包业务向产业链高端迈进。近年来，我国服务外包企业持续强化能力建设，不断改善运营管理水平，离岸业务逐渐从美欧日拓展至东南亚、大洋洲、中东拉美、非洲等，尤其“一带一路”沿线国家服务外包额增速已远远超过服务外包整体增速。服务外包领域新技术、新业态、新商业模式也不断涌现，2017年前三季度数据分析、互联网营销推广服务分别增长4.5倍、1.2倍。北京作为我国服务外包产业的发源地，多个本土服务外包领军企业都是在北京成长并壮大起来的，北京也一直是全国服务外包产业的风向标。2016年北京市离岸服务外包执行额49.05亿美元，同比增长9.04%，其中，信息技术外包、业务流程外包和知识流程外包执行金额分别为30.85亿美元、9.07亿美元和9.13亿美元，占离岸服务外包执行总额的比重分别为62.9%、18.5%和18.6%。“北京服务”品牌建设促进外贸品牌培育，在提升世界影响力方面发挥重要作用，中铁建、中国电力、中国移动、同仁堂、文思海辉、软通动力、中软集团、博彦科技等企业品牌在世界同行业中都有一定知名度。北京市也不断探索与京津冀协同发展相符合的服务业发展新路径，服务外包企业在京津冀设立的分支机构已达到20多家，这将有力支撑服务外包规模和质量的提升。

（二）国际双向投资保持低位运行

2017年，北京市国际双向投资保持低位运行。其中，实际利用外资规模延续2016年基本平稳的势头，利用外资结构与首都功能定位更加契合；

对外直接投资在审查强度趋严的影响下，非理性投资得到有效遏制，相比前几年大幅下降（见图3）。

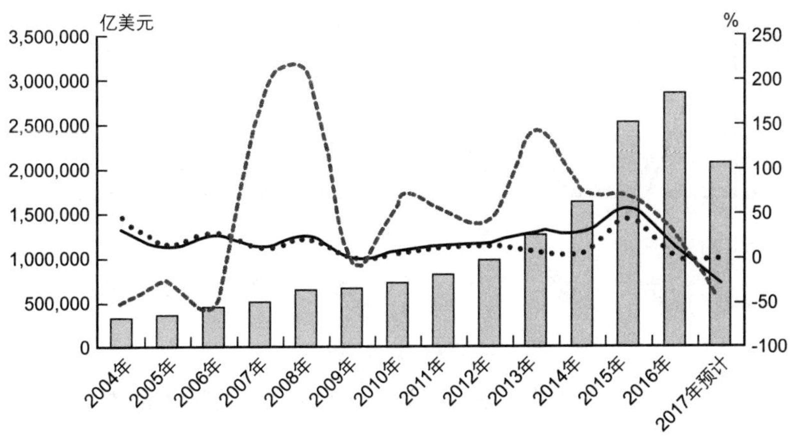

图3 2004年以来北京地区国际双向投资总额及其增速走势图

1. 实际利用外资保持平稳，投向集中于服务业领域

近年来，发达国家实行加息、税改吸引资金回流，周边新兴国家纷纷出台引资优惠政策，我国国内生产要素成本优势不断减弱，在这样的背景下我国吸引外资规模总体上出现了增速趋缓、缓中趋稳、结构优化的基本特点，这成为利用外资的新常态。为了促进外资增长，北京市积极创新外资服务模式，创新外商投资"放管服"改革和事中、事后全周期监管，首创外资企业"全周期"管理模式，关键领域体制机制创新以优化营商环境，打造北京市对外开放的新局面。2016年北京市新增外资总部企业和外资研发机构12家和16家，累计达到280家和548家，新增世界500强企业投资项目6个，累计有287家世界500强企业在京投资了724个项目，吸引外资高端化特征更加突出。2017年1~9月，北京市新设外商投资企业954家，增长7.1%，实际利用外资123.2亿美元，同比下降2.4%（见图4），降幅小于全国0.8个百分点，总体保持平稳，这是北京市实际利用外资近五年内同期最低水平。

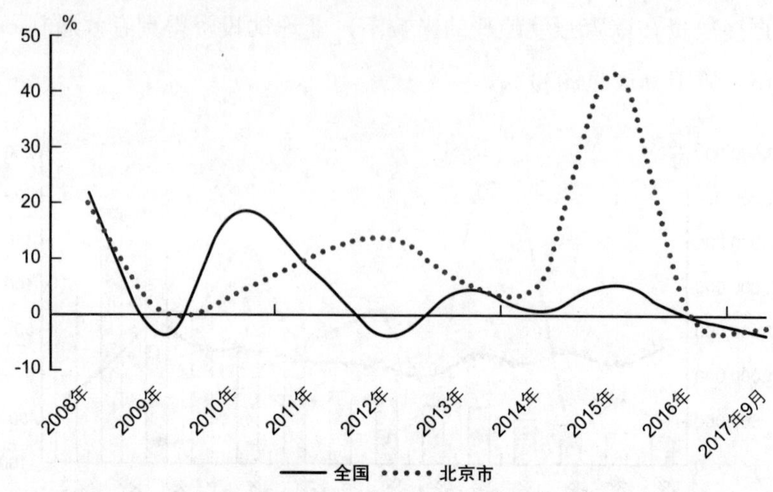

图4 2008年以来全国和北京市实际利用外资增长走势图

2017年，北京市实际利用外资呈现如下特征：**第一，外商投资集中投向服务业领域，引资结构好中有优。**2016年北京市服务业新引进外资项目1042个，入资123.2亿美元，分别占北京市新引进项目数的97.1%和实际利用外资的94.6%，其中科学技术、互联网和信息、商务和旅游以及文化教育等重点领域引资快速增长，实际利用外资分别增长59.3%、130%、89.8%和97.9%。2017年，北京市获批继续深化改革推进服务业扩大开放综合试点，前三季度北京市服务业实际利用外资111.9亿美元，占比为90.9%，远高于全国的69.2%，其中科技服务、信息服务、商务服务领域吸引外资增长率均超过20%。**第二，近七成投资来源于过亿美元大项目，**2016年北京市共引进124个千万美元以上大项目，带动外资119.3亿美元，占北京市实际利用外资的91.6%，其中服务业大项目114个，引资112.2亿美元，占北京市实际利用外资的86.1%。2017年1~7月，117个千万美元以上项目实际入资近100亿美元，占北京市实际利用外资比重超过90%。**第三，发展新区和涵养区引资增长显著。**2016年，城六区引资106亿美元，占北京市实际外资的81.4%，其中朝阳区引资占北京市57.3%，主要投向金融服务和商务服务领域，海淀区引资占北京市14.5%，主要投向科学技术服务、互联网和信息服务领域。城市发展新区和生态涵养发展区引资24.3亿美元，同比增长80.7%，占北京市18.6%，较2015年提高8.3个百分点，主要投向商品流通服务、商务服务和高端制造业领域。2017年发展新区继续延续快速增长的趋势，前三季度北京经济技术开发区吸引内外资项目总投资超350亿元，同比增长1.3倍，其中90%以上投入电子信息、生物医药、装备制造等现代制造产业。

表5　2017年1~9月北京地区实际利用外资按产业划分

单位：万美元，%

指标名称	实际利用外资	增长	占比
合　计	1231966	-2.4	
第一产业	838	-63.6	-
第二产业	111861	83.2	9.08
制造业	39293	-30.6	3.19
交通运输设备制造业	4310	-90.1	0.35
通信设备、计算机及其他电子设备制造业	10951	1862.5	0.89
第三产业	1119267	-6.6	90.85
交通运输、仓储和邮政业	127599	43.3	10.36
信息传输、计算机服务和软件业	175696	64.9	14.26
批发和零售业	173216	-70.3	14.06
房地产业	195166	195.0	15.84
租赁和商务服务业	223145	97.7	18.11
科学研究、技术服务与地质勘查业	190912	28.5	15.50

2．对外投资大幅下降，现代服务业境外投资活跃

2017年我国对外直接投资结束了连续五年双位数的增长，1~9月境内投资者对外累计实现非金融类直接投资780.3亿美元，同比下降41.9%，其中房地产业、体育和娱乐业对外投资新增项目数量为零。北京市对外直接投资也呈现大幅下降的势头，前三季度企业境外直接投资50亿美元左右，同比下降约60%，降幅高于全国近20个百分点。境外投资大幅下降的原因包括：**第一**，国内宏观经济稳中向好，人民币汇率稳中趋升，弱化了市场主体对外投资和配置海外资产的动力；**第二**，2016年底以来，我国在推动对外投资便利化的同时，加强了对外投资的真实性、合规性审查，对外投资结构进一步优化，涉及房地产、酒店、影城、娱乐业、体育俱乐部等领域的对外投资大幅下降；第三，欧美国家通过外资安全审查等方式对部分并购项目干预增多，一定程度上也影响了境内主体开展对外投资。

2017年，对外投资呈现如下特征：第一，现代服务业领域境外投资活跃。前三季度，我国对外投资主要流向租赁和商务服务业、制造业、批发和零售业以及信息传输、软件和信息技术服务业，占比分别为32%、17.3%、12.2%和10.5%。北京市企业的服务业境外投资增势同样强劲。第二，对"一带一路"沿线国家投资占比提高。1~9月，我国企业对"一带一路"沿线的57个国家新增投资共96亿美元，占同期总额的12.3%，比2016年同期提高4个百分点；在沿线61个国家新签对外承包工程合同额967.2亿美元，占同期总额的57.5%，同比增长29.7%；完成营业额493.8亿美元，占同期总额的48.2%，同比增长7.9%。北京市以《"一带一路"——产业合作投资（北京）指南》《北京海外投资指南》等指向性与操作性强的系列指南为辅助，为北京市企业"走出去"提供指导，通过组织海外机构和北京企业交流对接活动，与各国开展投资环境、产业政策、工业园区、具体项目等方面的对接，增进相互了解。2017年，信威通信、合众思壮、首钢国际、北汽国际、北汽福田、三一重工等重点海外投资项目取得进展，北汽集团南非工业园区、北汽福田俄罗斯工业园区、三一重工海外工业园区等重大工程推进顺利。

二、对外经贸运行中需要关注的问题

（一）机电产品及高新技术产品出口动力不足

2017年前三季度，北京市虽然扭转了前两年机电产品与高新技术产品出口负增长的态势，但相比全国其他省市而言增势较慢，相对来说对北京市整体出口增长形成拖累。1~9月，北京市机电产品出口增速仅为3.4%（见图5），低于全国8.2%的增速，在全国比重仅为2.2%，而同期广东、江苏和上海的比重分别为32%、18.1%和10.6%。同时，北京作为科技兴贸重点城市之一，高新技术产品始终是外贸发展的重要部分，但近几年高新技术产品出口比重持续下降，已经由2007年最高点时的36.7%下降到前三季度的19.76%，是2002年以来的最低水平。机电产品、高新技术产品出口增长有限的原因：**一是**在疏解一般制造业和高端制造业加工环节的过程中，企业用工成本、商务成本明显攀升，带来产品竞争力减弱，影响传统机电产品的生产和出口；**二是**北京市高新技术产业仍处于发展阶段，拥有自主品牌和自主知识产权的产品有限，出口方面对外国企业的依赖性较高，在国际贸易中处于被动地位；**三是**美国等发达国家为了推进高端制造业回流，一方面对高新技术知识产权出口设置更高的门槛，另一方面对于高端制造产品进口设置更多壁垒，贸易摩擦不断凸显。

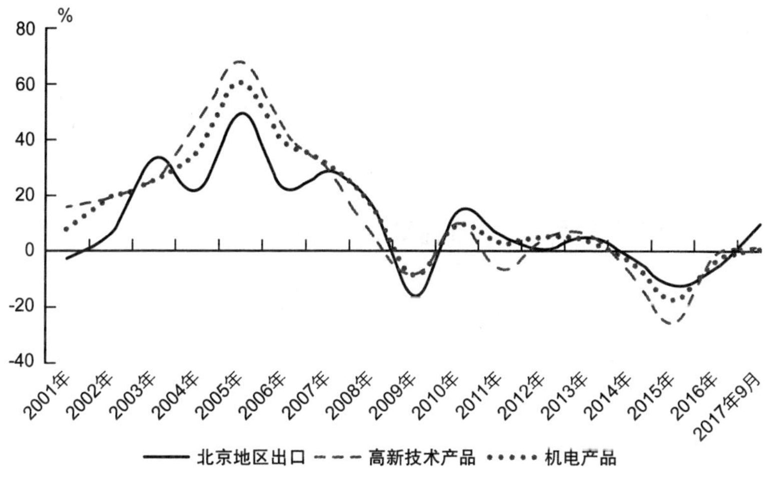

图5 2001年以来高新技术产品和机电产品出口增速走势图

（二）实际利用外资下行态势需要引起关注

北京市实际利用外资增速相比全国实际利用外资增速变化幅度过大，且在2015年实现43.8%的高速增长后，增速迅速回落至2016年的0.3%，并在2017年前三季度出现小幅负增长。利用外资的下降并非个别月份的项目“空档期”，而是渐成趋势，这与我国不断减少对外资准入限制、推进各领域扩大开放的政策导向不符，需要引起关注。北京市外资下降的原因包括：第一，在全面疏解的背景下，实际利用外资同样面临转型和升级，北京市对于新增产业的审批也更加严格，制造业、批发和零售业等产业利用外资大幅下降；第二，北京市营商环境仍待改善，虽然意在吸引高端投资，但自身没有完全具备投资配套环境，如人才短缺、成本上升、政策法规透明度不高、手续繁杂、户籍制度限制等问题仍未得到较好解决。

（三）北京市投资存量相对较低，投资主体竞争力较弱

相比中央企业，北京市企业“走出去”起步较晚，时间较短，投资存量较低。截至2015年，北京市对外直接投资存量387.99亿美元，仅相当于中央企业境外投资存量的6.53%，占全国地方企业的11.26%。与世界级跨国公司相比，北京市企业在跨国经营能力、技术创新、商业模式等方面总体差距较大，尚未出现真正意义上的跨国公司。企业的自身综合能力也有待提高，熟悉国际经济、法律、习俗的项目执行人才缺乏，项目管理能力尤其是前沿技术的创新和应用能力有所欠缺，企业的风险意识和风险防控体系建设还有待加强。

三、2018年对外经贸面临环境分析

（一）全球经济好中有忧，国际经贸环境有所改善

世界主要国家进入缓慢复苏周期，带动全球经贸环境改善。IMF预测2018年全球经济有望实现3.71%的增长，高于1980~2017年历史平均的3.48%。2017年2月WTO《贸易便利化协定》正式生效，这是WTO成立以来的首个多边贸易协定，为全球经济注入了强心剂，WTO预计2018年全球贸易增速为3.2%。全球制造业复苏势头强劲，主要工业国制造业PMI集体升至50上方。全球资本回暖，联合国贸易和发展会议发布《世界投资报告2017》，预计全球外国直接投资（FDI）2017年将增至约1.8万亿美元，2018年继续增至1.85万亿美元，新兴市场经济体是FDI自由化最活跃的地区。受需求上升、减产协议和库存减少等因素影响，IMF预计2018年油、

气、煤等能源物资价格均将出现小幅上涨。经济周期复苏、工业增长预期向好、投资回暖和大宗商品价格温和回升都表明全球经贸环境有所好转。

但是，主要经济体通胀水平大多低于政策目标，市场需求持续增长的动力尚不稳定。美联储将加快缩减资产负债表并加息，欧洲央行将从2018年1月起缩减量化宽松规模，主要经济体宏观经济政策调整将加速全球金融环境趋紧，以美国税改为首的发达国家减税政策带来全球资本回流，新兴经济体面临资金流出、外汇储备缩水、货币贬值压力加大的问题。发达国家收入分配失衡，“逆全球化”思潮泛滥，贸易保护主义倾向日益凸显。美国与欧盟共同向WTO提交了拒绝中国在全球贸易规则下获得“市场经济”待遇的要求，仍将保留对中国的特殊贸易制衡手段，同时美中全面经济对话目前处于停滞状态，没有任何重新商谈的计划，预示着中国对外贸易将会受到长期“压制”。

（二）国内多项战略政策助力外资外贸形势向好

“一带一路”及多项自贸协定助力我国企业拓展海外市场。作为贸易保护主义最大受害国，我国积极利用现有国际贸易规则沟通协商，较好解决了多个对华“双反”案件，同时我国还持续搭建贸易救济预警骨干系统及时发布预警信息。在妥善解决国际贸易摩擦的同时，外贸企业也在“一带一路”及多项自贸协定的持续推进下积极布局海外市场，通过对外承包工程新签大项目带动出口，加强相关国家与我国国际产能和装备制造合作。截至2016年，我国已经签署协定的自贸区对外贸易覆盖率达到38.8%，利用外资覆盖率达到76.5%，对外投资覆盖率达到60.3%，自贸伙伴已成为我国重要的出口市场、进口来源地和投资合作对象。

人民币国际化便利外资外贸。人民币国际化有利于降低汇率风险、减少交易成本、增加贸易便利性，促进外资外贸发展。2018年，人民币国际化由贸易、金融双轮驱动的特征更加明显，“一带一路”和国际产能合作等国家重大战略扩大了人民币的使用范围，更好地满足了实体经济的需要；在加入SDR后，市场对人民币的信心增强，促进人民币在多边使用、国际投融资、跨境资产配置、国际货币体系等方面实现突破；在对外直接投资、熊猫债、海外信贷等领域人民币使用规模显著增长，拓展了人民币的金融交易功能。

“中国制造2025”推动制造业向产业链高端延伸，有利于优化出口结构。发达经济体中高端制造业回流以及新兴经济体中低端制造业崛起，对我国出口形成双向挤压。我国更加重视实体经济发展，“中国制造2025”推动工业现代化，供给侧结构性改革推动实体经济企业成本持续降低，金融支持实体经济力度加强，资本开支在物联网、大数据、新能源汽车、高端装备制造、5G技术等相关领域增长迅速。外贸企业的产品附加值和品牌影响力不断提高，外贸结构持续优化。

服务业扩大开放推动服务贸易迎来发展黄金期。我国与供给侧结构性改革相适应的以服务业为主导的发展新格局已经建立，服务业成为支撑我国经济的主要行业。国内服务业发展水平不断提高，国际竞争力也相应不断增强，为服务贸易创新发展奠定了坚实基础。2015年国务院批复北京市服务业扩大开放综合试点，2016年国务院决定在上海、海南、深圳等10个省市和5个国家级新区开展为期两年的服务贸易创新发展试点。同时我国金融业深度开放时间表已经拟定，未来五年银行、证券、保险、基金、期货等领域将逐步取消外资限制，外资持股比例有望大幅提高。这一系列政策举措将有利于降低服务业外资准入标准，促进外资数量、质量并进。

（三）北京市多措并举打造更高水平开放经济

落实新版城市总体规划助力外资外贸结构优化。建设国际交往中心，不断拓展对外开放的广度和深度，完善国际化服务和加大国际影响力，吸引知名跨国公司区域总部和科技创新型总部以及研发、营销、采购、结算中心等在京落户，不断提高引进外资质量。建设中国科技创新中心，构建“高精尖”经济结构，提升外贸出口科技含量，增加生态环保、电子电器、智能家居、大型装备等产品出口量。建设全国文化中心，北京市在动漫游戏出口、国图版权输出和电影出口领域始终位居中国前列，未来将打造一批具有国际竞争力的外向型文化企业，形成一批具有核心竞争优势的文化产品和服务，以文化贸易发展促进文化软实力提升。

与外资外贸发展相关的便利化机制逐步建立。《北京市外贸综合服务企业试点工作实施方案》有利于培育为外贸企业提供报关报检、物流、退税、结算、融资、信用保险、保理、供应链管理等综合服务的龙头企业。《支持北京市外贸企业提升国际化经营能力的通知》将助力中小外贸企业、"双自主"企业、外贸综合服务企业等提高国际竞争力。先后成立的外经贸发展担保服务平台和中小企业出口金融服务"政保贷"平台将进一步解决外贸企业融资贵、融资难等问题。京津冀正在探索内陆与沿海口岸物流联通新模式，提高通关效率，同时三地跨境电商综合试验区将有利于形成从国际市场开拓、订单处理、供应链金融、全球物流到人才培养的全产业链支撑服务，提高外贸出口效率。

四、2018年对外贸易形势判断

（一）货物贸易总额小幅增长

货物出口有望小幅增长。第一，外贸需求回暖，发达国家与新兴市场国家齐头并进经济复苏，制造业不断改善，带动北京市出口增长。2018年，美国、欧元区、东盟等国家和地区经济向好，为北京市出口形成有力支撑，汽车、集成电路、显示器、生物医药等外贸支柱产业出口将不断扩大。**第二，**外贸竞争新优势正在逐步形成，北京市制造业数字化、网络化、智能化进程走在国内前列，依赖互联网和跨境电商的迅速发展，高频次、小单化、碎片化的外贸新特征显现。随着一般制造业疏解及"高精尖"产业结构不断构建，北京市将逐渐摆脱依赖外商投资和低要素成本驱动的外贸发展阶段，培育以技术、品牌、质量、服务、标准为核心的外贸竞争新优势。**第三，**货物进口额保持正向增长，但增速有限。**一方面**我国工业传统行业供需关系逐步改善，战略性新兴产业势头良好，实体经济发展向好，内需企稳对进口数量形成支撑，特别关注国内上调2018年石油进口配额表明原油进口仍将成为带动北京市进口的重要力量。**另一方面**，油、气、煤等能源物资价格将在2018年上涨约4%，带动进口量价齐升。除了大宗商品外，商务部表示2018年将通过降低部分日用消费品关税，以增加消费进口，优化进口结构。但房地产、基建边际下行趋势不变，环保政策加码导致部分企业停产限产，对原材料需求降低，进口很难保持高增速。

货物贸易结构持续优化。第一，一般贸易将继续发挥进出口增长主导力量的作用，随着非首都功能疏解，传统制造业份额下降，战略性新兴产业发展势头良好，一般贸易出口增长有望好于整体水平。**第二，**国际市场多元化更加明显，新兴经济体占北京市出口比重超五成，中国—格鲁吉亚、中国—巴基斯坦等自贸协定效果不断显现，“一带一路”背景下北京市企业深度参与国际产业分工，与沿线国家在能源、环保节能装备、现代农业、高新技术等领域的合作继续加强。亚洲、非洲、拉丁美洲、大洋洲外贸进出口增速有望继续高于整体增速，特别是与中国周边国家的外贸将保持快速增长势头。**第三，**外贸经营主体结构不断优化，民营企业出口连续五年增速高于国有和外资企业，未来在创新能力、品牌建设、营销能力等方面都将不断加强，为北京市对外经贸发展注入活力。

（二）服务贸易保持高速增长，新兴领域优势明显

从国际环境看，全球服务贸易和服务外包发展方兴未艾，随着世界经济增长势头趋稳，服务贸易有望保持相对较快的增长态势。从国内环境看，中国坚持实行高水平的贸易和投资自由化政策，扩大服务业对外开放，服务业已成为中国利用外资的主体。随着传统领域与新兴领域的不断深度发展，北京市服务贸易将继续保持较高增速：**第一，**深化服务业扩大开放综合试点为北京服务贸易发展提供新的机遇，北京市共分解细化85项深化试点任务分工，印发《深化北京市服务业扩大开放综合试点任务清单》，首批已成立的12个试点示范园区、17家示范单位和28个示范项目将起到引领带头作用。**第二，**新兴服务领域发展，累积服务贸易新动能。

北京市新兴服务贸易始终处于全国领先地位，电信、保险、法律、金融等新兴领域服务进出口占全国同类服务进出口总额比重均超40%，未来《北京市服务贸易竞争力提升工程实施方案》将全面落实，技术、文化、中医药、金融等新兴服务贸易优势将加速培育。**第三，**服务外包步入大有可为的黄金发展期，我国新兴服务出口的70%是通过承接全球服务外包特别是生产性服务外包实现的。北京作为我国服务外包产业发源地具有先发优势，随着信息技术和互联网的不断发达，远程数据传输和远程实时交互沟通成为可能，生物医药研发服务、动漫创意服务、企业运营后台服务和客户关怀服务等业务内容均将迅速发展。

五、2018年国际投资形势判断

（一）利用外资稳中有升，结构趋于优化

2018年，北京市利用外资水平或将稳中趋升，利用外资结构进一步优化。**第一，**2017年国务院出台了关于吸引外资的国发5号文件和39号文件，在年底已显现政策效果，预计2018年将进一步扩大市场准入对外开放范围，尤其若银行业、证券业和保险业实现对外开放，将大幅拉升北京市的外资增长。**第二，**跨国公司看好中国市场，中国引进外资已连续25年居发展中国家首位，2017年中国经济数据的改善以及不断推进的供给侧结构性改革更让国外投资者对中国市场做出了有利判断。北京在基础设施、人力资源、消费市场、科技创新等方面更具有吸引力，更有利于“高精尖”外资企业入驻。**第三，**以服务业主导的引资格局不断优化，北京在新兴服务领域优势明显，“北京服务”的多个品牌在世界同行业中也有一定知名度。深化服务业扩大开放综合试点将进一步扩大服务业重点领域对外开放，在科学技术服务、文化教育服务、金融服务、商务和旅游服务、健康医疗服务等多领域放宽投资。“产业定制”的管理模式形成了一批与特定服务贸易相适应的体制机制创新，有利于改善营商环境，提高对外资的吸引力。但值得注意的是：美、英、加拿大均已进入加息周期，加之特朗普税改等事

件一定程度上促使在华资本回流，外资规模下降。而相比上海、深圳等，北京市土地成本、劳动力成本等偏高，投资环境相对不利，特别是疏解背景下一些外资企业持观望态度，以上因素都将影响外资进入。

（二）对外投资降幅收窄，监管趋严助力结构优化

我国对外投资进入调整期的局面已基本确定，2018年对外直接投资难回高位，但降幅将会有所收窄。**第一**，我国部分对外直接投资的阶段性管控已经见效，相关管制有望放松，投资大幅下滑的状态将得到缓解。**第二**，监管趋严推动行业结构优化，北京市将全面落实《关于进一步引导和规范境外投资方向的指导意见》内容，进一步规范境外投资项目，打击虚假投资和盲目投资，鼓励带动优势产能、优质装备和技术标准输出的境外投资，扩大商贸、文化、物流等服务领域境外投资等。**第三**，中国对外投资仍然具有较大的增长潜力，从总量上看，2016年我国对外直接投资存量与GDP比率为11.4%，与全球第二大经济体的经济地位相比，对外投资规模仍然较低。相比之下，这一比率在世界、发达经济体、发展中经济体、转型经济体分别为34.6%、44.8%、19.8%、22.5%。在不断发展的国际产能和装备制造合作中，对外直接投资仍具备较大增长空间。但值得关注的是，我国对外直接投资政策已经发生从放松管制到从严监管的显著变化，未来虽有所放松但不会明显翻转，同时我国实体经济稳中向好吸引资金留在国内，一些国家保护主义抬头，加大对外资的安全审查等导致国际上投资不确定性增多，对外投资难回高位。

六、政策建议

（一）打造“北京服务”品牌，加强配套机制建设

第一，通过加快培育产业基础、营造良好的营商环境、加大海外推介力度等措施积极打造“北京服务”的品牌，培育一批重点行业专业性境外品牌展，利用京交会等展会宣传推介“北京服务，全球共享”的美好愿景。**第二**，推动有条件的行业和企业建立品牌推广中心，大力培育区域性、行业

性品牌，一方面巩固传统服务贸易领域如旅游、运输、工程等服务贸易品牌，另一方面培育新优势领域如技术、文化、中医药、金融、专业服务、教育、体育等。**第三，**加强配套机制建设，如支持企业开展商标和专利的国外注册保护，开展海外维权，建立品牌商品出口统计制度等。

（二）推动京津冀重点服务贸易协同发展与开放

促进京津冀服务贸易协同发展，在口岸功能衔接、新兴产业融合发展、产业链协同开放等方面加大创新力度。**第一，**建立京津冀利用外资合作平台，通过联合引资、引智、引技，促进三地服务贸易产业优化升级；**第二，**加强区域通关一体化合作，实现三地口岸信息互换、监管互认、执法互助，进一步提升服务贸易便利化水平；**第三，**加快推进京津冀三地服务贸易协同创新共同体建设，组建区域创新联盟。

（三）契合首都功能定位，提高引资质量

第一，助力北京市建设全国科技创新中心，在引资的过程中更加注重引智、引技，依托“三城一区”平台，提供科技项目孵化、创新平台服务、人才与配套基金等方面的支持，确保优质企业、高端项目、高层次人才可以引得来、留得住、能发展。**第二，**吸引国际总部落户北京，突出北京作为我国国际交往中心的地位，积极推动国家提供外交、法律、税收等方面的制度支撑，完善地方优惠政策和服务水平，如专门给予财政补贴用于资产购置、设立办事处，加强相关信息平台、外语服务、涉外服务人员生活等方面的保障工作。**第三，**致力于城市品牌建设和形象提升，一方面继续加强基础设施建设和环境治理，提供与国际接轨的医疗、教育、传媒、咨询等服务，另一方面从城市发展战略的高度对北京进行营销管理以塑造全球顶尖的城市品牌，持续稳定扩大示范和磁吸效应。

（四）加强金融支持，引导企业境外投资健康有序发展

第一，积极探讨建立社会化的“走出去”发展基金，紧紧围绕“一带一路”建设、推动非洲“三网一化”、扩大国际装备制造和产能合作、加快推动北京市服务业扩大开放等重大项目，加大金融支持力度，提升对外投资合作水平，拓展“北京智造”国际市场空间。第二，按“鼓励发展+负面清单”模式引导和规范企业境外投资方向，建立健全境外投资黑名单制度，部门间信息共享机制、国有企业境外投资资本金制度，加强境外投资合规性和真实性审查等。第三，尝试以投资带动工程承包、政府和社会资本合作（PPP）等多种方式相结合，实现对外承包工程转型升级、向国际产业链高端延伸，带动技术、产品、设备和服务“走出去”，推动在应用中国技术和标准开展海外工程建设项目方面实现重大突破。

（执笔人：奚春[1]）

[1] 奚春，北京市经济信息中心经济研究部，助理经济师，研究方向为宏观经济、产业研究。

2017年北京市价格形势分析及2018年展望

摘要：2017年，国内外经济形势转好、供给侧结构性改革持续深化、价格改革加快推进等因素共同推动北京市价格总水平温和回升。2018年，影响北京市价格的上行和下行因素并存，预计价格水平将稳中有升，各领域价格分化运行。针对当前企业生产经营成本偏高、居民生活成本上涨压力较大等问题，建议加大企业转型升级的支持力度，加强价格监测和风险管控，加快建立房地产调控长效机制，同时，借助价格水平低位运行的有利时机继续推进价格改革，加快建立与首都城市战略定位相协调的价格体系。

关键词：物价水平　价格改革　形势展望　政策建议

2017年，受国内外经济企稳向好、供给侧结构性改革持续推进、多项政策调整等因素影响，北京市价格水平总体呈现温和回升态势，分领域来看，居民消费价格温和上涨，生产类价格由负转正（见图1），资金价格小幅上行，住宅销售和租赁价格涨幅回落。2018年，北京市价格上行和下行因素并存，其中，国际大宗商品价格上涨带来的输入型上涨压力较轻，总需求对物价的拉动作用相对较小，货币政策收紧也将限制物价的上行空间，但价格改革的深入推进以及非首都功能疏解带来的用工成本上升、低成本供给减少等因素将推动物价上涨。综合各方面因素判断，北京市价格总水平或将延续上涨态势，但分领域价格变化各异，预计居民消费价格稳中有升，生产类价格涨幅收窄，住宅销售价格趋稳，租赁价格涨幅回落，资金价格稳中有降。

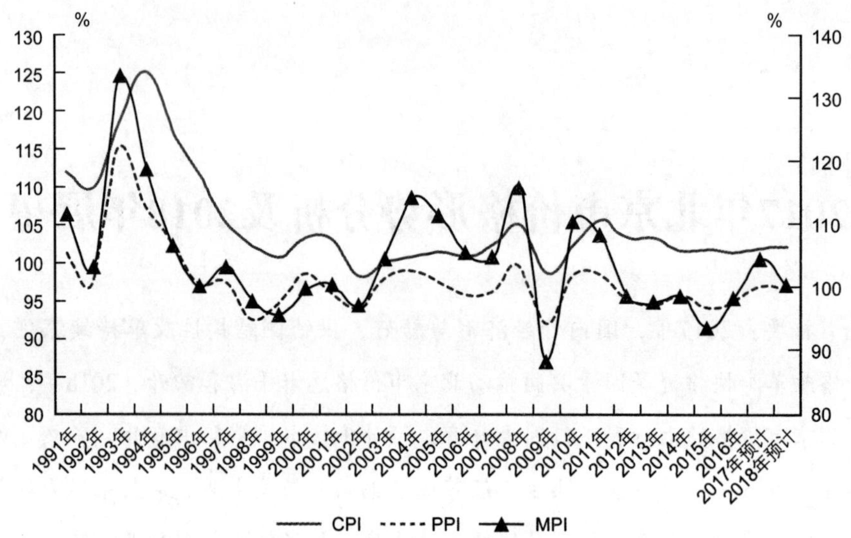

图1 1991年以来北京市CPI（左轴）、PPI（右轴）、MPI（右轴）走势变化

一、2017年北京市价格运行分析

2017年，受国内外经济企稳向好、“去产能”力度加大、价格改革加快推进等因素影响，北京市价格总水平较2016年有小幅回升，各领域价格呈现分化走势，其中，居民消费价格温和上涨，工业生产者价格由负转正，资金价格小幅上行，但随着房地产市场调控政策持续发力，住宅销售和租赁价格涨幅明显回落。

（一）价格改革加快推进

医疗领域价格改革全面推开，市场决定价格机制进一步完善。落实中共中央、国务院《关于推进价格机制改革的若干意见》以及国家发展改革委等四部门《关于印发推进医疗服务价格改革意见的通知》，北京市自2017年1月1日起放开公立医疗机构特需医疗服务、新增医疗服务及远程会诊等部分医疗服务项目价格，执行医院自主定价，充分发挥价格杠杆的激励、引导和约束作用，优化医疗资源结构和配置，促进医疗服务效率和质量提升。自4月8日起实施《医药分开综合改革实施方案》，通过取消药品加成、实行医药产品阳光采购、医保控费等多项措施，降低药品、器械、耗材等虚高价格和费用，提高中医、护理、手术等体现医务人员技术劳务价值和技术难度高、执业风险大的医疗服务项目价格，首批对435个项目进行了价格规范。此次改革向2020年实现"基本理顺医疗服务比价关系，建立以成本和收入结构变化为基础的医疗服务价格动态调整机制"的目标迈进了重要一步，为逐步缩小政府定价范围，创新医疗服务定价方式，探索建立以医保支付标准引导的价格形成机制奠定了基础。

围绕"降成本"着力降价清费，积极助力供给侧结构性改革。一是着力打破电网企业"两头垄断"的局面，通过以"准许成本加合理收益"为原则核定的过网费取代原有依靠低价买电、高价卖电获取的高额购销差价，加强供电、用电企业有效对接，加快转变电网企业盈利模式。同时，合理调整电价结构，自2017年7月1日起将北京市平均销售电价每千瓦时下调1.42分，切实降低企业用电成本。**二是**充分释放降价红利，在国家发展改革委核减天然气管道运输企业成本、天然气增值税税率调整后，北京市自2017年9月1日起将管道天然气非居民销售价格下调0.1元/立方米，降低企业用气成本。**三是**自2017年4月1日起取消或停征13项涉企行政事业性收费，包括非刑事案件财产价格鉴定费、环境监测服务费、卫生检测费等。同时对药品、医疗器械产品注册收费实行减免政策，降低特种设备检验费等收费标准，共计11项，切实降低实体经济企业负担。

加强政府定价成本监审，完善价格管理制度。北京市对2007年制定的《北京市政府制定价格成本监审目录》进行了修订，涉及水气热、交通、教育、景区、有线电视等多个领域。与原有目录相比，新版目录对监审范围作了一定简化，2017年2月1日起成本监审项目由14项减为10项，食盐价格、基本医疗诊疗费、挂号费、床位费和手术费等项目的定价成本监审随着2017年相关价格的放开全部取消。此外，一些项目成本监审的时间间隔也有所调整，如出租车运价成本监审由1年改为3年，教育收费由原有的"定调价监审"转为3年一次的"定期监审"。随着新版目录的实施，重点领域和关键环节成本监审工作更加制度化、科学化、规范化，对于推进价格工作定位转型、提升政府价格监管水平、完善价格形成机制具有重要意义。

（二）居民消费价格温和上涨

2017年，北京市CPI呈现温和回升的运行态势，服务项目价格受医疗类价格调整影响涨幅较大，是带动CPI上涨的主要力量，但因八大类价格指数中权重占比最大的食品烟酒类价格受猪肉、鲜菜和蛋类价格大幅下降影响涨幅明显回落，CPI上涨较为温和，1~9月，同比涨幅为1.9%，较2016年同期提高0.7个百分点，处于近两年的同期高位。年内CPI波动较大，年初因春节错月影响当月同比涨幅由1月2.9%快速回落至2月的1.1%，随后受医改带动于年中回升至2.5%，三季度基本稳定在1.7%左右（见图2）。四季度，在前期价格改革影响持续、交通和通信领域价格调整以及食品等消费价格略有回升等因素的共同作用下，预计北京市CPI总体将呈现平稳运行态势，2017年全年涨幅在2%以内。

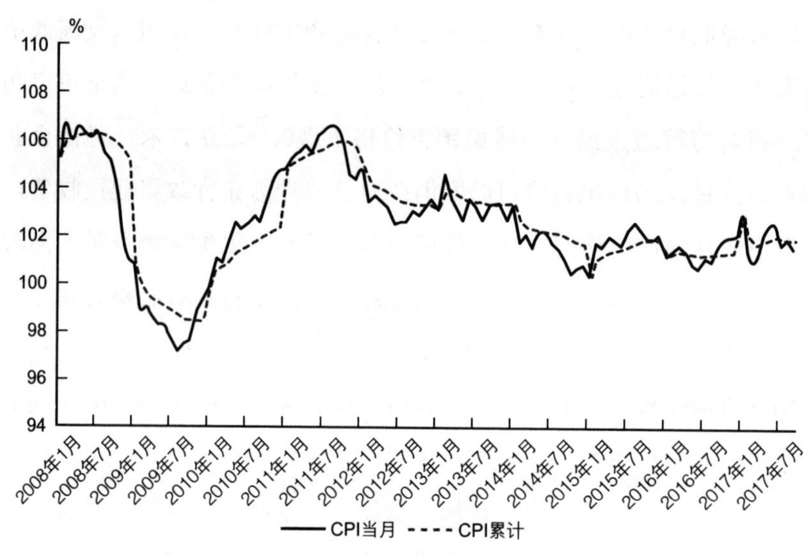

图2 2008年以来北京市CPI月度变化

1. 服务项目价格涨幅回升是CPI上涨的主要拉动力量

2017年，北京市服务项目价格较2016年的近5年低位有明显回升，1~9月同比上涨4.7%，涨幅较2016年同期提高2.2个百分点，回升至2014年以来同期最高水平，是带动CPI上涨的主要力量（见图3）。究其原因，一是

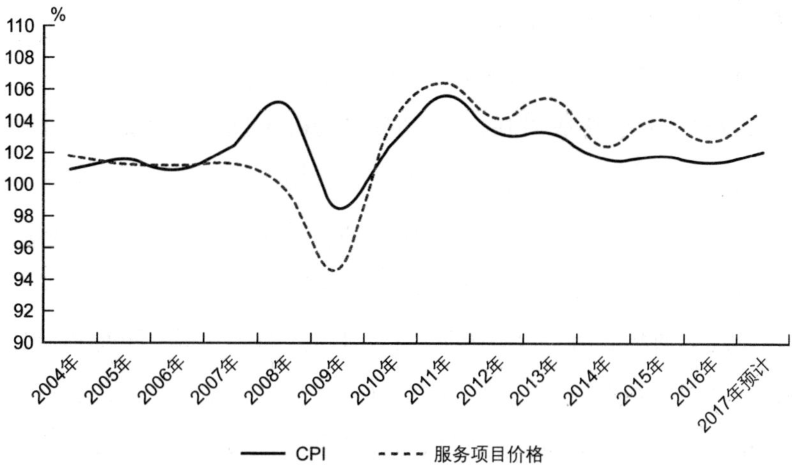

图3 2004年以来北京市CPI和服务项目价格指数年度走势

北京市医改推进使医疗服务项目价格大幅上调，如二级护理从7元上调至26元，阑尾切除术从234元上调至560元，针灸从4元上调至26元。自5月开始，医疗服务项目价格当月同比涨幅高达25.7%，是服务项目价格上涨的主要拉动力量。**二是**随着非首都功能加快疏解，低端业态清退带来的用工成本上升问题日益凸显，58同城数据显示，2017年以来，北京市居民服务和其他服务业企业招聘需求持续增长，当月同比涨幅由2月的21%波动上升至9月的60.5%，而求职简历量比2016年下降了30%左右，供需矛盾愈发突出使得劳动力成本上扬，进而带动衣着加工、家庭服务等项目价格普遍小幅上涨。**三是**随着人口老龄化趋势加重、二胎政策逐步放开，居民在婴幼儿护理、教育培训、家政服务、健康保养等方面的需求日益高涨，但相关市场有效供给能力仍显不足，再加上居民消费结构持续升级，中高端服务消费需求明显上升，对相关行业的价格水平形成了较强支撑。此外，服务业企业面临的融资和营商成本较高，并通过价值链不断向销售端传导，成本转嫁也在一定程度上推升了服务价格。四季度，虽然移动、联通和电信三大运营商于9月全面取消了国内手机长途和港澳台以外的漫游通话费，通信服务价格跌幅将有所扩大，但医改影响仍在持续，服务需求旺盛、用工成本上扬等因素长期存在将继续带动服务项目价格上涨，预计服务项目价格将呈现稳中略升的运行态势。

2. 食品烟酒类价格涨幅回落减弱了CPI的上行力量

2017年1~9月，构成CPI的八大类项目价格指数中，除衣着类以外，其他七项均呈现不同程度的上涨（见表1）。其中，医疗保健类价格指数涨幅最大，1~9月同比上涨7.4%，较2016年同期提高5.5个百分点，是CPI回升的主要原因。另外，受旅游价格大幅提升、油价上调等因素带动，教育文化和娱乐以及交通和通信类价格由负转正，1~9月同比分别上涨2.4%和0.4%，较2016年同期分别提高4.5个百分点和4.6个百分点，生活用品及服务价格也由2016年的小幅下跌转为微幅上涨，这三项价格指数也是推升CPI的重要方面。但是，在CPI篮子中权重占比最高的食品烟酒类价格受猪肉、鲜菜和蛋类价格大幅下降影响对CPI的推升作用有所减弱，1~9月同比仅上涨0.4%，涨幅较2016年同期回落2.6个百分点；占比同样较大的居住类价格同比涨幅为3.8%，与2016年基本持平；衣着类价格指数下跌2.2%，较2016年同期回落2.7个百分点，在这三类价格指数的共同带动下，CPI涨幅较为有限。

表1　2017年1~9月八大类价格指数月度变化

单位：%

	CPI	食品烟酒	居住	衣着	生活用品及服务	医疗保健	交通和通信	教育文化和娱乐	其他用品和服务
1月	102.9	103.2	104.0	98.1	99.9	104.7	100.9	104.6	104.9
2月	101.1	98.3	104.3	97.9	100.0	104.9	100.8	100.0	104.4
3月	101.0	97.3	104.0	97.5	100.0	105.0	101.3	101.7	103.0
4月	101.9	99.3	103.9	97.6	100.3	107.9	101.1	103.3	103.8
5月	102.5	101.5	103.9	97.8	100.5	109.9	100.7	102.7	103.4
6月	102.5	102.1	103.8	98.0	101.0	109.1	99.9	103.2	103.0
7月	101.7	100.9	103.3	98.0	100.8	108.7	99.3	101.8	100.8
8月	101.9	101.0	103.3	97.7	100.9	108.3	100.2	102.1	101.4
9月	101.6	100.0	103.3	97.2	101.3	108.2	99.6	102.2	101.7
累计	101.9	100.4	103.8	97.8	100.5	107.4	100.4	102.4	102.9

四季度，交通和通信类价格在中通和韵达上调快递价格以及成品油价格连续上调的影响下有所上扬；医疗保健类价格涨势放缓；食品烟酒中多数产品将受节日消费拉动需求增加，但目前猪肉、鲜菜、鸡蛋等主要农产品市场供给相对充足，预计食品价格回升幅度比较有限；居住类、教育文化和娱乐类价格指数相对平稳；后期翘尾因素影响较小。总体来看，四季度北京市CPI将平稳运行，全年仍将呈现温和回升态势。

3. 生活必需品价格涨跌互现，主要品类价格大幅下降

与居民感受密切相关的生活必需品价格呈分化走势（见表2）。**一是肉蛋菜价格大幅下跌带动食品价格涨幅明显回落。**其中，猪肉价格受母猪存栏量较为稳定以及饲料成本降低双重因素影响有明显回落，1~9月下降6.3%，较2016年同期回落24.3个百分点，新发地市场白条猪价格由年初的23元/公斤下降至9月末的17.6元/公斤左右的水平。鲜菜受2016年暖冬气候影响，主要供应出现南北方菜源叠加现象，总体呈现量增价减的趋势，1~9月菜价下降9.9%，较2016年同期回落20.3个百分点。鸡蛋价格受国内蛋鸡养殖积极性较高、饲料玉米价格下降以及年初禽流感疫情爆发等因素影响在上半年持续下行，跌至4.1元/公斤的近10年低点，但下半年以来因养殖场压缩产能、蛋鸡产蛋量下降、期货价格上涨，鸡蛋价格震荡走高，回升至2015年以来较高水平。**二是粮油价格稳中有升。**2017年年初，国际农产品价格上涨对国内粮价有一定的顶托作用，北京市粳米价格由5.5元/公斤小幅上涨至6元/公斤，6月份以后基本回落至原有水平。花生油价格上半年大致稳定在28.5元/公斤左右，下半年小幅上涨至30元/公斤左右。**三是水果价格涨多降少。**在桃类、柑橘类等水果产量减少、优质果品供应加大、鲜果出口需求上升以及2016年基数较低等因素的影响下，北京市鲜果价格整体呈现上涨态势，1~9月上涨4.3%，较2016年同期提高8.9个百分点。

表2 2016年1月以来新发地农副产品批发市场主要农产品价格变化

单位：元/千克

日期	猪肉	圆白菜	土豆	鸡蛋	粳米	花生油
2016年1月31日	23.75	3.60	1.75	8.70	5.87	28.48
2016年2月29日	23.00	4.00	1.80	6.18	5.38	28.48
2016年3月31日	24.40	4.50	2.50	6.74	5.39	28.48
2016年4月30日	24.90	1.10	2.90	6.94	5.45	28.48
2016年5月31日	25.65	0.45	2.50	7.61	5.45	28.48
2016年6月30日	21.90	0.70	1.30	6.34	5.43	28.48
2016年7月31日	20.90	1.00	1.10	6.54	5.52	28.70
2016年8月31日	21.85	2.60	1.15	8.30	5.50	28.70
2016年9月30日	19.85	3.20	1.25	6.82	5.50	28.70
2016年10月31日	19.50	1.70	1.40	7.08	5.57	28.48
2016年11月30日	20.65	2.90	1.70	6.58	5.50	28.70
2016年12月31日	21.40	3.50	1.85	6.16	5.59	28.48
2017年1月31日	23.25	2.00	2.00	5.77	5.58	28.48
2017年2月28日	19.65	0.80	1.70	4.38	5.59	28.48
2017年3月31日	19.05	1.00	1.50	5.58	5.98	28.48
2017年4月29日	18.15	0.45	1.50	4.66	5.98	28.37
2017年5月31日	16.30	0.50	1.20	4.22	5.98	28.37
2017年6月29日	17.35	0.90	1.40	6.26	5.48	29.02
2017年7月31日	17.30	1.20	1.40	7.30	5.46	29.02
2017年8月31日	18.20	1.40	1.40	5.76	5.33	29.35
2017年9月30日	17.50	1.50	1.40	7.46	5.56	29.35

（三）工业生产者价格由负转正

2017年，国际资金积极介入主要大宗商品市场进行资产配置使大宗商品金融属性得到加强，国内“去产能”持续推进带动煤炭、钢铁价格大幅上涨，受此影响，北京市工业生产者价格指数由负转正，结束了2012年以来的通缩状态（见图4）。年内MPI和PPI随着国际大宗商品价格涨幅趋缓、“去产能”过程中市场监管力度加强、翘尾因素减弱，在一季度冲高后呈现缓慢回落态势，前三季度同比分别上涨5%和0.9%，较2016年同期提高7.6个百分点和3.4个百分点。四季度，环保限产将在一定程度上对工业品价格形成支撑，国际工业原料价格带来的输入型上涨压力略有增强，但翘尾因素减弱将继续拖累工业品价格涨幅，预计全年MPI和PPI将分别降至4.4%和0.7%左右。

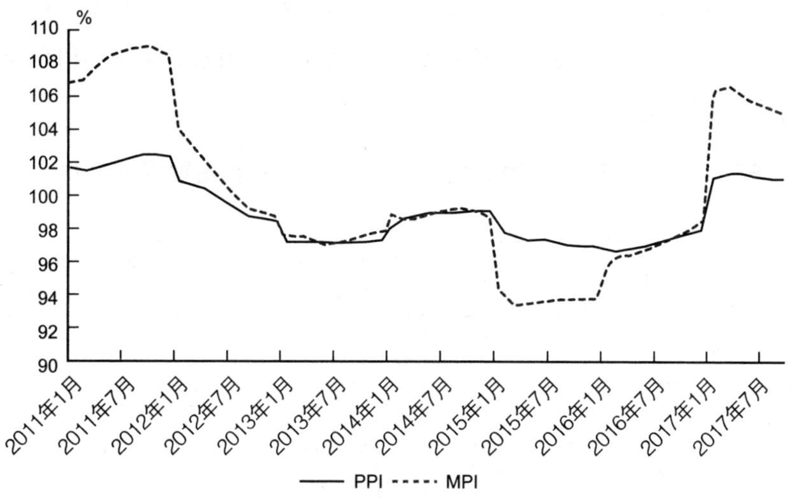

图4 2011年以来北京市PPI和MPI月度累计走势

1. 燃料动力、黑色金属以及有色金属和电线类价格变化主导MPI上扬

2017年，全球经济步入协同复苏的上升周期，原油、基本金属等工业品需求伴随经济增长有所提升；国内“去产能”政策继续实施，供给侧收缩对煤炭、钢铁价格形成较强支撑，国内秦皇岛5500大卡动力煤价格在2016年末达到600元/吨的近三年高位后继续震荡上行至620元/吨左右，北京市螺纹钢价格由2016年末的3000元/吨波动上升至2017年9月的3800元/吨左右；再加上翘尾因素由-2%显著提高至3.2%的影响，北京市工业生产者购进价格明显上扬。1~9月，MPI上涨5%，涨幅较2016年同期提高7.6个百分点，九大类购进产品中，除农副产品以外的其余八类产品价格指数均重回上涨区间，其中，燃料动力、黑色金属以及有色金属和电线类价格涨幅分别达到9.8%、11.4%和23.2%，涨幅较2016年同期分别提高13.7个百分点、

14个百分点和29.9个百分点，是MPI回升的主要拉动力量（见表3）。四季度，国际原油价格将震荡走高，有色金属、铁矿石等金属类价格趋于下行，国际大宗商品价格带来的输入型上涨压力总体有限；国家发展改革委发文推进煤电直购直销中长期合同、严厉打击迎峰度冬期间的煤价炒作行为，再加上党的十九大会议期间停工的中小煤矿逐步复产的影响，市场供求将进一步宽松，煤炭价格或将呈现下行态势；MPI 11月翘尾较10月下降近1.7个百分点，将明显拉低价格涨幅，综合各项因素判断，MPI全年涨幅将回落至4.4%左右。

表3　2016年和2017年同期1~9月MPI分类指数累计变化

单位：%

年份	MPI	一、燃料、动力类	二、黑色金属材料类	三、有色金属材料和电线类	四、化工原料类
2016年	98.5	98.0	99.7	97.2	96.6
2017年	105.0	109.8	111.4	123.2	103.3
年份	五、木材及纸浆类	六、建筑材料及非金属类	七、其他工业原材料及半成品类	八、农副产品类	九、纺织原料类
2016年	99.1	100.6	98.3	112.8	99.8
2017年	101.1	106.5	100.2	92.3	101.9

2．生产资料出厂价格上扬主导PPI由负转正

2017年，世界经济加速复苏，国内及北京市经济稳中向好，生产、生活资料价格在需求增加和产能收缩的影响下均有所上扬，特别是生产资料出厂价格当月同比大幅提高，扭转了近五年一直低于PPI的运行态势，明显拉高了PPI涨幅，使其结束了2012年以来的通缩状态（见图5）。1~9月，PPI同比上涨0.9%，较2016年同期提高3.4个百分点，其中，生产资料价格上涨1.8%，同比提高4.5个百分点；生活资料价格下跌0.8%，跌幅同比缩小1.3个百分点。与全国相比，由于北京市产业结构高端化特征明显，本轮涨幅高、影响大的煤炭、石油、钢材、有色等“三黑一色”基础行业占北京市PPI权重不到10%，上游原材料价格上涨对下游工业品传导作用有

限，因此，北京市生产类价格涨幅不及全国，1~9月，PPI涨幅低于全国5.6个百分点。四季度，环保限产对北京市化工、原料药等行业产品供给影响较大，将支撑相关价格上涨，但因其对下游需求也具有一定的抑制作用，预计价格上行空间较为有限。另外，国家不断加强价格监管，发展改革委和行业协会采取了系列措施限制PVC、水泥等生产厂家串通涨价、合理引导价格预期，有助于缓解价格上涨压力；加之企业补库存周期逐渐减弱，不会显著拉动需求增长，翘尾因素也有所下降。综合判断，北京市工业生产者出厂价格指数整体将缓慢下行，全年涨幅将回落至0.7%左右。

图5　2011年以来北京市PPI与生产资料、生活资料出厂价格当月同比变化

（四）资金价格小幅上行

2017年，央行在保持稳健中性货币政策基调的同时，结合稳增长、调结构、促改革、抑泡沫等多项目标，货币政策实施力度总体趋紧，货币供给M2和M1同比增速均呈现回落态势。再加上中国经济金融风险上升，出借资金要求的风险补偿有所提高，且“一行三会”不断出台政策加强对资金流向的监管，进一步优化IPO、再融资、并购重组、市场主体交易行为等制度性软环境，对资金不合规、不合法、高风险流向形成高压态势，也加剧了资金紧张状况。在多方因素的影响下，市场利率有一定提高，2017

年10月13日，银行间隔夜、银行间7天加权拆借利率和上海银行间同业拆放利率（1周）分别为2.65%、3.17%和2.85%，较2016年同期分别提高0.45个百分点、0.76个百分点和0.47个百分点（见图6）。四季度，监管政策趋严、货币紧缩进程仍将持续，资金面将维持紧平衡状态，但央行宣布对普惠金融实施定向降准有望提振市场情绪，市场流动性或将小幅改善，预计市场利率总体将在高位震荡。

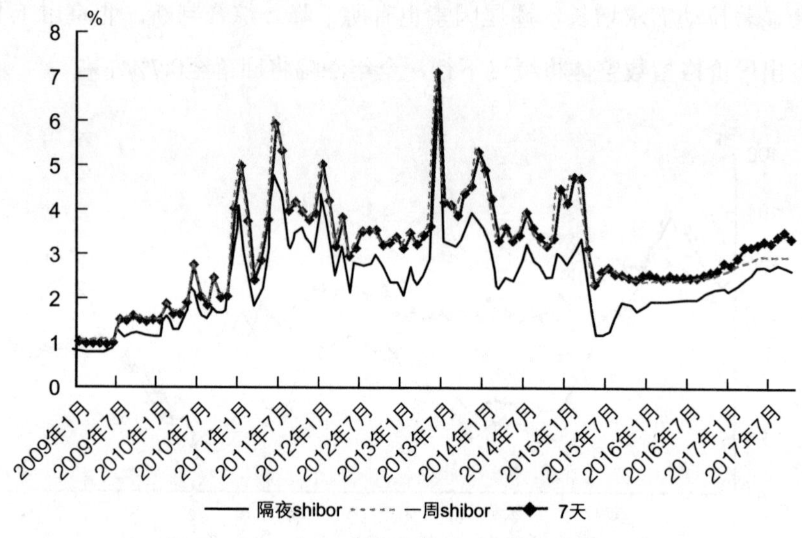

图6　2009年以来银行同业拆借利率变动

（五）住宅销售和租赁价格涨幅回落

自2016年“9·30”新政开始至2017年9月，北京市累计共发布约30次房地产市场调控政策，从收紧住房信贷、整顿中介市场、打击“过道学区房”、严控商住项目、限购住宅平房等多个方面，全面封堵投资投机性炒房空间。在此影响下，北京楼市成交全面萎缩，房价持续快速攀升的态势得到了一定遏制。2017年，北京市新建住宅和二手住宅销售价格指数的同比涨幅分别由2017年1月的24.7%和34.6%逐月回落至9月0.5%和1.4%的水平（见图7）。中原地产研究中心统计数据显示，北京市二手房成交均价由1月的8.1万元/平方米涨至9月的9万元/平方米，价格水平仍处历史高位，但前三季度每平方米仅上涨不到1万元，较2016年同期成交均价每平方米上涨近4

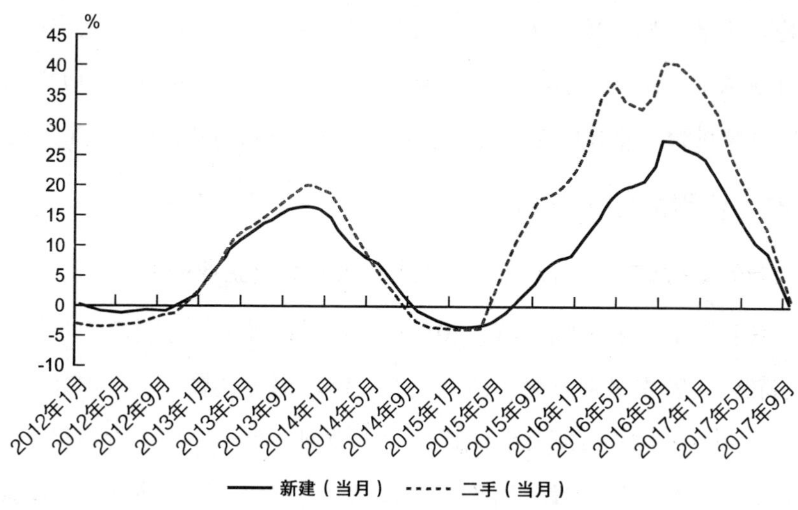

图7 2012年以来北京市新建住宅和二手住宅销售价格指数月度变化

万元有较大幅度的回落。另外，随着房地产市场降温，部分房源由售转租增加了租赁市场供应，再加上北京近郊和远郊的商业、交通、生活、公共服务等配套设施都在不断完善，租户逐渐流向价格较低的区域，房屋租金价格涨幅也有明显放缓，1~9月，中原地产二手住宅租金指数上涨3.3%，较2016年同期9.4%的涨幅回落6.1个百分点（见图8）。四季度，首批“限房价、竞地价”商品房入市以及共有产权房、租赁市场等新政逐步实施将有

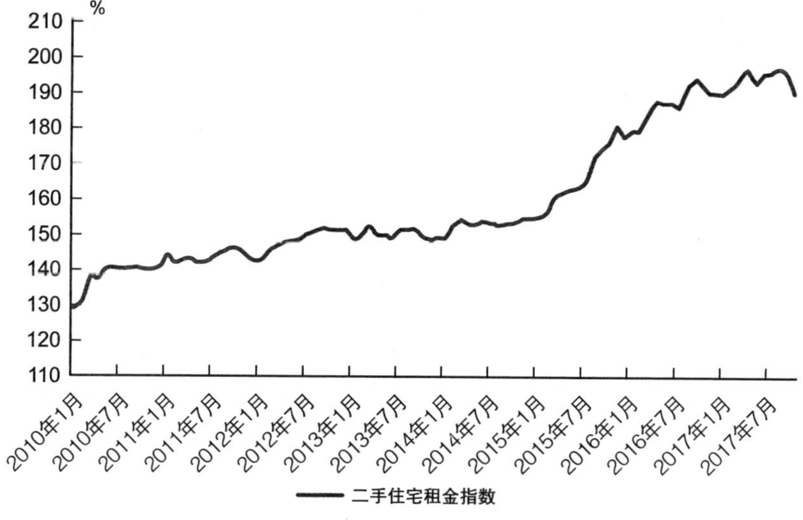

图8 2010年以来北京市二手住宅租金价格指数月度变化

助于稳定价格预期，预计房地产市场成交量将保持低位，住宅销售价格和租赁价格涨幅将进一步放缓。但随着北京市"疏整促"专项行动和拆违整治工作的持续进行，不排除个别地区租赁需求集中释放带动租金水平上扬。

二、值得关注的问题

（一）运营成本较高、防风险压力加大不利于企业的生产经营

一是资源品价格大幅上涨。2017年，北京市采掘和原材料等资源品价格上涨较快，特别是螺纹钢、热轧板卷、铜、铝等金属类价格均处于2013年以来的高位，但加工制造业因市场竞争激烈部分产品出厂价格仍处下降阶段，上下游价格的传导效应较弱，加大了工业企业的成本压力。**二是营商成本居高不下。**随着北京市服务业规模持续扩大，服务需求快速上升与经营成本持续上涨之间的矛盾愈发突出。2017年中国城市营商环境报告显示，尽管北京市营商环境综合排名仅次于广州位列全国第二，但在包含水价、电价、气价、地价和劳动力价格的商务成本分项排名中位列最末，相关价格过高必将对企业成本、产品价格和行业竞争力造成影响。**三是国际价格波动呈常态化趋势。**2017年以来，国际大宗商品价格和美元兑人民币汇率均呈现先跌后涨的运行态势，双向波动较往年明显加剧，但目前国内企业普遍缺乏外汇风险管理机制。2017年9月，国内银行与企业的远期、期权、外汇掉期和货币互换业务规模总量约为815亿美元，仅为当月2846亿美元即期外汇交易规模的29%左右，且避险工具运用也较为单一，近60%均为远期外汇合约，难以适应国际价格水平的频繁和剧烈波动，抵御相关风险的能力亟须提高。

（二）"疏整促"工作的推进在优化首都功能的同时推升了价格水平

2017年以来，"疏解整治促提升"专项行动的大力推进在改善城市环境方面发挥了重要作用，但相关工作的开展也明显缩减了北京市的低成本供给规模。1~9月，无证无照、"开墙打洞"整治以及一般制造业企业疏解数量就已分别完成全年计划的258%、162.3%和124.8%，动物园、大红门地

区市场以及天意、北方世贸轻纺城等区域性专业市场也陆续完成关停并逐步迁出，低端业态的外迁在短期内会给居民生活带来不便，也在一定程度上推升了相关商品的批发和零售价格。同时，从业人员陆续迁移使得北京市劳动力结构性短缺问题有所加剧，用工成本在不断提升，58同城数据显示，2017年1~9月，北京市制造业、建筑业、批发零售业用工薪资增长较快，较2016年分别上涨4.5%、4%和2.4%，劳动力成本依然是推动物价上涨的一个重要因素。此外，房屋租金上涨、人工成本上升的传导效应也有所增强，特别是对餐饮、家政服务等个体经营户提供的商品和服务影响愈发明显，相关价格的提高也将抬升居民的生活成本。

（三）“租售同权”政策的实施将加大中心区房屋租金的上涨压力

在房地产市场泡沫化程度较高的背景下，国家及北京市推动住房租赁市场发展，旨在借助住房租赁市场的承载力来缓解房地产市场的供需矛盾，进而平抑房价，推动住房回归居住属性。但由于房产在很大程度上与居民户籍、公共服务高度交叉挂钩，“租售同权”政策本质上是在缩小买房者与租房者之间的权益差距，随着住房政策逐步向租赁市场倾斜，房屋供不应求、价格高企等问题也可能在租赁市场重现。从现有政策来看，北京市《关于加快发展和规范管理北京市住房租赁市场的通知》对入学政策有一定放宽，其中规定符合一定条件的京籍和非京籍家庭，其子女均可在租房所在区按照相关规定享受义务教育，鉴于现阶段北京市优质资源高度集中的局面难有改变，这种教育同权的趋势本身会增加中心区租赁住房的价值，带动租金大幅上涨。同时，在楼市政策大幅收紧以后，原有的购房需求也会逐渐向租房市场转移，而目前鼓励出租机构发展的配套措施和管理体系仍不健全，新增租赁房源仍以居民个人提供为主，且政策性低价住房的供应规模也相对有限，因此供需矛盾加剧同样会加大相关区域租金价格的上涨压力。

（四）价格改革及相关调整举措可能增加居民的生活负担

近几年，北京市价格改革正处于加速推进阶段，相关政策调整步伐有所加快，同时，一些新业态、新模式的涌现在丰富市场产品供给的同时也增加了价格水平变化的不确定性，部分价格调整举措引起的商品和服务项目价格上涨将提升居民日常消费的价格水平。一是医改政策分步实施带来的服务收费标准上调，以及医事服务费等新增项目将增加部分患者的医疗负担；二是网约车、共享单车市场结构调整使企业的定价权逐步提升，再加上盈利模式不够成熟，相关优惠力度较发展初期有所减弱，将在一定程度上提高居民的出行成本；三是随着环保压力不断加大，部分污染企业停产限产以及打击“洋垃圾”等专项行动的开展将减少塑料、纸张等工业品的供给，相关基础产品价格上涨过快将通过提高快递物流业、包装业成本等途径影响居民消费价格。因此，在价改过程中还需关注有关措施对居民生活产生的影响，并考虑同步调整最低生活保障标准、工资增长目标以及医疗保障等配套政策体系。

三、2018年价格运行的影响因素

（一）国际大宗商品价格小幅抬升，输入型上涨压力较轻

2018年，世界经济有望保持稳中向好的复苏态势，国际货币基金组织（IMF）最新预测2018年全球经济增长3.9%，略好于2017年的3.7%，总需求对价格的支撑作用或将略有改善。但大宗商品市场整体需求低迷、供应过剩、库存高企的特征难有实质性变化，价格上涨空间不大。分类别来看，原油价格将在近两年高位波动，国际能源署（IEA）10月12日发布月报指出，2018年全球原油需求增幅较2017年将小幅放缓至140万桶/日，与非OPEC石油产量增幅大致平衡，油价上涨仍将受到打压。IMF、世界银行、摩根大通、美国能源信息署（EIA）、美银美林、惠誉等机构对2018年国际油价的预测值均处在50~65美元的区间内。有色金属和铁矿石市场供应过剩可能持续更长时间，且我国房地产市场降温、工业投资放缓对全球市场需求也存在一定影响，预计相关产品价格将维持弱势。根据美国农业部最新报告，2017年10月至2018年9月，全球粮食产量将小幅下降

1.7%，粮食产需关系由过剩转为缺口，但考虑到粮食期末库存量仍将处于历史较高水平，24.9%的库存消费比明显高于17%的安全线，预计国际粮食价格上涨空间非常有限。另外，全球货币政策同步收紧趋势逐渐显现，特别是美国持续加息、缩减资产负债表将对美元形成提振，再加上美国新政府财政刺激政策逐步落实的影响，美元指数可能阶段性回升，大宗商品价格的下行力量加大。综合来看，2018年国际大宗商品价格较大概率继续在震荡中小幅抬升，但国际局势动荡和地缘政治冲突等意外事件仍可能增加其走势的不确定性。

（二）货币政策收紧与定向宽松并举，将限制物价的上行空间

2018年，央行将继续围绕服务实体经济、抑制房地产泡沫、深化金融改革等重点任务，主动挤压金融泡沫，压迫资金“脱虚向实”，防范和化解系统性金融风险，短期内货币政策总体偏紧的基调不会改变。从北京市物价水平与货币供给的关系来看，2011年以来，北京市CPI与M2的当月同比涨幅变化趋势较为一致，随着后期商业银行主动控制杠杆率和表外影子银行发展、债券投资规模下降以及部分贷款增速回落，预计M2增速将维持低位波动，将在一定程度上限制CPI的上行空间。同时，为更好地引导金融机构发展普惠金融业务，2018年起，央行定向降准政策的覆盖范围将由现行的小微企业和涉农贷款调整为普惠金融贷款，内容延伸至脱贫攻坚和“双创”等多个领域。新政策的实施将进一步优化信贷结构，相关企业融资成本的下降也有助于减轻物价的上涨压力。

（三）总需求对物价上涨的拉动作用没有明显改善

当前，我国经济正处在转变发展方式、优化经济结构、转换增长动力的攻关期，长期向好的基本面没有改变，但消费不足、产能过剩、杠杆率高、创新能力亟待提升等问题依然突出，提质增效、转型升级的要求更加紧迫。根据IMF、OECD、亚洲开发银行等机构的预测，2018年中国经济增速为6.4%~6.6%，略低于2017年预期6.8%~6.9%的水平。另外，北京市非首都功能逐渐由“小疏解”转为“大疏解”，疏解力度加大的同时涉及面也更加广泛，除分散转移一般性制造业等行业以外，伴随雄安新区规划的明确，还将陆续集中迁移一批科技创新、金融、总部经济等高端资源，致使高端要素观望情绪浓厚，影响了新增资源的尽快落地，腾笼换鸟的过程还相对漫长，“控增量、疏存量”效应或将进一步凸显，预计2018年经济将增长6.7%左右，有效需求对物价上涨的拉动作用较为有限。

（四）价格改革深入推进将带动物价小幅上涨

2018年，北京市将择机推出一些价格调控措施，继续深化重点领域价格改革，加快建立与首都城市战略定位相协调的价格体系。根据国家出台的相关政策以及北京市《关于推进价格机制改革的实施意见》等文件当中的内容，预计价格调整可能主要集中在以下几个方面：**一是**继续理顺医疗服务比价关系，根据2017年医疗价格调整情况适时开展按病种收费的改革工作，预计收费方式的变化将带动医疗服务价格小幅上涨；**二是**进一步提高企事业单位在城六区的扩张门槛，通过提高非居民电价、水价、气价的区域差别化程度引导企业在平原新城发展，促进新经济增长点的培育；**三是**配合2018年即将开征的环保税完善危险废物、生活垃圾、污水处理等收费标准，适当调整环境服务价格；**四是**研究出台交通拥堵收费方案、完善停车收费政策、调整占道停车收费标准，通过价格调控缓解交通运行压力。此外，北京市居民用电、用气、用水价格在京津冀区域内仍处于较低水平，居民电价和气价分别比河北低0.03元/千瓦时和0.12元/立方米，水价仅相当于天津市的一半左右，总体上也面临一定的上调压力。预计价格改革持续推进和收费政策调整将带动相关商品和服务价格小幅上涨。

（五）用工成本上升将加大物价上涨的长期压力

从全国来看，适龄劳动人口规模及占比均已进入下降阶段，我国劳动年龄人口绝对规模由2013年10.05亿人的历史峰值减少到2016年的9.88亿人，劳动年龄人口比重由2010年74.5%的峰值降至2016年的72.6%，预示人口红利正逐渐消退，全国劳动力成本趋于上扬。从北京市自身来看，2018年，为全面落实首都城市战略定位，积极推进京津冀协同发展，北京市将按照新版城市总体规划要求，加快疏解非首都功能，特别是要继续关停、转移区域性批发类商品交易市场、疏解大型医疗机构，通过以业控人降低中心城区的人口密度。随着人口调控力度持续加大，劳动力结构性短缺问题将进一步加剧，再加上工资刚性上涨以及社会保障水平不断提高等因素的影响，北京市用工成本将继续上涨，进而通过提高产业发展成本等途径加大物价上涨的长期压力。

四、2018年价格形势展望

（一）居民消费价格稳中有升

2018年，主导CPI走势的服务项目价格稳中略涨，构成CPI的八大类价格指数中占比最大的食品烟酒类价格回升幅度有限，翘尾因素有所上涨，在三方面因素共同作用下，2018年北京市CPI将呈现稳中有升的运行态势。

服务项目价格稳中略涨。由于2017年北京市医疗价格调整力度大、涉及面广，医疗保健类价格涨幅较高，2018年特别病种调价范围相对较小，对价格的影响可能不及第一批，预计医疗服务价格涨幅将有一定程度的回落。同时，通信服务价格有望在提速降费计划落实后持续下行，教育、娱乐等领域价格涨幅或将在基数效应作用下呈现趋缓态势。但北京市劳动力成本持续上涨和低成本供给减少等因素将对服务价格的下行力量形成牵制，特别是“11·18”大兴火灾发生后，北京市加大工业大院、散乱污企业及违法建筑等人员密集场所的整治和清理力度，倒逼部分商业零售、仓储物流、宾馆饭店等低端业态疏解腾退，相关成本的上涨压力将明显加大，预计服务项目价格总体上将呈现稳中略涨的运行态势。

食品烟酒类价格回升幅度有限。2018年，食品烟酒类价格将小幅回升但涨幅有限，不致明显加大通胀压力。分类别来看，主导食品烟酒类价格走势的猪肉价格有望维持弱势运行，究其原因：一是环保压力下生猪养殖产能收缩和南猪北移加速生猪出栏等因素对2018年供给冲击不大。虽然生猪存栏量持续下降，但其影响周期为18个月左右，且能繁母猪单年提供的出栏生猪数量和出栏体重有所上行，猪肉供应不存在明显压力。二是玉米收储制度改革使饲料成本保持低位，当前的猪粮比仍维持在较高水平，与历史周期低点还有一定距离，预示猪肉价格仍有下行空间。三是猪肉牛肉进口量增加，可抵消肉价上涨的部分影响，预计2018年猪肉价格将延续当前下跌态势，即便回升也将到2018年后期，对全年CPI影响不大。主要粮食方面，随着国家逐步改革完善粮食等重要农产品价格形成机制和收储制度，部分品种的托市价格有望小幅下调，且大米、小麦、玉米、大豆的国内外价格倒挂现象依然突出，国内及北京市价格不存在涨价基础。鸡蛋价格目前已出现回升态势，但从蛋鸡补栏量恢复情况来看，价格回升对2018年一季度CPI正向贡献较大，后期效果可能减弱。受2017年夏季高温天气和洪水影响，主要产区蔬菜供给下降，再加上2017年低基数作用，2018年菜价有望转为上涨，带动食品价格小幅回升。

粗略估算，翘尾因素对2018年北京市CPI的影响约为0.9%，考虑到劳动力成本上涨压力逐步释放以及价格改革步伐加快的影响，新涨因素约为1.7%，预计CPI全年涨幅约为2.6%，略高于2017年。

（二）工业生产者价格涨幅收窄

燃料动力及金属类购进价格涨势趋缓将主导MPI涨幅收窄。2018年，国内“去产能”持续推进、环保限产压力不减以及资源品调价等因素将继续支撑燃料类、黑色系和有色金属等原材料价格上扬，但2016年全国基建投资增加带动煤炭、钢铁涨价的投资拉动行情基本结束，2018年国际大宗商品价格上涨空间较为有限，也不致大幅推升国内原材料价格，预计北京市MPI涨幅将呈现趋缓态势。

市场需求不足、上下游价格传导不畅等因素将继续减弱PPI的上行力量。2018年，随着全国及北京市工业和制造业生产回暖势头逐渐放缓，工业品价格上涨基础有所削弱，再加上输入型上涨压力较小、上游价格传导作用减弱，北京市PPI涨幅将进一步收窄，不排除重回下行通道的可能。

粗略估算，翘尾因素对2018年北京市MPI和PPI的影响分别为0.8%和

0.1%左右，较2017年明显下降，预计生产类价格涨幅将有明显回落，PPI可能重回100%以下。

（三）资金价格稳中有降

2018年，全球货币政策收紧将给中国央行及外汇管理造成一定压力，防风险、去杠杆仍是经济工作的重心，因此，国内将继续采取比较严厉的金融监管措施，市场资金紧平衡的状态有望延续，预计整体利率水平将保持高位。但是，在全国经济下行压力不减的背景下，人民银行或将采取边际宽松的货币政策，并通过预备实施的定向降准进行结构性调整，加大对实体经济发展和经济结构转型升级的支持力度。同时，央行将继续深化利率市场化改革，建立并完善价格型的货币政策调控框架，运用SLF、MLF、SLO、PSL等政策工具加快培育以利率走廊模式为主、公开市场操作为辅的利率调控机制，增强央行引导和调节市场利率的有效性，推动融资成本下降和金融效率提升。此外，随着A股中222支股票正式纳入MSCI指数，沪港通、深港通、债券通相继开通并逐步完善，内地资本市场开放提速，投资功能不断加强，直接融资与股权融资比重的提高也有助于降低融资成本。总体来看，多重政策目标平衡、利率传导机制进一步疏通以及多层次资本市场快速发展等因素共同作用下，2018年资金价格将呈现稳中有降的走势。

（四）住宅销售和租赁价格总体平稳

住宅销售价格呈现趋稳态势。2018年，北京市限贷、限购等楼市调控政策将继续发力，且在“3·17”新政从严调控需求端的基础上，又推出共有产权住房政策，通过增加中小套型住房供应、合理制定价格、公平合理分配等途径完善多层次住房供应体系，有助于进一步缓解供需矛盾，促进房地产市场平稳健康运行。在系列调控政策的影响下，房地产投资投机性需求得到有效遏制，将继续打压房价的上涨空间。随着市场预期渐趋稳定，房屋逐渐回归居住属性，楼市交易量有望打破现有的“冰冻”局面，刚性住房需求逐步释放将对房价形成一定支撑，预计住宅销售价格总体将呈现趋稳态势。

租金价格涨幅回落，结构性变化更加突出。随着住房制度改革持续深化，租售同权或将推动房地产价格泡沫转向房租，加大城市中心区租金价格的上涨压力。同时，随着市属行政事业单位陆续迁至通州副中心办公，租房需求增加将带动周边区域租金上涨。但是，住宅租赁市场也将受到四方面利好因素影响：**一是**《关于加快发展和规范管理北京市住房租赁市场的通知》和《关于进一步加强利用集体土地建设租赁住房工作的有关意见》开始实施，未来北京市将通过增加租赁住房供应、提升住房租赁服务水平、明确住房租赁行为规范等措施进一步完善购租并举的住房体系，住建部门将建立制度及时发布市场租金“参考价”，将在一定程度上对租金价格起到稳定作用。**二是**北京市外来务工人员疏解加快，毕业生向其他一、二线城市分流有望减缓住房租赁需求的增长；与此同时，公租房项目陆续启动将增加住房供给，也有助于缓解供需矛盾。**三是**支付宝在北京推出信用租房模式，有望降低租房交易佣金，可能对租金上涨起到一定的抑制作用。**四是**北京远郊区域住房租赁成交比重持续上升，相对偏低的价格也将减缓租金水平的上涨幅度。总体来看，房屋租金涨幅整体将小幅回落，但随着中心城区、通州区租金价格上涨压力增大，北京市住房租赁价格的区域分化特征可能会更加明显。

五、政策建议

（一）加强价格监测和风险管控，降低价格波动对生产、生活的影响

一是关注国际价格变动情况，引导企业强化汇率风险意识，正确运用衍生品交易等汇率避险工具，适应国际大宗商品价格以及人民币汇率的双向波动。**二是**拓宽价格监测范围，重点关注环保限产、“去产能”等政策举措影响较大的工业产品，特别是纸张、钢铁等波及面较广的原材料价格，准确把握价格走势。**三是**加强对猪肉、蔬菜等生活必需品产地和市场的常规监测，及时掌握相关产品的供应情况，定期发布价格和产量信息，合理

引导养殖户预期，避免产能扩张或收缩过快，导致价格大起大落。**四是**提升价格监管水平，充分利用大数据等现代信息技术，实时监测物流、包装等流通环节的价格信息，加强价格形势研判，提高预警能力。**五是**合理、有序地开展“疏整促”行动，针对产业和功能疏解过程中的突发事件建立应急保障机制，妥善安置相关人员，及时增加租赁住房等定向供给，减少集中疏解或整治工作对价格水平的扰动。

（二）加大转型升级支持力度，降低资源类价格上涨和人力成本上升的影响

一是积极落实《关于率先行动改革优化营商环境实施方案》，建立起降低企业成本的长效机制，完善调整物流设施建设，完善增值税进项抵扣，进一步简政放权，降低企业成本。**二是**在产业疏解过程中，合理规划和培育一批具有核心竞争力和产业优势的制造业产业集群，通过抢占价值链高端环节降本增效，充分发挥集群规模效应，提高企业的成本消化能力和增值能力。**三是**加快制造业、服务业与互联网以及人工智能、3D打印、协作机器人等新兴技术的深度融合，充分发挥机械化、自动化、智能化设备在劳动力替代、提升企业生产效率等方面的作用，通过技改革新和转型升级促进企业提高成本利润率，缓解成本上涨压力。

（三）加快建立房地产调控长效机制，稳定住宅市场的价格上涨预期

一是完善现有政策体系，配合共有产权住房政策，加强供地机制、住房信息平台、保障房供应及财税金融等方面的制度建设，形成政策合力，以扩大供应、疏解需求为核心实现房地产市场供需平衡。**二是**加快租售并举机制的建设步伐，综合运用财政补贴、税收优惠、专项供地等手段，鼓励发展规模化、专业化的住房租赁企业，利用集体建设用地建设租赁住房，满足多层次住房需求，形成双轨制的并行二元市场。**三是**坚持房地产调控目标不动摇，保持政策的连续性和稳定性，避免将房地产市场作为短期调控手段，导致政策预期因经济走势不同而出现大幅波动。**四是**研究建立房地产市场预警机制，加快研究房地产统计和市场监测指标体系，加强跟踪和监测分析，引导住宅销售和租赁价格预期保持相对稳定。

（四）把握有利时机加快推进价格改革，发挥价格杠杆作用

2018年，北京市价格上涨压力较小，应适当加快推进价格改革。一是进一步完善停车收费政策，根据不同区域、时段、道路负荷情况，采取阶梯差别化费率，合理引导市民的出行方式。研究部分区域征收拥堵费方案，建设智能化车辆电子收费识别配套设施，降低中心城区车辆使用强度。二是提高资源品分区域价格差异化水平，根据现有政策实施效果进一步完善相关定价办法，提升价格在优化产业布局、疏解公共服务等方面的引导作用。三是配合首都绿色金融体系发展，调整资源品及污染物排放、处理等收费标准，探索建立排污权、水权、用能权等交易市场，研究制定环境权益价格政策体系。四是参照全国新修订的政府定价规则文件，逐步放开部分景区门票、法律服务等竞争性领域和环节价格，进一步提高价格市场化程度。

（执笔人：张 萌[①]）

① 张萌，北京市经济信息中心经济研究部，经济师，研究方向为宏观经济、区域经济。

2017年北京市就业形势分析及2018年展望

摘要：2017年，北京市就业形势仍然保持总体稳定，伴随产业结构升级和非首都功能疏解的推进，就业结构也得到逐步优化。展望2018年，受经济增长平稳、人口规模调控和结构优化等因素的影响，北京市就业仍将面临一定压力，疏解非首都功能持续推进对就业的影响继续显现，新产业新业态新模式不断涌现，就业行业替代更新也将更加明显，就业总量和结构性矛盾仍将持续存在。

关键词：就业 新产业 新模式 功能疏解

一、2017年北京市就业领域的主要特点

2017年以来，在经济增长平稳、人口调控不断强化背景下，北京市制定了一揽子促就业政策措施，促使就业形势保持基本稳定（见图1）。与此同时，随着产业结构调整和非首都功能疏解的推进，就业结构也得到逐步优化，新产业新业态不断创造就业岗位，劳动力成本逐步上升。

（一）相继出台一系列促就业举措

2017年，北京市制定出台了稳定岗位补贴、强化重点群体帮扶、完善创业服务等促就业举措，确保实现比较充分的就业。

一是稳定就业岗位。完善促进就业政策体系，研究落实《国务院关于做好当前和今后一段时期就业创业工作的意见》有关政策措施。落实煤炭

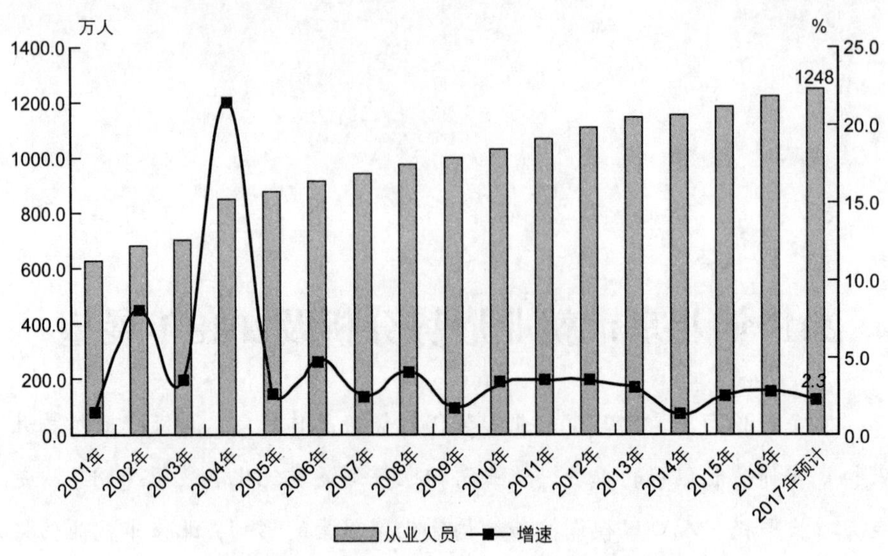

图1　2001年以来北京市从业人员变化趋势图

过剩产能企业职工实名制动态管理和全程跟踪等各项服务，妥善安置企业分流职工。通过稳定岗位补贴促进企业稳定就业岗位。**二是持续强化重点群体就业帮扶。**制定进一步引导和鼓励高校毕业生到基层工作政策，实施困难家庭高校毕业生精准帮扶措施，提供一次性求职创业补贴。强化城乡就业困难人员精准帮扶，完善精细化服务模式，促进城乡就业困难人员实现就业。开发城市公共管理岗位，促进北京市农民就业。针对企业疏解外迁的外来务工人员，发放一次性生活补贴，为其提供就业缓冲期；大兴等区面向外来务工人员的招聘，普遍把提供安全的工作和住宿环境放在首要位置。**三是进一步完善创业服务体系。**完善创业担保贷款促进创业就业政策，研究扩大贷款范围、延长贷款期限，加大贴息力度、优化贷款贴息流程等。推进大学生创业服务平台和创业板建设。研究拓展鼓励自谋职业（自主创业）的社会保险补贴政策，在新经济领域，对开网店、做微商等新就业形态实现创业就业的劳动者给予有效支持。**四是继续提升城乡劳动者就业能力。**出台失业保险基金支持企业参保职工提升技能政策，取得职业资格证书或职业技能等级证书的北京市参保职工可享受技能提升补贴。

探索创新职业技能培养模式，首批"企业新型学徒制"学生毕业并取得职业资格。完善技能考核评价体系，创新企业自主评价模式，加强培训机构管理服务，实行民办培训机构分级评估和分级管理。**五是不断增强人力资源服务能力。**整合各区人力资源市场公共服务体系，取消调整若干城乡就业制度证明材料，优化公共就业服务。持续开展"就业援助月""春风行动"等专项活动服务。促进人力资源服务产业发展，简化人力资源服务许可审批流程，取消招聘会行政许可和人力资源市场从业人员资格证书。探索建立"互联网+公共就业服务"模式。

（二）就业形势稳中向好

截至2017年3季度末，北京市法人单位从业人员达到1080.8万人，比2016年同期增加38.3万人，增长3.7%，连续两年保持3%以上的较高增长。其中，第三产业从业人员占北京市从业人员的比重由2016年同期的81%（见图2）提高到82%，上升1个百分点。3季度末北京市城镇登记失业率为1.49%，继续处于较低水平；1~3季度城镇新增就业36.7万人，呈现稳定增长。以近年来0.35的平均就业弹性估算，按照2017年GDP增长6.7%，预计北京市从业人口将达到1248万人，增长2.3%。

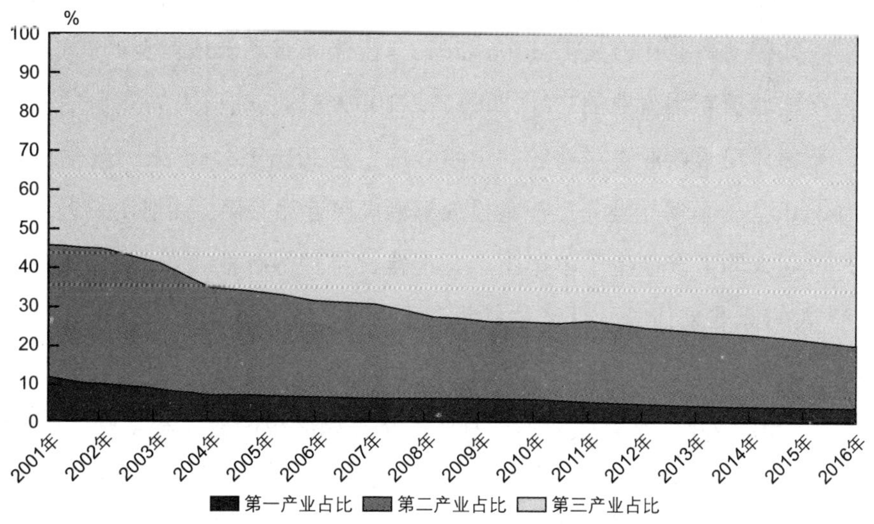

图2　2001年以来北京市三次产业从业人员占比面积图

（三）就业结构不断优化

近年来北京市疏解非首都功能与城市综合整治紧密挂钩，持续开展疏解整治促提升专项行动，疏解存量与严控增量结合，从业人员情况发生积极变化。3季度末制造业、批发和零售业、居民服务、修理和其他服务业等从业人员有所减少，较2016年同期共减少7.7万人。人员减少的同时生产效率获得进一步提升，1~8月规模以上工业劳动生产率为37.6万元/人，同比提高2.9万元/人。教育文化和娱乐等发展型消费需求持续提高，吸纳了大量从业人员。3季度末教育、文化体育娱乐业从业人员分别为5.5万人和9.9万人，同比分别增加0.7万人和0.6万人，分别增长14.1%和6.7%，增速较2016年同期分别提高3.6个百分点和4.6个百分点。产业转型升级过程中，外来从业人员就业结构也在不断优化。租赁和商务服务业，信息传输、软件和信息技术服务业两个行业的非京籍从业人员增加较多，三季度末同比分别增加16.2万人和6.9万人，占全部非京籍从业人员增量的66.5%。

（四）新产业新业态创造就业岗位

共享单车、知识付费、网络直播、医疗分享、旅行短租等新产业新业态新模式显示出不俗的就业创造能力。以共享单车为例。目前全国共享单车行业共带动就业10万人，其中，2017年上半年带动新增就业约7万人，约占全国城镇新增就业的1%，即每新增100人就业就有1人为共享单车服务，充分体现了新业态对就业的贡献效应。自2016年8月以来，共享单车摩拜、ofo、小蓝等企业先后在京投放车辆规模近70万辆，注册用户近1100万户，巨大的需求催生了单车生产、维修、维护等行业就业增量，以100辆车/人的标准来估算，就产生接近1万人的运维人员就业。与此同时，北京市科技创新建设呈现出加油发力，全面提速的新态势，1~9月科技型企业新增近5.9万家左右，截至10月底经认定国家级高新技术企业达1.6万家，占全国的15.4%，科技型企达业48.8万家，上市企业达306家，新三板挂牌企业达1611家，国家级双创示范基地达20家，有力地促进了北京市创新创业的蓬勃发展，也带来了很多就业机会。此外，网店、微商等新的就业形态也吸纳着越来越多的人实现就业、创业。

（五）用工成本提高成为劳动力市场的一个突出特点

伴随全国人口红利的逐步消失以及非首都功能疏解步伐的加快推进，部分行业劳动力供给不足问题日益突出，用工成本提高逐步成为劳动力市场的常态。根据58同城相关数据，制造业、建筑业、批发和零售业、交通运输业等成为2017年用工薪金增长较快的行业，其中制造业、建筑业用工薪金比2016年底分别增长4.5%、4%。与用工成本关系密切的服务项目价格指数前三季度同比上涨 4.7%，回升至2014年以来同期的最高水平。

二、当前面临的就业环境及2018年北京市就业形势判断

（一）全国仍面临较大的就业压力

一方面，2017年以来，尽管世界经济增长趋于稳健，但保持持续增长的隐忧仍然不少，我国经济仍处于调结构、转方式的关键时期，新旧动力依然处在转换的过程当中，最新的经济运行表现也显示经济短期下行压力依然存在，部分机构和专家预测2018年我国经济增速可能保持在6.5%左右。由于经济增长与就业密切相关，经济增速的放缓势必将对就业造成一定影响。**另一方面**，未来一段时期内，我国仍将面临产业转型升级与淘汰落后产能问题，带来这些行业就业人员的失业风险在加大。在2016年基础上，2017年还需要安置产能过剩企业职工50万人左右，再考虑到围绕这些产业链服务的就业人员，实际需要转岗就业的人数将会更多，与此同时，替代产业的发展难以在短时间内创造足够的就业岗位吸纳过剩的劳动力，面临不小的失业风险。

（二）劳动年龄人口规模持续下降可能制约长期就业增长

从全国来看，自2012年开始首次出现劳动年龄人口的净减少，到2016年已经连续5年下降。2012年，全国15~59岁人口规模比上一年减少345万人，占总人口的比重为69.2%，比2011年年末下降0.6%。2013年、2014

年、2015年、2016年下降数分别为244万人、371万人、487万人、349万人。从北京来看，自2010年开始，北京市15~59岁劳动年龄人口占全部常住人口比重逐年下降，由78.8%降至2016年的73.7%，绝对数自2014年开始逐年减少，由1621.1万人减至2016年的1600万人，与全国劳动年龄人口持续下降的趋势保持一致。劳动年龄人口的下降不可避免地造成就业总人口增速的放缓，而仍为要素投入的劳动力，在其他条件不变情形下，其数量的减少将导致未来潜在经济增长水平的下降，可能制约就业的增长。

（三）非首都功能疏解持续推进对就业市场产生一定影响

2017年以来，在北京市范围内组织开展的疏解整治促提升专项行动迅速发展，大量违建得到拆除，占道经营、无证无照经营和“开墙打洞”迅速得到整治，一批一般性制造业和散乱污企业逐步关停退出，部分批发市场调整疏解的进度和力度在加大，部分市属高校、中职、医院以及培训机构等社会公共服务功能疏解也在加快推进，这一系列疏解类、整治类专项任务的完成，不可避免地带来了关联行业就业岗位的转移和减少。2017年二季度，北京市人力资源市场求人倍率达到5.05，远高于同期全国的1.11，显示以餐饮、安保等城市基础服务行业为代表的劳动力呈现持续短缺。究其原因，既与2017年以来在北京市范围内组织开展疏解整治促提升专项行动有关，也与近年来我国中西部地区纷纷提高工资待遇和福利水平，吸引许多以前外出到东部省份的农民工回流到当地就业，存在很大关系。与此同时，疏整促专项中的“留白增绿”等加强拆后管理的提升类任务迅速得到重视，一些垃圾清运、绿化、环保、景观设计等就业岗位将迅速增加。伴随2018年疏解整治促提升专项行动的持续推进，市属行政事业单位逐步搬迁至城市副中心，相关行业就业总量和布局将继续得到调整。

（四）新产业新业态新模式快速发展有望增强支撑就业能力

一方面，伴随新版城市总体规划的逐步落实，以金融、科技、文化创意等服务业和集成电路、新能源等高技术产业和新兴产业有望加速发展，支撑相关行业就业的增长。**另一方面**，近年来，随着移动互联网的普及和创新，“互联网+传统行业”的发展模式在各领域持续发酵。以网上购物、共享单车等为代表的新兴业态迅速兴起，众创空间、在线医疗等新型创业就业蓬勃发展起来，特别是旅游、文化、养老、健康、体育等幸福产业融合发展有望加速，这些互联网服务业使得消费者直接与生产者连接，创造了大量新的就业岗位，将极大发挥创业带动就业的效应，从而有助于在经济转型过程中解决许多新增劳动力的就业需求，当然也不可避免地加速替代一些传统行业就业，但两相抵消就业总量将保持增势。可以预见，随着信息技术的进一步发展和新就业形态的不断涌现，大学毕业生等新增劳动力存在的“就业难”问题将得到逐步缓解。

（五）吸引、留住和培养符合功能产业所需的人才更为迫切

2017年以来，为进一步落实创新驱动发展战略、推进大众创业万众创新，北京市在“双创”人才引进方面发力，聚集了一大批高层次创新人才和团队。包括累计引进诺贝尔奖获得者5人，吸引“千人计划”人才1658人，占全国近1/4，571名外籍高层次人才通过人才出入境新政获得“绿卡”。然而，与企业旺盛的需求相比，高素质劳动力仍然持续短缺，特别是在2017年以来频现的抢人大战等背景下变得更加明显，北京市要吸引、留住和培养符合功能产业所需的高层次人才更为迫切。从超大城市层面来看，北京与上海、广州、深圳等超大城市以及国外世界城市都对高素质人才需求旺盛，必然面临日益激烈的竞争形势。从国内二线城市来看，在2017年下半年频发的二线城市“抢人大战”中，这些城市留人政策着力点均放在毕业生最为关心的户口、住房、创业扶持等多种实际需求上，“零门槛”落户、购房租房优惠、现金补助等措施基本成为“标配”，从而让二线城市在与高房价、落户趋紧等超大城市争夺高素质劳动力的竞争中越来越有优势。

（六）对2018年北京市就业形势的主要判断

综合上述因素，2018年，北京市劳动力供需的结构性矛盾将更为突出，但就业总体仍将保持稳定增长态势，同时市属行政事业单位搬迁也会给北京市就业的空间布局带来实质变化。以近年来0.35的平均就业弹性估算，预计2018年GDP增长6.6%，考虑非首都功能疏解因素影响，2018年从业人口将达到1275万人，同比增长2.2%，增速略有回落。

三、政策建议

为实现更高质量的就业，需要逐步提高劳动生产率，减少城市发展对人口规模的依赖；培育壮大新兴产业，积极打造就业新的增长点；强化政府兜底帮扶职能，促进困难群体就业；完善创新创业相关政策和配套建设，打造高质量的就业环境。

（一）逐步提高劳动生产率，减少产业发展对人口规模的依赖

发挥产业结构调整升级的引导作用，逐步提高劳动生产率，提升发展质量，降低城市发展对人口规模的依赖。**一方面**，加快传统产业高端化、低碳化、智能化、循环化改造，提高产品科技水平，促进产业集群化发展。推进制造业生产过程智能化，大力发展战略性新兴产业，加快发展生产性服务业，培育壮大新兴产业业态，以内涵发展减少对人口规模的依赖。**另一方面**，提高生活性服务业品质，鼓励引入品牌连锁企业经营，完善经营管理和服务标准体系。加快停车场管理、垃圾回收、零售业发展等城市运行服务领域的规范化、智能化。通过推动制造业和服务业中重复性、标准化劳动的机器替代人工步伐，逐步缓解疏解整治促提升专项行动带来部分行业岗位减少，以及劳动力供给减少带来的人工成本持续上升等问题。

（二）培育壮大新兴产业，打造就业新的增长点

一方面，大力发展人力资本服务业。落实党的十九大报告提出的"推动互联网、大数据、人工智能和实体经济深度融合，在中高端消费、创新引领、绿色低碳、共享经济、现代供应链、人力资本服务等领域培育新增长点、形成新动能"，通过兼并、收购、重组、联盟、融资等方式，重点培育一批有核心产品、成长性好、竞争力强的人力资源服务企业集团，鼓励发展有市场、有特色、有潜力的中小型专业人力资源服务机构，积极发展小型微型人力资源服务企业。引导人力资源服务企业细化专业分工，向价值链高端延伸，重点鼓励人力资源外包、高级人才寻访、人才测评、人力资源管理咨询等新兴业态，持续创造新的就业岗位。**另一方面**，着力催

生新业态新模式。广泛运用云计算、大数据、物联网、人工智能、VR/AR等新一代信息技术，促进不同领域融合发展，催生更多的新产业、新业态、新模式，创造新的就业岗位。规范与引领并举，继续完善网络约车、远程教育、在线医疗、智慧社区等新的服务模式，催生更多新业态，特别是大力支持旅游、文化、养老、健康、体育等幸福产业的快速发展。

（三）强化政府兜底帮扶，促进困难群体就业

帮扶重点群体就业应该成为政府促进城乡劳动者充分就业任务的“重中之重”。**一是**注重在北京市范围特别是在远郊区开展精准帮扶就业。鼓励和引导用人单位招用北京市农村劳动力就业，在城区的环卫、公交乘务、地铁安检等岗位就业的，继续提高岗位补贴的发放标准；广泛开发社会公益性就业岗位，开辟农村劳动力就业新渠道，鼓励市属国企扩大招收农村地区特别是生态涵养区、低收入村劳动力，加快推进此类群体就业增收。**二是**稳妥、有序、多渠道分流安置职工。鼓励企业内部挖潜，采取灵活工时、培训转岗等方式消化安置，支持有技术、有能力的职工走出企业就业创业。**三是**针对企业疏解外迁的外来务工人员，继续采取发放一次性生活补贴等措施，为其再就业提供一定缓冲。对于招聘外来务工人员的企业，切实做到“上五险、包食宿、管培训”，把提供安全的工作和住宿环境放在首要位置。

（四）创新政策和配套服务，打造高质量的就业环境

继续完善创新创业政策，做好新产业新业态新模式有关配套建设，打造高质量的就业环境。**一是**优化创业环境，深化商事制度改革，营造公平竞争的市场环境和激励创新的制度环境，为创业创新清障搭台。整合高校毕业生就业创业基金，健全鼓励高校毕业生到基层工作的服务保障机制，深入实施离校未就业高校毕业生就业促进计划，把未就业的纳入就业见习、技能培训等就业准备活动之中，对有特殊困难的实行全程就业跟踪服务。**二是**完善科技、金融、产业间的对接机制，鼓励发展众创、众包、众扶、众筹，健全科技金融服务体系，为新业态、新产业的发展创造更好的配套条件。对处在起步阶段、规模不大但发展前途广阔、有利于大众创业万众创新的新经济形态，研究出台税收、金融、财税、产业等扶持政策。鼓励对首次创办小微企业或从事个体经营的高校毕业生、就业困难人员开展一次性创业补贴试点。**三是**结合新业态新产业的战略定位和产业发展趋势，重点培养一批专业技术人才，为创业者提供公司注册、办公场地、货款贴息、税收优惠、子女教育医疗以及社会保障等扶持政策及相关配套服务。**四是**创新人力资源服务行业服务内容和模式，为各类用人单位和个人提供差异化、个性化、多元化的就业服务。适应人力资源市场服务需求的日益增长，充分发挥首都人才集聚的优势，着力发展人力资源服务外包、培训、背景调查、团队建设、兼职、实习等新业务，不断完善网络招聘和移动互联网络招聘等新模式，促使用人单位通过人力资源服务企业引进高端急需紧缺人才和购买专业化的人力资源服务，为用人单位和求职者提供更加专业化、精细化的中介服务，以及更多的选择机会。

（执笔人：胡彭辉[①]）

[①] 胡彭辉，北京市经济信息中心经济研究部，高级经济师，研究方向为社会经济发展战略与规划、人口就业与收入分配等。

2017年北京市财政形势分析及2018年展望

摘要：2017年，北京市一般公共预算收入呈现缓中趋稳态势，前三季度增长6.1%，比2016年同期放缓2.3个百分点，一般公共预算支出增长平稳，前三季度增长12.5%，支出结构持续优化，有力保障了首都重点发展领域需求。展望2018年，北京市财政将适应首都发展从“集聚资源求增长”向“疏解功能谋发展”的根本转变，抓住健全地方税体系的有利时机，在确保财政收入与地区生产总值同步增长的同时，推动建立与首都城市战略定位相契合的财源结构，全面落实新版城市总体规划，不断优化财政支出结构，保障重点领域重点项目顺利实施，预计一般公共预算收入将实现7%的平稳增长；一般公共预算支出将实现10%左右的增长。

关键词：疏解功能谋发展 减税降费 预算内资金 地方政府性债务

2017年，北京市财政以推进供给侧结构性改革为主线，紧紧围绕首都城市战略定位，积极适应经济发展新时期的转变，坚持在疏解之中拓财源促发展，在企业效益不断提升、居民收入连续四年保持与经济增长同步带动下，北京市一般公共预算收入呈现缓中趋稳态势，全年实现6.5%左右的增长；不断优化支出结构，统筹运用财政资金聚焦稳增长、促改革、调结构、惠民生、防风险等重点领域，稳步推进财政改革，为首都推进疏功能、促协同、转方式、治环境提供有力保障。一系列政策举措下，一般公共预算支出完成情况良好，预计全年增长约11%。展望2018年，北京市将在疏解整治取得积极成效的基础上着力促提升，经济增长有望保持平稳，企业生产经营将有所改善，就业将持续稳中向好，居民收入保持稳定，财政将按照“坚守底线、突出重点、完善制度、引导预期”的原则，深入落实减税降费系列政策，积极构建主体财源建设与首都城市战略定位相适应的格局，充分保障首都发展性需求，着力支持推进区域协同、促进经济发展、改善生态环境、提升城市品质、保障民生事业等重点需求。预计2018年北京市财政收支紧张态势仍将延续，一般公共预算收入增长7%左右，一般公共预算支出将增长10%左右（见图1）。

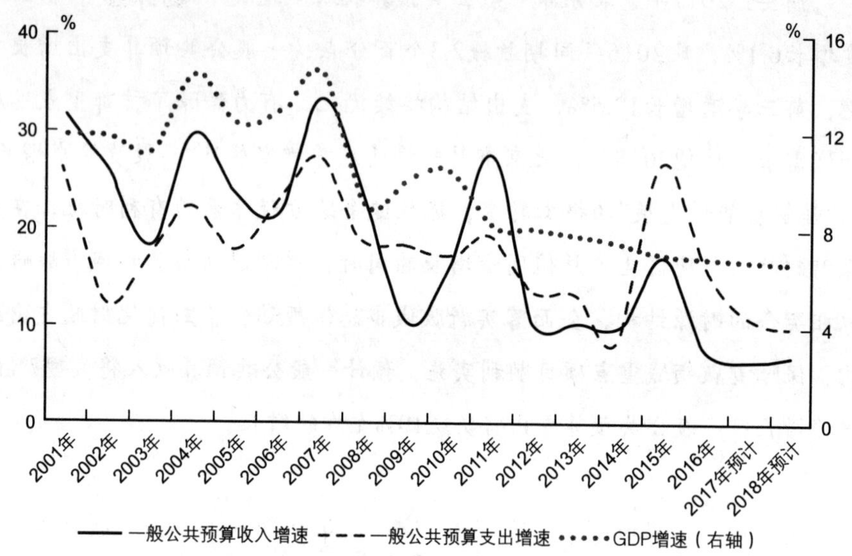

图1 2001年以来北京市GDP增速、一般公共预算收入与一般公共预算支出增速

一、2017年北京市财政政策导向

北京市贯彻执行更加积极有效的财政政策，促进经济稳增长预期目标，以推进供给侧结构性改革为主线，不断推动解决供需结构性失衡，主动通过减税降费政策激发实体经济活力，适度扩大支出规模，保障重点领域开支需要，把握首都发展不平衡表现为供需不匹配、城乡不协调、南北不均衡的特点和首都发展不充分表现为基础设施有欠账、公共服务有弱项、生态环境有短板的特点，把“坚守底线、突出重点、完善制度、引导预期”作为财政保障立足点和绩效管理着力点。

（一）财政在促进首都经济平稳运行中发挥重要作用

北京市财政积极应对经济步入L型走势、产业结构调整转型、减税降费等系列因素叠加导致的财政减收压力，通过财政、税收政策培育涵养符合首都“四个中心”战略定位的科技、文化等产业；统筹使用财政资金，压缩“三公经费”等一般性支出，保持市级部门“三公经费”同口径下降，加强国库库款管理，保持合理库款规模，盘活财政存量资金，市级财政存量资金消化率达到77.5%（上半年），支持政府重点领域投资，提前支出完成市政府固定资产投资预算内资金500亿元，调整优化支出结构，着力加大教育、养老、社保、医疗卫生、文化体育、保障性住房的财政投入，将民生投入占财政总支出的比重始终保持在八成以上；激发各类市场主体活力，通过落实简并增值税税率等六大减税政策再减轻企业和社会税收负担31.1亿元，通过调整、取消、停征、降低76项政府性基金和行政事业性收费减负27.3亿元，通过对高技术企业、软件产品企业、小微企业实施多项税收优惠政策释放红利；创新财政资金支持方式，以近30支市级政府子基金、3.5倍的放大倍数，投资新一代信息技术、生物医药、节能环保等实体经济企业项目1000多个，通过用足用活科技创新基金、“京校十条”、“京科十条”、首都科技创新券等制度创新支持近2000家小微企业和创业团队成功开展创新创业项目，PPP落地项目中民营企业、外资企业总投资额占比高达59%。

（二）系列财政举措深度融入首都城市发展战略

北京市充分发挥财政的基础和重要支柱作用，以北京市发展战略为指引，明确首都财政政策布局、财政结构调整和财政体制设计，有效衔接财政与战略、财政与政策，确保财政决策及财政资源的配置能够充分反映首都发展的战略重点及政策优先方向，为首都重大战略的落实、社会经济问题的有效解决、社会福利的全面增进提供可靠的制度保障和物质基础。一是抓住疏解非首都功能是推动京津冀协同发展的“牛鼻子”，将财政激励引导机制、财税利益格局调整、财政体制突破创新等延伸到京津冀协同发展的最前沿，运用京津冀协同发展基金等手段，深度助推“轨道上的京津冀”“环首都生态圈”“大气治理协作区”“合作共建产业园”“协同创新共同体”“平安北京护城河”等协同发展；二是注重把握北京中心城区、城市副中心、雄安新区错位发展的要求，新增发行地方政府债券525亿元投向城市副中心建设，带动社会资本近400亿元，及时跟踪雄安新区规划编制与政策动态，进行相关财税政策对接；三是坚持在疏解中拓财源，既以财政断投、断补、断供等举措推动低散污企业向外疏解，又以减税降费、松绑激励、先行先试、首购订购等政策引进“高精尖”业态，针对性施策助推以“三城一区”为核心的科技创新高地快速发展。

（三）以防风险为导向的财政管理体制不断优化

坚持财政管理改革聚焦首都经济社会发展的主要矛盾，建立公共财政资金从竞争性领域退出机制，加强对直补企业支出政策的绩效管理；在制定涉及市场主体经济活动的支出政策时引入公平竞争审查机制，减少财政直接补助，更多地采用政府投资基金、注入资本金、股权投资、PPP模式、贴息、风险补偿、以奖代补等市场化或财政间接支持方式；将以基金或股权投资方式投入的资金统一纳入北京市政府投资引导基金管理，对政府参与新建的污水、垃圾处理项目全面推广PPP模式并将存量项目转型为PPP模式；财政绩效评价从个别支出的单个项目评价延伸到大额专项资金、财政支出政策、国资预算、债券资金、政府投资基金、市对区转移支付资金等财政各类支出资金，在财政投入有进有退中实现绩效评价提质扩围全覆盖；围绕政府债务建立“预算管理+限额管理+风险管理”的制度体系，强化政府性债务管理；探索中期财政规划管理方式、市级大额专项资金改革，完善政府向社会力量购买服务机制；通过大监督的理念和体系推进财政监管，整合优化监管资源、监管方式及监管手段，增强财政管理的透明性。

二、2017年北京市财政运行特点

2017年，在规模以上工业企业利润高速增长、居民收入稳定增长及减税降费等因素的共同作用下，北京市一般公共预算收入呈现缓中趋稳态势（见图2），1~9月，增长6.1%，较2016年同期放缓2.3个百分点；落实首都“四个中心”的战略定位，统筹调度财政资金“集中财力办大事”，围绕疏解非首都功能、改善首都生态环境、推进京津冀协同发展、建设科技创新中心、促进经济提质增量等重点领域，将“钱用在刀刃上”，1~9月，一般公共预算支出增长12.5%（见图2），持续保持两位数的较快增长水平，超预算时间进度完成支出；结合运用财政转移支付、政府引导基金、政府购买服务、PPP模式等财政手段，充分发挥财政投入“四两拨千斤”的引导作用；通过运用大数据开展财政收入监测分析，扩围公共部门绩效评价，规范管理政府购买服务、PPP等投融资方式，防范地方政府性债务风险，提高财政管理效能。

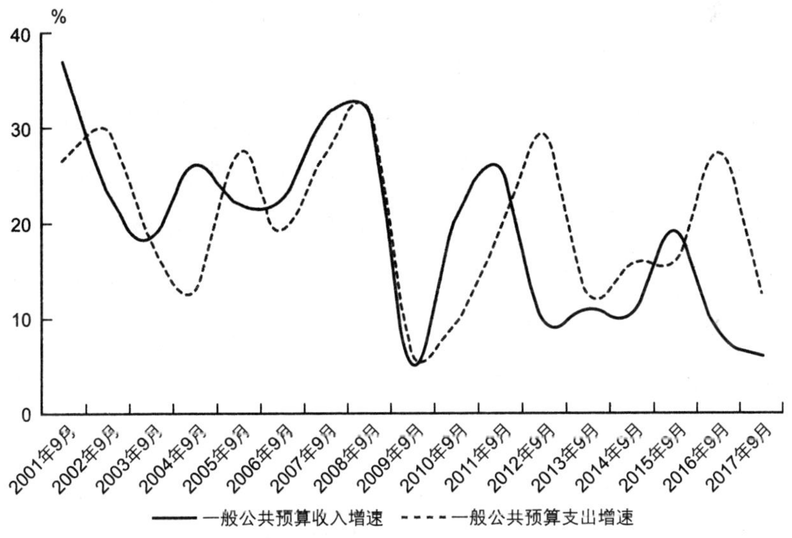

图2　2001~2017年同期1~9月北京市一般公共预算收支增速

（一）一般公共预算收入增长放缓

2017年，北京市积极完善“营改增”改革、执行增值税税率并减档政策、清理行政性收费等减收因素仍有较大影响，一般公共预算收入增长延续放缓态势，1~9月同比增长6.1%，处于2010年以来的低位；从年内看，居民收入实际增速快于GDP增速0.4个百分点，在“高精尖”工业带动下规模以上工业企业利润总额实现26.9%的高速增长，新兴业态蓬勃发展，近六成规模以上服务业企业实现盈利，年内一般公共预算收入呈现逐季上涨趋势，一季度、上半年、前三季度分别实现了4.8%、5.7%、6.1%的增长，预计全年财政收入可实现6.5%的增长。

从经济增长与财政收入提高的关系看，经济新常态下，北京市经济增长与一般公共预算收入关系紧密也存在一定差异，计量经济学回归模型表明，北京市经济规模每增加1亿元，一般公共预算收入增加0.21亿元；受近年财税政策调整、GDP与财政收入核算原则和核算方法等非经济因素的影响，经济增长与一般公共预算收入提高的差异逐渐明显，短期内两者同向不同步的情况增多，并且财政收入弹性系数逐年降低，从2010年的1.6下降到2016年的1.1，2017年1~9月财政收入弹性系数继续下降到0.9的低位，财政收入增长相对于经济增长波动幅度较大，特别是在经济增长放缓的年份，财政收入增长放缓得更加明显。

从税收收入构成看，占一般公共预算收入比重近七成的主要税种收入增长有所放缓，2017年1~9月增值税与所得税收入同比增长1.9%，比2016年同期放缓1.2个百分点。其中，受营改增扩围实现新增减税435.8亿元及增值税税率减并档减税31.1亿元的持续影响，2017年下半年增值税收入增长明显回落，由年初134.6%的高速增长回落至三季度54.8%的增长水平；受资本市场严格监管及房地产市场调控影响，占个人所得税比重一成的财产转让所得增长由正转负，导致个人所得税收入增长小幅放缓，1~9月增长12.8%，与2016年同期相比放缓6.7个百分点，对一般公共预算收入的贡献率为23.8%（见表1），持平于2016年同期；在北京市规模以上工业利润快速攀升至26.9%的高位及保险业企业利润较快增长带动下，占一般公共预算收入比重25%左右的企业所得税实现14.6%的较快增长，相比2016年同期同比提高6.7个百分点，对一般公共预算收入的贡献率提高至56%。

从主要行业税收收入分布看，一是高端产业和现代服务业的税收优势有所显现，高新技术企业发挥财政增收引领作用。2017年1~9月，高技术制造业中，医药制造业税收同比增长 18.2%，高于制造业整体增幅10.9个

表1 2011~2017年历年1~9月北京市主要税种规模、增速及贡献率结构

单位：亿元，%

	增值税与营业税			企业所得税			个人所得税		
	税收规模	同比增速	贡献率	税收规模	同比增速	贡献率	税收规模	同比增速	贡献率
2011年	988.1	19.9	34.9	559.4	37.2	32.3	222.9	32.6	11.7
2012年	1086.7	10.0	44.4	626.8	12.1	30.3	220.1	-1.3	-1.3
2013年	814.4	-25.1	-97.4	128.5	11.3	-178.2	257.4	16.9	13.3
2014年	1267.9	55.7	156.2	752.1	12.4	214.7	298.3	15.9	14.1
2015年	1436.2	13.3	28.3	861.4	14.5	18.4	377.8	26.7	13.4
2016年	1378.4	-4.0	-18.7	929.8	7.9	22.2	451.3	19.5	23.8
2017年	1236.2	-10.3	-58.4	1065.6	14.6	55.8	509.3	12.8	23.8

百分点；服务业扩大开放六大领域合计实现税收 6092.6 亿元，占北京市税收总量的 56.8%。其中，商务旅游服务增长提速明显，同比增长 36.6%，增速较上半年提高8.3个百分点；科学技术服务和互联网信息服务保持较快增长，分别增长 29.3%和 16.8%；消费结构转型升级带动文化教育服务、健康医疗服务较快增长，合计实现税收200多亿元，同比增长 28.7%。**二是**对税收收入有较大贡献的传统优势产业增长放缓，金融服务受五大国有银行企业所得税减收影响呈现负增长，下降 13.9%；在非首都功能疏解持续推进影响下，零售业、住宿餐饮业税收分别下降 49.6%、15.7%。

从税收收入区域分布看，合计税收占比八成左右的首都功能核心区与城市功能拓展区新增财源质量进一步提高，1~9月当年注册当年纳税企业1.6万户，占北京市新增财源户的58.6%，其中77.5%的新增财源企业聚集在商务服务、科技服务、文化娱乐等行业，新增财源企业户均财政收入是北京市的1.6倍，财源潜力较大；疏解背景下郊区新城主动发展意识有所减弱，占比两成以上的城市发展新区税收收入增速放缓11.4个百分点。

（二）一般公共预算支出结构持续优化

2017年，北京市一般公共预算支出保持平稳增长趋势，1~9月增长12.5%，预算完成情况良好，年内财政支出运行受国家财政支出节奏影响，呈现逐季放缓态势，一季度、上半年、前三季度分别增长23.6%、

13.6%、12.5%，预计全年一般公共预算支出可实现11%的增长水平。从一般公共预算支出的构成看，教育、科学技术、节能环保、社会保障和就业等重点支出项目有所加快，均由2016年同期10%以下的个位数增长水平提高至两位数的快速增长水平，各重点支出项目占一般公共预算支出的比重也有所提升；从一般公共预算支出偏好看，北京市更加注重以“四个中心”为导向的项目支出，一般公共预算支出尤其注重公共安全、科学技术、文化体育与传媒等项目支出，2010年以来各项目支出偏好系数持续稳定，分别约在1.1、1.5、1.8（见图3），并且远高于上海、天津、重庆等直辖市对应项目的支出偏好系数。

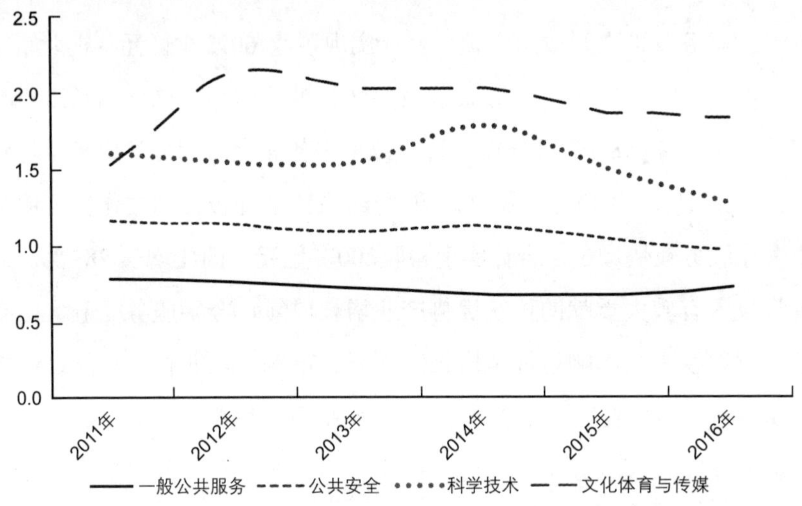

图3 2011~2016年北京市部分财政支出项目支出偏好系数

注：用于计算2016年偏好系数的公共安全支出项目数据属于估算数。

按照深入落实首都城市战略定位的要求，北京市不断优化财政支出结构，在积极推动京津冀协同发展、加快构建“高精尖”经济结构、加强生态环境建设、提升城市治理水平、持续保障和改善民生等五大领域安排财政资金重点支持，2017年预计累计投入财政资金近2000亿元。**在京津冀协同发展方面**，以新机场、首都地区环线高速公路建设助推京津冀一体化步伐，支持密云水库建设、10万亩京津冀生态水源林保护等推动区域生态环境改善，进一步完善城市副中心配套基础设施建设，以加快北京城市学院建设、天坛医院迁建等项目优化教育、医疗布局；**在构建“高精尖”经济结构方面**，支持全球健康药物研发中心落户、支持科技成果转化、做强“高精尖”产业发展引导基金，加快“三城一区”建设步伐，提升经济发展动力；**在加强生态环境建设方面**，保障煤改清洁能源顺利推进，推广应用新能源汽车，保障污水处理设施及再生利用工程正常运行，推进平原造林工程；**在提升城市治理水平方面**，支持核心区整治提升，推动棚户区改造、老旧小区综合整治，保障轨道交通项目建设，落实地面公交行业补贴政策，支持城市安全隐患治理项目开展等；**在持续保障和改善民生方面**，落实义务教育经费保障，推动高等教育和现代职业教育发展，保障军队离退休干部待遇、养老服务、孤残救助、医疗设备购置及公共卫生服务能力提升等项目，支持第七届北京国际电影节等文化项目，保障支农惠农政策落实等。

预算内财政资金支出透明度不断提升，将各部门全部政府性收支全部纳入部门预算中，推动部门预算全部细化、公开，详细公开“三公经费”，全面开启财政支出绩效考核，首次公开500万元以上的重点项目支出绩效目标、部门机关运行经费预算、国有资本经营预算情况，实现公开市级单位由2010年的44个增加至2017年的196个；《2017年中国市级政府财政透明度研究报告》显示，北京市预决算信息等政府财政信息公开情况连续三年位列全国首位。**持续深化政府购买服务改革**，推动预算内财政资金高效率使用，按照京津冀协同发展要求，结合首都新增产业禁限目录，构建京津冀联合采购大市场；将政府采购管理权限下放至部门和各区，推动政府采购与“一会三函”等创新举措相结合，提高政府采购效率；推行“互联网+”采购模式，综合运用多种机制和手段，提高采购产品性价比；实施政府采购信息发布管理办法，进一步完善政府采购信息公开流程和机制；按照北京市“十三五”时期公共财政发展规划的要求，政府购买服务每年都要实现20%的增长，2017年规模预计将达到329亿元。

（三）注重防范风险的财政资金管理体系逐渐形成

聚焦财政资金公共属性，强化预算内资金管理，实施预算监督审查条例，规范并强化政府投资预算管理，将原有11类大额专项资金全部划归部门预算管理或纳入投资引导基金；推动转移支付"减专项、增一般、提绩效"改革，将专项转移支付项目由2016年的54项压缩至37项，加强专项转移支付项目管理，以"一个专项、一个办法"的方式匹配管理措施与资金；明确各部门主体责任与监管责任，推动形成人大、审计、监察、财政等监督力量组成的"立体布网、铁壁合围"的大监督体系。

守住风险底线，创新使用财政资金杠杆融资方式，通过有针对性地规范子基金运行加强政府投资引导基金管理，北京市创新性设立京津冀协同发展产业投资基金，城市副中心建设发展基金等近30支子基金，投资实体经济企业项目近1000个，投资基金放大倍数约1:3.5，形成"基金+基地+产业"的运作模式，有力支持了华胜天成等一批龙头企业，唐曹高速项目等重大基础设施项目；"首都科技创新券"制度支持近1500家小微企业和创业团队成功开展创新创业项目近1700个；落实财政部《关于规范政府和社会资本合作（PPP）综合信息平台项目库管理的通知》，实施PPP项目库管理办法，提高入库门槛并集中清理不合规已入库项目，截至2017年9月，北京市纳入财政部PPP综合信息平台管理的入库项目98个，总投资2673.9亿元，落地项目投资额1980.1亿元，落地率81.7%，远高于全国34.1%的水平。

北京市地方政府性债务风险总体可控，一是积极落实预算法和国务院关于加强地方政府性债务管理的要求，制定《北京市政府性债务风险应急处置预案》，构建地方政府性债务风险预警机制与应急处置机制，及时排查风险隐患，妥善处置风险事件，建立健全政府举债审批工作机制，控制新增债务规模；二是北京市政府债务规模及债务率进一步下降，2017年1~9月，限额内增发一般债券322.2亿元（含置换债券），专项债券607.1亿元（含置换债券），略低于2016年1166.4亿元的发行规模。截至2016年，北京市地方政府债务余额3743.46亿元，下降40.5%，政府债务率远低于财政部确定的100%的警戒线。

以推动地方政府融资平台尽快转型为契机构建完善的政府投融资担

保机制，落实《关于进一步规范地方政府举债融资行为的通知》（财预[2017]50号），厘清政府与融资平台关系，推动融资平台尽快转型为市场化运营的国有企业、依法合规开展市场化融资。截至2017年9月，北京市地方政府融资平台101家，已退出58家；在一系列债券市场融资严格监管政策影响，银监会口径下北京共有21家融资平台发行债券，1~9月发行城投债余额为329.1亿元，多数城投债券均提前偿还，债券余额有所下降。

三、财政运行中需要关注的问题

（一）北京市财政收支平衡压力大

近年来，北京市财政收支持续处于紧平衡状态，衡量财政收支平衡性的财政自给率从2011年的0.93下降至2016年的0.79，收支不平衡问题日渐凸显。**一是**财政收入增长持续放缓，**一方面**，财政收入增长与经济增长相关性较高，随着北京市经济增长逐年放缓，财政收入增长也会呈现放缓态势；**另一方面**，反映其他体制政策因素影响的财政收入波动系数近年持续在1.4以上，主要是自全面推开营改增试点以来，北京市累计减税612亿元，试点纳税人总体税负下降32.3%，减税降费力度不断加大，对地方财政增收带来较大压力。同时，近年北京市大力推进“腾笼换鸟”相关的产业政策，积极落实系列防范金融业风险的政策，房地产调控政策逐渐显效，结构转型中的金融业、房地产业等传统优势行业税收增长乏力，对财政收入的支撑作用有所减弱，而“高精尖”相关的高端制造业与现代服务业，创业创新相关的新兴产业尚处在培育期，财政收入实现稳定可持续增长面临一定压力。**二是**北京市在推进城市发展的各重点领域，维护首都安全稳定及保障各类重大活动等都需要财政提供坚实的财力保障；同时，适应经济新常态，也需要财政资金在稳增长、促升级方面发挥更大的作用，而财政收入增长放缓与财政支出刚性需求快速增长相交织，财政收支短期内的平衡压力值得关注。

（二）财政支出有效性仍需进一步提升

一是近年北京一般公共预算支出执行情况总体较好，四季度集中投放的现象有所改善，反映该现象的支出甩尾系数逐年下降，从2010年的2.9下降至2016年的1.5，但仍有一些支出项目预算执行效果不及预期，如文化体育与传媒项目的支出甩尾系数有所上升，从2013年的2.1上升到2016年的3.2，医疗卫生与计划生育项目的支出甩尾系数从2014年的1.3上升到2.0。此外，节能环保项目的支出甩尾系数虽有小幅下降，但与其他支出项目相比仍处于2.8的高位。**二是**财政支出绩效考核体系仍有待进一步完善，当前北京市财政支出绩效考核仅完成绩效目标公开及绩效任务落实情况公开，与《财政支出绩效评价管理暂行办法》（财预[2011]285号）的要求仍有较大差距，科学、统一、完整的财政绩效评价指标体系仍有待探索，引入第三方开展评价的机制尚不具备条件。

（三）地方政府性债务风险需要持续关注

在积极落实财政部系列举措时，对于新增债务中防范地方政府性债务风险的长效机制值得关注。**一是**对存量融资项目，财政部《关于进一步规范地方政府举债融资行为的通知》（财预[2017]50号）、《关于坚决制止地方政府购买服务名义违法违规融资的通知》（财预[2017]87号）等政策“一刀切”的方式造成一些在建项目后续融资资金链断裂，出现“半拉子”工程等问题，迫切需要采取措施解决项目续建资金来源；**二是**北京市专项债券发行规模虽在地方政府债务限额内举借，但规模仍然较大，2017年1~9月共发行专项债券（包括置换专项债券）607.1亿元，比2016年同期多增加166.1亿元，这将增加未来债务偿还负担；**三是**当前各项举措已将地方政府举债行为彻底管住，未来构建防范地方政府债务性风险的长效机制仍需要探索，包括风险预警、应急处置管理体系的完善，债券资金绩效评价和考核问责机制的构建等。

（四）创新财政资金运用方式的不规范问题依然存在

一是运用各类政府引导基金子基金、首都科技创新券、绿色采购、绿色金融等创新性政策工具过程中，对于资金的用途管理及效益评价没有形成规范的制度，特别是《政府投资基金管理办法》的配套制度体系尚不健全。**二是**PPP项目管理仍不规范，存在财政资金不合规使用情况，一方面，PPP项目存在先落地执行后追加论证现象，目前北京市处于执行阶段的PPP项目多数未见项目可行性论证报告、物有所值评价报告、财政承受能力论证报告等关键文件；另一方面，PPP模式风险管理尚未成体系，在风险识别方法选择、风险评估测算、风险分担机制建设方面均未形成完整体系，同时，政府预算软约束等承诺一定程度削弱风险分担机制的有效性。

四、2018年财政形势判断

2018年，北京市财政将适应首都发展从“集聚资源求增长”向“疏解功能谋发展”的根本转变，抓住健全地方税体系的有利时机，在确保财政收入与地区生产总值同步增长的同时，推动建立与首都城市战略定位相契合的财源结构，并将全面落实新版城市总体规划，不断优化财政支出结构，统筹使用三本预算资金聚焦北京市重点领域，保障重点项目加快实施，推动首都经济加快发展。初步判断，北京市一般公共预算收入将实现7%的增长，一般公共预算支出增长10%左右。

（一）新形势下北京市财政将为首都发展提供有力保障

新时期防风险的财政政策依然是重要举措。世界经济处于由收缩向复苏转变的关键时期，国内经济也由高速增长阶段转向高质量发展阶段，满足人民日益增长的美好生活需要愈加迫切；在经济发展阶段的转变及防风险的宏观经济政策导向下，更加积极有效的财政政策依然是促进经济发展的重要举措，主要经济体财政政策宽松取向日益明显，全球性减税已“箭在弦上”；我国积极运用多项“抢跑”式减税政策应对此轮全球减税竞争。同时，无论是全球债务还是我国债务整体负担依然较重，债务风险仍需警惕，需要财政政策适应需求侧刺激向供给侧结构性改革的转变，更加注重优化结构、用好增量、激活存量，“疏堵结合”防范地方政府性债务风险，妥善化解重大风险隐患。

北京市产业升级和重大战略任务将深入影响财政收支总量及结构。北京市继续坚持减量发展，更加注重“腾笼换鸟”，聚焦科技创新中心定位，打造“高精尖”经济结构，注重生产空间集约高效利用，积极推动中心城区疏解提升、平原地区疏解承接、山区生态涵养，推动北京市财政在"腾笼换鸟"中涵养财源，在"先予后取"中培育增量，在新旧动能转换中拓展财源。全面实施新版城市总体规划，落实城市战略定位，完善城市功能布局，补足城市发展短板，满足首都发展、减量集约、创新驱动、改善民生的迫切要求，需要运用财政政策工具及手段激发各类主体经济活力、统筹使用财政资金、引导各方共同参与首都建设，凸显增加公共服务供给、提高公共服务水平和效率的成效，充分保障关系首都经济社会发展的关键领域需求。

契合首都城市战略定位的现代财政制度将加快建设。积极落实党的十九大报告中关于加快建立现代财政制度，健全地方税体系的要求：**一是**以促进政府治理现代化的新定位推进预算管理制度改革，优化中期财政规划管理、完善市级大额专项资金改革、强化政府性债务管理、进一步规范政府购买服务，推进预算资金统筹使用，继续盘活财政存量资金，保持合理库款规模，完善预算绩效考核体系。**二是**以引领经济发展新常态的目标健全税收体系，坚持税收与经济协调互动，释放多项税收政策红利，鼓励高端制造业与现代服务业等新型业态发展，促进第二产业、第三产业提质增效；开征环境保护税、扩大水资源费改税试点。**三是**以责权利对等新框架探索事权和支出责任划分改革，在城市副中心开展试点，厘清市级、区级事权和支出责任，逐步完善市对区财政管理体制。

（二）北京市财政收支紧平衡态势仍将延续

2018年，受经济增长放缓、结构性减税的持续下拉影响及"高精尖"经济结构进一步深化上拉的带动，预计一般公共预算收入将实现7%的平稳增长；用于保障重点领域、重点区域、重大专项的财政资金需求依然旺盛，预计一般公共预算支出将实现10%左右的增长；旨在防范地方政府性债务风险、规范政府举债行为等一系列政策影响下，预计北京市地方政府性债务余额进一步下降，一般政府债券发行规模基本保持平稳，专项债券发行规模将小幅上升。

1. 财政收入有望保持平稳增长

占比近九成的税收收入较快增长将带动财政收入平稳增长。2018年，进一步落实《北京市“十三五”时期公共财政发展规划》，确保一般公共预算收入年均增长6.5%以上，到2020年超过6000亿元。**一是**营改增、增值税并减档等政策性减收影响持续存在，预计占税收收入比重近三成的增值税高位小幅放缓，将下拉税收收入增长。**二是**工业企业利润仍将维持高位，服务业扩大开放下，非公经济收入增长较快，将带动占税收收入比重近四成的企业所得税收入保持两位数的增长；城乡居民收入稳步增长带动下，占比近两成的个人所得税收入将保持高速增长。综合判断，预计占一般公共预算收入比重近九成的税收收入将延续平稳增长态势。再考虑到新开征环境保护税、扩围水资源费改税等将产生一定规模的新增税收收入，同时进一步降低行政事业性收费事项对非税收入影响已经不大，加上地方政府一般债券收入较稳定，预计一般公共预算收入可实现7%的增长。

“高精尖”产业税收对财政收入贡献持续显现。新版城市总体规划落实过程中，科技创新等因素将成为财政收入稳增长的新动力。**一是**落实首都科技创新中心定位，将会推出一系列激发科技型企业、新兴产业企业、创业主体活力的政策，并进一步增强“三城一区”辐射带动作用，预计“高精尖”产业将保持良好发展态势，带动财政收入延续快速增长态势，增速有望超过20%，对财政增收贡献三成左右；**二是**发展契合首都功能定位的更高层级总部经济，在支持金融业等优势总部企业发展的同时，注重以“一核一城、三带两区”为重点吸引更多文化创意总部企业，以国际交往中心建设引领商务服务业等总部企业落户，确保总部经济六成以上的税收贡献，有力支撑财政收入稳增长；**三是**新时期外部需求持续向好及北京第二产业结构进一步优化带动下，规模以上现代制造业财政收入将延续30%以上的高速增长态势，再加上六大高端产业功能区规模以上企业税收收入占比持续上升，综合判断，北京市财政收入将延续平稳增长态势。

契合首都城市空间布局的财源结构进一步优化。在北京市空间结构大力调整过程中，将逐步建立财源与首都城市战略定位相适应的格局。**一是**进一步落实《疏解非首都功能产业的税收支持政策（试行）》，加快各区淘汰低端产业进程，推动部分产业向城市副中心及雄安新区布局，同时引入高端增量落户首都核心功能区，将首都核心功能区对财政收入增长贡献提高至近两成。二是培育城市功能拓展区的新增税源，涵养CBD商务区、丽泽金融商务区、永丰基地、永定河文化带等重点区域税源，确保该区对财政收入增长贡献延续五成以上的水平。三是郊区新城更加注重“腾笼换鸟”，在继续加大平原五区瓦片经济、乡镇经济腾退转型力度的同时，多措并举推动产业转型升级，吸引更多高端制造业、优势生产性服务业，将其对财政收入贡献逐步提高到两成以上。

2. 财政支出将发挥更重要的引导作用

北京市财政支出将紧紧围绕新版城市总体规划，以“坚守底线、突出重点、完善制度、引导预期”为原则，重点保障区域协同发展、市域经济发展、生态环境建设、城市品质提升及民生改善领域支出，预计一般公共预算支出将实现10%左右的增长。

财政支出将为重点领域建设提供坚实保障，在推动区域协同发展方面，重点保障城市副中心行政办公区迁入及后续配套设施建设、医院、学校等公共服务布局北京周边等；在促进经济发展方面，保障“三城一区”、中关村科技示范区等创新园区大装置等投资，支持提振消费需求的相关政策落地，鼓励对外贸易拉动出口资金支持等；在环境治理方面，重点保障平原地区造林、“留白增绿”工程、背街小巷环境整治、垃圾综合处理等城市美化方面，南水北调、黑臭水体治理、农村污水处理等环境改善方面，新能源推广、煤改清洁能源等大气污染治理方面；在提升城市品质方面，保障棚户区改造等保障性安居工程建设、老旧小区综合改造、轨道交通建设、疏堵工程、停车管理、公共安全及城市运转方面；在保障民生改善方面，将财政支出八成以上用于民生领域，保障核心区老城和“一城三带”文化保护、学前教育和职业教育事业发展、养老社保和就业、医疗卫生体制改革等。综合来看，预计用于重点领域的财政资金将近5000亿元。

在推动首都加快发展中进一步发挥财政资金放大作用。一是在已设立的京津冀协同发展产业投资基金、北京“高精尖”产业发展基金、城市副中心建设发展基金基础上，引导子基金投向区域协同发展、非首都功能疏解等战略投资领域，助推新一代信息技术、节能环保等“高精尖”产业发展；**二是**充分发挥北京市优质项目多、项目体量大的优势，探索更多市场化手段运用财政资金，吸引更多社会资本参与建设，如在污水处理、垃圾处理、道路建设、停车、养老服务设施等短板领域，推广PPP模式调动更多社会资源，合力补齐发展短板，在轨道交通领域推广采取授权经营（ABO）方式、线路土建工程与设备设施整体公开招标方式；**三是**通过政府购买服务积极搭建平台，完善“1+3+N”制度体系，在医疗、教育、健康养老、文化体育事业、双创型小微企业发展等领域进一步激发社会投资活力，放大资金投入效应。

3．地方政府性债务规模稳中趋降

债务限额管理下政府债务规模稳中略降。2018年，在健全规范地方政府举债融资机制，落实一系列规范政府举债行为政策带动下，由融资平台形成的负有偿还责任的债务及或有债务规模将继续大幅减少。考虑到未来财政收支不平衡压力依然较大，政府债券资金成本低、期限长的优势，北京市及市、区两级政府债务将继续按照财政部下达限额举借，**一方面，**在进一步完善地方政府债券发行机制，落实一般债券管理办法下，预计地方政府一般债券将平稳增长；**另一方面，**贯彻土地储备、收费公路专项债券管理办法，对专项债券实行封闭运行管理，推进地方政府专项债券实现项目收益与融资自求平衡改革带动下，政府专项债券规模将小幅增加。综合判断，政府债务规模仍将延续稳中有降趋势。

债务偿还资金来源仍可提供较高程度保障。北京市政府债务较多用于基础设施建设等公益性项目，如土地储备资产、城市轨道交通、水热电气等市政设施和高速公路、铁路、机场等，相应债务能形成大量的优质资产，偿债资金多为一般公共预算收入、政府性基金收入中的国有土地使用权出让金、车辆通行费收入等，能够为债务偿还提供有力保障。

（三）系列规范财政资金运用举措下政府财力仍将紧张

财政管理改革下政府财力增长空间依然较小。一是在推动市以下事权和支出责任划分试点带动下，将继续整合压缩专项资金，进一步提高市对区一般性转移支付比例，预计仅可推动区级财政事权与财权支出匹配的部分改善；**二是**完善投资、价格、补贴协同机制，落实制止地方以政府购买服务名义违法违规融资规定下，政府购买服务范围与规模将平稳增长，预计保持20%左右的增长；**三是**继续盘活财政资金，将盘活存量与财政综合绩效管理引导资金规模挂钩，统筹运用三本预算资金，将市级财政存量资金消化率再提高1个百分点至80%左右，但存量资金规模较小，预计对财力紧张缓解力度有限。

防风险导向下债务资金来源渠道收窄、规模减小。一是继续通过加大偿债资金安排力度、加快土地入市节奏、引入社会资本等手段，妥善处理和化解政府存量债务，预计2018年完全结束存量债务置换；**二是**以"企业化运作、商业化运营、多渠道融资"的思路，扎实、有序推进融资平台整改落实和规范发展，严格控制融资平台债务，政府或有债务风险仍将在可控范围内，预计融资平台债务资金将继续减少。

逐步规范创新资金使用将对政府投资形成一定约束。一方面，在深入落实以往政府和社会资本合作模式操作指南、物有所值评价指引、财政承受能力论证指引的基础上，贯彻《北京市政府和社会资本合作（PPP）项目库管理办法》，利用信息平台加强项目管理、强化制度约束、实现信息公开，预计政府投资PPP项目更加有序；**另一方面，**完善市级政府投资基金管理办法等配套制度，对已设立的引导基金及子基金要更加规范、有序引入社会资本，避免盲目投资行为发生，对新设引导基金更加注重资金用途管理，使政府投资基金更加聚焦关键领域建设。

五、切实提高财政资金使用效益

积极培育、涵养新增税源。紧紧围绕"四个中心"定位，大力支持符合首都城市功能定位的科技、金融、商务、文化等优势产业资源发展，培育发展高新技术相关产业及新兴产业；加快“三城一区”、六大高端产业功能区建设进程，充分释放以上区域的辐射带动作用，在吸引更多高端增量的同时，为落地企业尽快见效益提供充足条件。

完善财政支出绩效考核机制。聚焦财政支出资金的来源及运用，预算的编制、执行和监督，事前、事中、事后等环节，推进预算绩效管理；开展支出政策绩效评价和部门整体评价，调整完善评价指标体系，加强绩效目标管理，建立健全预算管理综合考核机制。

切实防范地方政府性债务风险。对存量融资项目在政策允许的范围内进行新老划断，支持在建项目建设完工；加强政府性债务管理，将融资平台债务数据纳入监控范围，加快推进各类融资平台转型；进一步完善风险预警、应急处置等管理体系，继续完善债券资金绩效评价和考核问责机制；严禁政府违法违规举借政府债务行为，切实防范区域性、系统性财政风险。

加强重点项目资金管理。深化市级项目支出预算管理改革，健全资金管理制度体系，完善各重点领域项目资金管理办法；对大额项目资金实施重点监控，加大专项检查的力度，全面跟踪资金的执行和使用情况，强化财政资金运行链条末端的监管；建立健全直通乡镇的市对区专项转移支付资金体制；逐步推进项目资金管理制度、决策程序、分配方式等公开，倒逼单位强化自身管理。

多措并举提升税收征管效能。积极转变税收征管方式，由税收管理员固定管户模式向分类分级管理模式转变；推进区级预算单位个人所得税集中扣缴，强化非居民企业管理和外籍个人税收风险管理；构建以风险为导向的印花税精细化管理模式；深入推进国税、地税联合稽查，实现国地税共管案源联合稽查全覆盖；完善纳税信用体系建设，强化纳税信用评价结果应用，进一步深化“银税互动”成效。

（执笔人：司 彤[①]）

---

① 司彤，北京市经济信息中心经济研究部，经济师，研究方向为固定资产投资、财政税收。

2017年北京市人民生活形势分析及2018年展望

摘要：2017年，北京市人民生活水平稳步提升。城乡居民收入连续四年与经济增速保持基本同步，居民消费规模逐步扩大，消费结构逐步优化升级，各项公共服务便民利民程度渐次提升。展望2018年，我们将迎来改革开放40周年，各方面改革将得到坚定不移的深化，在经济增长平稳、就业持续稳定形势下，城乡居民收入稳定基础有保障，居民消费将走向追求更高品质之路，城乡居民生活品质有望得到进一步提升。

关键词：收入 消费 公共服务 政策建议

一、2017年北京市主要民生领域的运行特点

（一）居民收入连续四年保持与经济增长同步

2017年，城乡居民收入保持稳定增长（见图1）。1~9月，北京市城镇居民人均可支配收入46296元，收入水平在全国省和直辖市中仅次于上海，同比增长9.1%，扣除价格因素，实际增长7.1%，其中财产净收入和转移净收入增速明显快于2016年（见表1），在收入中的比重也高于上年同期（见表2）；农村居民人均可支配收入19347元，同比增长8.4%，扣除价格因素，实际增长6.4%，其中工资性收入和经营净收入增速明显快于2016

年，工资性收入所占比重继续下降。预计2017年城镇、农村居民人均可支配收入实际增速在6.5%左右，连续四年保持与GDP增速基本同步。

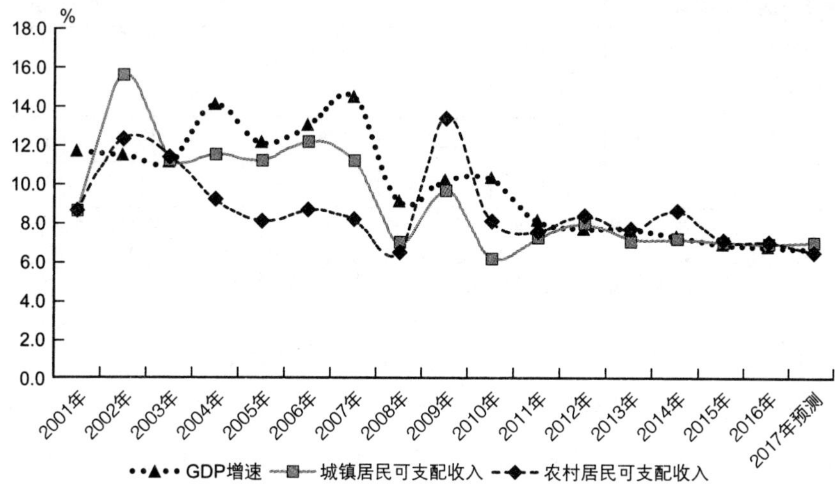

图1　2001~2017年北京市城乡居民收入实际增长与经济增长情况

表1　2016~2017年同期1~9月城镇居民和农村居民四类收入增速

	2016年1~9月		2017年1~9月	
	城镇增速（%）	农村增速（%）	城镇增速（%）	农村增速（%）
人均可支配收入	8.4	8.5	9.1	8.4
工资性收入	9.7	6.8	7.2	7.5
经营净收入	2.2	2.8	-14	10.8
财产净收入	9.6	16.5	15.2	15.3
转移净收入	4.3	23.4	13.5	7

表2　2012年以来北京市城乡居民收入结构

	2012年	2013年	2014年	2015年	2016年	2017年1~9月
城镇居民收入结构：						
工资性收入	68.03	66.87	66.45	61.61	62.33	61.37
经营性收入	3.48	3.28	3..36	2.53	2.26	2.13
财产性收入	1.75	1.27	1.31	16.07	16.25	16.75
转移性收入	26.74	28.58	28.88	19.79	19.16	19.75

（续表）

	2012年	2013年	2014年	2015年	2016年	2017年1~9月
农村居民收入结构：						
工资性收入	65.81	65.63	64.63	75.31	74.58	71.42
经营性收入	8.00	4.54	4.29	9.52	9.24	10.71
财产性收入	10.42	18.79	12.12	5.85	6.05	7.86
转移性收入	15.77	11.03	18.96	9.31	10.13	10.01

注：2015年之后城乡居民收入数据均为人均可支配收入，2014年及之前城镇居民收入数据为城镇居民家庭总收入，农民收入数据为人均纯收入；四类收入提法在2015年之后分别表述为工资性收入、经营净收入、财产净收入、转移净收入。

1. 工资性、转移性收入是城乡居民收入的主要来源

政策因素助推城乡居民工资性收入稳定增长。最低工资标准由每月1890元提高至2000元，企业工资指导线引导企业职工工资增长，提高机关事业单位工资收入，落实带薪年休假制度，加快实施促进农民增收政策，助推城乡居民工资性收入保持稳定增长。2017年1~9月，城镇居民人均工资性收入达到28413元，同比增长7.2%，增幅低于2016年同期2.5个百分点，占总收入的61.4%；同期农村居民人均工资性收入达到13818元，同比增长7.5%，占总收入的71.4%。与城镇居民不同的是，**农民工资性收入增长呈先抑后扬态势。**一揽子促进农民增收政策的加快落实，山区生态林管护标准继续提高，在城市运营服务岗位安置北京市农村劳动力，促使年初以来农民收入增速既低于城镇，也低于北京市经济增速的严峻形势得到迅速转变。

社保待遇标准提高促使转移净收入保持增势。随着年内两次调整城乡居民基本养老保险基础养老金和老年保障福利养老金标准，统一城乡居民基本医疗保险封顶线和大病保险起付线（见表3），城乡居民转移净收入保持增长态势，并且城镇快于农民。2017年1~9月，城镇居民人均转移净收入达到9142元，同比增长13.5%，增幅高于2016年同期9.2个百分点，占总收入的19.8%；同期农村居民人均转移净收入达到1937元，同比增长7%，增幅较2016年同期明显放缓，占总收入的10%。

表3　　社会保障待遇标准主要指标对比

单位：元/月

项　目	2016年	2017年	增加
企业退休职工基本养老金	3573	3633	50
城乡居民基础养老金	510	560	50
城乡居民福利养老金	425	475	50
工伤保险定期待遇（伤残津贴）	4099	4387	288
职工最低工资标准	1890	2000	110
失业保险金标准	1212~1321	1292~1401	80
城市最低生活保障标准	800	900	100

2．城乡居民经营性收入增长呈现一负一正的明显分野

受整体经济形势趋缓、超大城市综合治理步伐加快等因素影响，城镇居民经营性收入呈现负增长态势。2017年1~9月城镇居民人均经营净收入达到985元，同比下降14.5%。与此同时，主要在乡村旅游、沟域经济、交通运输服务等行业发展的带动下，1~9月农村居民人均经营净收入达到2071元，同比增长10.8%，保持较快增长态势。

3．城乡居民财产性收入保持平稳增长

主要受住房租金上涨以及红利等因素拉动，2017年1~9月城镇居民人均财产净收入达到7756元，同比增长15.2%，增幅较2016年同期扩大5.6个百分点，保持较快增长势头。在此基础上，加上转让承包土地经营权租金收入上涨带动，农村居民人均财产净收入同样保持增长态势，但受郊区拆违力度加大等影响，收入增幅有所降低。1~9月农村居民人均财产净收入达到1521元，同比增长15.3%，增幅同比下降1.2个百分点。

4．低收入群体收入增长继续快于平均水平

各项劳动工资、社会保障等政策措施继续向中低收入群体倾斜，“六个一批”精准帮扶政策加快落地实施，促使北京市城乡低收入居民收入持续较快增长，增速持续高于居民收入平均增速。2017年1~9月，城镇20%低收入户人均可支配收入同比增长9.3%，农村20%低收入户人均可支配收入同比增长8.5%，增幅分别高于城镇居民、农村居民人均收入的平均水平。城镇20%高收入户与20%低收入户收入差距稳定在4.2倍，农村20%高收入户与20%低收入户收入差距稳定在3.9倍。

（二）居民消费规模稳定增加、结构不断优化

随着经济发展和人民生活水平的不断提高，居民消费需求和模式加快转变，北京市城乡居民消费支出得到稳定增长，消费结构也在不断优化。2017年1~9月，北京市城镇居民人均消费支出29610元，同比增长6.3%；农村居民人均消费支出13669元，同比增长8.7%，保持自2013年以来持续高于城镇的增长态势（见图2）。从城乡居民八大类消费支出结构来看，居住、食品、交通和通信、教育文化娱乐、医疗保健等五大类支出成为城乡居民家庭共同的消费主题（见表4），消费结构呈持续升级态势。

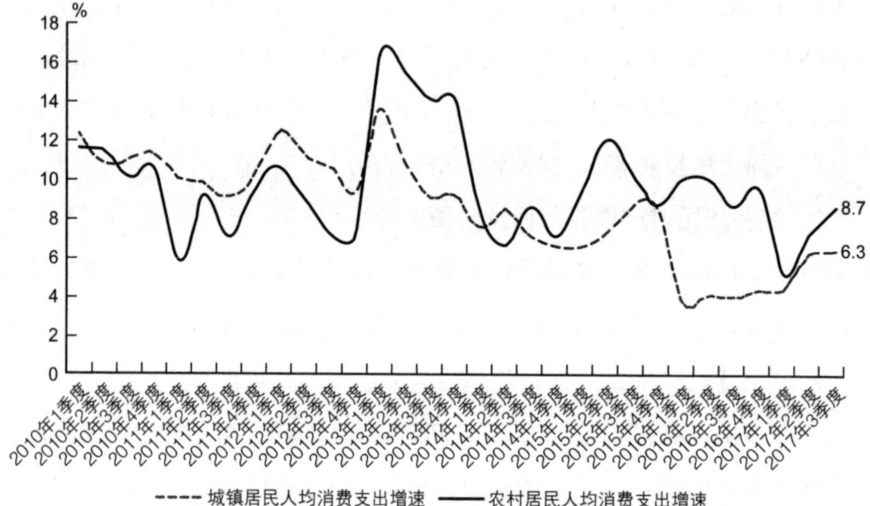

图2　2010年以来城乡居民人均消费支出增长趋势

1. 居住、饮食、健康、信息等项目稳占城乡居民消费支出主流

城乡居民在居住、饮食、健康、信息四类消费项目的支出比重分别达到74%、79.6%，是居民消费支出的主要方向（见表4）。其中，受城镇居民自有住房折算租金稳定增加、农民自购房屋支出增长、租金上涨等因素带动，城乡居民居住支出比重均占据各自八大类消费榜首，占比分别为

32.6%、29.8%；城镇、农村居民恩格尔系数分别为20.4%、25.6%，显示农民消费结构升级步伐总体仍略滞后于城镇居民；农民交通和通信支出和医疗保健支出比重分别达到14.6%、9.6%，均略高于城镇，显示农民信息和健康消费潜力丝毫不弱于城镇居民；城镇居民教育文化娱乐支出比重达到10.9%，明显高于农民4个百分点，显示城镇教育文娱消费潜力仍明显领先于农村。

表4　2017年1~9月北京市城乡居民消费支出结构

指标名称	城镇居民		农村居民	
	比重（%）	增速(%)	比重（%）	增速(%)
人均消费支出	100.0	6.3	100.0	8.7
食品烟酒	20.4	-0.8	25.6	-0.9
衣　着	5.9	-8.1	5.3	-9.1
居　住	32.6	11.7	29.8	11.5
生活用品及服务	6.4	4.9	7.0	20.7
交通和通信	13.3	8.9	14.6	23.6
教育、文化和娱乐	10.9	8.0	6.9	-2.2
医疗保健	7.7	15.8	9.6	24.8
其他用品及服务	2.9	-0.2	1.2	-2.9

2. 城乡居民消费支出项目的增长存在一定差异

随着居民对身体健康的关注程度越来越高，养生保健意识逐步增强，加上北京市医疗服务价格改革的全面落实，城镇、农村居民医疗保健支出大幅增长，增速均位列各自八大类消费支出首位，分别达到15.8%、24.8%，并且农村居民支出增速明显快于城镇9个百分点。随着公交地铁出行成本保持高位常态、网约车价格稳中有升、居民购车档次提升，加上互联网产业快速发展进一步降低了农民信息消费的门槛，通信和上网资费标准不断降低，带动城镇居民和农村居民人均交通和通信支出均保持较快增长态势，其中农村居民支出增速更是明显高于城镇居民14.7个百分点，达到23.6%。受农村文化娱乐产品和服务有效供给不足等因素影响，农民教育文化娱乐消费支出呈现负增长，与城镇居民较快增长的文化消费支出形成明显反差。此外，城乡居民的食品、衣着、其他用品及服务支出均呈现负增长态势。

3. 居民旅游、网络消费仍是服务性消费的主要热点

一是旅游消费持续火热。受居民收入水平的提升、闲暇安排日渐自由、旅游消费升级与消费观念转型加快、出国手续办理更加便利等因素推动，出境游继续保持增势。2017年上半年，北京市旅行社组织公民出境游242万人次，其中赴日本、泰国、韩国、法国和美国的游客数量均超10万人次，而赴非洲游客达到8.1万人次，同比增长52.5%，成为2017年市民出境旅游新热点。景区旅游持续向好，上半年北京市A级及以上旅游景区共接待游客1.5亿人次，同比增长4.2%，其中博物馆、历史文化景点、自然风景区是市民主要的游玩兴趣点。除了知名景区，京郊游和民俗游成为“十一”长假北京市民假日旅游热点。其中，怀柔雁栖湖接待游客8.4万人次，房山十渡接待游客22.5万人次，均保持持续增长态势；郊区民俗旅游共接待游客500万人次，同比增长8.7%，旅游收入达到4.5亿元。

二是网络消费步入稳定增长的常态。“双11”“双12”“黑色星期五”等购物节步入消费常态化阶段，电商支付处理能力和物流配送能力的同步提升更为购物节成交额的爆炸式增长提供了有力保障。以“双11”为例，当天北京地区交易额无论在天猫还是京东平台上排名均为全国第二，分别仅次于上海、广东。京东消费数据进一步突显居民消费的品质化、智能化、个性化特征，“双11”期间苹果笔记本等高端、高品质商品持续热销，新风系统、智能门锁等新兴智能家居、家电爆发，便捷、智慧的生活方式渐成消费者的普遍追求；服饰设计师品牌等潮流时尚商品受宠，个性化消费逐步兴起。

（三）城市公共服务加快完善，便民惠民力度逐步加大

就业方面，制定出台稳定岗位补贴、强化重点群体帮扶、完善创业服务等促就业举措，促进城乡劳动者充分就业。3季度末北京市城镇登记失业率为1.49%，继续处于较低水平；1~3季度城镇新增就业36.7万人，呈现稳定增长。**教育方面**，义务教育阶段入学政策基本稳定，释放更多优质学位用于派位入学，取消推优入学，进一步降低特长生比例至4%以内，形成更加公平、完善的就近入学规则。医疗卫生方面，“4·8”医改成效初显，药费和药占比、二级医院诊疗量、三级医院诊疗量、大型设备检查费、医保患者负担均出现下降趋势。16个区上百所政府办社区卫生服务机构实行了“先诊疗、后结算”的服务新方式，受到群众普遍欢迎。北京市重点人群家庭医生签约率超过85%。**文化方面**，上百家国有和民营文艺表演团体组织公益惠民演出9000余场，补贴低价票演出接近1500场，补贴金额超过1800万元，文化惠民范围和力度进一步扩大。**养老方面**，深入推进医养结合，研究制定出诊补贴有关办法，鼓励家庭医生服务团队上门为居家老年人提供医疗服务。加快制定助餐、助洁、助浴等服务标准，为老人提供更加规范、标准的养老服务。

二、影响居民生活品质提升的主要问题

随着经济社会发展水平的不断提高，以及人们需求层次的提升，居民对美好生活的诉求越来越高，而当前首都城市发展仍然存在增收难度大、高品质消费供给不足、交通拥堵、环境污染等宜居城市建设的“短板”问题，严重制约首都居民生活品质的进一步提升。

（一）城乡居民增收难度越来越大，影响整体生活品质提升

当前北京城乡居民收入增长受到收入分配政策落实难、经济增长和就业仍然存在一定压力等因素制约。**一方面**，现有劳动工资有关政策的增收效应在逐步减弱，最低工资、企业工资指导线等年度增幅逐年下降；与此同时，新的增收政策仍以原则性表述为主，普惠性的增收政策较少，促进居民实际增收的效果大打折扣。**另一方面**，经济增长缓中趋稳，仍然存在下行压力，从宏观上影响居民就业收入的改善预期。就业形势虽然目前较为稳定，但新增劳动力和转移劳动力就业压力仍然明显，同时受制于企业

效益的改善程度，居民通过就业获得与预期相符的劳动工资越来越难，工资性收入难以实现持续有力地增长，对城市居民生活品质的提升构成了较大的阻碍。

（二）存在高品质消费产品和服务有效供给不足问题，难以满足居民品质化、个性化的消费新需求

随着人们物质生活水平的提高，居民消费逐步转向个性化、多样化、多层次的高品质消费，但当下供给侧结构升级滞后于消费变化，服务业特别是生活性服务业中多数行业属于劳动密集型，还存在"小散乱"等问题，单位规模偏小，组织方式松散，从业人员行为不规范，这都与人民群众高品质的服务消费需求不符。同时，体制机制不健全，政策体系不完善，市场软、硬环境不规范等问题影响到社会资本增加消费有效供给的积极性和主动性，导致高品质产品和服务有效供给不足。以文化消费为例，目前北京"故宫跑"等高人气爆款文化产品频出，排长队日渐成为常态，但引发观赏热潮的现象仍集中在"精品博物馆"和"精品剧院"，多数博物馆门庭冷落，存在发展失衡等问题。集中于个别展览的"排长队"现象也恰恰说明文化精品供给不足，以及服务意识不足，与旺盛的消费需求潜力相矛盾。此外，北京在便民商业发展方面很不充分，与上海存在较大差距。以连锁便利店为例，便利店作为满足顾客应急性、便利性需求的零售业态，是社区商业和便民商业的重要内容。从门店数量看，2016年，北京市区域内拥有连锁便利店门店数达到967个，不足上海的1/5；从万人拥有量看，北京每万人拥有连锁便利店门店数仅为0.45个，上海则为2.1 个。

（三）交通拥堵等宜居城市建设的"短板"仍然长期存在，影响城市居民幸福感

目前，环境健康性和交通便捷性仍然是制约北京宜居城市建设的主要短板，影响城市居民的幸福感。**交通方面**，尽管近年来北京采取了各项缓堵措施，城市拥堵状况也略有改善，但交通总体拥堵的现实依然难改。2017年三季度全国堵城排名中，北京仍位列排行榜前三。在一份关于家庭迁移意愿人群首选原因的调查中，高达33%的人选择交通拥堵等导致幸福成本增大的因素。**环境方面**，2017年是国家“大气十条”的收官之年。北京通过采取各项超常规的举措，促使2017年前11个月北京市PM2.5累计浓度为58微克/立方米，同比2016年下降了13.4%，较2013年同期下降35.6%。但值得指出的是，空气质量持续改善的另外一个重要因素不能忽视，即2017年以来相对有力的气象条件，在一定程度上促进了污染物扩散和清除。因此，北京空气质量的改善仍然充满不确定性，更多的可能仍然需要依赖最强或更强“停工令”等超常规措施以及大风天气的等待。交通拥堵、空气污染等“短板”的存在，影响城市居民生活的舒适度和健康度。此外，在疏解非首都功能过程中，仍然存在前期规划不足、治理手段单一等问题，也给部分居民生活的便利性带来一定影响。

三、2018年北京市主要民生领域展望

2018年，是贯彻党的十九大精神的开局之年，是改革开放40周年，是决胜全面建成小康社会、实施“十三五”规划承上启下的关键一年。北京市将按照高质量发展的要求，坚持以供给侧结构性改革为主线，统筹推进稳增长、促改革、调结构、惠民生、防风险各项工作，努力解决经济社会中存在的发展不平衡不充分问题，促使居民收入保持稳定，消费更加注重品质提升，最大程度地满足首都居民对美好生活的需要。

（一）推动民生领域全面深化改革，加快释放改革红利

贯彻落实党的十九大提出的各项重大改革部署，推动改革在京华大地精准落地，逐步化解首都人民日益增长的美好生活需要和不平衡不充分的发展之间的主要矛盾。围绕民生重点领域和重要环节，全面深化落实公共服务、居民收入、人口服务管理等方面改革，加快释放改革红利，为实现更高生活品质提供改革支撑。**一是促进基本公共服务均等化水平进一步提升**。全面深化基础教育改革，抓紧实施第三期学前教育行动计划，不断加大学区制和集团化办学力度，引导优质医疗卫生资源向郊区县和资源薄弱

地区扩散，全面加强副中心医疗卫生服务体系建设，推进基本医疗保障制度支付方式改革，提升京津冀医疗服务同质化水平，支持雄安新区建设，促进对接和项目启动，推动养老服务供给侧和需求侧精准对接，加快养老服务标准体系建设，深入开展养老机构服务质量建设行动，研究建立黑名单制度，建立健全养老服务行业诚信体系，为首都居民提供优质、方便、可及的公共教育、医疗保健、居家养老等公共服务。**二是落实好重点群体增收计划，带动城乡居民稳定增收。**实行以增加知识价值为导向的分配政策，完善机关事业单位工作人员激励制度，支持和鼓励事业单位专业技术人员兼职创新或者在职创办企业，激发高校、科研院所等事业单位专业技术人员科技创新活力和干事创业热情，促进人才在事业单位和企业间合理流动，深化国有企业薪酬制度和混合所有制改革，完善社会保险制度，增强兜底保障能力，进一步完善精准帮扶机制，全力推进经济薄弱地区发展和低收入农户增收，最大程度拓宽城乡居民收入来源。**三是规模控制和结构优化并重，促进人口管理服务水平稳步提升。**按照总量控制、结构调整、适度从严的原则，推进建立各类落户渠道和政策的统筹机制，加快研究“户随人走”的户口迁出政策，贯彻执行好积分落户政策，有序推进长期在京稳定就业和生活的常住人口落户，通过疏解非首都功能，实现人随功能走、人随产业走，严格控制人口总量规模，优化人口布局，构建面向城市实际服务人口的服务管理全覆盖体系，建立以居住证为载体的公共服务提供机制，扩大基本公共服务覆盖面，提高公共服务均等化水平。

（二）居民收入有望保持稳定

随着收入分配改革的持续推进，经济增长有望保持稳定，就业稳中向好，将确保北京市城乡居民收入的总体稳定。

一是工资性收入稳定有基础。经济增长保持平稳，就业持续稳中向好，法人单位从业人员增速有望连续保持3%以上的较快增长，将有力支撑城乡居民工资性收入稳定增长。特别是，以共享单车等为代表的新兴业态迅速兴起，众创空间、在线医疗等新型创业就业蓬勃发展起来，旅游、文化、养老、健康、体育等幸福产业融合发展有望加速，将创造大量新的就业岗位，农村地区通过拓展城市基础服务岗位、开展就业帮扶和创业服务等促进农民就业增收，均为保障城乡居民工资性收入的稳定增长提供坚实基础。**二是经营性收入改善有条件。**“放管服”改革继续深化，创业门槛降低，创业热情不断被激发，加上小微企业的税收减免优惠政策继续实施，将为居民经营活动注入持久动力，居民经营性收入状况将呈改善态势。**三是财产性收入有望保持稳定。**房地产调控政策加码背景下，房价涨幅回落，对居民财产性收入的可持续增长带来一定影响，但另一方面，租金有望保持上涨态势，互联网新型理财方式日渐普及，集体产权制度改革、发展适度规模经营等继续深化，支持利用集体土地建设公共租赁房，均有助于促使居民财产性收入保持稳定。**四是转移性收入可望继续增长。**北京市职工平均工资持续增长形势下，最低工资、失业保险金、工伤职工伤残津贴等保障待遇标准将延续调整提高势头，带动居民转移性收入稳定增长。综合上述因素，预计2018城乡居民收入实际增速保持在6.5%左右，继续保持与GDP增长基本同步的态势。

（三）居民消费追求更高品质

2018年，北京市城乡居民对居住、健康、文化娱乐等发展型、享受型消费依然兴致不减，新兴消费将日渐兴起，消费更加注重品质化、个性化、智能化。**一是信息消费渠道不断拓展。**随着城市网络建设不断升级，移动互联成为主流，电子商务、互联网金融、互联网教育等信息消费新业态迅速成长。“互联网+服务”商业模式不断创新，线上线下融合加深，深度植入居民日常生活的神经末端。智能手机、智能电视、平板电脑等新型信息消费终端加快普及，可穿戴设备、智能家居、云终端等未来型信息消费产品开发方兴未艾，将进一步延伸拓展居民消费新领域，引领居民消费结构加快升级。**二是旅游文化、休闲娱乐等消费潜力逐步释放。**随着公共文化服务体系的完善、新型文化业态涌现，以个性化、多元化、数字化为特色的文化消费将不断释放增长空间。主要涵盖书法、戏曲、中医、武术等传统文化，演出、阅读、电影等大众文化，包括网络直播、VR体验等新兴文化和“文化+”、“设计+”等服务消费新业态将逐步深入居民文化消费生活。同时，落实城市总体规划要求，充分利用北京历史文化名城、古都风韵、时代风貌的城市特色，旅游、文化、体育、休闲、娱乐跨界融合提升发展的新模式将逐步获得探索开发，旅游文化产品与服务供给有望进一步丰富创新，消费潜力将加快释放。**三是健康、养老消费等将进一步释放潜能。**随着生活水平的不断提高，城市人口老龄化程度的日渐加深，以及越来越多的人开始重视健康以及饮食、运动和环境对生活质量的影响，居民对养老、健康生活的需求将日趋旺盛。优质医疗资源将有序向郊区和北京周边布局转移，医养结合深度融合发展有望加速，商业健康保险、移动医疗等健康支持服务加快发展，京津冀更多的医院逐步接入国家异地就医结算系统，逐步实现跨省就医直接报销，北京对异地养老机构的京籍老人加大补贴力度，养老服务供给和需求逐步实现精准对接，养老服务从业人员素质不断增强，养老服务标准不断完善，养老机构服务质量得到提升，均将进一步释放高品质、个性化的养老、健康消费潜能。

四、政策建议

2018年，北京市将坚定不移地深化各方面改革，坚持以创业创新带动就业，实现就业增收，积极扩大高品质消费产品和服务有效供给，努力破解宜居城市的“短板”问题，促使首都居民的生活品质得到进一步提升。

（一）促使就业延续稳中向好态势，支撑居民收入稳定增长

一是进一步增强创业创新和新动能对就业的带动作用，促进就业增收。积极发展市场化、专业化众创空间和双创示范基地等创业载体，加强创业指导和服务，健全差异化政策体系，支持科研人员等高层次人才创业创新、改造提升传统产业，同时突出扶小帮弱，制定出台进一步支持农民工返乡创业、低收入群体创业的措施。广泛运用云计算、大数据、物联网、人工智能、VR/AR等新一代信息技术，促进不同领域融合发展，鼓励

发展众创、众包、众扶、众筹，健全科技金融服务体系，创造更好的配套条件，催生更多的新产业、新业态、新模式，创造更多新岗位、培育就业新增长点，带动相关行业从业人员增收。**二是加强对重点群体帮扶，促进困难群体就业增收。**鼓励和引导用人单位招用北京市农村劳动力就业，继续提高其在城区环卫、公交乘务、地铁安检等岗位就业的补贴发放标准。广泛开发社会公益性就业岗位，开辟农村劳动力就业新渠道，鼓励市属国企扩大招收农村地区特别是生态涵养区、低收入村劳动力，加快推进此类群体就业增收。鼓励企业内部挖潜，采取灵活工时、培训转岗等方式消化安置，支持有技术、有能力的职工走出企业就业创业，稳妥、有序、多渠道分流安置职工，确保收入不下降。**三是继续完善劳动工资政策，促进收入持续增长。**健全完善最低工资、企业工资指导线等制度，确保正常持续增长。完善机关事业单位工作人员激励制度，落实完善带薪年休假制度，建立住房补贴与经济增长和物价、房价上涨联动机制，减少生活必需品价格波动对困难群体特别是低收入群体的影响，增加居民实际收入。

（二）适应消费升级趋势，增加高品质、便民化产品和服务的有效供给

推进供给侧结构性改革的重点之一，就是要扩大高质量产品和服务供给，更好地适应升级中的消费需求。**一是立足标准，提高服务的规范化水平。**相比制造业，服务业标准的总体水平更为薄弱。目前日益丰富发展的生活性服务业，国家标准较少，各种形式、层次的标准和规范加起来数量也不多，严重滞后于行业的快速发展，急需更新修订。未来应着眼高品质服务消费的需要，系统进行服务业行业的标准制订、修订，以贯彻标准来促升行业规范水平，为潜力巨大的服务消费营造规范放心的环境。服务业企业则要加强标准贯彻和员工培训，注重岗位技能培训，提高服务供给的一致性，在提高服务质量中赢得市场、满足需求。**二是发展现代模式，提高组织化、品牌化程度。**要充分利用连锁经营、电子商务等新型方式，提升服务业的组织化程度。利用品牌、服务、价格、采购等统一的连锁机

制，提高供给的内在约束和规范化程度，让百姓更放心、更安心地消费。同时，将新技术与传统服务业有效结合，积极发展资本、技术密集型生活性服务业，通过转型升级培育新兴服务业态，让需求能更便捷、更经济地得到满足。**三是加快完善便民商业发展。**“北京市居民生活便利性”调查结果显示，37.6%的被访市民认为社区应“引入连锁店，使经营标准化、规范化”；37.3%认为需要“增加社区便民设施（网点）”。建议在做大做强大型商业企业的同时，要更加注重发展便民商业、社区商业，鼓励连锁社区便利店加快布局，增强线下商业发展活力，丰富商品和服务品类，针对社区人群特点，推出个性化、亲民化、精细化商业服务，为居民提供更加高效、便利、快捷的消费方式。

（三）不断强化缓堵和环境治理，努力破解宜居城市发展“短板”

采取有力措施，确保环境健康和交通便捷，既有利于改善城市宜居水平，更能提升首都居民生活的幸福感。**一方面，**综合施策，持续缓解交通拥堵。进一步减少普通车年度指标，提高新能源车指标，研究将普通车存量指标置换为新能源车的可行性。降低机动车使用强度，降低家庭用车需求。研究实施商务中心区、产业园区错峰上下班机制以及小学、中学错峰上下学机制，缓解重点区域拥堵状况。加强停车难和乱停车治理，将居住区内部和周边挖潜、错时共享作为主要手段，引导中心城区、国有企业利用疏解腾退空间、企业自有土地建设停车设施，努力缓解停车难问题，同时进一步完善差别化停车收费政策，加大违法停车治理力度，促进停车治理实现良性循环。继续推进绿色交通发展。优化地面公交出行需求结构，全面提升公交多样化服务，继续强化自行车、步道系统整治工作，规范共享单车、网约车管理，构建多样化、差异化服务体系，更好地满足人民群众出行需求。**另一方面，**攻坚治理大气污染，推动空气质量持续改善。聚焦重型柴油车，强化移动源污染管控。淘汰更新一批老旧高排放重型柴油车，严格控制不符合要求的外埠重型柴油车驶入六环。综合治理燃煤污染，基本完成平原地区无煤化，坚决清退燃煤小锅炉，推动能源清洁化。

加快推动工业治污，继续淘汰退出一批一般制造业和污染企业。精细化控制扬尘污染。推动施工工地严格落实“六个百分之百”，北京市新开工的房屋建筑及市政基础设施工程施工现场100%安装视频监控系统，完善建筑垃圾运输车辆管理信息平台，实现对运输车辆的全过程监管。伴随大气治理手段的逐步丰富，更加注重治理效果，大气环境质量有望保持持续改善势头。

（执笔人：胡彭辉[①]）

① 胡彭辉，北京市经济信息中心经济研究部，高级经济师，研究方向为社会经济发展战略与规划、人口就业与收入分配等。

2017年京津冀形势分析及2018年展望

摘要：2017年，京津冀地区经济增长速度有所放缓，但在协同驱动、创新驱动引领下，转型升级步伐加快，新动能不断积蓄。展望2018年，京津冀协同发展进入全面实施、纵深推进的关键阶段，非首都功能疏解有序推进，北京城市副中心建设和雄安新区规划建设加快推进，冬奥会的筹办进入快车道，京津冀地区交通、产业、生态三个重点领域率先突破取得积极进展，公共服务“短板”加快补齐，区域整体经济实力将进一步提升，协同发展程度不断增强。

关键词：京津冀 经济运行 协同发展

一、2017年京津冀地区经济运行特征分析

在京津冀协同发展国家战略进程加速推进的大背景下，2017年，北京、天津、河北三省市积极贯彻落实《京津冀协同发展规划纲要》精神和《“十三五”时期京津冀国民经济和社会发展规划》，紧紧牵住疏解北京非首都功能这个“牛鼻子”，调整经济结构和空间结构，深化改革、创新驱动、重点项目和试点示范有序推进，体制机制障碍加快破除，区域协同发展取得新进展。2017年京津冀地区经济增长虽有所放缓，但产业结构持续优化，服务业对经济增长贡献持续提升；工业在调整中转型升级步伐加快，企业效益稳步提升；投资增速受房地产拖累有所放缓；消费呈现出向更高层级、更高质量的消费升级趋势；创新驱动引领发展，动能转换步伐加快。

（一）区域经济增长有所放缓，GDP占全国比重有所下降

京津冀地区经济增长有所放缓。受天津经济下拉影响，2017年1~9月，京津冀地区实现生产总值58622.8亿元，增长6.6%[①]，比上年同期放缓0.7个百分点。其中北京、天津、河北分别增长6.8%、6%、6.7%，与上年同期相比，北京、河北增长较为平稳，天津增速下降较为明显，同比下降3.1个百分点（见图1）。预计2017年全年京津冀地区经济增长6.5%左右。京津冀地区生产总值占全国的比重为8.97%，与2016年同期相比，下降2.07个百分点；在全国四大经济圈中远低于长三角经济圈20.43%的占比（见表1）。

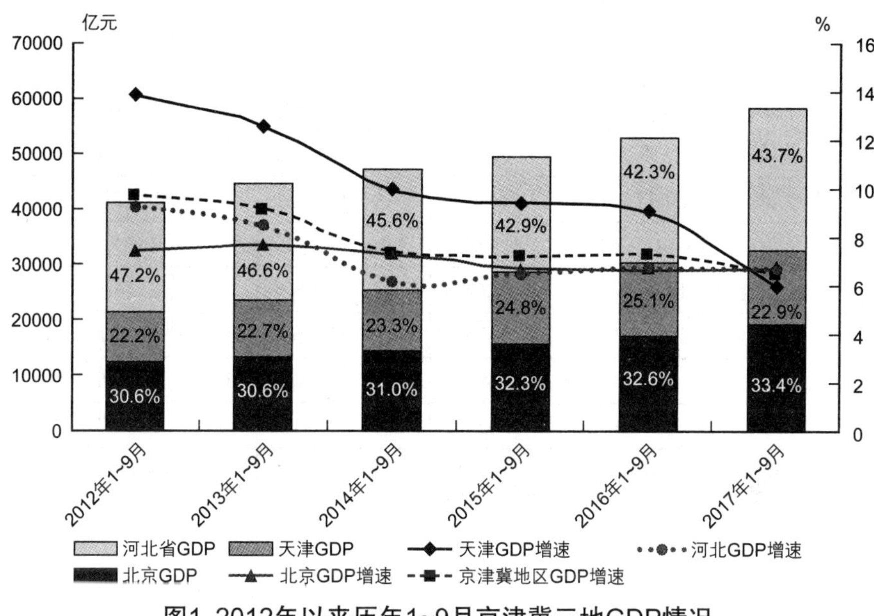

图1 2012年以来历年1~9月京津冀三地GDP情况

（二）服务业发展稳中向好，对经济增长贡献持续提升

京津冀地区服务业发展稳中向好，对经济增长贡献持续提升。2017年1~9月，京津冀地区服务业实现增加值34877.3亿元，增长8.6%，占GDP的比重为59.5%，比2016年同期提高1.7个百分点（见图2）。京津冀三地服

[①] 京津冀地区经济增速=北京市经济增速*北京GDP占区域比重+天津市经济增长率*天津GDP占区域比重+河北省经济增长率*河北省GDP占区域比重，京津冀地区服务业增速同此算法。

表1　2017年1~9月全国四大经济圈主要经济指标情况

地区＼指标		GDP总额（亿元）	GDP增速（%）	固定资产投资总额（亿元）	固定资产投资增速（%）	社零额总额（亿元）	社零额增速（%）	出口总额（亿元）	出口增速（%）
全国		593288	6.9	458478	7.5	263178	10.4	111630	12.4
京津冀	北京市	17367.8	6.7	6093.7	5	8174.9	5.4	2808.2	17.5
	天津市	13339.4	9.1	10458.8	-0.3	4295.6	4.3	2181.6	-1.2
	河北省	22496.1	6.8	24787.9	5.1	10938.7	10.8	1592.8	6.6
	小　计	53203.3	6.6	41340.4		23409.2		6582.6	
	占全国比重	8.97%	-	9.02%	-	8.89%	-	5.90%	-
长三角	上海市	21617.5	7.0	4703.0	6.4	8666.5	8.0	9652.1	10.5
	浙江省	36958.0	8.1	23206.0	9.6	17266.0	10.6	14284.0	10.3
	江苏省	62604.5	7.2	37498.2	7.5	23161.7	10.9	17950.5	17.4
	小　计	121180.0	7.4	65407.2		49094.2		41886.6	
	占全国比重	20.43%	-	14.27%	-	18.65%	-	37.52%	-
珠三角	广东省	64815.4	7.6	25599.7	14.6	28040.4	10.3	30615.5	9.3
	占全国比重	10.92%	-	5.58%	-	10.65%	-	27.43%	-
成渝	四川省	27297.2	8.1	24366.4	10.3	12555.3	12.1	1807.1	46.7
	重庆市	14309.2	10.0	11934.7	10.1	5856.6	11.0	2035.6	2.4
	小　计	41606.4	8.8	36301.1		18411.9		3842.7	
	占全国比重	7.01%	-	7.92%	-	7.00%	-	3.44%	-

务业增速均快于经济增长速度。1~9月，北京、天津、河北第三产业增加值分别同比增长7.1%、8.5%、11%，分别快于经济增速0.3个百分点、2.5个百分点、4.3个百分点。与2016年同期相比，河北同比提高2个百分点；北京、天津同比分别下降2个百分点、1.3个百分点，北京、天津服务业增速虽有所减缓，但仍发挥经济稳定器的作用。具体来看，**北京市**紧密结合首都城市战略定位推动工作，加快“瘦身提质”，构建“高精尖”经济结构，服务主导型特征更加突出。服务业占北京市GDP的比重为82%，同比提高0.2个百分点。其中，金融、科技服务、信息服务等优势行业保持稳定增长，对北京市经济增长的贡献率合计达到53.2%。**天津市**注重改革创新的

带动作用，深入推进产业转型升级，加快新旧动能转换，积极承接非首都功能，推动重点领域协同发展，不断“强身聚核”。服务业占GDP比重达到60.8%，同比提高0.7个百分点。规模以上营利性服务业营收增长较快，互联网和相关服务、软件和信息技术服务、租赁和商务服务业起到了强有力的支撑作用。**河北省**在承接京津产业转移中加大力度推动产业结构调整，持续“健身增效”，产业支撑由第二产业向服务业加快转换。服务业占GDP比重达到41.6%，同比提高0.2个百分点。金融业、住宿和餐饮业、批发和零售业、交通运输、仓储和邮政业增长较快，分别增长11.2%、10.5%、9.8%、8.6%。

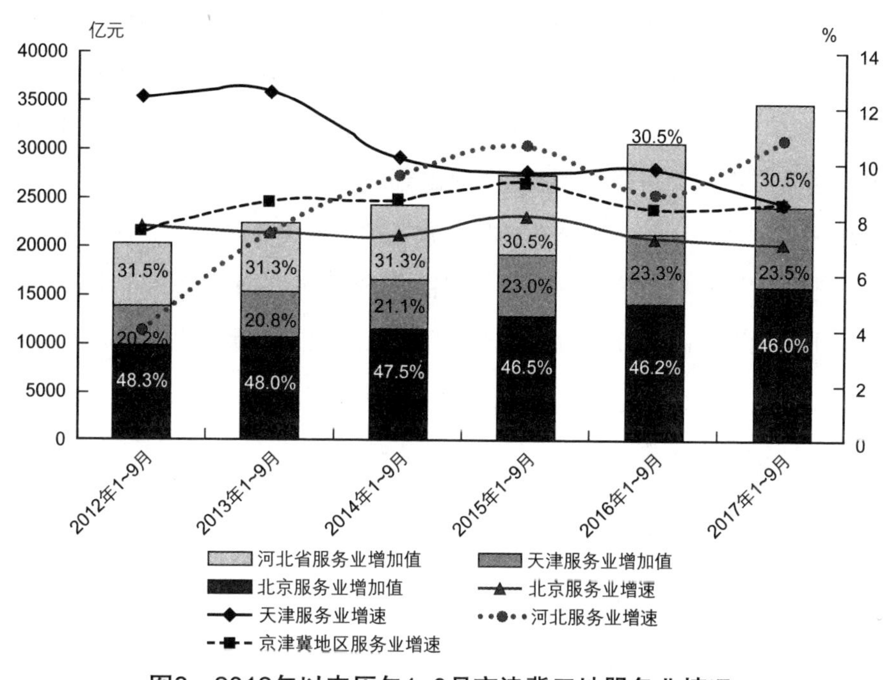

图2 2012年以来历年1~9月京津冀三地服务业情况

（三）工业在调整中转型升级步伐加快，企业效益稳步提升

京津冀地区工业在调整中转型升级步伐加快，高技术制造业和战略性新兴产业给工业增长有力支撑。从增速看，北京工业增长平稳，津冀工业增长放缓。2017年1~9月，北京、天津、河北三地规模以上工业增加值分别增长6%、3.2%、3.7%，北京工业增速同比提高2.1个百分点，天津和河北

分别比上年同期下降5.6个百分点、1.9个百分点（见图3）。具体来看，**北京市**工业增长虽受汽车生产减速影响，但在高技术制造业和战略性新兴产业增长较快的带动下，实现平稳增长。1~9月，高技术制造业和战略性新兴产业增加值分别增长16.7%和14.4%，对工业增长的贡献率分别达到52.7%和52.1%（两者有交叉）。**天津市**工业生产大幅放缓。环保限产是工业放缓的主要原因，如要求9月底前对所有钢铁、燃煤锅炉排放物限值；水泥、铸造等行业全面实施错峰生产；举办第13届全运会对天津市全域运输、部分工地和钢厂出台了限行、限产措施等。但从结构看，调整升级持续推进。1~9月，高技术产业（制造业）增加值同比增长12.9%，对北京市工业增加值增长的贡献率高达52.9%，较上年同期提高43.7个百分点；装备制造业增加值同比增长5.8%，贡献率达69.5%，较上年同期提高26百分点。**河北省**装备制造业继续领跑工业。工业生产受钢铁景气转弱影响略微放缓，但继续向中高端迈进。在大力发展装备制造业和高新技术产业带动下，工业主导产业由钢铁工业加快向装备制造业转换，装备制造业无论是速度、比重和贡献稳居七大主要行业首位。1~9月，装备制造业增加值增长12.5%，比全省规模以上工业增速高8.8个百分点，对规模以上工业的贡献率达83.8%。

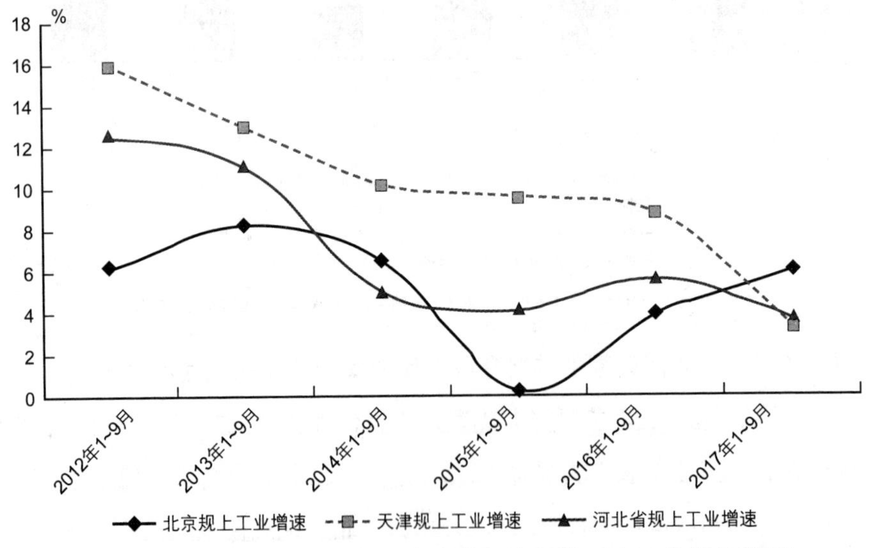

图3　2012年以来历年1~9月京津冀三地规模以上工业增速情况

工业企业效益持续提升，发展方式更加绿色。2017年1~9月，**北京市**工业企业利润总额同比增长26.9%，增速比上年同期提高20个百分点。**天津市**工业企业利润总额同比增长13.1%，比上年同期提高11个百分点。**河北省**规模以上工业企业利润总额同比增长21%，规模以上工业亏损企业亏损额同比下降33.6%。1~9月，**北京**规模以上工业单位增加值能耗下降7.3%，降幅大于上半年3.6个百分点。**天津**39个行业大类中，有28个行业的万元增加值能耗呈现不同程度的下降。**河北**六大高耗能行业增加值下降0.7%，降幅比上半年扩大0.5个百分点。

（四）投资增速受房地产投资拖累有所放缓

在房地产投资增长全面减速影响下，京津冀地区投资增速有所回落。2017年1~9月，京津冀地区固定资产投资增长0.7%，比2016年同期下降8.9个百分点，天津市投资减速最为明显。北京、天津、河北固定资产投资分别增长5%、-0.3%、5.1%，分别比上年同期下降1.2个百分点、11.5个百分点、4.6个百分点（见图4）。具体来看，**北京市**受工业投资和房地产投资增长下降影响，固定资产投资小幅回落，“补短板、惠民生”作用增强。工业投资增长15.5%，同比下降10.2个百分点。房地产开发投资下降6.8%，同比下降4.1个百分点，占北京市投资比重为52.7%，同比下降4.8个百分点。基础设施投资在交通、能源、园林绿化等项目带动下，增长26.9%，同比提高12.3个百分点，占北京市投资的比重为32.2%，同比提高5.6个百分点。**天津市**投资增速明显放缓。除去转变投资驱动经济增长模式和经济转型升级的因素，主要受基建投资大幅下滑和房地产投资拖累影响，尤其是基建投资，累计增速从上半年的16.6%大幅回落至2.1%，拖累固定资产投资从上半年的3.6%转负。**河北省**投资增速有所减缓，大项目带动作用突出。1~9月，河北全省亿元以上在建项目7169个，同比增加1491个，增长26.3%；完成投资16745.6亿元，增长15.1%，同比提高0.9个百分点；占河北投资比重为67.6%，同比提高5.9个百分点。房地产开发投资3757.6亿元，同比增长5%，同比下降8.6个百分点。

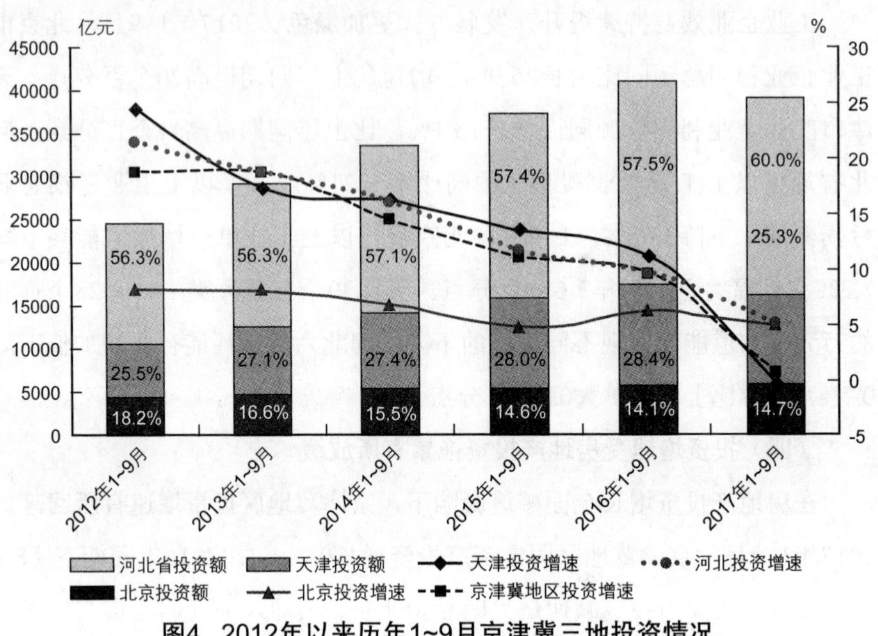

图4 2012年以来历年1~9月京津冀三地投资情况

（五）消费呈现向更高层级、更高质量升级的趋势

京津冀地区消费略微回落。2017年1~9月，京津冀地区消费增速为7.6%，比2016年同期下降0.3个百分点（见图5）。三地消费分化运行，但消费结构均呈现出升级趋势。具体来看，**北京市**服务性消费是拉动消费增长的主要动力。1~9月，北京市市场总消费额增长8.6%，同比提高1个百分点，消费增长快于投资3.6个百分点，主导经济地位更加突出。其中服务性消费额增长11.7%，同比提高0.6个百分点，占市场总消费额的52.3%，同比提高7.3个百分点，对总消费的贡献率达到69.6%。社会消费品零售总额增长5.4%，同比提高0.6个百分点。**天津市**消费增速有所放缓，1~9月，社会消费品零售总额同比增长4.3%，同比下降3个百分点。发展享受型商品销售较旺，其中体育娱乐用品限额以上零售额增长1.1倍，家具、化妆品、通讯器材等限额以上零售额分别增长57.0%、13.8%和12.8%。**河北省**消费品市场稳中向好，消费升级步伐加快。1~9月，全省社会消费品零售总额增长10.8%，同比提高0.7个百分点。在限额以上批发和零售商品大类中，建筑及装潢材料类、中西药品类商品、石油及制品类、通讯器材类商品增长较快。

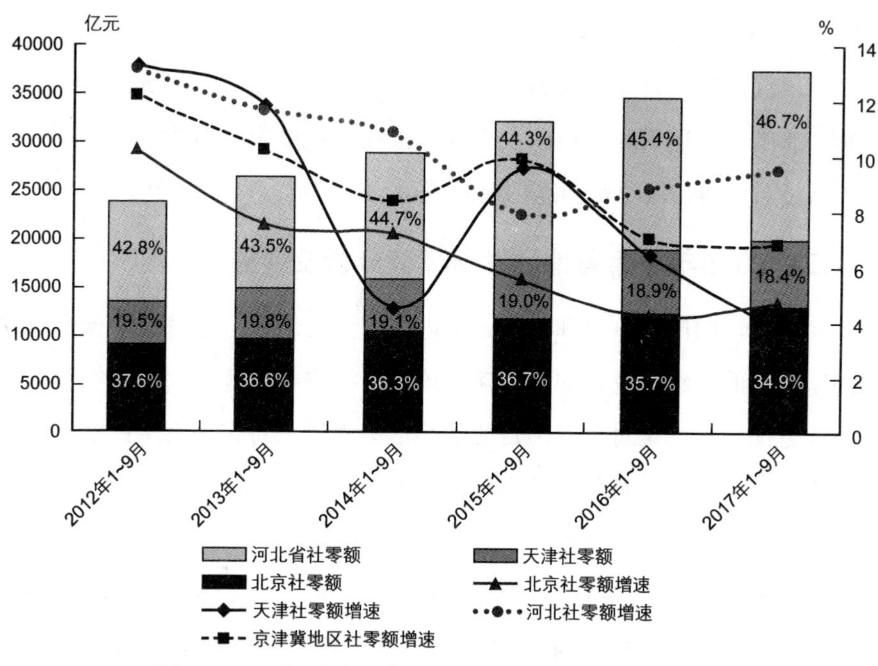

图5 2012年以来历年1~9月京津冀三地消费情况

（六）创新驱动引领发展，动能转换步伐加快

京津冀科技投入不断增加，创新表现活跃。2017年，区域协同创新能力和创新成果转化率明显提升，"双创"综合发展水平进一步提升。**北京市**研发支出实现稳步增长，创新引领作用进一步突出。1~8月，规模以上大中型重点企业R&D经费支出292.1亿元，同比增长10.8%，比上年同期提高2.9个百分点。中关村示范区创新表现活跃，1~9月，规模以上高新技术企业研发经费支出增长16.9%，拥有有效发明专利7万余件，占北京市企业的六成以上。**天津市**加快建设创新平台，加速成果转化，积极打造高端创新要素聚集、产业特色鲜明、可持续发展的示范园区和"双创"基地。2017年，天津深入推进中欧先进制造业产业园、西青电子城建设，加快建设金融创新运营试验区和全国"双创"示范基地，目前已组建产学研用创新联盟30个，众创空间139家。**河北省**以科技创新引领产业选择，积极促进"京津研发、河北转化"，突出项目引领，集聚创新要素，全面推进创新型河北建设。2017年，河北积极推进协同创新战略平台建设，完善"一南一北一

环”布局，推动环首都现代农业科技示范带、河北•京南国家科技成果转移转化示范区等建设，重点实施“大智移云”等十大技术创新专项。积极抓好苗圃、雏鹰、小巨人和上市四大工程，推动科技型中小企业“量质齐升”。重点支持石、唐、秦争创国家创新型城市，加快提升区域创新功能。

二、2018年京津冀地区发展环境分析及展望

2018年，国际经济温和复苏，国内经济平稳运行，随着京津冀协同发展国家战略的持续推进，非首都功能疏解、雄安新区建设、2022年冬奥会筹办等方面的持续推进以及项目的陆续落地建设，将带动京津冀地区经济实力进一步提升，协同发展程度不断增强。

（一）全球经济温和复苏，国内经济平稳运行

2018年，全球经济延续温和复苏势头，主要经济体贸易回暖，中国因素在世界经济增长中日益重要。在“一带一路”倡议得到国际社会广泛响应下，“一带一路”沿线国家的基础设施投资将保持快速增长势头，产生较强的贸易拉动效应。京津冀地区作为丝绸之路经济带中蒙俄通道的重要组成部分、海上丝绸之路的重要战略节点港口所在地，规划建设新亚欧大陆桥，加快港口和天津自由贸易区建设，打造丝绸之路经济重要出海口，将增强沿线国家和地区的转口贸易服务功能，大大提高京津冀地区在丝绸之路经济带中的影响力和竞争力，促进地区经济发展。此外，原油、农产品等国际大宗商品价格回暖，将顺着产业链向中下游传导，最终带动化工、运输甚至食品等价格的全面上升，在某种程度上促进生产回暖。

我国持续深化供给侧结构性改革，适度扩大总需求，经济增长呈现出回稳向好的良好发展态势，但是金融、财政、房地产、投资等领域的风险和矛盾仍然存在，经济增长的基础有待夯实。展望2018年，中国经济持续在由投资驱动转向内部消费驱动的再平衡过程。虽然房地产市场调控、“去杠杆”等因素会抑制经济增长，但我国经济结构持续优化，新产业新业态蓬勃发展，积极的财政政策和稳健中性的货币政策继续延续，开放型经

济体制逐步健全，社会预期有所改善，保持经济稳定增长的有利条件仍然较多，宏观经济将延续平稳运行的态势，京津冀地区经济增长仍将面临较为稳定的宏观环境。

（二）京津冀协同发展全面提速，区域经济实力进一步提升

2018年，着眼于建设世界级城市群这一战略目标，京津冀协同发展进入全面实施、纵深推进的关键阶段，《京津冀协同发展规划纲要》《“十三五”时期京津冀国民经济和社会发展规划》《北京城市总体规划（2016~2035年）》等逐步落实，“一核两翼”推动协同发展，非首都功能疏解加快推进，北京城市副中心和雄安新区规划建设加速推进，冬奥会的筹办进入快车道，京津冀地区交通、产业、生态三个重点领域率先突破取得积极进展，公共服务“短板”加快补齐，区域整体经济实力将进一步提升，协同发展程度不断增强。

非首都功能疏解：2018年，按照北京新增产业禁限目录、工业污染行业退出目录，继续推进一般性制造业疏解退出，整治“散乱污”企业、疏解整治提升区域专业性市场和物流中心，加快北京电影学院等高校和同仁医院等医院向郊区疏解进度；随着北京市级各大机关及部分市属行政部门向城市副中心搬迁工作取得实质性进展，行政办公区配套设施建设、主要功能节点建设、路网完善、水系园林治理等方面将进一步加快推进，优质的教育、医疗等资源将加快向副中心输出。此外，北京的一些高校、医院、企业总部、科研机构等资源加速向津冀输出，与雄安新区的对接也将启动。

雄安新区建设：2018年，高标准、高起点雄安新区建设开始起步。雄安新区起步区内大规模输变电工程将全面开工建设，雄安国家骨干网全面投产。华夏动漫主题乐园、京雄高铁预计也将开工建设。2017年10月招标的雄安新区9号地块一区造林项目和总投资约8亿元的雄安市民服务中心项目也将于2018年上半年完成。按照北京、天津与河北省分别签订的《关于共同推进河北雄安新区规划战略合作协议》《关于积极推进河北雄安新区建设发展战略合作协议》，京津将立足雄安新区最迫切需求和长远发展需要，充分发挥科技创新、教育、医疗等资源优势，全力支持雄安新区建设。短期来看，雄安新区将对基建、交通、生态环保等领域的投资拉动效应非常明显，雄安新区也将成为京津冀协同发展的动力源。

2022年冬奥会筹办：2018年，冬奥会的筹办进入快车道，其中基础设施建设是整个冬奥会工作的重要支撑，同时也是京津冀协同发展的重要方面。冬奥会北京赛区场馆建设改造项目共计18项，国家速滑馆、国家高山滑雪中心等新建场馆积极推进，计划吸引投资28亿元延庆赛区预计全面开工，张家口赛区的8个场馆建设有序推进。同时，绿色冬奥的要求将推进高污染、高能耗等产业转型，重点发展新能源、新材料、环保、体育、休闲、旅游、现代农业等新兴产业，助力京津冀区域可持续发展。

交通一体化推进：2018年，继续从城市轨道交通、市郊铁路、轨道干线铁路、城际铁路这四个方面加快融合。充分发挥轨道交通的先导作用，继续推进京唐、京滨、京沈等城际铁路建设，推动市域（郊）铁路建设，完善城市副中心与中心城、其他新城及周边区域的轨道连接，完善多层次轨道线网，引导城市沿轨道走廊有序发展。推进北京与雄安交通基础设施直连直通。全面提速北京市与雄安新区之间的高速铁路、城际铁路、高速公路等交通基础设施规划建设，加快建设京雄铁路、京石城际、城际铁路联络线、固保城际等轨道交通线路，推动建设北京市与雄安新区直接连通的高速公路新通道。按照2022年冬奥会交通承诺，加快京张铁路、崇礼铁路、延崇高速、京北公路、张家口宁远机场等项目建设。加快北京新机场的“五纵两横”配套设施项目建设。同时加快构建现代化的津冀港口群。持续扩大京津冀交通一卡通的使用覆盖范围。

产业协同发展：2018年，以破除行政区划隔阂、发挥区域间协同效应为核心，以“2+4+N”产业转移承接重点平台为抓手，构建产业合作格局，力推资源在京津冀实现优化配置，深入挖掘三地产业发展潜力，积极推动区域内产业合理布局、优化升级。北京城市副中心和河北雄安新区两个集中承载地正在加快规划建设。产业功能区方面，将进一步发挥功能区的产业集聚作用，引导差异化发展。引导钢铁深加工、石油化工等产业及上、下游企业向曹妃甸协同发展示范区集聚；引导北京新机场临空经济区重点发展航空物流产业、跨境电子商务等产业；引导北京金融服务平台、数据中心机构以及科技企业、高端人才等创新资源向滨海—中关村科技园集聚；发挥2022年冬奥会筹办的牵引作用，携手张家口大力发展体育、文化、旅游休闲、会展等生态友好型产业，共建京张文化体育旅游带。平台方面，继续打造一批高水平协同创新平台和专业化产业合作平台。充分发挥中关村国家自主创新示范区科技创新的引领支撑和辐射带动作用，加快天津滨海—中关村科技园、天津未来科技城京津合作示范区、石家庄（正定）中关村科技新城等园区建设，积极构建京津冀科技创新园区链，打造科技创新平台，助力京津冀协同创新共同体建设。同时根据京津冀地区不同的产业基础和发展潜力，分别打造一批现代制造业、服务业、农业特色化平台，沿京津、京保石、京唐秦、京九方向，合力共建现代制造业承接平台，加快推进环首都承接地批发市场、冀中南承接地批发市场聚焦带等一批服务业承接平台建设，推动京津冀农业对接协作，联动发展环首都1小时鲜活农产品流通圈等一批现代农业合作平台。项目方面，积极引导产业项目落地。借助京津冀科技成果转化创业投资基金的引导作用，加快京津冀科技成果转移转化，积极推进河北•京南国家科技成果转移转化示范区建设。围绕北京现代沧州工厂整车项目，加快开展一批汽车零部件、物流服务等配套产业项目。加快天津自由贸易区在国际集团引入、转口贸易、跨境电商、融资租赁、维修再制造等多个领域的布局。推进北京（曹妃甸）现代产业发展试验区开发建设，促使装备制造、化工、环保科技、旅游等方面项目及时落地。

生态协同发展：京津冀及周边地区大气污染和水污染防治协作机制进一步完善。大气污染防治方面，京津冀及周边地区大气污染防治协作进一步加强，环保部将持续组织跟踪研究专家团队，对京津冀及周边“2+26”城市进行驻点指导，提出“一市一策”的大气污染综合解决方案；秋冬季治霾行动将持续加码；京津风沙源治理二期工程等继续推进。水污染防治方面，流域水生态环境功能分区管理体系进一步健全，海河流域、滦河流域综合整治及衡水湖、官厅水库生态保护和修复力度持续加大。造林绿化及自然保护区建设方面，京冀生态水源保护林、太行山绿化、“三北”防护林、沿海防护林等重点生态工程和平原造林加快推进；野三坡—百花山、海陀山、雾灵山区域等环首都国家公园体系加快规划建设，2022年北京冬奥会绿化工程加快实施。环境遥感数据监测信息平台、环保数据共享平台、工业园区环境监控预警平台等智慧环保平台建设将积极推进。

公共服务协同：2018年，京津冀地区三地在医疗卫生、养老服务、教育合作等方面的公共服务协同将大力推进，基本公共服务差距将进一步缩小，区域基本公共服务均等化程度持续提升。医疗卫生方面，进一步完善医疗保险转移接续和异地就医服务政策措施，完善分级诊疗制度，扩大合作办医试点。养老服务方面，根据12月最新公布的《京津冀区域养老工作协同发展实施方案》，京津冀将降低准入门槛，积极吸引社会力量参与京津冀养老服务协同发展，积极推动落实基本养老保险关系跨区域转移接续，积极推动张家口、承德、保定、秦皇岛等市规划一批集康复护理、医疗保健、休闲旅居为一体的高端示范性养老项目，推动京津异地养老和康复疗养。教育合作方面，积极落实《京津冀协同发展教育专项规划》，支持有条件的北京高等学校通过部分院系搬迁、办分校、联合办学等方式向津冀疏解，围绕京津冀产业发展需求，从深层次推动京津冀建筑类高校协同创新联盟、京津冀纺织服装产业协同创新高校联盟、京津冀高校新媒体联盟等不同主题的“京津冀教育综合改革试验区”发展。

初步预计，2018年京津冀三省市经济运行总体保持稳定，三省市GDP增速与2017年经济增速基本持平，在6.5%左右。消费对经济增长的贡献率进一步提升，投资结构更趋合理，外需进一步恢复。产业结构持续优化调整，传统工业转型升级，高端制造业表现强劲，服务业保持较快发展。

三、推动京津冀区域协同发展的政策建议

（一）推动要素市场一体化改革，增强区域协同发展程度

一是有序推进金融协同发展。立足疏解北京非首都功能，创新中长期建设资金供给方式，积极利用债券市场，多渠道筹集资金。积极发展绿色金融、科技金融，加大对基础设施建设、环境保护、产业升级、科技创新、扶贫开发等重点领域和薄弱环节的支持力度。推进京津冀支付清算、异地存储和信用担保等业务同城化，充分发挥金融资产交易所的作用，显著降低跨行政区金融交易成本。**二是**推动京津冀土地供给一体化。落实京津冀协同发展土地利用总体规划，对减量优化区、存量挖潜区、增量控制区和适度发展区根据区域特殊性、当前人口收入与需求的增长状况、扩张可能性等有侧重点的调整，提升土地供给弹性。**三是**积极推进技术和信息市场一体化。在京津冀地区统筹推进新一代宽带无线移动通信网，推进一体化网络基础设施建设；整合区域信息资源，积极推进京津冀大数据综合试验区建设发展；鼓励京津两地产权交易所、环境交易所等专业交易平台开展广泛合作。

（二）加快推进产业转型升级，实现优势互补、共赢发展

一是加大科技创新协同。加快北京中关村和天津滨海高新区国家自主创新示范区发展，加快京津冀协同创新共同体建设；做好北京原始创新、天津研发转化、河北推广应用的衔接，构建分工合理的创新发展格局。**二是**加快推进京津冀一体化的科技投融资体系建设。推动三地银行围绕科技创新，建立科技支行，共同组建科技创新投融资管理平台，吸引VC、PE等社会资本参与京津冀科技创新创业；建立三地一体的科技信用体系和科技担保公司，加快推进京津冀一体化的科技投融资体系建设。**三是**鼓励高校、国家级重点实验室等创新源头在新的功能定位区开设实验基地或实验室分站，与当地企业及创新链合作。加强区域科技人才的交流与共享。**四是**发挥央企在京津冀产业转移协作中的资金、技术、人才优势及行业整合作用，特别是在钢铁、有色、装备制造、电子等行业领域可以为区域产业

链、创新链和价值链的融合发展发挥特殊的作用。

（三）加快交通、公共服务一体化，补足区域发展“短板”

一是提速交通一体化建设。推进“轨道上的京津冀”共建提速，完善便捷畅通公路交通网，打造“一小时通勤圈”，扩大京津冀交通一卡通使用范围，提升交通运输组织和服务现代化水平。**二是**推进社会保障一体化。加快推进医疗、养老、失业保险政策一体化，加强区域内医疗、养老和失业保险统筹。**三是**推动教育医疗一体化。加强跨域教育医疗合作政策创新，引导一批京津医疗、教育资源向河北转移，支持有条件的优质高等教育资源在河北办分校，建立区域优质教育医疗资源共享机制。**四是**建立统一公共就业服务平台，共建区域实体和网上人力资源市场。建立区域统一规范就业服务对接，促进区域劳动力规范、有序、合理流动。

（四）不断完善促进区域协同发展的体制机制

一是建立沟通对接机制。将现有对接沟通制度化，具体工作层面对接常态化，形成高层互访推动、部门协调组织、企业主体落实的协同发展工作格局。**二是**建立共建共享机制。加强三地在各专门领域的信息共享，推进曹妃甸协同发展示范区、津冀循环经济产业示范区等共建平台建设，探索建立生态、扶贫、公共服务等方面的共享机制。**三是**建立市场推进机制。借鉴共同组建铁路公司、港口等市场化运作的成功经验，发挥市场机制作用，推进京津冀协同发展重大项目实施。**四是**构建利益分配机制。创新税收分享制度，建立区域税收征管合作机制和税收收入区域归属争议协商解决机制，加强跨区域税收利益分配协调；在跨省市合作项目带来的地区生产总值、固定资产投资额统计方面，按比例分别计入参与合作的地区。

（执笔人：邹锐[②]）

[②] 邹锐，北京市经济信息中心经济研究部，经济师，研究方向为消费经济、区域经济。

第三部分　产业篇

2017年北京市工业形势分析及2018年展望

摘要：2017年，北京市工业领域重点围绕疏解提升一体化，呈现价格回升、出口向好、结构优化、效益改善、新动能加快成长的特征，规模以上工业增加值年内波动，年际基本平稳，工业多点支撑结构初步显现。2018年，需求改善和内生动力增强助推工业保持平稳运行，但新增产能有限和功能持续疏解影响工业增量扩大，综合来看，预计2018年北京市规模以上工业增长5%左右。

关键词：工业运行　多点支撑　质量效益

2017年，北京市工业领域重点围绕疏解提升一体化，通过做疏解非首都功能产业的“减法”，换取经济结构和空间结构优化的“加法”，北京市工业呈现出价格回升、出口向好、结构优化、效益改善、新动能加快成长的特征。在多点支撑结构继续发力的基础上，预计2017年全年规模以上工业增长5.5%左右，呈现平稳增长的态势。展望2018年，北京市工业将继续疏解一般制造业和“散乱污”企业，逐步构建“高精尖”产业结构，推动从“北京制造”向“北京创造”转型。需求方面，全球经济向好态势不变，出口有望延续增长态势，我国经济稳中趋缓，但实体产业对经济增长拉动作用增强，工业市场需求继续回暖；供给方面，制造业投资下降趋势明显，市场新设主体显著减少，工业新增产能有限，环保政策加码背景下部分企业停产限产。综合以上因素，预计2018年北京市规模以上工业增长5%左右（见图1）。

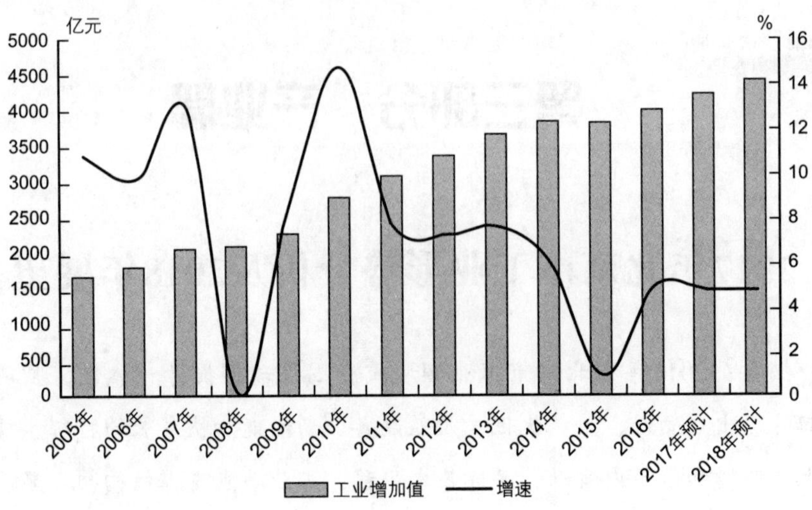

图1 2005年以来北京市工业增加值走势图

一、2017年北京市工业运行分析

（一）工业增长年内波动，年际基本平稳

2017年以来，全球经济进入复苏周期，规模以上工业企业出口交货值累计增速始终保持在8%以上，PPI自2016年底转正之后连续10个月保持正增长，引致企业加大生产和库存回补，在此背景下，工业呈现平稳增长态势。前三季度，规模以上工业增加值同比增长6.0%（见图2），比上年同期提高2.1个百分点，为近三年的最好水平，成为GDP保持平稳的重要力量。年内来看，在取得一季度“开门红”后，受“萨德”事件影响，工业增加值4月当月同比增长0.3%，为近13个月最低水平，之后迅速反弹回升。8月受工业周期阶段转换带来的需求乏力影响，工业增加值当月同比增速由10%迅速下滑至3.9%。展望四季度，从短期库存周期来看，工业进入主动去库存阶段并将延续至年底，而作为拉动前期工业企业稳定向好的重要动力，补库存需求将难以持续形成有力支撑。考虑上半年工业企业提前排产、十月份北京市安保力度升级、落实《京津冀及周边地区2017~2018年秋冬季大气污染综合治理攻坚行动方案》带来的停产限产等因素，第四季

度工业增长将趋缓。预计2017年全年规模以上工业增长5.5%左右，略高于上年，但仍低于GDP增长速度。

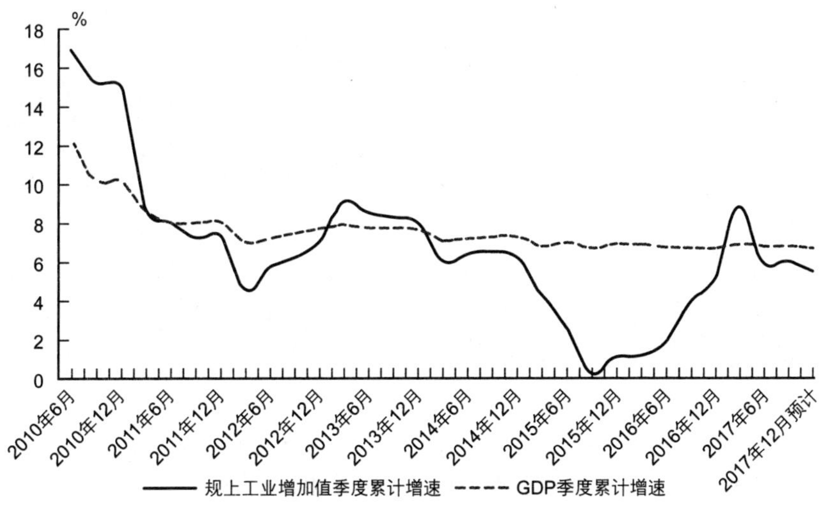

图2 2010年以来北京市规上工业增加值与GDP季度累计增速

（二）工业多点支撑结构初步显现

制造业疏解取得积极成效，高端引领特征明显。工业落后产能疏解力度不减，2017年1~9月，北京市共疏解退出一般制造业企业624家，完成全年计划的124.8%，整治“散乱污”企业5818家，完成全年计划的99.8%，家具、皮革、木材、橡胶和塑料等制造业增加值增速均为负。与此同时，北京市工业的科技含量不断提高，拥有多个处于全国领先地位的工业高端产品，如智能机器人、电动汽车、生物技术产品等。规模以上高技术制造业和工业战略性新兴产业增加值呈现向好态势，同比分别增长16.7%和14.4%（见图3），均快于规上工业增速，对工业增长的贡献率分别达到52.7%和52.1%。特别是高技术制造业，延续2016年11月以来的双位数增长态势，成为带动工业整体平稳的重要力量。

行业结构由汽车制造业“一家独大”的单一局面向“多点支撑”转变。2017年1~9月，除汽车制造业增加值增速下降2.3%外，重点行业均显著上升，电子信息制造业、医药制造业和通用装备制造业增加值同比分别增长

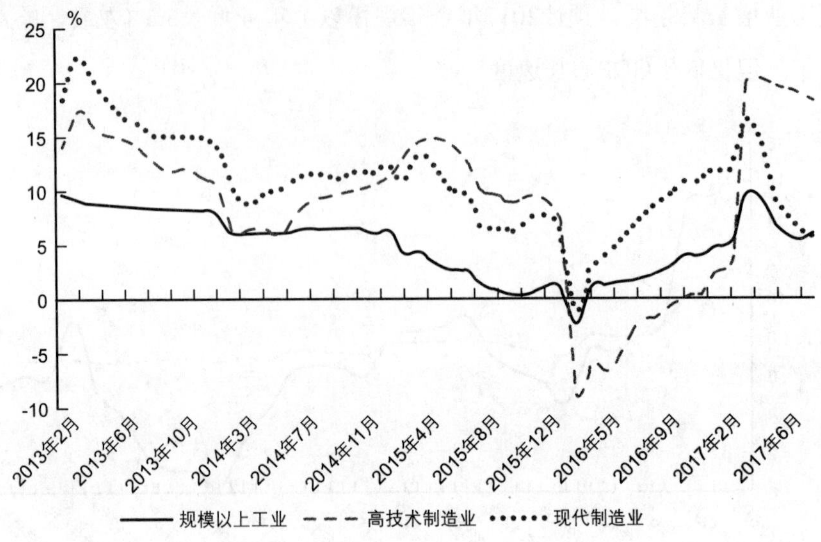

图3 2013年以来北京市规模以上工业、高技术制造业、现代制造业增加值月度累计增速

19.5%、18.9%和14.4%。其中，电子信息制造业和医药制造业增加值增幅分别较2016年同期提高25.6个百分点和13.2个百分点，实现近五年同期最高增速。此外，电力、热力生产和供应业受国家电网新建投产特高压输电线路、交易电量增加的影响，同比增长7.3%，较2016年同期提高7.2个百分点。各行业增速（见表1）具体情况如下：

在京东方、小米等大型企业带动下，计算机、通信和其他电子设备制造业增加值保持快速增长，成为拉动工业增长的重要力量。**第一**，数字显示产业高速增长，在产能限制、产量下降的情况下，产品单价大幅上涨带来企业产值显著上升，电子信息产业出口状况不断改善。京东方盈利增长超45倍，其中智能手机液晶显示屏、平板电脑显示屏、笔记本电脑显示屏出货量均列全球第一，显示器显示屏、电视显示屏出货量居全球第二。**第二**，在其他工业主要产品产量下降的背景下，集成电路行业规模和增速保持稳定增长，逐渐成为北京电子制造业新的增长点，前三季度集成电路产量累计增长保持14.8%的水平，由于集成电路产品的高附加值属性，其对全行业利润改善起到愈发重要的作用。**第三**，移动通信骨干企业市场表现优异，小米在经历了2016年的低谷之后触底反弹，一方面在国内重点布局线下，强化供应链；另一方面积极拓展海外市场，成为印度第一大手机品牌，市场占有率达到23.5%。

医药制造业增加值整体趋势向好，继2012年之后增速重回两位数。医药需求存在刚性，经济好于预期刺激了合理用药需求，生物制品制造和中药饮片增速最快，成为2017年亮点。北京市医药创新品种产出旺盛，无论是国家食品药品监督局批准北京市注册三类医疗器械产品个数，还是在研生物药数量，均位于全国前列。医改背景下医药制造业短期承压，但随着医保目录公布、国家价格谈判落地、北京市医保对接工作展开，药品销售正在逐步转暖。药品审批方面，积压审批数量已大幅减少，新药、仿制药审批加快。

通用、专用设备制造业增加值增速扭转连续两年的收缩态势，2017年1~9月同比分别增长14.4%和3.7%，增幅大幅提高16.1个百分点和6.9个百分点。除了前两年基数较低的因素外，装备制造业的上涨主要原因：**第一，**在政策和市场双重推动下，环保装备制造业、能源装备制造业增速在全国机械制造行业中名列前茅，而北京市这两个行业均处于国内领先地位。**第二，**对外贸易持续改善，借助"一带一路"大型基础设施建设和国际产能合作的机遇，船舶、工程车辆等出口大幅增加。**第三，**全行业积极创新转型，北京市工业智能化升级始终处于国内前列，由北人集团打造的亦创智能机器人创新园是国内首家具有完整创新链的智能机器人产业创新平台，到2025年北京机器人产业收入将达到600亿元。

汽车制造业增加值由2016年双位数增长大幅下降至负增长。2017年1~9月，北京市汽车制造业增加值累计同比下滑2.3个百分点，较2016年同期回落28.4个百分点。**第一，**汽车购置税由5%提高到7.5%，优惠政策退坡对汽车产销形成了一定压力。**第二，**"萨德"事件负面效应超预期，北汽现代板块销量大幅下降，零配件断供、销量下降等因素导致北汽现代在2017年三次停产。**第三，**2017年北汽自主品牌（包含绅宝、北京、威旺三个品牌）销售全面崩溃，车型投放太过密集导致北汽自主品牌在技术开发程度和车型开发理念方面与其他品牌相比均显落后。与此同时，2017年后半期汽车销量有所回暖，一方面北汽奔驰表现亮眼，前三季度销量同比增长约15%；另一方面，2018年汽车购置税将进一步提升至10%，消费者提前购买导致小排量车销量有所回升，同时担心补贴退坡、牌照政策变化等，新能源汽车市场也出现增长。

表1　2017年1~9月主要行业增加值增速

主要行业	1~9月累计同比增长（%）	比上半年±百分点	比2016年同期±百分点
北京市合计	6.0	0.2	2.1
石油加工、炼焦和核燃料加工业	10.6	-5.0	23.7
化学原料和化学制品制造业	3.4	-4.1	6.7
医药制造业	18.9	-0.1	13.2
非金属矿物制品业	-4.1	-1.2	-12.3
黑色金属冶炼和压延加工业	7.4	1.8	22.7
通用设备制造业	14.4	-1.1	16.1
专用设备制造业	3.7	-5.2	6.9
汽车制造业	-2.3	-1.0	-28.4
铁路、船舶、航空航天和其他运输设备制造业	3.2	6.7	12.3
电气机械和器材制造业	7.3	-0.5	7.6
计算机、通信和其他电子设备制业	19.5	-5.6	25.6
电力、热力生产和供应业	7.3	1.9	7.2

（三）工业质量效益持续改善

2017年以来，随着工业产品生产和销售加快、价格上涨、成本下降，工业企业利润增速呈现不断上升态势。截至9月，北京市规模以上工业企业实现利润1377.4亿元（见图4），同比增长26.9%，增速比上年同期高20个百分点，较全国高4.1个百分点。在38个工业大类中，25个行业利润实现同比增长。其中，汽车、医药、电子、电力等重点行业利润同比分别增长17%、37%、83%、35%，四个行业实现利润占北京市规模以上工业利润总额的80%左右。

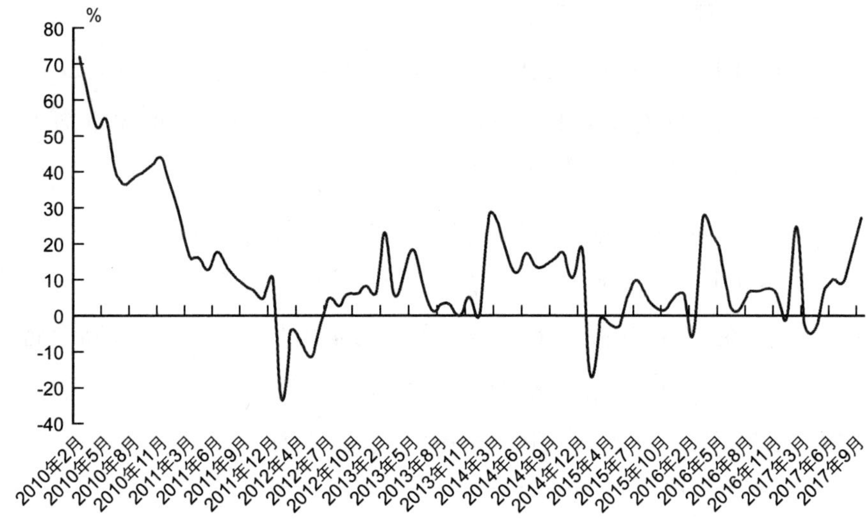

图4 2010年以来北京市规模以上工业企业利润累计增长情况

工业利润上涨的因素包括：**第一，**工业供给侧结构性改革背景下的去产能和环保停产限产措施带来供给收缩，工业产品价格上涨，这是本轮工业利润反弹的核心原因。**第二，**工业企业投资收益的增长是带动利润总额快速增长的重要因素之一，北京市规模以上工业实现投资收益700亿元左右，增长超过50%，拉动利润总额增长近25个百分点。**第三，**企业产品结构调整带动利润改善，如京东方福州8.5代线完善TV面板产品尺寸、OLED布局紧追龙头三星等成为其利润改善的重要因素。

工业生产质量稳中有升。随着疏解工作的进一步推进，高耗能产业相继关停，工业能源消耗持续下降，2017年1~6月工业企业的产能利用率为77.1%，高于上年同期0.5个百分点，前三季度规模以上工业单位增加值能耗下降7.3%，与2016年相比降幅减小，但与上半年相比降幅提高3.6个百分点。煤炭在规模以上工业能源消费量中的比重同比下降5.1个百分点，天然气占比提高1.9个百分点。与此同时，工业企业进一步实现减员增效，2012年以来北京工业全员劳动生产率稳步提升，由25.2万元/人提高至2017年前三季度的37.6万元/人，较2016年同期提高2.9万元/人。

（四）布局更加符合区域功能定位

市域空间内，城市发展新区是北京市制造业的主要承载地。2017年1~9月发展新区规模以上工业总产值及利润总额占北京市的比重均为五成。其中，房山、昌平、大兴（含开发区）工业总产值分别增长25.1%、23.1%和 20.8%，明显高于北京市规上工业4.5%的产值增长水平；而顺义区1~9月累计下降33.5%，下拉新区总产值增速低于北京市水平。同时，发展新区规上企业盈利能力不断增强，利润总额增长46.7%，明显高于北京市26.9%的水平。园区特色化和集聚化特征更加显著，亦庄、顺义积极创建中国制造2025示范区，亦庄经济技术开发区作为北京市现代制造业的重要载体，在年内引进的200多个项目中，90%以上的项目投向电子信息、生物医药、装备制造等开发区主导产业；顺义区处在产业结构调整转型期，虽然2017年以来工业产值有所下降，但新签约了桑顿电池及特色小镇建设等一批重点项目；中关村抢抓全球人工智能产业发展的重大机遇，在智能制造、无人驾驶、智能安防等六大领域实施人工智能创新应用示范工程，拥有全国一半以上的人工智能骨干研究单位和一批知名专家、团队，拥有人工智能企业约250家，专利申请数累计7800余项，企业和专利申请数均位列全国第一。

区域空间内，京津冀地区工业调整转型升级步伐加快，高技术制造业对工业增长形成有力支撑。前三季度，受工业去产能和环保限产影响，天津与河北工业增加值增速相比上年同期有所下降，但结构优化升级显著。天津高技术制造业产业增加值同比增长12.9%，对北京市工业增加值增长的贡献率高达52.9%，河北省主导产业由钢铁工业加快向装备制造业转换，装备制造业增长12.5%，比全省规模以上工业增速高8.8个百分点。企业向京津冀“2+4+N”产业合作平台集聚发展效果渐显。生物医药产业、保健品产业异地监管模式正式实施，北京•沧州生物医药产业园已有101家生物医药企业签约入驻，项目总投资超390亿元，25家药企开工建设，7家已具备竣工验收条件，启动建设滦南大健康产业园，签约北京项目超过20个。京津冀三地联手打造全国数据交互的重要枢纽，张北云计算产业基地项目已竣工运营两个，签约8个，洽谈推进项目约20个，2017年新开工的4个项目也正在积极推进。同时中关村利用技术优势改造津冀传统产业的机制逐渐建立，如中关村管委会通过收集津冀“技术需求单”，面向中关村节能环保企业开启技术众筹，针对每一项需求寻找对标企业并多次评估企业的项目实施能力，11项节能环保合作项目签约，2017年累计投资共计1.4亿元。

二、当前工业运行中需关注的问题

（一）工业平稳较快增长的支撑不足

第一，汽车制造业占工业增加值比重超过20%，2017年受“萨德”事件影响，汽车制造业增加值增速大幅下降，拖累工业整体增速，而北汽、福田等大量自主品牌车型主打中低端市场，停留在产业链低端，核心技术、外观设计和品质管控等亟待提高，可以预见汽车对工业的持久支撑作用有限。**第二，**电子信息制造业受到外部市场影响较大，且其占工业增加值比重由2009年以来一直持续的8%以上下降至不足5%；医药制造业受到国家医改政策冲击，仍处于行业调整转型时期，对工业稳定增长支撑作用有限。**第三，**产业疏解中新旧产业“退快进慢”，一般性产业退出后腾退的土地大多仍是工业用地而非综合用地，不能够吸引“高精尖“服务业项目落地，甚至不能吸引需要大量科研用地的“高精尖”工业项目，导致老企业停产、转出速度快于新企业引进、落地速度，势必影响工业增长后劲。

（二）工业企业创新率有所下降

工业企业通常通过自主创新及产能升级延续竞争优势，但北京市工业部分行业存在创新率下降、竞争优势丧失的问题。北京市统计局企业创新调查报告显示，2016年北京市工业创新率相比2014年有所下降，工业支柱行业如通用设备制造业、汽车制造业以及电力、热力生产和供应的创新率均有所下降；工业小微型企业，相比大中型企业创新率差距不断扩大。一些原属行业龙头的企业自主创新不足，产能升级滞后，竞争力也随之下降。如小米手机曾被看作智能手机市场的一匹黑马，但由于自主创新不足、产品升级未跟上消费升级步伐、线下渠道断裂等因素导致2016年销量大幅下降；乐视电视和手机也曾由于价格优势占据市场，但终究因为创新力不足、产能升级失败导致市场份额锐减；较早涉足新能源汽车领域的北汽集团，同样随着补贴政策退坡、新能源号牌资源用尽、电池产能不足等逐渐将先发优势蚕食殆尽。

（三）产业分工协作格局有待形成

第一，北京市各级开发区存在差异化定位不明显的问题。市级层面对产业园区规划定位和重大项目布局的统筹协调力度不够，对产业发展及配套的动态评估、考核和适时调整不足，带来各区域差异化、特色化发展不明显，园区同构严重，如汽车产业成为很多区县的主导产业，顺义、平谷、怀柔汽车及零部件制造业产值占全区工业产值比重均在六成左右，大兴、房山也分别占到40%和20%以上。**第二，**京津冀区域内分工协作、相互衔接、优势互补的完整产业链条还未形成，三者产业梯度落差较大，北京疏解一般制造业过程中未提前布局产业链延伸，双向产业关联度低，津冀制造业主导产业升级中对北京研发技术的支撑有限，而北京科技研发交易在津冀落地转化也不多。

三、2018年工业增长的影响因素分析

（一）全球经济向好，但贸易摩擦加大影响我国工业产品出口

2018年全球经济向好，IMF预计有望实现3.7%的增长。全球制造业回暖，美国、欧元区、日本制造业扩张强劲，制造业PMI分别达到60.8、58.1和52.9。与此同时，主要发达经济体在信息处理设备和工业设备上资本开支回升显著，全球正形成以“生产自动化、管理信息化、产品智能化”为基础，以物联网和人工智能为核心的新一轮工业革命。一方面，产业竞争更趋激烈，中国与周边新兴经济体相比传统竞争优势不断削弱，与发达国家相比，质量、服务、标准等方面仍存在“短板”。另一方面，全球贸易增长保持较强动能，2017年前三季度全球贸易景气指数达到102.6，为2011年4月以来最高水平。但中国是全球贸易保护主义最大受害国，全球贸易摩擦增多，美国对我国发起的“301调查”等贸易保护行为及其示范效应，都会对

我国工业产品出口的传统市场产生不利影响。

（二）国内经济增速趋缓，但发展将更多着力于实体经济

2018年，国内经济增速将放缓，工业生产需求增势稳定，一些不确定性因素扰动仍存在，但稳中向好态势不变。金融、债务和房地产等领域风险依然突出，监控趋严不变，传统高耗能制造业产能有所下降，IMF预期2018年中国经济增长率为6.5%。与此同时，工业领域供给侧结构性改革纵深推进，将继续改善供求关系，产能利用率稳步回升，税费成本、制度性交易成本、融资成本、物流成本等有望进一步下降。“中国制造2025”战略稳步推进，实体经济成为发展经济的着力点，将加快转型升级和提质增效，提高制造业的核心竞争力和可持续发展能力。全国范围内新一轮朱格拉周期已经启动，资本开支在物联网、大数据、新能源汽车、高端装备制造、5G技术等相关领域增长显著，工业战略性新兴产业发展势头良好，互联网、大数据、人工智能和实体经济深度融合发展。

（三）重大战略推动“北京制造”向“北京创造”转变

一是“一带一路”深入推进，有利于企业加速布局海外市场。随着“一带一路”的深入推进，国际贸易、人才、资金、技术大通道的雏形逐渐明朗，北京市对外开放水平也进一步提高。借势加大海外技术输出、资金输出、服务输出和产能输出力度，也将推动北京市企业深度参与全球产业分工，不仅加深在大型装备、集成电路等传统优势领域的海外布局，在人工智能、新能源领域的合作也将持续深化，客观上会带动信息、科技、通信、医药等产业的发展。

二是北京携手津冀深化产业合作。京津冀协同发展“四梁八柱”规划体系已基本建立，“一核两翼”格局正在形成，“2+4+N”的京津冀产业创新协作格局进一步深化，特别是随着雄安新区建设的启动和推进，北京作为全国自主创新的重要源头地位和全国战略性新兴产业的策源地地位将进一步凸显。北京将继续输出一般制造业及高端制造业的生产环节，主动在京津冀进行全产业链布局，拓展产业发展的纵深空间。

三是落实新版北京城市总体规划有望推动工业转型升级。北京市将继续开展"疏解整治促提升"专项行动，继续推进一般制造业企业疏解退出，全面清理整治镇村产业小区和工业大院，而严控建设规模也将倒逼土地利用方式的创新。"三城一区"建设将优化首都科技创新资源布局，推动重大科技成果集中、有序转化，打造全国创新型产业集群，其中中关村科学城将继续领跑全国创新活动，未来科学城和怀柔科学城将打造多个世界级重大科技基础设施集群，亦庄、顺义将以大工程大项目为牵引，重点发展节能环保、集成电路、新能源等"高精尖"产业。

四是北京市一系列规划举措有利于培育工业新动能。继续全面实施"三四五八"行动计划，努力促进制造业创新发展。《北京市"十三五"时期现代产业发展和重点功能区建设规划》和《北京市"十三五"时期工业转型升级规划》中均强调，要大力发展智能制造，提高产业层级，推动构建"高精尖"产业发展格局。"智造100"工程有望推动一批关键智能部件、工业软件、装备和系统的研发及产业化突破，培育一批全国领先的系统解决方案供应商和智能制造优质企业，再造产业发展新动能。《关于率先行动改革优化营商环境实施方案》着力加大北京市营商环境改革力度，努力营造有利于创新发展和加快构建"高精尖"经济结构的市场环境。

四、2018年工业运行形势分析

结合供给动能转换与需求周期的指标走势，考虑北京市工业增长已渡过剧烈的调整下行阶段开始稳固筑底，预计2018年北京市工业增速将稳中趋缓，多点支撑格局有望进一步延续。工业企业提质增效，利润保持小幅改善，能耗进一步下降，减员增效持续显现。

（一）工业增长将稳中趋缓

2018年，工业生产将呈现稳中趋缓运行态势。**一方面，**需求改善和内生动力增强助推工业保持平稳运行。全球经济向好，加之"一带一路"的带动，工业产品外需有望持续回暖，预计出口将延续增长态势。国内"去产能"推进传统行业供需关系逐步改善，高技术产业快速成长，战略性新兴产业势头良好，工业发展的新动能不断累积。北京市“高精尖”产业占比不断提高，电子信息制造业、医药制造业、高端装备制造业等处于全国领先地位，共同支撑北京市工业积极向好。**另一方面**，新增产能有限和功能持续疏解影响工业增量扩大。2017年北京市制造业投资大幅下降，预示新增工业项目较少，工业后续增长动力不足，前三季度新设制造业市场主体同比大幅下降30.69%，疏解背景下预计2018年制造业新设企业数量减少趋势仍将延续。一般制造业疏解过程中存在新旧产能更替断档隐患，存量产业疏解之后，增量很难立刻形成规模效应，加之近期环保政策密集出台，部分工业企业停产限产。综合来看，预计2018年北京市规上工业增长5%左右。

（二）重点行业走势不尽一致

电子信息制造业转型升级效果渐显，加之外部市场较好，有望保持较快增长。**第一**，北京市在全国数字显示领域居于战略高端地位，并将继续通过产品技术研发、应用拓展得以强化，已经启动筹建的京东方先进技术实验室二期工程北京总部项目将有力提升其在新型显示领域的技术研发和创新能力，数字显示产业成为全行业增长的重要支撑。**第二**，北京市在核心元器件制造、装备类产品制造方面已具有40%以上的行业集中度，将会提升北京电子信息制造业在整个产业链中的高端地位和核心竞争力。**第三**，智能手机领域竞争依然激烈，国内换机潮已经结束，市场份额提升愈发困难。**第四**，2018年全球半导体需求将减缓，根据世界半导体贸易统计协会报告，2017年半导体市场增长17%，2018年将降至4%，这与美国持续向贸易伙伴施压、全球各地债务水平攀升导致消费和投资受限、产业本身极具周期性等因素有关。结合近五年电子信息制造业年均9.3%的增速，加之2018年世界经济有望继续向好，预计2018年电子信息制造业增长10%左右。

高端医药、生物医药制造等竞争优势显现，医药制造业将延续两位数增长。**第一**，北京生物医药产业具有全国优势，亦庄生物医药园已搭建完成全链条生物医药创新孵化育成体系，汇聚了600家生物医药相关企业，为北京市生物医药创新提供源动力。**第二**，大项目引领作用明显，加科思新药研发生产基地、神州细胞生物药品基地、康弘药业生产研发中心等将进一步带动北京高端医药制造业发展。第三，《中医药"一带一路"发展规划（2016~2020）》稳步推进，北京"同仁堂""德寿堂"等中医药老字号迎来发展契机。结合近五年的增长情况，考虑短期内医改对医药产业的影响，预计2018年医药制造行业增长10%左右。

装备制造业新动能不断增强，有望延续正增长。第一，"一带一路"及欧美、新兴市场国家经济复苏为北京市装备制造业出口提供了良好的外部环境。截至目前，福田汽车已经为多个地区项目提供设备和全程服务，博天环境在多个沿线国家取得了水处理项目，成为布局"一带一路"的先行者。第二，智能机器人、高档数控机床、3D打印设备等均是北京市重点发展的领域，政策优势及重大项目示范效果不断显现。第三，一系列重大基础设施项目的建设将加大对大型工程机械等设备的需求，拉动装备制造业回升。同时越来越严格的环境保护约束，将为环保装备制造业带来巨大的市场空间，而北京市具有一批实力很强的环保企业，在环保装备制造领域大有可为。综上所述，预计2018年通用、专用设备制造业有望延续正增长态势，但考虑一般制造业疏解、环保限产、原材料紧缺等因素，装备制造业涨幅有限。

汽车制造业增速有望转正，但涨幅有限。第一，占比较高的北京现代销量增速已经有所回升，对于产业的下拉作用或将减弱，北汽奔驰销量有望保持亮眼增长，一定程度上弥补北汽自有品牌销量下滑的影响。第二，燃油车退出提上日程，新能源汽车销售迎来新风口，北汽集团与戴姆勒集团共同投资50亿元建立纯电动车生产基地，引入梅赛德斯-奔驰品牌的纯电动车产品，北京新能源汽车科技创新中心正式启用。第三，重点企业加速海外布局，福田汽车积极融入"一带一路"建设，已形成巴西、印度、泰国、俄罗斯以及中国的五大生产基地，推动商用车海外全系列发展。预计汽车制造业将改变2017年负增长的局面，2018年全年增长5%以内。

（三）工业质量持续改善

企业利润将小幅改善。一是北京全面推开营改增、研发费用加计扣除、高新技术企业认定优惠、创业创新发展相关税收优惠等一系列政策，助力企业成本下降。**二是**金融领域防风险、去杠杆力度不减，但金融发展更加关注实体经济，通过金融产品创新等手段有望扩大商业银行对实体企业金融支持的覆盖面，降低企业融资成本。**三是**全球铁矿石供应增加、美国页岩油气复产，国际大宗初级产品价格将震荡走弱，但去产能、环保限产下原材料购进价格难有明显回落，效益改善幅度有限。

能耗有望持续下降。**一是**一般制造业和“散乱污”企业疏解整治持续推进，北京市产业结构向低耗能、环保节约的新型工业化方向转变。**二是**煤改电等清洁能源设施建设、可再生能源发展、节能技术改造等将提升工业节能降耗的强度。**三是**严格落实《北京市“十三五”时期能源发展规划》，将强化对重点行业、企业能耗的实时监测和智能化控制。

减员增效持续显现。具有劳动密集型特征的传统制造业的持续疏解将带动人口减少，同时越来越多企业生产实现自动化和智能化，工业机器人替代劳动力成为趋势。如北京汽车智能制造2.0投入175台机器人进行焊接，自动化率80%以上；京东方年产1800万台整机智能制造生产线75%采用机器人等自动化设备，节约劳动力成本近60%。在用工成本持续上涨的情况下，机器替代举措有望继续推广，减员增效将持续显现。

五、促进工业发展的相关建议

（一）导入大工程大项目，培育工业增长后劲

积极推动“高精尖”大工程大项目的对接和导入，防止新旧产能转化过程中出现产业空心化、产业替换断档等问题。**第一，**有效整合在京高校、科研机构、央企等多方力量，促进国内与国外创新资源深度融合，以科研带动“高精尖”工业大项目的引进；**第二，**加强“高精尖”重点项目跟踪储备，做好重点项目的衔接，促进已竣工项目尽快形成产能、已开工项目竣工、已签约项目开工、在谈优质项目落地；**第三，**强化财政资金的引导作用，大力发展产业引导基金、创投基金，创新融资模式，解决科技型企业融资难题。

（二）多措并举，推进郊区新城腾笼换鸟

第一，继续推进一般制造业企业疏解退出，加大力度坚决淘汰不符合

功能定位的落后产能，建立园区低端产业退出机制，全面清理整治镇村产业小区和工业大院。**第二，**差异化引进和培育高端产业，平原五区重点发展电子信息、生物医药、航空航天、高端制造、新材料、新能源等战略性新兴产业。要抓住中心城区产业布局调整的契机，搭建企业服务平台，结合自身功能定位、产业基础和资源禀赋，差异化对接中心城区优质企业资源，承接科技成果转移。**第三，**创新土地利用方式，落实国家发展新产业新业态的供地政策，从研发到生产再到销售的全产业链条角度出发，制定土地使用功能配置比例及利用方式。试点推行产业用地弹性出让，加快研究制定腾退空间土地使用权人自行升级改造或建设产业承载平台。**第四，**强化财政资金支持，对转型升级的工业企业采购先进设备按采购金额的一定比例予以财政补贴。

（三）探索飞地经济模式，拓展工业发展空间

第一，围绕创新链、价值链、产业链的拓展与合理的分工协作，按照“品牌+飞地经济模式”的科技和高端产业资源疏解支持模式，置换和拓展空间，形成互利共赢的产业分布格局，如“一核两翼”格局形成中，推动北京与雄安新区形成错位融合发展。**第二，**探索多元的飞地经济参与模式，可以资金、土地、技术成果、品牌、管理等多种形式参与合作，实现共建共享。在布局“产业飞地”时统筹考虑“人才飞地”“政策飞地”等。**第三，**从生活、生产、生态三方面系统规划飞入地，布局人才、科技、教育、医疗、养老等公共社会服务体系，完善城市配套，提升城市品质，打造“宜居、宜行、宜业”的高品质飞入城市。

（执笔人：奚 春[①]）

[①] 奚春，北京市经济信息中心经济研究部，助理经济师，研究方向为宏观经济、产业研究。

2017年北京市服务业形势分析及2018年展望

摘要：2017年，北京市牢固树立创新、协调、绿色、开放、共享的发展理念，坚持首都城市战略定位，着力推进供给侧结构性改革，深化北京市服务业扩大开放综合试点改革，服务业内生发展动力不断增强，金融、信息、科技服务业对经济增长的支撑作用明显，住宿餐饮、居民服务等生活性服务业企稳势头明显。2018年，随着国内经济企稳回升，以及服务业各项改革和区域协同联动效果逐步显现，北京市服务业结构将持续优化，新旧动力加快转换，旧动能加速淘汰，新动能不断孕育，预计全年保持平稳运行态势，增速有望达到7%以上，对北京市经济增长继续保持较强的支撑作用。

关键词：服务业扩大开放综合试点 雄安新区 营商环境

2017年，北京市牢固树立创新、协调、绿色、开放、共享的发展理念，坚持首都城市战略定位，着力推进供给侧结构性改革，深化北京市服务业扩大开放综合试点改革，服务业内生发展动力不断增强，预计全年增加值增长7.2%左右（见图1），金融、信息、科技服务业的支撑作用明显，住宿餐饮、居民服务等生活性服务业企稳势头明显。2018年，随着国内经济企稳回升，以及服务业各项改革和区域协同联动效果逐步显现，北京市服务业结构将持续优化，信息、科技服务业继续发挥引领服务业发展的作用，商贸流通优化提升，金融和房地产弱势复苏，公共服务需求加速释放，在各行业的分化运行中预计服务业将实现7%以上的增长，对北京市经济增长继续保持较强的支撑作用。

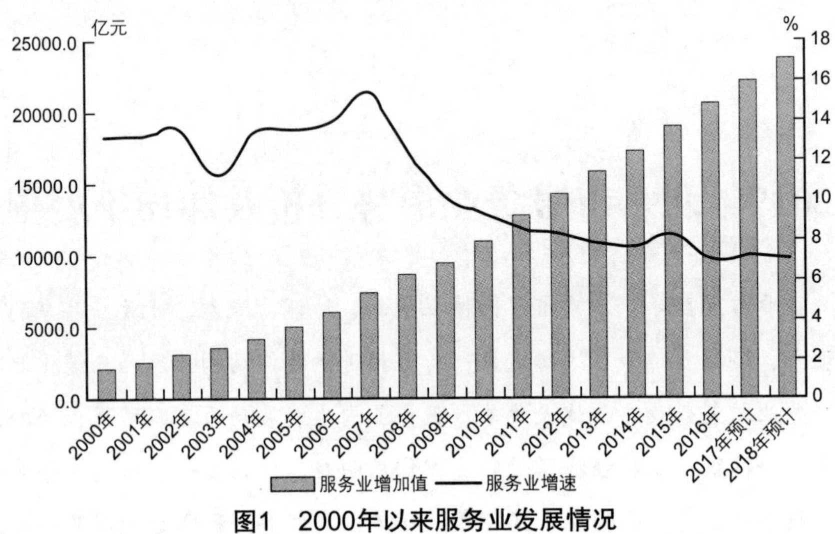

图1　2000年以来服务业发展情况

一、2017年北京市服务业运行分析

2017年，在供给侧结构性改革深入推进、新动能加快成长、营商环境有所改善等因素带动下，北京市服务业发展势头良好。前三季度，实现增加值16053.3亿元，同比增长7.1%，增速与上半年基本持平且高于一季度的6.6%（见表1），占GDP比重达到82.0%，高于2016年同期0.2个百分点，对经济增长贡献率接近90%。预计全年增长7.2%左右，增幅略高于2016年，占GDP比重保持在80%以上，新动能加速成长，对北京市经济的支撑作用更加明显。与上海、天津相比，前三季度，上海、天津服务业增长势头均较2016年同期出现较大幅度放缓，其中上海市放缓幅度达到4.1个百分点，天津、上海两地服务业占GDP比重分别为60.8%和68.9%，相比较而言，北京市服务业发展势头更为平稳，服务经济主导的特征更为突出。服务业内部结构呈现优化态势。生产性服务业整体运行稳健，生活性服务业企稳态势明显，公共服务业整体实现较快增长。信息服务业、科技服务业等彰显首都功能产业总体稳定在10%左右的增长水平，批发零售、交通运输业均实现2011年以来的最快增长，商务服务业企稳态势明显，教文卫体

等领域需求持续稳定释放，金融业则受上年同期高基数和盈利能力下降影响，增速有所放缓。

表1　　2016年~2017年1~9月京津沪服务业及主要行业增速

单位：%

	2017年1~9月		2017年1~6月	2017年1~3月	2016年1~12月	2016年1~9月	
	增速	比重	增速	增速	增速	增速	比重
全　国	7.6	54.1	7.7	7.7	7.8	7.6	52.9
北　京	7.1	82.0	7.2	6.6	7.0	7.3	81.8
—金融业	7.4	21.2	7.4	7.5	9.1	9.0	21.9
—信息服务业	10.2	13.4	9.3	7.6	12.3	11.2	12.9
—批零业	6.8	10.8	7.7	7.7	2.7	1.0	11.5
—交通运输业	13.1	5.8	13.1	11.1	6.6	6.0	5.7
—房地产	-2.0	8.0	-0.4	0.4	5.5	7.2	8.6
上　海	6.6	68.9	7.0	7.5	9.6	10.7	70.9
—金融业	11.0	17.3	10.5	11.3	12.8	13.8	17.2
—信息服务业	13.7	6.2	13.5	14.4	15.3	15.1	5.9
—批零业	6.2	14.3	6.0	5.0	4.6	4.5	14.6
—交通运输业	11.6	4.7	11.8	9.1	6.3	6.9	4.5
—房地产	-15.1	5.7	-17.5	-16.1	4.5	6.9	7.5
天　津	8.5	60.8	8.3	8.7	10.0	9.8	53.8
—金融业	10.5	10.5	8.4	8.7	9.1	8.3	9.4
—批零业	5.7	13.3	5.8	5.3	5.1	5	12.1
—交通运输业	6.1	4.2	6.0	5.9	5.1	4.8	4.2
—房地产	-8.1	4.4	-7.6	5.1	17.5	16.4	4.2

注：表中数据来源于《2016中国统计年鉴》《2016北京统计年鉴》《2016上海统计年鉴》《2016天津统计年鉴》。

（一）服务业改革加速释放发展活力

2017年服务业各项改革深入推进，改革效果不断显现，行业发展活力加快释放。**一是服务业扩大开放试点向纵深推进。**前三季度，服务业扩大开放六大领域合计实现税收6092.6亿元，占北京市税收总量的56.8%。其中，商务旅游服务增长提速明显，实现税收970亿元，同比增长36.6%，增速较上半年提高8.3个百分点；科学技术服务和互联网信息服务保持较快增长，分别实现税收480.6亿元和328.3亿元，同比分别增长29.3%和16.8%。**二是商事制度改革取得新进展。**截至三季度，北京市发放“一照一码”营业执照123.01万户，占存量企业总数81.36%，其中新设42.32万户，变更换发80.69万户。**三是多项减税新政实施。**包括：简化增值税税率结构，将增值税税率由四挡减至17%、11%和6%三档，取消13%档税率；扩大享受企业所得税优惠的小微企业范围，并将企业年应纳税所得额上限由30万元提高至50万元；提高科技型中小企业研发费用税前加计扣除比例，由50%提高至75%；扩大创投企业税收优惠范围等新政。

（二）生产性服务业对首都经济支撑作用明显

2017年，北京市生产性服务业发展质量效益有所提升，服务功能有所增强，新产业、新技术、新业态、新模式不断涌现。对外开放领域和范围进一步扩大，辐射带动和品牌效应不断提高，高端引领、创新驱动特征日益明显，是首都经济发展的重要支撑。前三季度，北京市生产性服务五大行业实现不同程度的增长（见表2），其中，金融业、信息服务业、科技服务业等优势行业继续发挥重要支撑作用，对北京市经济增长贡献率达到50%。

表2　　2017年各主要行业增加值增速及比重走势

单位：%

	2016全年增速	2017年各季度增速			比重			
		1~3月	1~6月	1~9月	2013年	2015年	2016年	2017年1~9月
服务业	7.0	6.6	7.2	7.1	100	100	100	100
金融业	9.1	7.5	7.4	7.4	18.7	20.8	20.7	21.2
批发和零售业	2.7	7.7	7.7	6.8	14.8	12.5	11.5	10.8
信息服务业	12.3	7.6	9.3	10.2	12.1	12.9	13.6	13.4
科技服务业	9.6	8.6	10.0	10.8	11.3	11.8	12.2	14.4
商务服务业	1.5	2.7	2.8	3.1	9.9	9.4	8.9	8.5
交通运输业	6.6	11.1	13.1	13.1	5.5	5.2	5.2	5.8
房地产业	5.5	0.4	-0.4	-2.0	8.5	7.6	8.1	8.0
住宿餐饮业	0.1	2.0	2.2	2.5	2.4	2.1	1.9	1.7

（续表）

	2016全年增速	2017年各季度增速			比重			
		1~3月	1~6月	1~9月	2013年	2015年	2016年	2017年1~9月
教　育	8.5	6.7	8.3	8.6	5.3	5.5	5.7	5.2
居民服务业	9.1	4.4	5.0	3.2	0.9	0.8	0.8	1.0
卫生、社会保障和社会福利业	7.1	9.3	7.6	6.5	2.6	3.1	3.1	3.1
文化、体育与娱乐业	6.5	0.5	0.4	0.1	2.9	2.8	2.7	2.4
水利、环境和公共设施管理业	8.6	14.6	10.0	12.2	0.8	1.0	1.0	0.9
公共管理和社会组织	7.2	7.8	9.7	8.0	3.7	3.9	3.9	3.2

金融业增速有所放缓。2017年前三季度北京市金融业实现增加值3408.6亿元，占服务业比重为21.2%，与2016年同期基本持平。但增长有所放缓，前三季度同比增长7.4%，较2016年同期回落1.6个百分点左右。**税收规模出现萎缩。**受五大国有银行企业所得税减收影响，前三季度金融业税收规模4089.7亿元，同比下降13.9%。占北京市税收总量的比重为37.5%，同比下降6.9个百分点。其中，货币金融服务实现税收 3419.8亿元，下降15%；资本市场服务实现税收174亿元，下降 30.9%；保险业发展向好，实现税收164.6亿元，增长16.2%。**新三板市场保持快速发展态势。**1~9 月，新增新三板挂牌公司 146 家，新三板挂牌公司达到 1621 家，占全国的13.98%。北京市新三板挂牌公司共募集资金219.19亿元，占全国的21.84%，居全国第一。**传统金融国际影响力日益凸显。**全球权威杂志《银行家》（英国）发布"2017年全球1000家大银行榜单"，共有11家总部位于北京的银行上榜，其中，工商银行、建设银行继续保持冠亚军位次。

信息服务业保持稳定增长态势。在新兴业态加速成长的带动下，前三季度信息服务业实现增加值2144.5亿元，同比增长10.2%，增速虽较2016年同期小幅回落1个百分点，但高于服务业增长水平，仍是服务业中表现较为稳定的领域之一。**新兴业态加速成长。**截至三季度，北京市视频网站行业贡献税收同比增速超过30%；专业视频网站爱奇艺、优酷占全国市场份额超50%；门户网站腾讯视频、搜狐视频、凤凰视频均进入全国在线视频类APP前10位；直播平台呈爆发式增长，快手上半年税收超2亿元，远高于2016年同期的10万元量级。此外，摩拜、ofo积极扩展海外市场，摩拜单车宣布进入英国伦敦，ofo宣布进入泰国曼谷。截至三季度，摩拜已进入新加坡、曼彻斯特、伦敦、佛罗伦萨等8个海外城市。**重点企业保持国内领军水平**。最新公布的2017年中国互联网企业100强名单显示，北京市32家企业入围该名单，其中榜单前10名企业中有6家来自北京，分别是百度、京东、新浪、搜狐、美团点评、360。此外，北京市22家互联网信息服务企业入选全球最具价值私营科技创业公司榜单。其中，滴滴出行、小米分别排名第2位、第3位。

科技服务业发展态势向好。随着包括全国科技创新中心在内的首都功能的持续优化提升，科技服务迎来新的发展契机。前三季度科技服务业实现增加值2312.3亿元，同比增长10.8%，与2016年同期基本持平，与服务业其他领域相比，科技服务业增加值增速连续10年保持在10%上下，成为服务业中表现最为稳健的领域之一。**新创科技型企业集聚中关村**。2017年1~9月，新设立科技型企业22082家，占北京市新设立科技型企业总量的42.05%，日均新设立81家。**重点领域发展势头向好**。其中，知识产权服务发展成效显著，目前已经形成了中关村知识产权大厦、国际技术转移中心、致真大厦和银谷大厦4大集聚区；共集聚专利代理机构444家，占全国总量的近三成，执业专利代理人达到6000人左右，占全国总量的四成。**大中型企业研发支出增长快速**。1~8月，北京市大中型重点企业R&D经费内部支出292.1亿元，比上年同期增长10.8%；期末有效发明专利4.2万件，较上年同期增长21.0%。

商贸流通业呈现较强回升势头。在全国经济稳中向好的带动下，前三季度，批发零售业和交通运输业实现增加值分别为1736亿元、925亿元，同比分别增长6.8%和13.1%，增幅比上年同期分别提高5.8个百分点和7.1个百分点，增速均为2011年以来最高水平。**流通领域表现活跃**。随着国内市场回暖，供求关系持续改善，市场活跃度稳步提升。前三季度，北京市客货运输均保持较快增长，旅客周转量同比增长7.6%，货物周转量不仅实现转正，增速也达到7.6%的较高水平。同时，在“互联网+”的推动下，北京市电子商务市场快速发展。前三季度，北京市网络交易额达到8036.4亿元，同比增长23.4%。**新型零售模式实现快速发展。**随着治理“开墙打洞”工作的推进，品牌连锁便利店企业迎来发展契机，截至三季度，限额以上连锁便利店企业实现零售额同比增速超20%。从区域看，城六区店铺数量占北京市的八成以上；从品牌看，7-11、罗森等外资品牌持续扩张，邻家等内资品牌快速发展，爱便利等品牌也不断壮大。

商务服务业恢复性增长态势明显。在石油等大型批发总部企业经营好转的带动下，前三季度，租赁和商务服务业实现增加值1364.1亿元，同比增长3.1%左右，增速是三年来同期最高水平。**行业投资活跃。**在“一带一路”加快推进、新经济快速发展的背景下，商务服务业企业呈现出强势扩张态势，仅上半年，北京市租赁和商务服务业完成投资就达107.8亿元，同比增长1.7倍。**总部经济对北京市贡献保持突出。**《财富》杂志最新发表榜单显示，目前北京市拥有世界500强企业总部58家，占世界500强比重为11.6%，企业数量连续四年居全球城市之首。总部企业对北京市经济保持较强支撑作用，1~7月，北京市总部企业贡献财政收入占北京市比重达到34.4%。其中，金融业、制造业和批发零售业总部企业收入规模居前三位，占总部企业财政收入的比重分别达到32.5%、14.9%和13.0%。

（三）生活性服务业企稳态势明显

近年来，在深入推进非首都功能疏解的背景下，北京市生活性服务业呈现转型升级走势，行业面临一定下行压力。随着新旧动力加快转换，行业层级得到明显提升，住宿餐饮、居民服务等生活性服务业企稳势头明显。

住宿餐饮业增长速度有所回升。前三季度，实现增加值266.3亿元，同比增长2.5%，是2011年以来同期最高增速。这主要源于北京市一直坚持疏解整治与优化提升并举的思路，传统业态加快转型升级的同时，新型业态不断创新，成为支持行业发展的新动能。如随着“互联网+”的加快应用，团购、外卖、移动厨房等新业态深受欢迎，上半年通过公共网络实现的餐费收入对北京市餐费收入的增长贡献率达到45.5%。

居民服务业保持平稳增长态势。前三季度，实现增加值160.4亿元，同比增长3.2%，增速略高于2016年同期水平，呈现平稳态势。**行业品质不断提升。**如东城区通过优化"悠惠万家"线上线下服务，推出生活服务电子地图，方便居民通过手机APP寻找网点。**新兴商业模式不断出现。**如提供社区生活服务的国安社区，已经成为北京市最大的社区服务的共享平台，服务包括线上与线下搭建社区购物、社区生活、社区物业、信息交互等，从2015年7月开设第一家门店到现在，已在不到两年的时间内扩张至300家左右。

房地产市场调控效果明显。在"3·17"房地产系列调控政策的作用下，前三季度北京市房地产市场表现低迷，实现增加值1286.8亿元，同比下降2%。交易量出现较大幅度放缓。据北京房管局数据，10月北京二手房成交6778套，环比下降33.1%，创下2017年北京二手房成交新低。但需要指出的是，随着土地供应的放量、共有产权住房的推出、住房租赁市场的加快培育、集体建设用地建设租赁房的试点、多校划片降温学区房等政策的推出，房地产供给规模和结构都呈现积极变化，投资投机性需求受到明显抑制，房地产市场调控的长效机制正在加快建立。

（四）公共服务业保持稳健增长势头

随着北京市消费市场逐步转型，消费结构呈现持续优化升级态势，公共服务需求开始大幅释放，前三季度教育文化和娱乐服务消费实现2920亿元，同比增长7.6%。总体来看，公共服务整体保持稳中向好的运行态势。

教育延续较快增长态势。前三季度实现增加值839.7亿元，同比增长8.6%。**卫生领域保持稳定增长态势。**前三季度实现增加值496.2亿元，增速为6.5%。**文化服务领域增加值增长明显回落。**受霍尔果斯等地区对文创企业的税费优惠政策吸引，大量北京市文创企业外迁，前三季度文体娱乐业实现增加值382亿元，同比仅增长0.1%，但文艺演出市场火热，2017年1~9月，文化艺术服务领域实现营业收入233.9亿元，同比增长15%。

（五）重点高端产业功能区呈现较好发展态势

2017年，北京市高端产业功能区总体呈现较好的运行态势，各园区发展态势分化。在国内经济环境好转，京津冀协同发展力度加大，全国科技创新中心建设加快，以及“双创”环境不断改善的带动下，信息服务、科技服务以及高端制造较为集中的高端产业功能区发展环境持续改善，产业结构加速优化，提质增效特征日趋明显。

2017年1~9月，中关村示范区总收入超3万亿元，比上年同期增长15.1%。**重要指标普遍向好**，工业总产值7301.6亿元，占北京市工业总产值的55.7%；实缴税费1903.3亿元，同比增长16.7%；利润总额3013.6亿元，同比增长35.4%。**六大重点高新技术领域保持增长。**1~9月，中关村重点监测的六大高新技术领域均实现较快增长。先进制造、环境保护、电子与信息、新材料及应用技术、新能源与高效节能技术、生物工程和新医药领域收入比上年同期分别增长26.9%、29.0%、13.4%、14.4%、10.0%、11.4%。 **企业科技创新活跃。**1~9月，企业实现技术收入4874.8亿元，同比增长19.4%；企业内部的日常研发经费支出1134.1亿元，比上年同期增长17.8%。**新经济领域民间投资高度活跃。**仅上半年中关村示范区发生的创业投资案例接近1000起，其中，信息技术、文化传媒、科技服务业融资活跃度位居前三位，值得注意的是单笔超过10亿元的超大规模融资大幅增长，滴滴出行、今日头条等11家企业累计获得总融资额达到650亿元左右。

金融街下行压力较大。受国家货币政策偏紧，以及相关金融政策调整和企业所得税汇算比例降低、证券交易市场活跃度下降等因素影响，金融街增长脚步放缓。截至上半年，金融街实现税收2528亿元，同比下降6.2%。其中，金融业税收2294亿元，同比下降9%。

临空经济核心区加速转型升级。2017年1~9 月，临空经济核心区累计实现税收115.38 亿元，同比增长33.4%。**科技创新活跃度明显提高，**核心区加快推进中科院联动创新产业园建设，预计建成后年产值将达到千亿元规模，有效缓解部分传统产业调整后经济下行的压力。**新兴产业加速聚**

集，截至目前核心区国家地理信息科技产业园企业已超过50家，形成软件研发、系统集成和地理信息处理应用的完整产业链，对稳定核心区经济发展起到一定作用。

二、需要关注的问题

（一）市场化不够充分影响有效供给

从发达国家百年市场经济发展经验和我国30余年改革开放历程看，市场经济体制是释放经济活力的最有效手段，只有在市场机制下，不同收入水平和年龄的家庭的需求才能得到有效满足。因此，中国经济若想保持较高增长水平、跃上新的发展台阶，就要坚定不移地走市场化道路。比如，北京市拥有得天独厚的教育、科技、文化、卫生、体育等服务资源优势，但教育、卫生等领域以政府主导为主，社会化、市场化程度不高，文化、科技、体育等领域政府管理较多而活力不够，影响了一些可产业化、可经营的细分领域的发展壮大。有必要在坚持政府保障基本公共服务、市场丰富非基本公共服务的原则前提下，分类有序推进体制机制改革创新，提供多样化、多层次有效供给，培育新的服务业增长点。再比如，近年房地产市场交易价格上升过快导致居民购房难。又如网约车、网上订餐等新兴行业恶性竞争给城市运行带来巨大压力等。造成这些问题的原因，既与市场机制本身发展短视、利益短视的先天缺陷有关，也与旧体制约束偏多、城市管理水平低效等因素带来市场经济体系不够完整有关。需要在坚持市场化改革方向的同时，强化政府监管和干预，规范市场主体行为，引导市场的健康发展。

（二）政府引导产业发展要具有前瞻性思维

随着非首都功能疏解的加快推进，各级政府都加大了对新产能的培育力度，试图通过结构调整实现经济发展动力转化。但在实际工作中，由于一些主管部门缺乏对市情、区情的充分把握，培育新兴业态存在一定盲目性。如道路资源稀缺、停车位缺口大及交通拥堵是北京市城市运行中的重要问题，解决这一问题只有通过限制小客车使用强度，发展公共交通和提升绿色出行比重加以解决。在北京中心城区这一特定环境下，共享汽车等领域虽然属于新兴业态，存在一定的潜在市场需求规模，但与市情区情不符。因此，一些中心城区将共享汽车作为培育对象，加大共享汽车和专用停车泊位的投放力度的做法，缺乏全局性和前瞻性。类似行业还包括通用航空领域，北京市特殊的政治地位决定了空域资源一定会被严格管控，一些远郊区发展通用航空产业前景存疑。

（三）郊区公共服务及基础设施建设滞后

郊区新城普遍基础设施落后，现有的公共服务资源不足、质量不高，特别是交通、教育、医疗、文化等公共设施短缺，客观上制约了郊区新城引进优质企业和加速高端人才落户。道路设施建设滞后制约郊区新城特色镇发展。如由于进入山区的109高速门头沟段建设滞后，导致该区前期腾退出的205处约1.6万亩废旧工矿用地仍处于闲置状态。同时，作为门头沟区重点打造的斋堂文化创意产业示范区，由于交通设施落后，面临社会资本进入意愿不强、前期拿地企业开发缓慢、大量资金沉淀等问题。公共服务水平落后影响要素聚集。如通过APEC会议的举行，怀柔区国际会都的定位更加清晰，但目前雁栖湖会议会展接待能力仍十分有限，提供的住宿能力严重不足，影响了会都发展。个别地区教育质量与城六区差距越拉越大，如某区高考全区前10名只能考上北京工业大学，严重影响高端人才的引进。

（四）营商环境有待改善

良好的营商环境是吸引企业投资经营的首要因素，也是构建高精尖经济结构的基础条件。目前，北京郊区新城总体营商环境欠佳，客观上影响了企业投资经营的意愿。企业租、建办公场所难。据中关村上市企业协会反映，中关村1/3以上的高新技术上市企业目前难以拿到合适地块自建总部办公楼。政府审批服务效率不高。一些企业反映，政府准入、审批事项过多，企业四成以上时间用于与政府沟通。同时，企业遇到困难问题，向政府部门反映，缺乏记录、办理、时限、反馈、督查、考核等制度性安排。政府部门制定和执行政策缺乏沟通和反馈机制。不少企业反映，部分与企业利益密切相关的政策出台前未争取相关企业意见，未设缓冲期，企业难以适应，且政府制定政策从方便自身工作的角度考虑多，从便利企业的角度考虑少。知识产权保护及资本化有待加强。针对北京高科技企业多、轻资产企业多的特点，政府在知识产权保护和出资、质押融资等方面的支持政策不够完善。

三、2018年服务业发展形势判断

2018年北京市服务业发展环境总体向好，在此带动下服务业总体呈现平稳增长态势，预计全年增速有望达到7%以上，对北京市经济增长继续保持较强的支撑作用。

（一）北京市服务业发展面临环境总体向好

一是国家经济企稳回升概率加大。外部宏观经济环境的冷暖，不仅直接影响企业经营业绩，还影响着企业的投资决策。弱势的经济环境下，企业普遍采取较为谨慎的投资和经营策略。这两年北京市服务业整体低位运行，既有服务业本身转型升级的原因，更是外部经济环境低迷、需求疲弱所带来的直接后果，特别是生产性服务业中的商贸流通、商务服务等领域，对国内外经济大势感知非常敏感。2015年下半年以来，全球及我国经济逐步企稳，经济增长、就业、进出口、PMI、价格等主要经济指标表现出稳中向好的运行态势。国内消费持续向好、部分商品价格温和反弹、外需回暖等因素叠加作用下，我国经济企稳的基础正在夯实。这一趋势也得到了国内外主要经济机构的认可，包括国际货币基金组织、亚洲开发银行、摩根大通、花旗银行等国际组织和机构纷纷上调2018年中国经济增速预期。综合以上因素判断，2018年我国经济有望呈现稳中向好的运行态势，对部分服务业实现平稳增长提供有力支撑。**二是服务业各项改革效果有望加快显现。**2018年将是我国各项改革深入推进的关键之年。特别是已经进入到第三个年头的供给侧结构性改革，各项改革效果有望加快显现，部分行业供求关系、政府和企业理念行为都将发生积极变化。混合所有制改革的深入推进，将推动部分国企加快建立灵活高效的市场化经营机制，逐步焕发发展活力。随着商事制度改革、简政放权的深入推进，企业营商环境将得到明显改善，制度性成本有望进一步压缩，企业经营压力将得到明显缓解。**三是区域协同联动效果逐步显现。**"一带一路"建设、京津冀协同发展、雄安新区等区域协同发展战略的深入推进，都为首都科技服务业向外输出、在更大的空间范围内调配资源、布局产业带来重大契机。

（二）信息服务业继续发挥引领服务业发展的作用

信息服务业是北京服务业增长最为稳定的领域之一，也是技术、模式创新最为密集的行业。信息消费的爆发式增长已经成为拉动区域消费需求的重要动力。2018年，信息服务业仍将是服务业中增长较为稳定的领域之一。**一是重大战略实施利好信息服务需求释放。**以"一带一路"峰会的召开为契机，沿线国家间需求与产业加快对接，京东大数据显示，通过电商平台，中国商品和服务加快输向俄罗斯、埃及、沙特等54个沿线国家，显著扩大了包括信息服务在内的商品和服务的市场半径。**二是新动能有望持续释放。**前期积累的发展潜力正在转化为发展动力，放管服、商事制度改革以来，信息服务业创新创业、投融资都非常活跃，新兴投资热点不断出现。而《"互联网+"行动计划》具体实施细则的落地，也将带动信息服务新兴业态快速发展。**三是龙头企业保持较好发展态势。**龙头企业一直是支撑信息服务发展的重要力量，代表着行业发展的方向。近年来，在新技术应用、并购、政策利好等因素的共同作用下，互联网龙头企业积极拓展新兴业态，企业不断做大做强。2018年，龙头企业仍将保持较快发展脚步。如百度公司已经正式推出人工智能开放计划，已实现开放核心人工智能技术60余项，对话式人工智能系统及自动驾驶等新兴业态正在加速形成。

（三）科技服务业保持较快发展势头

依托北京丰富的科技资源，近年北京市科技服务市场逐步培育并不断壮大。2018年，科技服务业仍将保持近年较快增长的势头。**一是重大科技成果产业化带动科技服务需求扩大。**随着一批前沿性技术成果加快实现落地转化，有望带动从分析评议到标准研发、信息咨询再到孵化服务、投融资服务等整条科技服务产业链条。这些项目中较有代表性的包括北大的智能助残肢体、北航的外骨骼康复机器人等自主知识产权成果等。**二是重点产业功能区集聚发展态势将进一步凸显。**随着中关村知识产权大厦、国际技术转移中心、致真大厦、银谷大厦等知识产权服务集聚区的日趋成熟，专利代理、专利质押、涉外服务等相关企业将加速入驻，集聚度将得到进一步提升，集聚发展所带来的规模效应将加速显现。**三是京津冀协同发展向前推进，**在高效节能、尾气治理、垃圾处理等方面将带动一批科技服务示范项目的落地，有望带动相关领域快速发展。

（四）商贸流通业将继续呈现优化提升态势

商贸流通业作为北京市服务业中传统动能的代表，近年来面临着内部结构升级和外部需求放缓的双重压力。2016年下半年以来，这一趋势得到一定缓解，商贸流通业进入弱复苏阶段。2018年，商贸流通业将延续弱势复苏趋势，行业将继续呈现优化提升走势。这主要基于当前我国经济企稳迹象日趋明显，PMI、工业品出厂价格指数、进出口等主要指标趋于好转，显示随着供给侧结构性改革的深入推进，市场信心正在回升。在以上利好因素作用下，物流、批发等传统市场开始回暖，有望带动商贸流通业保持弱势复苏。

（五）传统金融业态仍延续弱势走势

2018年，金融业发展的不确定性将有所增加，行业整体盈利水平将延续低位徘徊走势。**从货币服务业看，**国家货币政策仍将延续“中性”的总基调，利率市场化将继续推进、同业业务监管将继续加强，传统银行业盈利水平恐难有起色。**从资本服务业看，**证券市场恐仍将延续波动走势，资本市场服务业将维持弱势走势。保险业占金融业比重虽然较小，但随着与互联网、大数据等新兴产业的融合度不断加深，行业竞争力、盈利能力都有望保持向好态势。**从新兴市场看，**新兴金融业态将继续呈现发展势头，在相关政策的支持下，第三方支付、大数据金融、信息化金融机构等互联网金融新兴业态将继续保持快速发展态势。

（六）房地产业有望实现止跌企稳

经过新一轮的调整，北京市房地产业调整下行的局面有望在2018年得到改善，随着长效机制的逐步建立和供需关系的改善，加之上年的低基数，2018年北京市房地产业有望企稳，并实现微幅增长。**一是长效机制效果有望显现。**特别是公租房的建设力度加大和共有产权住房的推出，在改善供求关系的同时，有望缓解中低收入人群及新北京人购房压力。同时，新政作用下的择校热降温，以及集体建设用地建租赁房试点的实施，也将有效缓解供需压力、抑制非理性消费的发生。**二是土地供应放量效果将显现。**在前期不断加大土地供应量的带动下，2018年房地产市场供需矛盾得到缓解，各类住房需求都有望得到一定程度满足，同时消费者购房预期也将得到改善。

（七）公共服务需求将加速释放

在国家经济加速转型和居民消费加速升级的背景下，消费者对公共服务领域需求明显增多，在此带动下，教育、卫生等领域近年一直保持较快的增长。2018年，公共服务领域体制机制改革有望深入推进，在此带动下，需求有望加速释放，供给有望得到优化。同时，移动互联、物联网、云计算、大数据等新技术将加速对传统业态的改造，公共服务业触网融合脚步加快，特别是借助信息化平台，长期以来市场供给明显不足、服务结构过于单一的生活类服务业的活力正在焕发，潜在需求正在激活，行业内一批新兴业态、高成长企业将加快形成，前期已经形成较为稳定商业模式和盈利能力的互联网医疗、在线教育等领域将加快市场扩张规模，对北京市经济的带动作用、对关联产业的示范作用将进一步加大。总体判断，2018年，北京市公共服务业将保持较快增长态势。

四、对策措施

（一）营造更加宜商宜业的营商环境

完善企业自建自持办公用房的供地政策。提高市场准入审批服务效率，在郊区新城重点产业园区率先实行企业投资项目承诺制，大幅缩减前置审批事项。加强产业扶持政策的精准性，明确界定高精尖企业标准，明确各区重点发展产业领域，分行业研究出台发展路径及政策。构建北京市统一权威的政策发布平台，统筹发布北京市各区、各部门产业发展政策和企业扶持政策。构建企业困难解决机制，稳定企业发展预期。切实降低企业税费负担，消除企业跨区转移税务登记阻力。

（二）提升基础设施和城市公共服务水平

优化区域路网体系，推进郊区新城城市主次干路建设，打造对内大循环、对外大开放的交通网络，打通通往重点城镇“断头路”，扩容“瓶颈路”，提高交通转换能力。高质量推进郊区新城生态建设，加快推进污水处理和再生水利用设施建设。设立城市建设发展基金，整合各区PPP项目库，撬动民间投资。补齐各项公共服务的短板，提升城市公共服务能力和水平。加强便利性，完善公共医疗和养老保健、义务教育、商业服务等方面的建设，加强区域内公共服务资源预留用地谋划，积极对接市属优质教育资源、医疗资源、文化资源等向重点新城布局。

（执笔人：孙哲[①]、王佳敏[②]）

① 孙哲，北京市经济信息中心经济研究部，经济师，研究方向为行业研究、区域经济。

② 王佳敏，北京同方软件股份有限公司，数据分析师。

2017年北京市高技术产业形势分析及2018年展望

摘要：2017年，立足全国科技创新中心定位，北京市全面推进供给侧结构性改革和大众创业万众创新，以科技创新为引领，加快发展新产业、新业态和新的商业模式，经济发展新动能不断积聚成长，高技术产业空间集聚发展态势日益凸显。在全国经济企稳回升的带动下，北京市高技术产业表现出较好的增长势头。2018年，在全面深化改革开放、京津冀协同发展战略深入推进以及高精尖经济结构加快构建的带动下，新技术、新业态和新模式蓬勃发展，将带动供给端大变革，推动高技术产业较快增长，为北京市经济发展注入新动能。

关键词：科技创新 新动能 高技术服务产业 三城一区

2017年，立足全国科技创新中心定位，北京市全面推进供给侧结构性改革和大众创业万众创新，以科技创新为引领，加快发展新产业、新业态和新的商业模式，经济发展新动能不断积聚成长。同时以“三城一区”建设为抓手，高技术产业空间集聚发展态势日益凸显。在这些有利因素的带动下，北京市高技术产业总体实现较好发展走势，前三季度增加值增速明显快于北京市GDP增长水平。2018年，在全面深化改革开放、京津冀协同发展战略深入推进以及高精尖经济结构加快构建的带动下，新技术、新模式有望加速带动新的增长点形成，北京市高技术产业保持较快增长态势。

一、2017年北京市高技术产业发展总体情况

随着国家科技创新中心建设深入推进、京津冀协同创新共同体加快建设、各项先行先试政策纵深推进，北京市高技术产业总体保持较好的增长态势。高技术服务业延续近年较快增长态势，高技术制造业增速扭转2016年负增长的局面，实现企稳回升。

（一）高技术产业保持较好增长势头

2017年，北京市高技术产业整体保持了较快增长态势（见图1）。前三季度高技术服务业增加值同比增长10.5%，增幅高出服务业3.4个百分点；受国内宏观经济企稳好转，高技术制造业表现出较好的增长势头，增加值同比增速达到16.7%，扭转了2016年同期负增长局面。

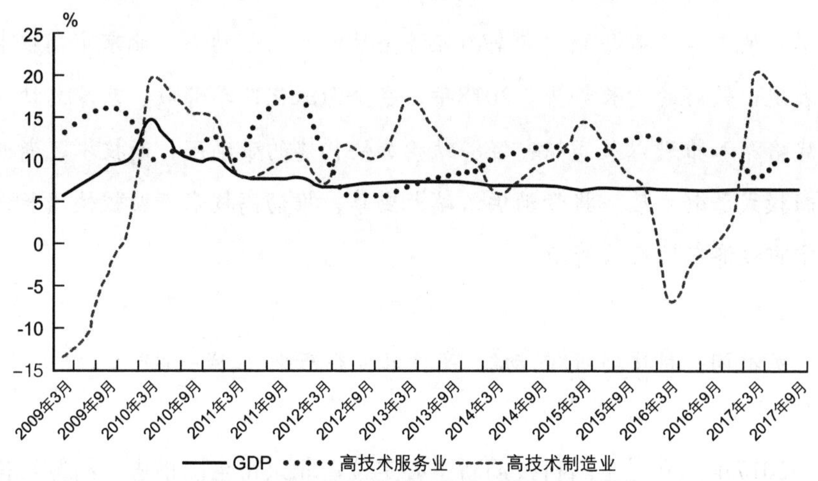

图1 2009年3月以来北京市GDP、高技术服务业及高技术制造业增加值增速

1. 高技术服务业延续平稳较快增长走势

前三季度，高技术服务业实现增加值4456.8亿元，同比增长10.5%，增速分别高于GDP和服务业3.7个百分点和3.4个百分点（见表1）；占服务业比重达到27.8%。产业结构加速升级，新技术不断应用，带动新动能加快

孕育。同时，随着供给侧结构性改革的深入推进、商事制度改革的加快进行，有利于科技型企业发展的环境日益完善，前三季度，科技服务业、信息服务业新增税源户实现快速增长，其中科技服务业增幅超过20%。

表1　　2014年以来北京市高技术服务业增加值及增速变化

单位：亿元，%

	2017年1~9月				2014年增速	2015年增速	2016年增速
	1~9月增加值	1~9月增速	1~6月增速	1~3月增速			
GDP	19569.8	6.8	6.8	6.9	7.3	6.9	6.7
服务业	16053.3	7.1	7.2	6.6	7.5	8.1	7.1
高技术服务业	4456.8	10.5	9.6	8.1	11.4	12.9	10.8
信息服务业	2144.5	10.2	9.3	7.6	11.7	12.0	11.3
科技服务业	2312.3	10.8	10.0	8.6	11.1	14.1	10.2

信息服务业保持稳定增长态势。在新兴业态加速成长的带动下，前三季度信息服务业实现增加值2144.5亿元，同比增长10.2%，增速虽较2016年同期小幅回落1个百分点，但高于服务业增长水平（见图2），仍是服务业中表现较为稳定的领域之一。**新兴业态加速成长。**截至三季度，北京市视频网站行业贡献税收同比增速超过30%；专业视频网站爱奇艺、优酷占全国市场份额超50%；门户网站腾讯视频、搜狐视频、凤凰视频均进入全国在线视频类APP前10位；直播平台呈爆发式增长，快手上半年税收超2亿元，远高于2016年同期的10万元量级。此外，摩拜、ofo积极扩展海外市场，摩拜单车宣布进入英国伦敦，ofo宣布进入泰国曼谷。截至三季度，摩拜已进入新加坡、曼彻斯特、伦敦、佛罗伦萨等8个海外城市。**重点企业保持国内领军水平。**最新公布的2017年中国互联网企业100强名单显示，北京市32家企业入围该名单，其中榜单前10名企业中有6家来自北京，分别是百度、京东、新浪、搜狐、美团点评、360。此外，北京市22家互联网信息服务企业入选全球最具价值私营科技创业公司榜单。其中，滴滴出行、小米分别排名第2位、第3位。

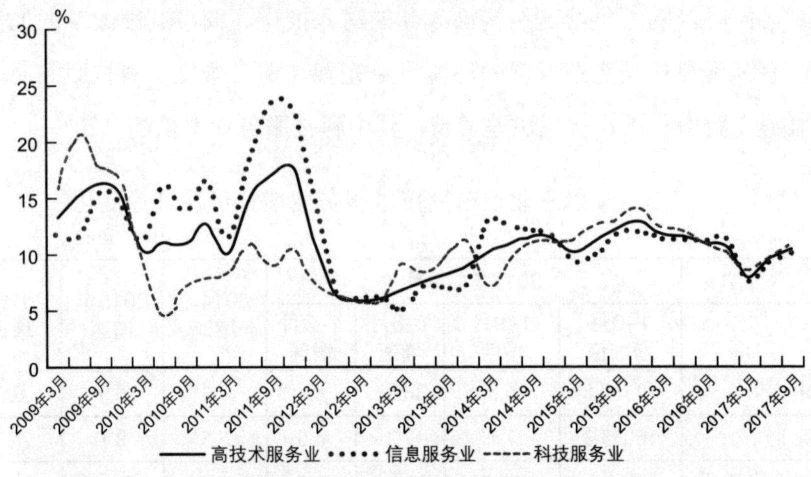

图2 2009年3月以来北京市高技术服务业、信息服务业及科技服务业增加值同比增速变化

科技服务业发展态势向好。随着包括全国科技创新中心在内的首都功能的持续优化提升，科技服务迎来新的发展契机。前三季度科技服务业实现增加值2312.3亿元，同比增长10.8%，与2016年同期基本持平，与服务业其他领域相比，科技服务业增加值增速连续10年保持在10%上下，成为服务业中表现最为稳健的领域之一。**新创科技型企业集聚中关村。**2017年1~9月，新设立科技型企业 22082 家，占北京市新设立科技型企业总量的 42.05%，日均新设立81家。**重点领域发展势头向好。**其中，知识产权服务发展成效显著，目前已经形成了中关村知识产权大厦、国际技术转移中心、致真大厦和银谷大厦4大集聚区；共集聚专利代理机构444家，占全国总量的近三成，执业专利代理人达到6000人，占全国总量的四成。**大中型企业研发支出增长快速。**1~8月，北京市大中型重点企业研发经费内部支出292.1亿元，比2016年同期增长10.8%；期末有效发明专利4.2万件，较2016年同期增长21.0%。

2．高技术制造业企稳回升态势明显

前三季度，在全国经济企稳向好的带动下，北京市高技术制造业扭转2016年同期负增长局面，增加值同比增长16.7%，且自2017年年初以来增速一直保持在20%上下，是近年少有的高增长局面（见图3）。医药制造业、通信设备制造业等重点领域均实现较快增长，增速明显高于其他传统工业领域，对工业带动作用明显。

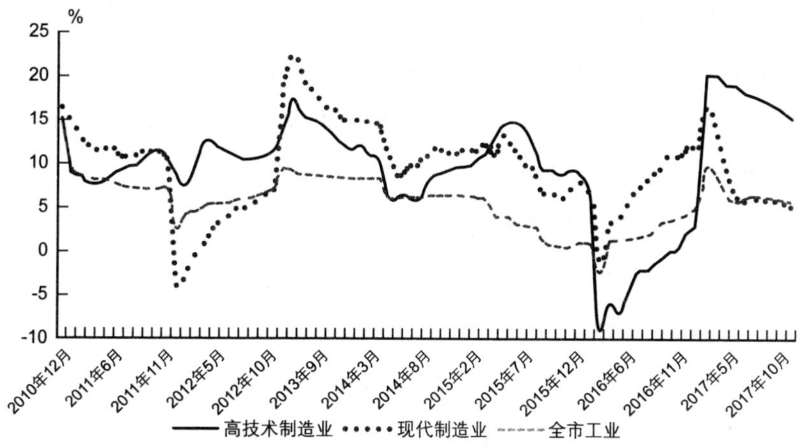

图3 2010年12月以来高技术、现代制造业及北京市规模以上工业增加值月度同比增速变化

医药制造业呈现快速增长势头。2017年，北京市生物医药产业扭转2016年弱势走势，增长势头转强，1~11月增加值同比增长18.9%，增速较2016年同期大幅提高14.7个百分点。**创新品种产出旺盛。**无论是国家食品药品监督局批准北京市注册二类医疗器械产品个数，还是在研生物药数量，北京市均居全国前列。**医药产业创新发展环境进一步优化。**截至目前，北京市生物医药和医疗卫生领域市重点实验室超过160家，占北京市重点实验室总量的1/3；工程技术研究中心达到50余家，占北京市的15%左右。同时，重大项目有序推进，包括诺贝尔奖得主斐里德·穆拉德领衔成立北京精准医疗与健康研究院；全球健康药物研发中心已完成政府和社会资本合作（PPP）项目审批等。

电子信息制造业一举扭转2016年低迷走势。2017年，随着国家宏观经济企稳和新产品新服务的不断推出，信息消费需求不断释放，电子信息制造业一举扭转2016年同期低迷走势，1~11月增加值同比增长19.5%，实现转正。**龙头企业加大拓展外部市场力度。**京东方已在美国、德国、日本、韩国、巴西等地设立营销中心和研发基地，服务体系覆盖欧美亚等全球主要地区。2017年，京东方俄罗斯子公司开始运行，并已向俄罗斯和乌克兰顶尖电视品牌商供货。截至上半年，京东方智能手机面板出货量总体排名全球第二，其中液晶手机面板出货量蝉联全球第一。此外，小米国际化布局取得新成效，通过与越南信息技术公司DGW达成战略合作协议正式进军越南市场。

高端装备制造业实现平稳增长。高端装备制造业是北京市优势行业之一，仅在智能机器人领域就拥有相关企业超240家，专利申请量累计超7800家，均列全国第一。2017年1~11月，北京市高端装备制造业总体表现平稳，重点领域增长符合预期。**新能源汽车销量接近翻番。**1~7月，北汽新能源累计销售36084辆，同比增长88.5%，实现税收1.35亿元，同比增长46%。**海外市场拓展势头不减。**北汽南非汽车工业园项目完成签约，一期投资1亿美元。北汽海外销量增长迅速，截至6月底，完成海外订单超过1万辆，同比增长41%。其中，墨西哥市场上半年累计出口达2800辆。**智能机器人产业发展见成效。**其中，北大智能助残肢体、北航的外骨骼康复机器人等自主知识产权成果实现产业化；北工大攻克机器人核心部件-RV减速器，通州联东U谷工业园智能化工厂项目启动。

（二）高技术产业功能区呈现较好发展态势

2017年，在供给侧结构性改革深入推进背景下，北京市加大首都创新资源空间布局调整力度，在此带动下，中关村示范区增长平稳、“三城一区”加快崛起，成为北京打造全国科技创新中心的重要载体。

1. 中关村示范区呈现平稳较快增长态势

2017年1~9月，中关村示范区总收入超3万亿元，比2016年同期增长15.1%（见表2）。**重要指标普遍向好，**工业总产值7301.6亿元，占北京市工业总产值的55.7%；实缴税费1903.3亿元，同比增长16.7%；利润总额3013.6亿元，同比增长35.4%。**六大重点高新技术领域保持增长。**1~9月，中关村六大高新技术领域均实现较快增长。先进制造、环境保护、电子与信息、新材料及应用技术、新能源与高效节能技术、生物工程和新医药领域收入比2016年同期分别增长26.9%、29.0%、13.4%、14.4%、10.0%、11.4%。**企业科技创新活跃。**1~9月，企业实现技术收入4874.8亿元，同比增长19.4%；企业内部的日常研发经费支出1134.1亿元，比2016年同期增长17.8%。**新经济领域民间投资高度活跃。**仅上半年中关村示范区发生的创业投资案例就接近1000起，其中，信息技术、文化传媒、科技服务业融资活跃度位居前三位，值得注意的是单笔超过10亿元的超大规模融资大幅增长，滴滴出行、今日头条等11家企业获得累计总融资额达到650亿元左右。

表2　　2017年中关村示范区主要经济指标

	2017年前三季度		2017年其他各月同比增速（%）						
	总量	增速	1~2月	1~3月	1~4月	1~5月	1~6月	1~7月	1~8月
总收入（万亿元）	33173.4	15.1	17.5	17.7	15.8	16.3	16.7	16.3	15.0
实缴税费（亿元）	1903.3	16.7	21.4	29.3	15.6	15.0	14.5	17.5	15.7
利润总额（亿元）	3013.6	35.4	69.3	30.1	28.7	33.7	35.9	33.9	29.0
出口总额（亿美元）	202.1	12.3	21.5	14.7	12.0	14.1	15.1	13.8	15.1
R&D（亿元）	1134.1	17.8	18.0	13.9	13.9	13.4	15.2	15.8	16.9

2．“三城一区”建设取得积极成效

2017年以来，北京市聚焦首都科技创新功能定位，以央地高等院校和科研院所及龙头企业为主体，以重大项目和工程为抓手，以科技体制改革为动力，深入推进“三城一区”建设，打造创新发展新高地。前三季度，“三城一区”技术输出增长较快。其中，海淀区居北京市首位，成交额 946.2亿元，同比增长 38.2%。

中关村科学城建设全面推进。2017年，中关村科学城围绕全球领先

原始创新策源地和自主创新主阵地两大定位，聚焦原始创新和“高精尖”产业，全面推进各项改革措施。截至目前，已经承接人工智能2.0、量子计算机等2030国家重大科技项目，推进智能制造研发创新和跨区域产业链布局。区域内战略性新兴产业稳定快速增长，前三季度电子信息、先进制造技术、生物医药产业分别实现总收入 7844.10 亿元、340.60 亿元、160.62 亿元，同比增长 21.7%、28.3%、15.6%。

未来科学城积极推进新平台新项目聚集。其中，加拿大火花科技创新中心未来科学城工作站的成立，将成为中加双方开展联合孵化、创新成果转化落地、科技项目投资等方面的战略平台。北新集团建材股份有限公司院士专家工作站揭牌，将推动新材料领域前沿科技成果的应用。

怀柔科学城建设取得阶段性成果。国家发改委、科技部正式批复北京怀柔综合性国家科学中心建设方案，将着力支持推进重点科学领域跨越发展、推进创新改革先行先试、统筹布局具有前瞻性的国家实验室等七方面工作。截至目前，已有5个大科学装置明确落地建设，其中综合极端条件实验装置可行性研究报告和地球系统数值模拟装置项目建议书已正式批复。材料基因研究、清洁能源、材料测试诊断与研发等5个研究平台项目确定为院市共建项目，正在加快办理规划、建设等开工手续。

北京经济技术开发区重点产业实现较快发展。前三季度北京经济技术开发区实现产值2514.2 亿元，同比增长26.9%。其中，汽车制造、生物医药、电子信息、装备制造等高端产业实现产值2304.4亿元，同比增长29.4%。

（三）创新环境不断改善

2017年，北京市创新创业环境得到明显改善。随着科技体制改革的深入推进、各项先行先试政策效果的显现，创新要素对经济发展的促进作用更加明显，科技型企业运营环境得到进一步优化。

制约科技潜力释放的体制机制约束得到缓和。长期以来，科技领域体制机制约束成为制约首都科技资源潜力释放的重要原因。探索科技领域体制机制改革，从根本上打破科技经济“两张皮”现象，成为北京建设全国科技创新中心的任务之一。2017年，北京科技体制改革深入推进，创新资源潜力加速释放，科技型企业发展活力得到一定焕发。如未来科技城探索依托校企联合、政企联合、企企联合等合作方式，努力打破科研机构院墙壁垒，截至目前，中国石油大学与中海油合作建设的协同创新平台已经正式揭牌；昌平区政府已与华为公司签订云计算服务战略合作协议，重点搭建昌平云平台，打造大数据产业链；北京低碳清洁能源研究所、全球能源互联网研究院等14家单位共建氢能技术协同创新平台，联合开展技术研究，首批签约24个氢能研发团队、350名研发人员。同时，随着各项先行先试政策的深入推进，“院所经济”已经成为助推中关村发展的重要力量，截至目前，中关村核心区拥有高校、科研院所等科研单位824家，1~9月税收同比实现双位数增长。

各项改革措施效果不断显现。如自财政部、国税总局研发费用加计扣除新政（新政将科技型中小企业开发新技术、新产品、新工艺实际发生的研发费用在企业所得税税前加计扣除的比例由50%提高至75%）实施以来，相关企业税收减免效果明显。按照相关数据测算，政策扩围后，新增受益企业将超过3000家，预计增加减免税额8亿元。此外，随着《中关村国家自主创新示范区一区多园协同发展支持资金管理办法实施细则（试行）》的发布，京津冀科技创新协同发展政策环境得到进一步优化，中关村各分园高端化、特色化、协同化发展特征日益凸显。

创新创业环境持续改善。科技金融环境持续改善，于2017年正式运营的中关村银行，通过投贷联动等综合金融服务模式和产品创新等手段，积极为未来成长型科创企业提供服务，有效解决中小微企业融资难问题，推动产业结构向“高精尖”转型升级。“双创”平台加快建设，2017年，北京市新增15家国家级“双创”示范基地，包括中国航空工业集团公司等10个企业示范基地，将为企业创新提供更好的支撑。

二、值得关注的问题

（一）全国科技创新中心的作用尚需进一步释放

全国科技创新中心不仅是为了解决本地的经济发展驱动和转型的问题，更应着眼于为国家经济发展模式转变贡献力量。全国科技创新中心的区域功能包括国际、国家和北京三个层面：在国际层面，中国在世界的地位越来越高，北京应站在世界科技创新的前列，要成为国际科技创新枢纽；在国家层面，北京应该成为引领中国科技创新的领头羊，不仅作为国家的研发中心，更是新经济的策源地；在北京层面，科技创新中心应该成为支撑北京持续发展的原动力和区域协同发展的主引擎。当前，北京市虽然不断加大全国科技创新中心的建设力度，但仍面临一些重大问题有待解决。如原创性技术缺乏、核心成果少；基础研究投入尚需进一步加强；论文专利水平还需进一步提高；原始创新环境有待进一步改善；阻碍科技成果商业化应用和产业化的体制机制和政策障碍依然较多；企业主体地位尚未确立；高校、科研院所的科技成果与企业技术进步的需求不能有效对接；企业研发外向国际化能力不足；技术交易主体不平衡；技术并购存在严格的境外投资管制；中关村先行先试制度存在制约瓶颈等问题，都客观上削弱了北京市作为全国科技创新中心作用的释放。

（二）体制机制障碍有待进一步突破

北京建设全国科技创新中心，实施创新驱动发展战略，有赖于突破体制机制障碍，最大限度地释放首都创新效能。多年以来，在国家大力支持下，北京市一直努力探索体制机制改革，系列先行先试政策得到实施，取得了多方面的成效，科技创新资源活力、微观主体创新动力都得到有效释放。但当前，北京市科技体制仍存在一些弊端，体制机制障碍仍比较明显，“政出多门”“多头管理”现象还比较严重。创新资源分属不同部门，难以统筹协调。在科技创新管理和平台建设中，体制机制障碍制约企业发展现象仍较明显。如在科技管理事项方面，中关村管委会与市、区相关部门存在部分职能重叠、多头管理问题，难以形成合力。再如北京市科技资源与金融资源虽然高度集聚，但两者缺乏高效对接平台，存在科技成果转化“最后一公里”问题。在以上因素的影响下，体制内科技资源活力还有待激发，科技成果产业化的动力和活力仍显不足，以企业为主体的产学院协同创新机制仍未全面建立，科技与经济“两张皮”问题尚未得到根本解决。

（三）城市发展硬约束限制创新资源进一步聚集

北京市作为全国乃至全球科技创新引领者地位的夯实，有赖于各类创新资源的集聚，而创新人才是各类创新资源的核心。当前，首都在吸引创新人才、打造世界高端人才集聚之都方面做出了巨大努力，十百千、海聚工程、高聚工程等一批引进顶尖创新人才的战略相继实施，取得了一定效果。但影响创新人才进一步集聚、落地扎根的硬约束仍然很多，特别是随着北京市功能过度集中所带来人口膨胀、交通拥堵、空气污染、房价高企等大城市病的日趋严重，创新人才进一步集聚所面临的落户难、购房难、购车难以及环境差等问题更加深刻，客观上制约了国际一流创新要素的进一步集聚。

（四）现有土地政策客观上制约产业结构升级

空间是产业发展的载体，也是北京市较为稀缺的资源之一，围绕土地资源再利用、规划使用及后期监管仍存在一些制度性约束，影响存量资源盘活，腾退空间再利用受限。北京市郊区新城经过前期“疏解整治促提升”工作，腾退出大量的建设用地，但由于受到土地使用性质及规划建设指标和补缴地价款高等因素制约，企业发展高新技术产业动力不强，大量仓库厂房和工业大院处于闲置状态。如门头沟区近几年通过疏解转移制造环节和关停低端产业，在中关村门头沟园内已经腾退出约21万平方米的生产车间和工业厂房，但受到以上因素制约，企业集约高效再利用意愿很低。土地使用性质和建筑使用功能的变更有一定难度也制约园区产业升级。目前北京市工业企业通过转型升级，研发、总部、设计、系统集成等高端环节比重不断加大，但按照现有规定，工业用地仅可用于工业生产，行政办公及生活服务设施用地面积之和不得超过工业项目总用地面积的5%，建筑面积不得超过总建筑面积的10%，建筑使用功能较为单一，限制条件较多，导致企业很难打造从研发到生产再到销售的全产业链条。土地出让后，相关执法部门对土地利用监管力度不够，导致土地闲置、土地单位产出偏低等问题长期存在。同时，项目退出机制不够健全，企业积极性和主管单位能动性不高，导致腾笼换鸟难度大。

（五）产业园区集约发展度不高

园区是郊区新城产业发展的主要承载空间，对区域经济支撑的作用明显。目前，北京市郊区园区产出水平普遍不高，土地利用效率低，开发建设速度慢，有些郊区园区未开发面积占规划面积比重超过五成。现有产业主要集中在产业链的中低端，产出效率不高。如中关村示范区一区多园中，郊区园区普遍地均产出效率低，2016年地均总收入数据显示（见表3），中关村示范区平均地均产出约为1亿元/公顷，平原五区中只有顺义和亦庄超过这一水平，通州园和房山园地均产出仅为0.18亿元/公顷和0.19亿元/公顷；涵养五区地均产出均不及北京市平均水平，其中延庆园、密云园和平谷园地均产出均只有0.2亿元/公顷左右。与地均产出相比，郊区园区地均实现技术收入能力更低，与北京市地均0.16亿元/公顷的平均水平相比，平原五区中除顺义区以外，地均实现技术收入均低于0.05亿元/公顷，涵养五区中除门头沟园接近北京市平均水平外，其余各区地均实现技术收入均不足0.04亿元/公顷。

表3　2016年中关村示范区郊区园单位产出情况

园区	中关村整体	大兴–亦庄园	昌平园	通州园	房山园	顺义园	密云园	怀柔园	延庆园	平谷园	门头沟园
规划占地面积（公顷）	48129	9827	5141	3435	1573	1208	1001	711	491	508	189
工业总产值（亿元）	9938	2982	883	322	172	971	139	347	49	85	71
总收入（亿元）	46048	5000	3669	628	302	1485	213	523	90	122	175
其中：技术收入（亿元）	7580	353	232	87	14	165	7	19	18	6	23
利润总额（亿元）	3733	412	203	63	19	30	12	35	3	8	0

（续表）

园区	中关村整体	大兴-亦庄园	昌平园	通州园	房山园	顺义园	密云园	怀柔园	延庆园	平谷园	门头沟园
研发活动支出总额（亿元）	1972	159	134	28	11	82	10	17	3	4	15
企均科研人员	33	42	17	31	31	80	25	36	19	21	44
科技人员占从业人员比重（%）	26.5	16.8	26.2	20.8	15.2	17.7	18.1	17.5	17.7	15.5	27.2
地均工业总产值（亿元/公顷）	0.21	0.30	0.17	0.09	0.11	0.80	0.14	0.49	0.10	0.17	0.37
地均总收入（亿元/公顷）	0.96	0.51	0.71	0.18	0.19	1.23	0.21	0.74	0.18	0.24	0.92
地均技术收入（亿元/公顷）	0.16	0.04	0.05	0.03	0.01	0.14	0.01	0.03	0.04	0.01	0.12
地均利润总额（百万元/公顷）	7.8	4.2	4	1.8	1.2	2.5	1.2	4.9	0.7	1.5	-0.1
企均研发活动支出（亿元）	0.10	0.14	0.05	0.09	0.07	0.31	0.07	0.12	0.05	0.04	0.13

三、2018年北京市高技术产业发展形势判断

（一）北京市高技术产业面临环境总体向好

1.“新技术应用”+“供给侧结构性改革”带动供给端大变革

新技术的广泛应用，新产品、新模式、新服务的不断推出，正在不断激发和对接各类水平和层次的需求，供给端大变革和需求端大爆发的时代已经到来。在互联网时代背景下，传统经济学所描述的短期需求不足现象正在得到根本缓解，供给端的灵活调整不断刺激潜在需求的释放和新需求的创出。而供给侧结构性改革的深入推进，使这一变革进行得更为深刻和彻底。可以预料，随着互联网+、云计算、大数据、物联网、移动互联网等技术手段在各个领域的加速渗透，新经济将呈现爆发式增长态势。总体来看，在科技创新的引领下，新产业、新业态和新的商业模式的蓬勃发展正在带动供给端大变革，为北京市经济发展注入新动能。

2.“一带一路”战略将带动企业进一步拓展海外市场

“一带一路”深入推进背景下，国际贸易、人才、资金、技术大通道雏形逐渐明朗，北京市高技术产业将深度参与全球产业分工，有望借势加大

海外技术输出、资金输出、服务输出和产能输出力度，设计、监理、技术、运营、维护等服务和高附加值高新技术产品出口将迎来重大契机，这将极大地拉动产业链中服务和制造领域的产能输出，为高技术产业扩展海外市场注入强心针，客观上也将带动信息、科技、通信、医药等科技创新密集产业的发展。

3．雄安新区建设背景下北京市高技术产业发展将迎来新契机

北京与雄安新区在全国科技创新布局中具有特殊重要的地位，是贯彻国家创新驱动发展战略、培养全国经济增长新动能的重要力量。两地遵循“四个全面”战略布局，共同落实创新驱动和京津冀协同发展战略，将形成互相依存、互为补充的协同错位发展局面。随着雄安新区建设的启动和推进，可以预料北京作为全国自主创新的重要源头地位和全国战略性新兴产业策源地的地位将进一步凸显，一大批重大科技成果将实现集中有序转化，全国科技创新中心战略定位更加清晰，京津冀创新链将不断得到构筑。

4．落实城市总体规划，加快构建高精尖产业结构系列政策陆续出台，将有利于推动高新技术产业发展

党的十九大提出要推动经济发展质量变革、效率变革、动力变革，提高全要素生产率。同时，为落实城市总体规划，深入实施创新驱动战略，推进全国科技创新中心建设，近期北京市相继出台若干加快科技创新构建高精尖经济结构系列文件，相关产业发展环境持续得到改善。预计，在以上因素作用下，北京市“三城一区”建设有望提速，经济创新活力和竞争力将持续增强。

（二）信息服务保持引领服务业发展作用

信息服务业是北京服务业增长最为稳定的领域之一，也是技术、模式创新最为密集的行业。信息消费的爆发式增长已经成为拉动区域消费需求的重要动力。2018年，信息服务业仍将是服务业中增长较为稳定的领域之一。**一是重大战略实施利好信息服务需求释放。**以“一带一路”峰会的召开为契机，沿线国家间需求与产业加快对接，京东大数据显示，通过电商平台，中国商品和服务加快输向俄罗斯、埃及、沙特等54个沿线国家，显著扩大了包括信息服务在内的商品和服务的市场半径。**二是新动能有望持续释放。**前期积累的发展潜力正在转化为发展动力，放管服、商事制度改革以来，信息服务业创新创业、投融资都非常活跃，新兴投资热点不断出现。而《“互联网+”行动计划》具体实施细则的落地，也将带动信息服务新兴业态快速发展。**三是龙头企业保持较好发展态势。**龙头企业一直是支撑信息服务发展的重要力量，代表着行业发展的方向。近年，在新技术应用、并购、政策利好等因素的共同作用下，互联网龙头企业积极拓展新兴业态，企业不断做大做强。2018年，龙头企业仍将保持较快发展脚步。如百度公司已经正式推出人工智能开放计划，已实现开放核心人工智能技术60余项，对话式人工智能系统及自动驾驶等新兴业态正在加速形成。

（三）科技服务业保持较快发展势头

依托北京丰富的科技资源，近年北京市科技服务市场逐步培育并不断壮大。2018年，科技服务业仍将保持近年较快增长的势头。**一是重大科技成果产业化带动科技服务需求。**随着一批前沿性技术成果加快实现落地转化，有望带动从分析评议到标准研发、信息咨询再到孵化服务、投融资服务等整条科技服务产业链条。这些项目中较有代表性的包括北大的智能助残肢体、北航的外骨骼康复机器人等自主知识产权成果等。**二是重点产业功能区集聚发展态势将进一步凸显。**随着中关村知识产权大厦、国际技术转移中心、致真大厦、银谷大厦等知识产权服务集聚区的日趋成熟，专利代理、专利质押、涉外服务等相关企业将加速入驻，集聚度将得到进一步提升，集聚发展所带来的规模效应将加速显现。**三是京津冀协同发展向前推进。**在高效节能、尾气治理、垃圾处理等方面将带动一批科技服务示范项目的落地，有望带动相关领域快速发展。

（四）电子信息制造业继续呈现良好发展态势

2018年，在新技术不断应用、政策效果逐步显现、龙头企业加速扩张的带动下，北京市电子信息制造业将保持较快增长态势。**一是逐渐确立的技术优势将加速带来回报。**近年在通信技术领域中国取得了一系列最新成果，特别是在感官通信的人际互动领域、量子通信领域实现了重大技术突破。未来随着对新技术产业化投资力度的加大，技术优势有望变为产业化优势，带动电子信息产业实现新一轮增长。**二是龙头企业加速扩张态势不减。**特别是已经完成10亿美元三年期再融资的小米，将加快转型升级脚步，随着多元化业务的不断开拓，以及国际化业务的全面爆发，小米生态系统将逐渐成型，市场份额有望得到进一步稳固。**三是通信基础设施不断完善也为相关产品和服务加速应用提供了保证。**如随着2015年启动的公共场所无线局域网建设工作的加速推进，北京市公共场所无线局域网普及率将大幅提高，未来在城市副中心范围内，将随道路新建同步实现无线局域网覆盖，为市民提供免费无线上网服务。随着城市智慧化程度的不断提升，相关电子产品和信息服务将加速得到应用。

（五）生物医药产业转型升级效果持续显现

2018年，随着转型升级效果的加快显现，北京市生物医药产业有望进入稳定增长阶段。**一是重点功能区转型升级效果将加快显现。**在非首都功能疏解的背景下，中关村生物医药基地充分利用政策优势，一方面加速疏解一般医药制造环节，另一方面加速生物医药领域科技创新和成果转化力度，园区企业在国家重大新药创制、干细胞、疫苗、分析检测等领域的国内领先技术优势将得到释放。随着京津冀协同发展的深入推进和未来新机场枢纽作用的逐步发挥，园区发展势头将持续向好，在“研、产、商展、疗”等领域的地位有望得到全面提升。**二是新型专业园区的运营将为产业发展注入新活力。**如中关村医疗器械园的投入运营，将吸引一批医疗器械产业要素在园区内集聚，推动北京市医疗器械产业发展。**三是新技术有望加速得到应用。**被誉为医疗版的“阿尔法狗”，由中关村创业团队羽衣甘蓝打造的人工智能辅助筛选系统，利用数字化、人工智能和图像处理等技术手段，辅助医生对病人进行诊断，大大提高诊疗效率。该项目已经得到中关村发展集团投资，有望加速撬动这一领域超百亿元的市场潜力。

（六）高端装备制造进一步巩固全国创新发展领军地位

高端装备制造是北京市的优势行业之一。智能机器人高档数控机床、3D打印设备等领域均是北京市重点发展的领域。2018年，在政策红利逐步释放等因素作用下，高端装备制造业有望保持平稳增长态势，在全国创新发展的领军地位将得到进一步巩固。**一是政策优势有望助力重点领域快速发展。**近年陆续出台的《〈中国制造2025〉北京行动纲要》《北京市机器人产业创新发展路线图》等一系列扶持政策措施的效果有望持续显现。此外，经过央、地有效对接，北京已经被科技部追加为国家科技创新2030“智能制造和机器人”重大项目专项，深度参与国家层面智能制造重大项目，巩固在智能机器人等领域的创新发展领军地位。**二是重大项目示范效果有望持续显现。**如随着北京市“智造100”工程的实施，100余个数字化车间、智能工厂、京津冀联网智能制造应用示范项目将陆续启动实施，预计示范效果将持续显现，有望推动一批关键智能部件、工业软件、装备和系统的研发及产业化突破，培育一批全国领先的系统解决方案供应商和智能制造优质企业。

（七）节能环保产业发展环境有望持续优化

节能环保产业是京津冀协同发展的重点领域之一。随着政策环境的持续优化，2018年北京市节能环保产业有望保持平稳较快增长态势。**政策环境优化助力协同步伐加快。**随着《发挥中关村节能环保技术优势，推进京津冀传统产业转型升级工作方案》的发布，三地将通过承接重大工程和项目落地、关键技术研发与示范应用等工作的开展，形成跨区域节能环保项目合作机制，为相关产业发展提供新的机会。

（八）新能源汽车有望保持快速发展势头

在重大项目、龙头企业的共同带动下，2018年北京市新能源汽车有望保持快速发展势头，新能源汽车产业集群将更加完善。**一是重大项目带动作用将不断显现。**特别是随着投资57亿元的桑德新能源智能化产业项目签约落户顺义，国内一流的智能化新能源总部研发及动力电池产业化基地将加快建设步伐，有望进一步完善北京市新能源汽车产业集群，推动产业持续创新升级。**二是龙头企业有望进一步做强做大。**北汽新能源是国内纯电动汽车销量冠军，已经完成在全国的产业布局。该企业已完成B轮融资，其融资规模达到111亿元。凭借雄厚的资金优势，北汽新能源将全面提升在电池动力和智能化方面的技术水平，进一步加大新产品研发力度，带动企业进一步做强做大。

（九）“三城一区”建设有望进一步提速

“三城一区”作为首都创新发展的主平台，是全国科技创新中心在空间上的重要载体，2018年“三城一区”建设有望提速，北京市创新驱动发展前沿阵地作用将得到进一步加强。

中关村科学城原始创新策源地作用将进一步强化。特别是随着北京大数据研究院、百度公司、数码大方等国家工程实验室的陆续启用，石墨烯产业创新中心、中科大北京研究院、脑科学与智能技术研究院等一批新型研发机构的相继成立，航天科工云网等双创平台的深入建设，量子点微型光谱仪芯片、神经网络处理器等重大成果的加速转化，中关村大街集聚全球高端创新要素能力将持续加强，中关村科学城有望加速形成一批具有全球影响力的原始创新成果、国际标准和技术创新中心，一批创新型企业有望加速成长。

怀柔科学城建设有望加快推进。怀柔科学城作为综合性国家科学中心，2018年将加快自身建设步伐。综合极端条件实验装置、地球系统数值模拟装置2个重大科技基础设施和先进光源技术研发与测试、材料基因组研究等5个交叉研究平台将陆续进入开工建设阶段，加快投入运营步伐。而《北京怀柔综合性国家科学中心建设方案》的获批和科学城建设发展公司正式运营，将为怀柔科学城最终建设成为世界级原始创新的承载区提供有力支撑。

未来科学城加快科技成果转移转化。随着20个重大科技成果转移转化项目的稳步推进，8个首批科技成果股权和分红激励等政策试点项目在央企研究院的陆续试行，2018年，未来科学城科技成果转移转化脚步将进一步加快。一批高水平企业研发中心将加快集聚，重大共性技术研发创新平台将加快建设，重大科技成果转移转化步伐将进一步加快，全球领先的技术创新高地雏形将更加清晰。

北京经济技术开发区创新型产业集聚将进一步壮大。2018年，北京经济技术开发区将以重大产业项目为牵引，聚焦动力电池、石墨烯、人工智能等前沿领域，加速建设一批国家级制造业创新中心，形成一批国际标准，引领提升产业技术创新能力，打造一批具有全球影响力的创新型产业集群。

四、政策建议

（一）突破制约创新资源发挥效果的体制机制障碍

一是推动科技资源、金融资本、商业服务的有机融合。搭建大型科技服务商务网络平台，整合并拓展现有的技术产权交易机构，建立集科技成果、商业模式、技术设备等创新要素于一体的市场交易体系，解决科技成果转化“最后一公里”难题。**二是**研究提出突破性政策，进一步发挥中关村先行先试示范作用，在激发科研人员活力、支持科技企业发展等方面继续争取一批新的政策试点。**三是**支持新经济发展，继续做大做强平台经济、共享经济、数字经济、智能经济发展，支持基于互联网、物联网和大数据等技术的开放式创新，促进新经济与传统产业融合发展。

（二）进一步完善产学研协同创新环境

支持国有企业内部科技人才、技术和成果与外部进行流动，实现互通，推进高校院所、国有企业内部实验室、科学仪器设备对民营企业和中小企业的开放。依托高校院所、科研机构建设一批前沿技术孵化器和加速器，吸引天使投资、创业投资机构共同构建专利、技术、资本相互融合的技术交易市场。

（三）打造人才集聚高地

以构建高精尖系列政策的制定为契机，立足全国科技创新中心建设，瞄准人才国际化发展方向，创新人才吸引集聚机制，为高层次创新人才和团队搭建更为广阔的舞台。一是确定符合首都功能定位的人才标准，做好人才架构设计，加强人才体系建设，建立一整套人才引进、人才培养和人才激励与约束的机制。二是要梳理现有人才政策，综合运用财税、户籍、教育、医疗、出入境便利化等措施，形成合力统筹解决高层次人才引进难、留住难等突出问题。三是深化以增加知识价值为导向的分配政策，释放人才创新创造活力。

（四）建立园区发展的考核激励机制

出台中关村示范区一区多园统筹协同发展指导意见，建立各分园考核评价体系，优化企业发展环境。建立考核评价激励机制，对得分较高的园区可探索建立专项扶持基金、加大市级税收返还、市级固定资产投资或重大项目支持资金优先到位等方面的支持力度；对于考核得分较低的园区，限期要求进行整改。考评机制完善后，考评结果经市委组织部审核后纳入各区领导班子考核等相关考核体系，以加大激励力度。

（五）进一步改进中关村一区多园管理和服务

一是提高产业政策竞争力。优化现有的“1+4+1”政策体系，主动应对政策支持力度较兄弟省份不足而导致的优质企业流失问题。二是加强园区配套功能建设。加强园区周边卫星城镇规划建设，解决园区企业员工的安居问题。三是打造新的园区服务模式。加强对入住企业需求分析，为进驻企业提供更为完善的全方位服务。

（执笔人：孙 哲[①]、王佳敏[②]）

[①] 孙哲，北京市经济信息中心经济研究部，经济师，研究方向为行业研究、区域经济。

[②] 王佳敏，北京同方软件股份有限公司，数据分析师。

2017年北京市金融业形势分析及2018年展望

摘要：2017年，在“强监管、去杠杆”的背景下，北京市金融业增速继续放缓，但对北京市经济增长仍形成有力支撑。传统金融业稳中向好，服务实体经济力度不断加大；新兴金融领域保持较快发展势头，增长新动能正在孕育。综合考虑国内经济环境、监管政策、市场需求等因素，预计2018年北京市金融业在转型调整中呈现稳中有进态势，银行业在回调压力下有望实现企稳，资本服务业在波动中增长提速，保险业增速稳中有升，新兴金融服务领域持续健康发展。

关键词：金融业 现状分析 未来展望 政策建议

2017年，在“强监管、去杠杆”的背景下，北京市金融业增速继续放缓，但对北京市经济增长仍形成有力支撑。传统金融业稳中向好，服务实体经济力度不断加大；新兴金融领域保持较快发展势头，增长新动能正在孕育。2018年，国内货币政策将继续保持稳健中性，利率市场化和人民币汇率机制改革深入推进，金融严监管趋势不放松，供给侧结构性改革引导金融业回归本源良性发展，同时国家重大战略项目的深入实施将为金融业发展注入新活力。预计2018年北京市金融业在转型调整中呈现稳中有进态势，银行业在回调压力下有望实现企稳，资本服务业在波动中增长提速，保险业增速稳中有升，新兴金融服务领域持续健康发展。

一、2017年北京市金融业政策导向回顾

2017年，北京市围绕“四个全面”战略布局，贯彻“创新、协调、绿色、开放、共享”的发展理念，落实国家金融改革的战略要求和各项部署，推动金融供给侧结构性改革。出台系列政策举措，不断提升金融服务首都功能和实体经济的能力，把更多金融资源配置到经济社会发展的重点领域和薄弱环节。以防范系统性金融风险为底线，以强化金融监管为重点，加强和完善金融法治环境和金融管理水平，切实保障和维护金融安全与稳定。同时，以北京市服务业扩大开放综合试点为契机，加大政策支持力度，扩大金融业对外开放水平，融入国际金融新格局。

（一）加大对实体经济支持力度

2017年，北京市加大金融对实体经济的支持力度，引导资金“脱虚向实”，协调金融与经济平衡发展。**一是强化对存量产业转型升级的促进作用。**引导金融机构加大对战略性新兴产业和高端制造业的支持力度，加快形成创新引领、技术密集、价值高端的经济结构。年初银监局召开会议强调银行业要回归本源、专注主业，提升服务实体经济的质量和效率。持续督导辖内银行业将推进“去产能”与防范化解自身风险相结合，辖内主要中资银行对钢铁、煤炭、水泥等传统制造行业贷款余额及不良贷款率均较年初有所下降。在国家出台《关于金融支持制造强国建设的指导意见》的背景下，引导金融业重点支持电子信息、生物医药、新能源、新材料、智能制造、航空航天、新能源汽车、轨道交通等战略性新兴产业发展，为构建“高精尖”经济结构提供金融服务。**二是落实房地产市场调控政策。**完善商品住房差别化信贷政策，针对个别银行业金融机构发放的个人消费贷款和个人经营性贷款存在违规流入房地产市场用于购房的情况，相关部门联合下发《北京银监局、人行营业管理部关于开展银行个人贷款资金违规进入房地产市场情况检查的通知》，要求辖内银行业金融机构针对个人经营性贷款和个人消费贷款开展自查工作，并有针对性地开展专项检查，抑制房地产投机过热现象。**三是加大对薄弱领域的支持力度。**扩大金融服务覆盖面，

形成多层次的普惠金融服务专业化组织体系，加快解决农村金融服务不足、小微型企业融资难问题。持续推进“银税互动”相关工作，引导银行机构努力拓宽信息共享范围。通过提供专项贴息支持，鼓励银行发放农村承包土地经营权抵押贷款。出台《关于构建首都绿色金融体系的实施办法》，支持在京银行业金融机构成立绿色金融事业部等绿色金融专营机构，开辟绿色信贷审批专项通道；对从事节能环保、新能源、新能源汽车等战略性新兴产业的绿色企业，加大上市培育支持力度。

（二）强化服务首都核心功能

2017年，北京市积极推动符合首都城市战略定位的现代金融业发展，支持“四个中心”功能建设，重点发展科技金融、文化金融，全力服务京津冀协同发展等重大战略。**一是协调金融机构为重大项目建设提供投融资支持。**贯彻落实《国务院关于创新重点领域投融资机制 鼓励社会投资的指导意见》，鼓励通过PPP模式支持北京重大项目建设，积极发挥企业债券融资对PPP项目建设的支持作用。切实推进保险业服务疏解北京非首都功能的政策实施，鼓励保险资金利用债权投资计划、股权投资计划等方式支持北京市重大项目建设。**二是鼓励创新科技金融、文化金融产品与服务。**发布《关于进一步推动中关村国家自主创新示范区科技金融专营组织机构创新发展的意见》，鼓励各银行开发针对科技创新创业企业特点的金融产品。鼓励银企对接统筹设立市场化运作的文化科技融合发展创业投资引导基金。完善多层次资本市场综合服务，对辖区科技、文创类拟上市企业开展专题培训会，就上市宏观环境、交易所上市政策、企业境内上市流程等方面进行培训，促进企业利用资本市场助力自身发展。**三是支持金融机构一体化运营，助力京津冀协同发展。**支持符合条件的金融机构通过直接设立或相互参股等方式，在京津冀三地互设子公司和分支机构，跨区域开展业务；制定《京津冀流动性互助协议》，打造京津冀城商行的信息交流平台。与津冀联合发布《关于保险公司和保险专业代理机构跨京津冀区域经营备案管理试点有关事项的通知》，对跨区域经营备案管理试点中涉及的机构设立、保险产品等七个方面明确监管要求。

（三）加强多层次金融市场体系建设

一是建立健全传统金融市场体系。推动“新三板”“四板”市场规范发展，稳步开展各类制度创新，产品创新，强化并购重组、信息披露规范要求。发挥“新三板”对北京构建“高精尖”产业结构、建设科技创新中心的推动作用。举办青年创新创业企业运用场外资本市场培训会，助力北京市青年创新创业企业对接全国中小企业股份转让系统、北京市区域性股权市场和机构间私募产品报价与服务系统。出台北京保险业贯彻落实《中国保险业“十三五”规划纲要》实施意见，完善北京现代保险市场体系，推进保险中介市场发展，满足日益增长的多元化保险服务需求。**二是促进新兴金融领域健康发展。**充分发挥中关村国家自主创新示范区政策先行先试、基础服务平台等先发优势，在中关村率先开展互联网金融综合试点，积极推动移动金融、大数据金融、云金融等产业发展。支持传统金融行业利用互联网技术开展产品和服务创新，鼓励在京设立互联网金融法人机构或功能性总部。推动互联网金融行业自律服务组织建设，设立行业规范和技术标准。2017年9月，北京市互联网金融行业协会发布《关于网贷短期流动性风险提示函》，提示各网贷机构高度重视2017年下半年面对的短期流动性风险，发挥行业市场自律功能。

（四）强化金融监管，防范化解风险

一是全面提升金融体系风险管理水平，把主动防范化解系统性金融风险放在重要的位置。推动银行业建立全面审慎的风险监管体系，强化证券业行为监管，加强保险业偿付能力监管。年初银行业监督管理工作会议对防范银行业风险做出六方面部署，包括严控风险增量、加快处置存量风险、深入推动非法集资综合治理体系建设、实施穿透原则、切实防范交叉性金融风险、全面清理地方政府融资平台债权债务关系。对“三套利、三违反、四不当”进行专项整治，强化风险管控。证监局召开辖区机构监管工作会，要求平稳有序化解不规范存量业务，调整功能定位和发展方向，落实“去非标、去通道、控规模、调结构”的监管导向，聚焦主业、稳健经营，守住不发生区域性、系统性风险的底线。**二是加强新兴业态金融监管，着力完善防范和处置非法集资工作机制。**出台《P2P网络借贷风险专项整治工作实施方案》，推进P2P网络借贷风险专项整治，落实资金存管要求，防范互联网金融风险。印发《网络借贷信息中介机构事实认定及整改要求》，划定八个整改大项，号称"最严网贷监管政策"。继央行等七部门下发《关于防范代币发行融资风险的公告》叫停ICO融资后，发文要求各银行和支付机构立即停止为现有ICO平台提供账户开立、登记、交易、清算等支付结算服务。进驻"火币网""币行"等比特币、莱特币交易平台，就交易平台执行外汇管理、反洗钱等相关金融法律法规、交易场所管理相关规定等情况开展现场检查。

（五）推动金融业扩大开放

一是深入推动服务业扩大开放综合试点。加大政策支持力度，优化北京外资金融机构服务环境，优化对外投资管理服务。支持符合条件的银行、证券、保险等各类金融机构通过境内外资本市场筹集资金，支持符合条件的各类资本设立消费金融公司、汽车金融公司、金融租赁公司等非银行金融机构。**二是支持服务"一带一路"国家战略。**支持在京银行类金融机构主动承接"一带一路"战略释放的融资和其他金融服务需求，在"走出去"重点国家和地区进行业务布局，为国内企业开拓市场提供金融支持。鼓励证券期货类金融机构积极服务企业对接国际资本市场，参与企业跨国并购重组业务。推动设立北京市"走出去"基金，打造重大项目海外发债平台，助力企业境外发债。**三是积极推进人民币国际化进程。**支持在京企业在"一带一路"沿线跨境贸易和投资领域使用人民币结算。鼓励在京金融机构积极开展境外项目人民币贷款业务，推动人民币金融产品创新，支持在京非金融企业和非银行金融机构进入银行间外汇市场。

二、2017年北京市金融业运行特点

（一）金融业总体延续增速放缓态势

2017年，在“去杠杆，强监管”背景下，北京市金融业继续承压，增速延续放缓态势，但对北京市经济增长仍形成有力支撑。前三季度，北京市金融业实现增加值3408.6亿元，同比增长7.4%，增速与一季度、二季度持平（见图1），较2016年同期减少1.6个百分点；占GDP比重17%，对北京市经济增长的贡献率达19.5%，继续稳居北京市服务业“领头羊”地位。经营效益方面，随着利率市场化和人民币汇率形成机制改革的深入推进，短期内导致金融市场运行出现一定波动，盈利水平增速有所下滑。前三季度，北京市金融业实现营业收入18111.4亿元，同比增长7.2%，实现利润10554.8亿元，同比下降13.6%（见图2）。2017年北京市金融业上市公司三季度财报显示（见表1），13家金融业A股上市公司中7家公司营业收入同比增速为负值，净利润增幅也多徘徊在个位数字甚至面临大幅下挫局面，说明北京市金融业在经济下行和“去产能”加快的背景下面临一定的回调压力。

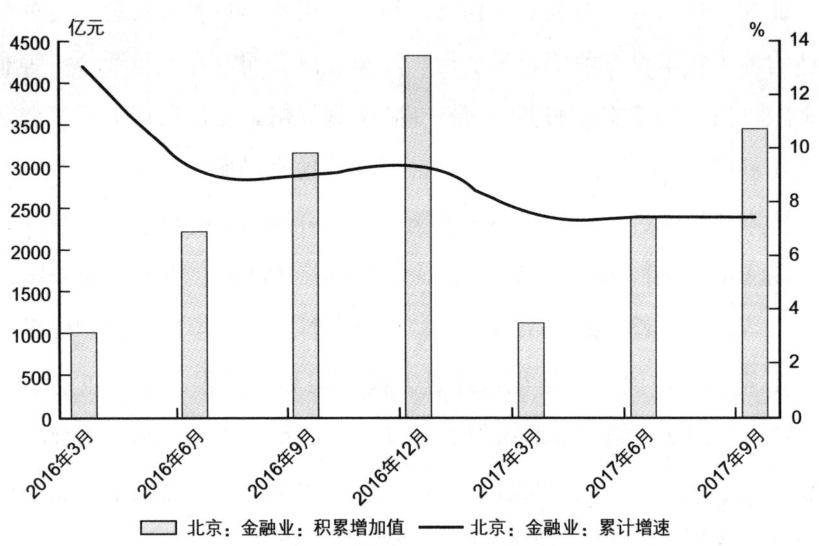

图1 2016~2017年北京市金融业增加值及累计增速

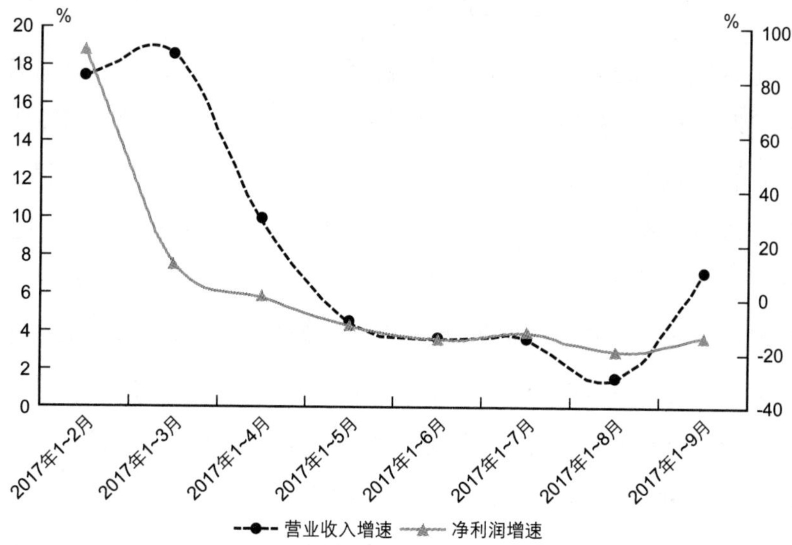

图2 2017年北京市金融业营业收入及净利润月度累计增速

表1 2017年前三季度北京市金融业上市公司收入利润情况

企业名称	2017年前三季度营业收入		2017年前三季度净利润	
	规模（亿元）	同比增速（%）	规模（亿元）	同比增速（%）
民生银行	1059.41	-8.9705	411.07	3.0535
中国银河	89.17	-8.4021	34.14	-4.453
光大银行	687.91	-2.7744	254.8	4.0467
新华保险	1155.61	-1.8882	50.43	5.3478
中国银行	3640.72	-1.3542	1551.35	2.3602
建设银行	4719.94	-0.1223	2022.73	3.9056
中信银行	1153.07	-0.0251	348.95	0.7856
东兴证券	24.59	0.974	9.38	-14.5267
工商银行	5357.73	3.4762	2290.86	2.514
华夏银行	500.72	5.2043	143.27	-2.4578
农业银行	4083.9	5.7583	1601.42	3.8703
北京银行	388.14	6.9374	156.26	3.9239
中国人寿	5476.52	19.9812	272.17	95.5104

（二）传统金融业转型调整回归理性

货币信贷市场运行平稳，服务实体经济力度不断加大。截至2017年9月末，北京市金融机构人民币贷款余额62363.4亿元，同比增长11.8%，增幅比上年同期提高2.2个百分点。北京市非金融企业及机关团体人民币贷款余额为45409.3亿元，同比增长11.2%（见图3），增幅比上年同期提高5.2个百分点，为2014年以来同期最高增幅，反映出**金融业对实体经济的支持力度进一步增强。房地产贷款增速下滑，调控效果明显。**9月末，北京市金融机构人民币房地产贷款余额16024.2亿元，同比增长16.2%。其中，个人购房贷款余额9584.9亿元，比年初增加1286.7亿元，占人民币各项贷款新增额的22.4%，占比较2016年末下降17.9个百分点。**高新技术行业贷款继续保持高位增长，高精尖行业贷款增幅扩大。**9月末，北京市中资银行高新技术产业人民币贷款余额3379.4亿元，同比增长18.1%。其中，国家重点支持的高新技术领域中的电子信息技术、航空航天技术贷款余额增速分别为25.8%、29.4%。北京市中资银行文化创意产业人民币贷款余额1429.5亿元，同比增长13.4%。其中，文化艺术、广播电视电影、软件网络及计算机服务、广告会展等子行业贷款余额同比增速分别为10.2%、32.6%、19.6%、17.1%。**小微企业贷款增速保持较高水平。**9月末，北京市小微企业人民币贷款余额7180.8亿元，同比增长19.6%；增速较大型企业高1.6个百分点，较中型企业增速高7.1个百分点。此外，**“三农”金融产品供给增加。**辖内多家银行业机构推出新产品，服务涉农企业直接融资需求，如北京农商银行与河北、天津等地农村金融机构联合推出“京津冀农银通卡”，免收三地个人客户跨区域存取款、转账手续费；中国农业银行北京市分行推出e农管家电商平台，截至2017年3月末已签约商户近2200家；北京农商银行创新推出“凤凰乡村游”移动端APP，截至4月末已注册用户8万余人，商户400余家。

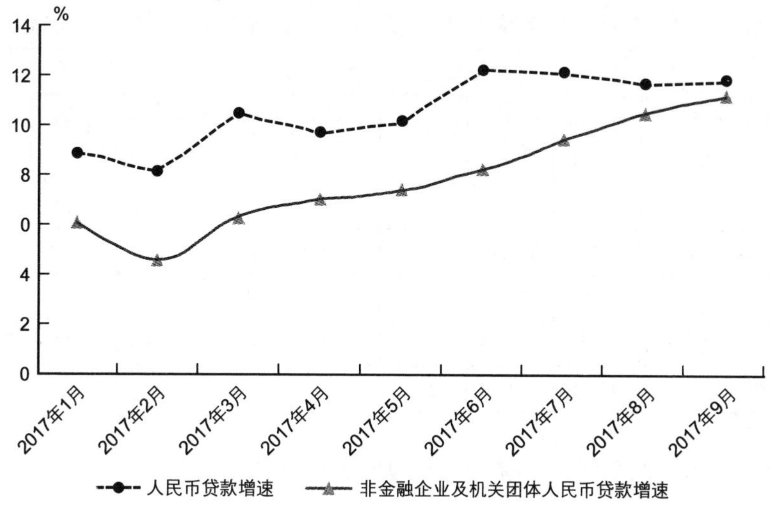

图3 2017年北京市金融机构人民币贷款及非金融企业及机关团体人民币贷款月度累计增速

资本市场涨跌互现，三、四板市场挂牌步伐放缓。债券市场方面，受2016年来市场资金成本逐步提升等因素影响，企业发债利率与贷款利率持续倒挂，导致大部分债券推迟或取消发行。截至2017年9月末，北京地区企业债券融资规模为-2837.6亿元，较2016年同期减少6223.3亿元。**股票市场方面，**企业IPO速度加快。前三季度，北京地区新增A股上市公司21家，同比增长133.3%，首发募集资金116.0亿元，同比增长26.3%（见表2）；截至9月末，北京地区A股上市公司共308家，占全国8.8%，居全国第四；累计首发融资8366.0亿元，占比29.7%。**新三板市场**挂牌公司增速有所回落。前三季度，北京新增挂牌公司200家，占全国10.9%，2016年同期为545家，占全国14.9%，增速下降态势与全国保持同步，市场由数量增长向质量提升转变。**区域性股权市场**建设稳步推进，挂牌步伐有所放缓。前三季度新增服务中小微企业13家，2016年同期为新增49家，同比减少73.5%。**私募股权投资市场**持续升温，重点加强对北京市战略性新兴产业支持力度。截至2017年8月底，北京市已登记私募基金管理机构3922家，占全国19.0%，居全国第三。前三季度，私募股权投资市场共完成676起投资案例，占全国35.1%；投资金额2989.6亿元，占全国72.9%。主要聚焦在战略性新兴产业与文化创意产业。

表2 2017年前三季度北京市各资本市场新增公司数量及融资情况

市场分类	新增上市/挂牌公司数量				首发募集资金			
	全国（家）	全国同比（%）	北京（家）	北京同比（%）	全国(亿元)	全国同比（%）	北京(亿元)	北京同比（%）
沪深A股	351	178.57	21	133.33	1758.33	128.90	116.00	26.29
其中：主板	174	222.22	11	120.00	1049.08	113.94	89.73	12.08
中小板	62	158.33	2	-	284.31	143.40	5.30	-
创业板	115	139.58	8	100.00	424.94	163.99	20.98	77.95
新三板	1842	-50.54	200	-63.41	-	-	-	-

保险市场增速有所下滑，人身险业务继续回落。前三季度，北京保险市场共实现保费收入1629.4亿元，同比增长11.2%，增速同比下降26.6个百分点。其中，财产保险市场实现平稳增长。财产保险公司实现保费收入303.2亿元，同比增长11.4%。受中短存续期产品和万能险产品监管政策影响，人身险业务继续回落。人身保险公司实现保费收入1326.2亿元，同比虽增长11.1%，但增速比上年同期下降36.9个百分点。截至上半年末，北京地区保险法人机构68家，数量居全国第一。保险资金积极助力北京市基础设施、科技园区、棚户区改造等重点项目建设。2017年上半年，保险资金以债权投资计划形式参与北京市重点项目建设，累计投资规模达1328.2亿元，居全国首位。

要素市场交易规模较同期下降，总体发展趋于理性规范。围绕首都城市战略定位，北京市重点推动建设了中国水权交易所、北京电力交易中心、冀北电力交易中心、京津冀协同票据交易中心、北京木业交易中心、北京国际浆纸交易中心等一批交易场所。受监管升级、部分大型交易场所清理整顿及经营模式转型等影响，2017年一季度北京市要素市场52家交易场所共实现交易金额9585亿元，交易规模较2016年同期有所下降。但总体来看，在服务实体经济发展、助力首都“高精尖”经济结构构建等方面发挥了重要作用。

（三）新兴金融领域保持较快发展势头

相较银行、证券、保险等传统金融业，新兴金融业态弥补了传统金融服务的局限性，以小额贷款、汽车金融、消费金融和互联网金融等为代表的新兴业态保持较快发展势头。**小额贷款公司、融资性担保公司保持健康发展。**截至2017年9月末，北京市共批准设立小额贷款公司90家，实现北京市16个区全覆盖。北京市小额贷款公司注册资本金总额124.1亿元，贷款余额131.8亿元。截至2017年9月末，北京获批的融资性担保机构共90家，注册资本合计约568亿元，总资产约678.6亿元。**互联网金融持续蓬勃发展。**截至2017年9月末，北京拥有第三方支付（含互联网支付）牌照的公司57家，居全国第一。P2P网络借贷行业发展迅猛，截至9月末，北京P2P网贷运营平台共385家，占全国比重为19.2%，贷款余额4002.9亿元，居全国第一。1~9月，成交量4984.0亿元，同比增长35.0%；投资人数1334.8万人，同比增长19.0%。新兴金融领域整体保持较快发展势头，金融业增长新动能正在孕育。

（四）影响力辐射力进一步增强

随着亚投行、丝路基金、中非基金、中拉基金相继在京落户，**北京作为中国国际金融大本营的格局初步形成，国际影响力进一步加大。**北京是三家政策性银行、四大国有商业银行、四大金融资产管理公司的总部所在地，拥有18 家证券公司、23家证券投资基金管理公司、70家财务公司、55家保险公司等共计1838 家法人金融单位，居全国首位。2017年上半年，全球金融中心指数第21期发布，北京得分710分，排名第16位，排名上升10位，国际影响力进一步增强。此外，**金融服务京津冀区域一体化战略的辐射作用增强。**北京市支持在京金融机构信贷资源流向天津、河北地区，为疏解离京企业提供接续金融服务。2016年12月，工商银行北京分行牵头京冀两地10余家银行， 以“并购贷款+债务优化银团+债转股”的一揽子金融服务，向企业提供230亿元意向融资支持，助力京津冀协同发展重大并购项目。2017年3月，京津冀三地政府与中国农业银行签署《落实〈京津冀协同发展规划纲要〉战略合作协议》，在共同推进有序疏解北京非首都功能、重点领域率先突破、大力促进创新驱动发展等7个领域开展全面合作。2017年8月，北京银行按照工作计划推进京津冀流动性互助机制建设，打造京津冀城商行的信息交流平台、业务交流平台、业务合作平台和市场增信平台。

三、金融领域需关注的问题

（一）金融业整体增速表现趋缓

在去杠杆、防风险政策环境的影响下，自2016年6月，北京市金融业增加值增速首次下降到两位数以下，为9.2%，2017年一季度再下跌1.7个百分点，到7.5%，落后上海3.8个百分点，落后深圳7.5个百分点。2017年前三季度，北京市金融业实现增加值3408.6亿元， 同比增长7.4%，较2016年同期减少1.6个百分点。在供给侧结构性改革的背景下，金融业去杠杆进入深水期，严监管趋势不减，伴随利率市场化和人民币汇率形成机制改革的深入推进，金融业运行受到一定抑制作用。受偏紧的货币政策带来的货币市场资金价格走高以及监管层实行全面宏观审慎管理的影响，银行业同业业务、理财业务纷纷大幅收缩，负债端压力上行，盈利能力受到影响。2017年前三季度，北京市金融业实现利润10554.8亿元，同比下降13.6%。金融业整体增速趋缓值得关注。

（二）银行业资产质量压力犹存

截至2017年6月末，北京银行业资产总额21.20万亿元，负债总额20.32万亿元，均占全国银行业的9%左右，资产、负债总额比年初分别下降1.8%和1.9%，同业资产和同业负债总额比年初分别下降29.8%和13.5%，减少资金空转的监管工作成效显现。不良贷款率0.37%，比年初下降0.22个百分点，商业银行信贷资产质量持续下行势头得到遏制。然而，当前我国结构性产能过剩问题仍较突出，实体经济企业杠杆率依然高企，随着“去产能”和“去杠杆”工作的深入推进，信用风险或将进一步暴露，银行业资产质量依然面临较大的压力。与此同时，部分银行通过贷款展期、平移及借新还旧等方式继续占用信贷资金，延迟了本应暴露的信贷风险。此外，银行内部对于“安全性、流动性、效益性”的经营原则缺乏贯彻力度，有的甚至发放超出规模的贷款和从事账外经营，使得贷款回收困难，导致不良贷款的增加。总体来看，受实体经济“去杠杆”、处置“僵尸”企业以及部分行业累计的风险等多种因素影响，短期内银行业信用风险将继续释放，资产质量下行压力犹存。

（三）房地产与金融风险交织

2010~2016年间，金融机构房贷与实收资本之间的比例多超过400倍，表明我国当前按照实收资本计算的房地产贷款处于较高风险区域。近年来，房地产市场的超额利润带动该行业非理性增长，房企发债、房企融资以及个人住房贷款增量均呈现高位增长态势。资金过快流入房地产市场，造成各种本应投放到其他经济领域的资源集中涌入房市，从而让房地产变成典型的加杠杆金融产品，房地产领域的金融风险隐患随之增加。截至2017年9月末，北京市金融机构人民币房地产贷款余额16024.2亿元，同比增长16.2%，占北京市人民币各项贷款的25.7%，增速虽有所下降，但长期来看积累的房地产贷款余额规模庞大。2017年房地产业调控政策持续加码，行业内部面临资金压力，在此过程中部分负债率较高的中小型房企面临一定的资金风险。同时，房地产市场价格波动导致的抵押品贬值将会对银行资金安全造成较大的风险隐患，对金融业整体风险抵御能力冲击较大。

（四）新兴金融业态有待规范

近两年，随着信息技术的广泛应用和电子商务的快速发展，以第三方支付、P2P小额信贷、众筹融资等为代表的新型互联网金融业态快速成形。北京市互联网金融业已进入快速发展阶段，在第三方支付、P2P、众筹融资等多个领域取得了长足发展。截至2017年9月末，北京拥有第三方支付（含互联网支付）牌照的公司57家，P2P网贷运营平台共385家。作为金融创新，互联网金融的发展仍处于初级阶段，存在着较大风险。许多科技公司在没有任何牌照的情况下提供信贷和支付服务、出售保险产品等，这无疑引发行业非理性增长和恶性竞争问题，扰乱了金融秩序。不少打着普惠金融旗号的现金贷平台，抬高了融资成本，导致偿贷能力较低、负债敏感性较高、资金获得性较低的借贷群体过度负债，累积了一定的社会风险，衍生出一系列社会问题。

四、2018年北京市金融业面临的外部环境

（一）货币政策继续保持稳健中性

从国际环境看，2018年全球经济强劲增长动力依然不足，同时美联储加息和缩表、欧央行和日本央行退出量化宽松，货币政策逐步回归正常化，国际环境不确定性因素较多，经济下行风险不容忽视。**从国内环境看**，结构性改革风险释放对经济增长产生一定的下拉作用，总杠杆水平仍然偏高，结构性矛盾仍较突出。央行以防范系统性金融风险为目标，采取宏观审慎政策，着力减缓金融体系和跨市场风险对宏观经济和金融稳定造成的冲击。央行在进行2017年一季度MPA评估时正式将表外理财纳入广义信贷指标范围，抑制金融体系内部杠杆过快增长。同时，自2018年一季度起，拟将同业存单纳入MPA同业负债占比指标进行考核评估，促进金融机构稳健经营，“去杠杆”意图更加清晰、明确。2017年9月30日，央行发布《关于对普惠金融实施定向降准通知》，加大对小微企业和“三农”的支持力度，并不意味着“大水漫溉”或宽松周期开启。因此，综合国内外经济环境、物价水平及相关金融调控政策等因素，预计2018年国内货币政策将继续保持稳健中性。

（二）金融领域市场化改革深入推进

近年来，按照党中央、国务院统一部署，央行持续推进利率市场化和人民币汇率形成机制改革。**利率市场化改革方面**，进一步督促金融机构健全内控制度，增强自主合理定价能力和风险管理水平，着力完善存款保险制度功能，制度实施各项工作稳步推进。金融机构存款平稳增长，大、中、小银行存款格局保持稳定。实施风险差别费率核定工作，发挥

差别费率的风险约束和正向激励作用。**人民币汇率形成机制改革方面，**人民币兑美元双边汇率弹性进一步增强，双向浮动特征更加明显。自2005年人民币汇率形成机制改革以来至2017年6月末，人民币名义有效汇率升值34.26%，实际有效汇率升值42.24%。2017年央行在原有"收盘价+一篮子货币汇率变化"的报价模型中加入"逆周期因子"，以适度对冲市场情绪的顺周期波动，更好地反映了我国经济基本面和国际汇市的变化，人民币兑美元双边汇率弹性进一步增强，汇率预期平稳。因此，2018年金融领域市场化改革将继续深入推进。

（三）供给侧结构性改革持续发力

在持续推进供给侧结构性改革的大背景下，北京市紧密围绕首都功能定位、加强供给侧改革等工作出台了一系列调控措施，这些举措在2018年将持续发力，引导资金"脱虚向实"，促进金融机构稳健经营。**一是加大对战略性新兴产业和高端制造业的支持力度，构建"高精尖"经济结构。**北京市将加快实施《关于进一步推动中关村国家自主创新示范区科技金融专营组织机构创新发展的意见》，全面落实北京国家科技创新中心的城市功能定位。鼓励设立文化创意产业发展基金或投资引导基金，完善多层次投融资服务体系。围绕《关于构建首都绿色金融体系的实施办法》，支持在京银行业金融机构成立绿色金融事业部等绿色金融专营机构。**二是完善对普惠金融的货币信贷支持政策，加强对小微企业、"三农"等薄弱环节的倾斜力度。**鼓励中小企业通过发行非金融企业债务融资工具募集资金，支持符合条件的金融机构发行金融债券专项用于发放小微企业贷款。鼓励发展中小银行和民营金融机构，加快解决农村金融服务不足、小微企业融资难问题。

（四）防范化解金融风险趋势不放松

从2016年年底召开的中央经济工作会议，到2017年7月召开的第五次全国金融工作会议，再到刚刚闭幕的党的十九大，守住不发生系统性金融风险的底线都被放在了突出的位置。预计2018年金融领域将继续保持强监管态势，不断完善金融管理制度，增强金融服务实体经济能力。**一是传统金融业严监管趋势不放松。**一方面继续防范化解银行业不良资产风险，控制不良贷款增量。另一方面统一资产管理业务的标准规制，对同业业务、通道业务、资管资金池等方面进行了规范和约束，减少监管套利现象发生。此外，对于金融市场存在潜在风险的领域，如违规信贷资金流向房地产市场、地方政府债务等领域将继续受到严格监管及风险管控，加大风险暴露与处置。**二是互联网金融监管由专项整治向规范发展转变。**2017年，央行会同相关部门组织开展了互联网金融风险专项整治，使互联网金融无序发展、创新跑偏、风险不断上升的势头得到了有效遏制。下一步将落实“所有金融业务都要纳入监管，任何金融活动都要获取准入”的基本要求，建立互联网金融的市场准入体系、行为监管体系和审慎监管体系。随着相关业务的监管细则、规范惯例研究制定，互联网金融监管整治工作将由严格整治向规范发展转变。因此，2018年北京市金融业面临的监管力度不减，监管制度趋于规范。

（五）辐射力影响力集聚力进一步增强

一方面，国家重大战略深入推进，对北京市金融业的需求将保持旺盛。以亚投行、丝路基金总部、亚洲金融合作协会等机构在北京设立为契机，北京市将不断提升金融服务水平，优化金融发展环境，吸引聚集各类高端国际金融组织在京发展。京津冀协同发展的深入推进，将持续推动北京市与津冀产业对接。一批区域产业协同方面的先行先试政策有望加快辐射津冀，在要素聚集、资源共享、产业上下游衔接等方面将进一步加强。**另一方面，北京市金融业产业布局将呈集群式发展。**结合北京城市总体规划的实施，在已有的“一主一副三新四后台”（“一主”指以金融街为代表的首都现代金融主中心区、“一副”指以CBD为代表的金融发展副中心、“三新”指以海淀中关村西区、东二环交通商务区、丽泽金融商务区为代表的新兴金融功能区、“四后台”指以海淀稻香湖金融服务区、朝阳金盏金融服务区、通州新城金融服务区、西城德胜金融服务区为代表的金融后台服务区）的北京市金融功能区布局中，形成以金融街为中心的集总部金融、科技金融、产业金融、新兴金融和后台金融为一体的完整的金融产业功能布局。不同金融功能区之间将进一步明确，在促进金融业发展的定位和思路、统筹协调有关政策上形成各有侧重、突出特色、互补发展的新格局，推进符合首都功能定位的各类总部金融机构在京创新发展。

五、2018年北京金融业发展形势判断

2018年，综合考虑国内经济环境、监管政策、市场需求、企业成本等因素，预计北京市金融业总体在转型调整中呈现稳中有进态势。银行业在回调压力下有望实现企稳，资本服务业在波动中增长提速，保险业增速稳中有升，新兴金融服务领域将持续健康发展。

（一）金融业总体在转型调整中呈现稳中有进态势

从货币政策来看，2018年国内货币政策将继续保持稳健中性。央行在“去杠杆”和维护流动性方面保持平衡，将更多金融资源配置到经济社会发展的重点领域和薄弱环节。同时，金融严监管趋势不放松，资产扩张的多元形式逐一被纳入监管框架，长期看对金融业的资产质量风险缓释有积极影响。此外，利率市场化和人民币汇率形成机制改革的深入推进，短期内导致金融市场运行出现一定波动，影响金融机构的盈利水平，但从长远来看可促进金融业的良性竞争和创新能力的提高，通过创新金融产品实现收益的稳步提升。**从国家重大战略来看，一是**“一带一路”为北京市金融业对外开放提供了新机遇，也为金融机构开展海外布局带来发展空间。**二是**随着京津冀协同发展进程加快，雄安新区、城市副中心等重大项目的快速推进，在重点合作项目和跨区域基础设施建设上对金融业的需求力度加大。**三是**随着供给侧结构性改革的实施和落实建设北京国家科技创新中心的功能定位要求，北京市将加快推动科技和金融结合试点，丰富金融组织形态，提供更丰富的金融产品与服务，不断激发金融市场活力。**从需求端看，**国家出台了关于城乡居民增收的实施意见，七大类群体的收入有望上

涨。财富的积累和提升将直接带动消费和投资的增长。同时超前消费意识的增强也将增加居民对信贷消费的需求。此外包括移动支付、P2P 网贷等在内的互联网金融迎来前所未有的发展契机，新型业态的加速成长也将带动金融业的持续增长。**从供给端看**，北京市高等院校云集，金融专业人才队伍不断壮大，劳动力结构性短缺问题逐渐缓解，企业对高级人力资本的获取难度降低，相应拉低了行业用工成本。同时，金融业“营改增”降低了企业税负，减轻企业资金流负担，金融业经营成本大幅降低。综合以上因素判断，2018年北京市金融业发展环境整体向好，预计在转型调整中呈现稳中有进态势。

（二）银行业在回调压力下有望实现企稳

在利率市场化、人民币汇率波动幅度加大以及“去杠杆”等政策环境的影响下，银行业面临巨大的转型压力。2018年，国内经济下行压力持续，“去杠杆”进程步入攻坚期以及金融严监管力度不减等趋紧的政策环境仍将给银行业带来不小的挑战。但与此同时，**一是**，随着监管政策的逐步细化，银行资产端调整的稳步进行，信贷投向将发生转变，净息差下降趋势将有所缓解。伴随着利率市场化和人民币汇率形成机制改革的深入推进，不同银行机构在市场竞争中的地位逐渐平等，抑制了非市场性因素在垄断银行经营中的影响，促进了整个市场的良性竞争，银行资产质量企稳，行业净利润增速改善确定性较强，行业整体转暖。**二是**，央行决定自2018年一季度起对普惠金融实施定向降准政策，加大对小微企业的金融支持和服务力度，定向降准对银行业无疑是利好。**三是**，北京市将继续引导金融业服务实体经济，包括《关于进一步推动中关村国家自主创新示范区科技金融专营组织机构创新发展的意见》《关于构建首都绿色金融体系的实施办法》等一系列政策措施相继发布，将加大对重点领域的支持力度，带动银行业回归本源持续健康发展。综合来看，预计2018年北京市银行业有望在回调压力下实现企稳。

（三）资本服务业在波动中增长提速

从2017年7月召开的全国金融工作会议，到刚刚闭幕的党的十九大，增强资本市场服务实体经济功能、积极有序发展股权融资、提高直接融资比重被进一步强调。这一重要部署，为当前和今后一段时期我国资本市场发展指明了方向。在此背景下，资本市场发展有望提速。《北京市“十三五”金融发展规划》也明确提出，构建多层次金融市场，充分发挥资本市场服务作用。**一是**国家重大战略项目的推进将带动债券市场繁荣发展。2017年6月，财政部等多部委联合发布《关于规范开展政府和社会资本合作项目资产证券化有关事宜的通知》，提出优先支持公共服务行业，重点支持雄安新区和京津冀协同发展、“一带一路”等国家战略的PPP项目开展资产证券化。PPP证券化业务的提速将提升证券市场的活跃程度。**二是**随着国有企业混合所有制改革的加快推进，北京市将继续支持本地区上市公司参与行业整合、跨地域收购兼并，促进“高精尖”产业链形成。同时，深化与上海证券交易所、深圳证券交易所以及海外交易市场的合作，优化企业上市联动工作机制，加快北京市企业上市步伐，上市企业数量将不断增加。**三是**沪港通、深港通改革加快推进，资本市场双向开放程度逐步加深，资金流动更加活跃，带动证券行业的业务增量。**四是**在加快北京科技创新中心的政策指引下，北京市新三板、四板市场作为科创型小微企业培育孵化园地将壮大发展，挂牌企业数量、融资规模和交易量均呈现持续扩大的趋势。综合来看，预计2018年北京市资本服务业有望在波动中实现增长提速。

（四）保险业增速稳中有升

在2017年北京市制定印发《北京保险业贯彻落实<中国保险业发展“十三五”规划纲要>实施意见》的基础上，2018年北京市保险业将不断提升经营管理水平和服务大局能力，为实现“十三五”时期北京市保险业总体目标蓄积力量。**一是**在供给侧结构性改革的实施和落实建设北京国家科技创新中心的要求下，符合科技创新特点的保险产品将需求旺盛，诸如知识产权、文化创意、体育旅游等新兴服务业带动下的保险消费场景将日益增多。二是蓬勃生长的互联网消费激发了更多的消费保险需求。据保守估计，目前消费保险已覆盖超3亿名消费者、超400万家商户。据统计，电商领域购物狂欢节“双11”的消费保险种类已从2015年的4种增加到如今的近50种。三是随着居民收入的稳步提升，对健康与安全有了更高要求。与居民生活息息相关的保险产品将受到更多的青睐。2017年国家层面正式印发《关于加快发展商业养老保险的若干意见》，明确提出2017年年底前启动个人税收递延型商业养老保险试点，预计未来每年有望带来千亿元的商业养老保险增量。随着政策红利的释放和此类产品的推出，保险业发展有望进入快车道。因此，预计2018年北京市保险业增速稳中有升。

（五）新兴金融服务领域持续健康发展

北京市是拥有全国数量最多第三方支付牌照企业、P2P网贷平台和最大规模网贷余额的地区。2018年互联网金融或将迎来上市热潮，蚂蚁金服、陆金所、京东金融三大互联网金融巨头上市预期渐强，同时一批优质中小型公司亦有望登陆资本市场。2018年，互联网金融监管将由专项整治转向规范发展，互联网金融的市场准入体系、行为监管体系、审慎监管体系将逐步完善。随着相关业务的监管细则、规范惯例研究制定，互联网金融有望步入规范发展的正轨。在国家科技金融创新中心以及中关村互联网金融创新中心、中关村并购资本中心等承载新业态发展的园区加快建设，以及在云计算、移动互联等信息技术的普及应用背景下，科技与金融将深度融合发展，互联网金融、大数据金融将不断积累优势，成为合规“新常态”下的赢家。预计2018年北京市互联网金融等新兴业态将持续健康发展。

六、政策建议

（一）引导银行转型升级，大力推进金融创新

针对在“去杠杆”、防风险政策环境下金融业增速趋缓的问题：一是对

不同类型的银行制定相对应合理、适当的资本充足率要求，允许并激励商业银行积极拓宽资本补充渠道，提升利润留存比例。**二是**推动商业银行的业务转型及结构优化。一方面完善公司治理、变革组织架构、优化业务流程，以市场化约束机制来提升自身经营效率。另一方面积极拓展新的业务领域，由规模经营为主向质量效益为主转变，不断提升商业银行资本的盈利能力和管理水平。**三是**建立完善的商业银行绩效评价体系。采用经济增加值和风险调整收益率为基础的绩效评价体系对当期收益进行调整，以衡量资本的使用效率，促使银行向稳健经营的方向发展。**四是**强化现代信息技术在银行业务运营中的运用。依靠大数据、云计算等新一代信息技术，推动银行向科技信息化发展，创新金融产品，营造多元化的利润增长格局。

（二）注重信用体系建设，加强资本市场培育

针对银行资产质量问题：一是完善不良贷款相关的法律法规，维持金融资产的安全。除采用行政手段和措施外，应尽快出台相关法律法规来规范对不良资产的处置工作。**二是**优化信用环境，注重社会信用制度建设。鼓励经营良好的评估机构做大做强，运用科学严谨的分析技术和方法，对评级对象履行相应的经济承诺能力及可信任程度的调查审核，确定不同借款企业的违约成本和平均违约率，有利于商业银行的利率定价和风险管理。**三是**加强资本市场培育，为不良货款从商业银行向外转移提供有利的政策条件。通过加强北京市的资本市场建设，实现银行业、证券业和保险业均衡协调发展，将过度集中于银行系统的风险分散到资本市场和保险市场。

（三）调控房地产信贷政策，构建多元化房地产金融体系

针对房地产金融问题：一是严格把关，提高房地产企业借贷的门槛，严格审批借贷资金的申请，设定房地产企业资产负债率标准，控制银行对房地产业不良贷款余额。**二是**运用土地财政政策抑制投资性需求，比如征收房地产税等，抑制过热投机，调控房地产业信贷资金量。不断完善土地储备制度，合理规划使用土地，依据市场需求分配土地，建立透明、公开

的土地储备款管理制度。**三是**针对个人消费贷、经营贷、首付贷等违规资金进入房地产市场的现象，要加大监管问责力度，抑制房地产盲目投机行为，防范房地产泡沫风险。**四是**鼓励房地产金融模式创新，解决房地产融资途径单一问题，积极开展房地产信托、住房资产证券化业务，引导其他领域资金通过合法途径进入房地产业，构建多元化的房地产金融体系。

（四）确立互联网金融市场准入标准，健全信息化监管平台

针对新兴金融业风险防范问题：一是确立市场准入标准，实施许可证制度。应当分别从机构准入、业务准入、平台准入和资格准入等方面加强监管。对于设立互联网金融机构要进行分类管理，明确发起设立的条件和标准；对于互联网金融产品应规范其资金运作和销售，并要求备案登记；对于平台的安全标准，要有效设置安全防火墙，制定相应的互联网金融平台技术规范和管理标准。**二是**建立全方位、信息化、系统性的监管平台。通过计算机设备和技术完成监管工作而不过度依赖现场检查，实现金融信息监管的及时化、信息化、网络化。对于互联网中资金、证券的清算和托管进行有效的行为监管，有效控制市场风险。**三是**积极探索补偿渠道，加大消费者权益保护力度。建立互联网金融机构赔偿和破产程序机制，加强互联网金融投资教育，提高投资者的自我保护能力和风险意识，营造良好的互联网金融市场环境。

（执笔人：高 亚[①]、韩沐洵[②]）

[①] 高亚，北京市经济信息中心信息服务部副主任，经济师，研究方向为产业经济。

[②] 韩沐洵，北京市经济信息中心信息服务部，经济师，研究方向为产业经济。

2017年北京市房地产业形势分析及2018年展望

摘要：2017年，北京市房地产业经过年初调控之后，开始驶入降温通道。房地产政策调控“组合拳”效果显著，房地产投资与销售收敛减速，政策频频利好，房地产租赁市场迎来快速发展期。2018年，北京市房地产业在企稳中将迎来新的局势。房地产投资有望降温企稳，房地产市场回归理性，行业结构持续调整优化，京派房企面临转型调整新格局，组合调控政策效果将得到延续，预计2018年全年房价有望继续保持环比不增长。

关键词：房地产 租购并举 转型调整

2017年，为坚决贯彻中央定调“让房子回归居住属性”的精神，落实中共中央国务院对北京城市总体新规划的批复，北京市及时出台相关政策，并加大市场监管和执法检查力度。房地产调控取得积极成效，投机投资需求得到明显抑制，房地产市场供需平衡矛盾有所减缓，住房成交量价止升回稳，确保全年房价环比不增长的目标实现无虞。伴随着楼市长效调控机制政策的进一步加码，预计2018年北京市房地产市场总体量价趋稳，结构性供需将进一步改善，租售并举格局初步形成和完善，房地产企业将迎来新的商业布局和调整。

一、2017年北京市房地产调控政策回顾

2017年，北京市不断加强需求端管控，同时加大土地供应力度，完善

购租并举的住房体系，创新住房共有产权制度顶层设计，构建促进房地产市场平稳健康发展的长效机制。从2016年9月30日至2017年9月30日，北京市共发布约30次调控政策，调控力度空前。

（一）迎来最严“五限”时代

2017年上半年，北京以21天11举措的楼市密集调控开启了最严调控“五限”时代：限购、限贷、限价、限售和限商（见表1）。限购方面，一方面严管购房资格，另一方面扩大限购范围。限贷方面，“认房认贷又认离”等限贷政策再度升级。限价方面，对期房转现房单价进行了售价限制。限售方面，限制企业售卖商品住房打开了2017年楼市调控限售的大门。限商方面，首次规定在建在售的商业类住房不能卖给个人。信贷收紧，房贷利率多次上调。截至9月，北京市的房贷利率连续上调7次，从基准利率的8.5折调至基准利率的1.1倍。

表1　　2017年北京房地产“五限”政策一览

时间	主要内容	调控类别
2月8日	二套住房的按揭贷款期限不超过25年，主要银行首套房贷利率回升至9折。	限贷
2月14日	期房改现房的，每平方米售价不得超过8万元。	限价
3月17日	二套房首付比增至60%；非普通自住房首付80%；认房又认贷；最高贷款期限降至25年；企业购买住房需3年以上才能交易。	限购限贷
3月21日	严控住宅平房一间擅自分割多间。	限售
3月22日	购房资质由“交满5年社保”变为“连续缴纳60个月”。	限购
3月23日	过道、车库、廊道等异形房不得单独落户作为入学资格条件。	限售
3月24日	无固定收入者贷款按二套执行；离婚1年内参照二套房贷。	限购
3月26日	商办房卖个人不得办贷款；新建商办房最小分割单元不得低于500平方米。	限商
4月3日	住宅平房纳入限购范围。	限购
4月14日	企业自持商品房年限为70年，且不得对外销售，租赁期限不得超过10年。	限售
4月19日	严禁擅自改变产业项目规划用途为居住使用。	限商
4月27日	对竞拍人购房资格审查纳入司法竞拍流程。	限购

资料来源：政府官网综合整理

（二）加大和优化土地供应

土地供应量明显加速。2017年，北京住宅土地计划供应和实际供应均已远超2016年全年总量。根据规划，未来5年北京拟供应住宅用地6000公顷，住房建设需求150万套。其中，2017年拟供应住宅用地1200公顷，住房建设需求30万套（见表2和表3）。土地供应结构显著优化。与2016年相比，国有建设用地土地供应占比增加的项目有棚户区改造、公租房、公共管理与公共服务和交通运输等用地，减少的项目有商服、工矿仓储、商品住宅和水域及水利设施等用地（见表4）。

表2　　2017~2021年住宅用地供应计划结构表

单位：公顷

类 别	总计	产权类住房				租赁住房
		小计	定向安置住房	自住型商品房	普通商品房	
计划供地量	6000	4700	1230	1020	2450	1300
供地占比	100%	78.3%	20.5%	17.0%	40.8%	21.7%

数据来源：北京市规划国土委

表3　　北京市2017年度住宅用地供应计划结构表

单位：公顷

总计	产权类住房用地						租赁住房用地		
	小计	定向安置房	棚户改造	中央单位、军队住宅	自住型商品房	普通商品房	小计	公租房	集体土地租赁房
1200	973	121	132	70	200	450	227	27	200
100%	81.1%	10.1%	11.0%	5.8%	16.7%	37.5%	18.9%	2.2%	16.7%

数据来源：北京市规划国土委

表4　　北京市2017年国有建设用地供应计划用途结构

项 目		2017年土地供应	
		面积（公顷）	占比（%）
商服用地		150	3.6
工矿仓储用地		90	2.2
住宅用地	商品住宅用地	850	15.7
	定向安置房用地	121	2.9
	棚户区改造用地	132	3.2

（续表）

项目		2017年土地供应	
		面积（公顷）	占比（%）
住宅用地	公租房用地	27	0.7
	其他用地	70	1.7
	小　计	1000	24.2
公共管理与公共服务用地		850	20.5
水域及水利设施用地		45	1.1
交通运输用地		2000	48.3
特殊用地		5	0.1
合计		4140	100.0

数据来源：北京市规划国土委

（三）购租并举改善供需矛盾

除了使用传统的增加土地供应的方式改善供需平衡外，2017年以来，**北京市还加大了探索“购租并举”模式力度，积极构建楼市长效发展机制**。2017年2月1日，北京出台了《公共租赁住房建设与评价标准》，这是全国首部公租房建设与评价地方标准，首次放开22㎡最小面积限制，既减轻了住房者的租金负担，又提高了土地利用效率。8月28日，国土资源部和住房城乡建设部发布了《利用集体建设用地建设租赁住房试点方案》，选取包括北京等13座城市开展利用集体建设用地建设租赁住房试点，村镇集体经济组织可以自行开发运营，也可以通过联营、入股等方式建设运营，大大扩增和满足了北京市的巨大的租赁需求市场。9月20日，《北京市共有产权住房管理暂行办法》正式发布，办法自2017年9月30日起正式实施。办法面向“夹心层”核心家庭，规定定价、确权和退出方式等内容，明确了未来5年供应25万套共有产权住房的目标，预计2017年将推进5万套共有产权房的土地供应和组织建设工作。共有产权住房政策的出台，标志着北京市“保基本、分层次、广覆盖”住房供应体系进一步完善，引导居民形成梯级消费理念。10月31日起，《关于加快发展和规范管理北京市住房租赁市场的通知》正式实施。通过明确子女入学、户口登记和迁移等规定，承租人赋权又向前迈出重要一步。随后，与之配套的北京市住房租赁监管平台和服务平台也同步上线运行，多主体供给、多渠道保障、租购并举的住房制度正逐步形成。

二、2017年北京市房地产市场运行特点

（一）房地产开发投资规模和增速缩减

2017年，**北京市房地产开发投资增长出现了持续负增长，增速在波动中明显回落。**尤其在3月份，增速回落至年度低位-8.4%。国家统计局数据显示，前三季度，北京市完成房地产开发投资2600.71亿元，同比减少3.5%（见图1），增速比上年同期下降1.1个百分点。

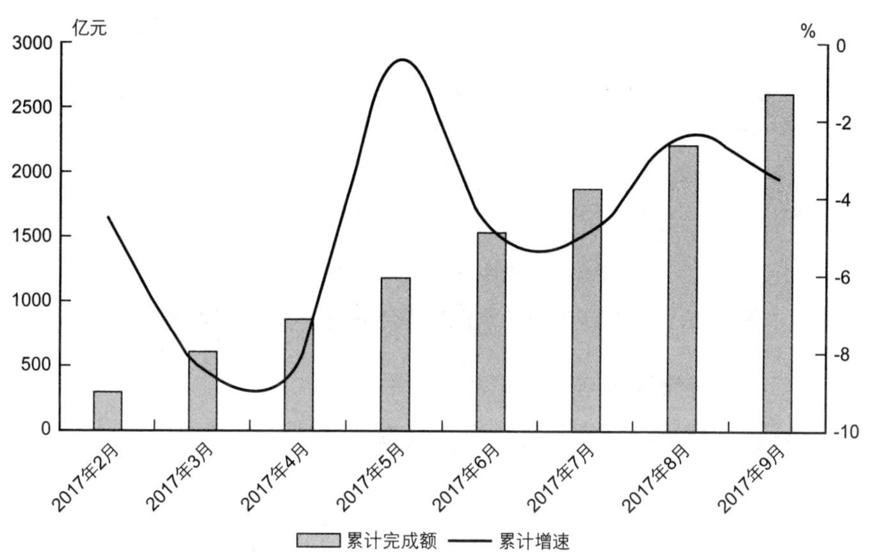

图1 2017年1~9月北京市房地产开发投资额和增速

北京统计局数据显示，2017年1~9月，北京市完成房地产开发投资2644.8亿元，同比减少6.8%。其中，按投资用途分，除写字楼（办公楼）投资有所增长外，住宅完成投资、商业、非公益用房及其他完成投资同比分别减少10.6%和8.1%。按投资构成分，建筑工程完成投资同比减少9.1%；其他费用同比减少6.3%，其中土地购置价款1223.7亿元，同比减少13.4%。无论从规模还是增速来看，房地产投资均有大幅缩减之势。

在全社会固定资产投资中，也能看出房地产业投资增速收敛的迹象。2017年1~9月，北京市社会固定资产投资中房地产业累计投资总额3208.8亿元，投资增速同比下降3.9%，房地产业投资占全社会固定资产投资总额比重为52.7%，比重为近五年来同期最低值（见图2）。

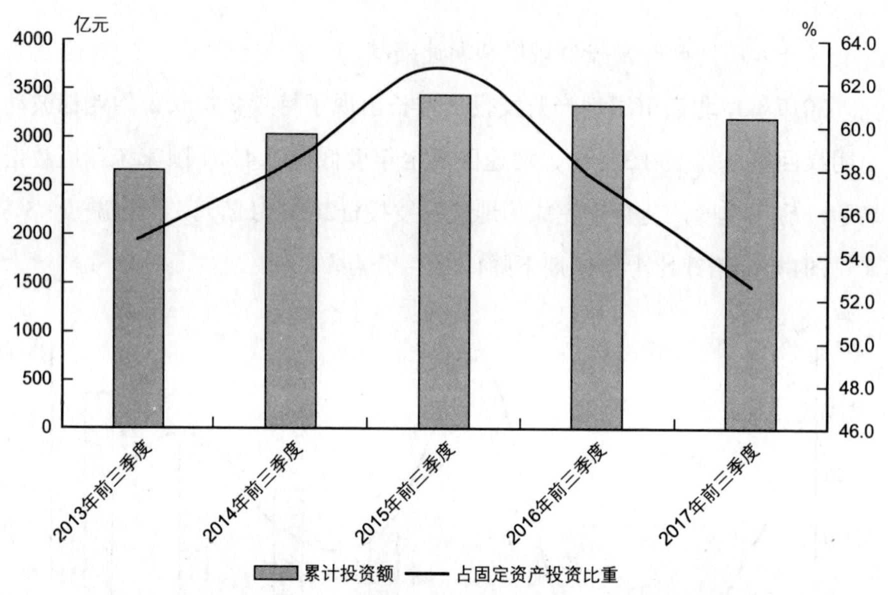

图2 2013~2017年前三季度北京市房地产业投资额及占比

（二）资金流入房地产市场速度减缓

受政策调控影响，资金抑制流入房地产市场迹象显现。2017年1~3季度，北京市房地产开发企业项目到位资金为4713亿元，同比下降14.7%。其中，国内贷款为1232.6亿元，下降18.3%；自筹资金为1150亿元，下降19.6%；定金及预收款为1606.6亿元，下降2.5%（见图3）。尤其进入3月份之后，房地产资金到位增速出现了明显回落。资金来源增速开始由正转负，从3月的-0.5%下降到9月的-14.7%。其中，金融贷款增速、定金及预收款增速从3月的8.1%和46.4%分别下降到9月的-18.3%和-2.5%。

（三）新开工面积总量和增速收敛

新开工建设项目规模受限，开工意愿降低。2017年1~9月，北京市房地产开发施工面积11490.1万平方米，比2016年同期减少8%（见图4）。其中住宅施工面积4898.3万平方米，同比减少13.5%。新开工面积1424.6万平方米，同比减少35.2%，其中住宅新开工面积636.9万平方米，同比减少29.3%（见图5）。竣工面积626.7万平方米，同比减少46.2%，其中住宅竣工面积278.4万平方米，同比减少54.9%。但1~3季度，北京市保障性住房施工面积为3792.4万平方米，同比增长2%，占新建商品房施工面积的33%，同比提高3.2个百分点。

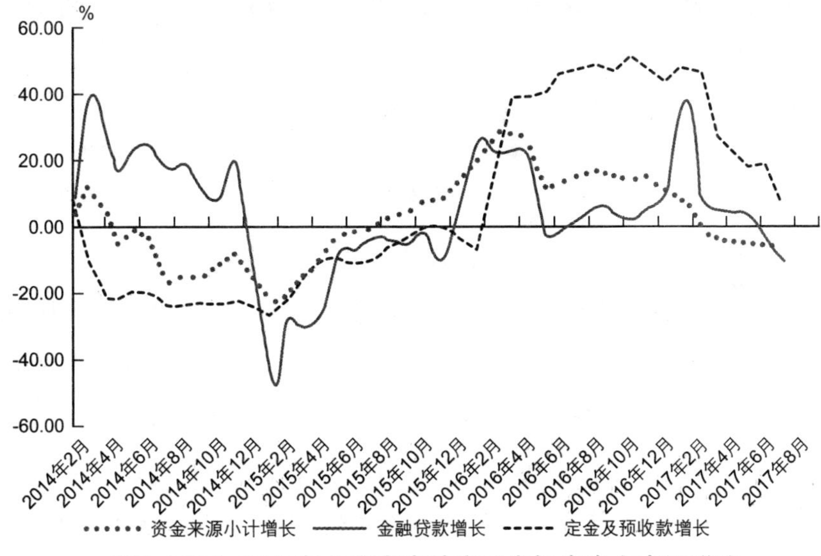

图3 2014~2017年北京市房地产开发投资资金来源增速

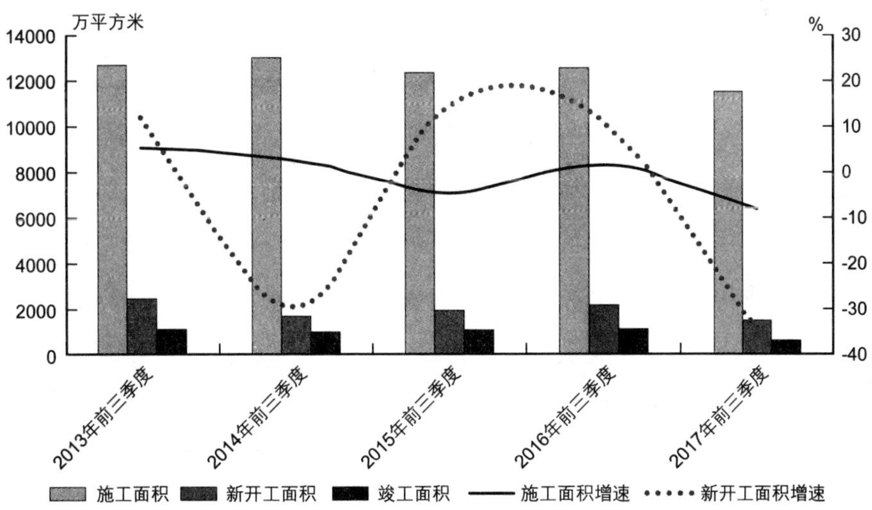

图4 2013~2017年前三季度北京市商品房施工面积、新开工面积和竣工面积

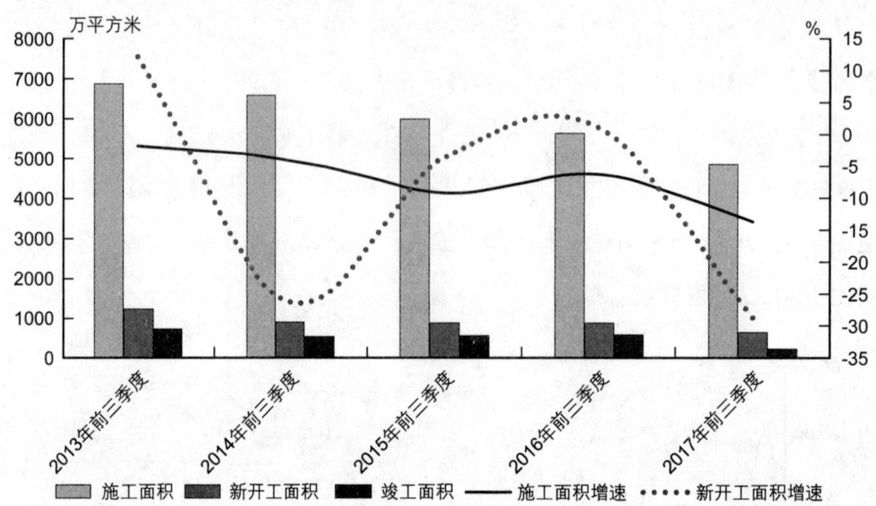

图5 2013~2017年前三季度北京市商品住宅施工面积、新开工面积和竣工面积

（四）土地市场供应量井喷，地价趋稳

2017年，**北京市积极改善土地市场供应结构，土地供应明显加速。** Wind数据显示，前9个月，北京市实际土地供应达88宗，较2016年全年多增整整1倍。成交土地76宗，比2016年全年成交土地量还多35宗，供地规模大幅增加（见表5）。我爱我家的统计也显示出同样趋势。其中居住类住宅用地供应48宗，占全部土地供应量的54.5%；商服金融类用地6宗，占比6.8%；工业用地10宗，占比11.4%；商住综合用地13宗，占14.8%；其他类型有11宗，占比12.5%。在土地招拍市场，土地拍卖的方式普遍采用了限房价、竞地价、竞开发商自持面积的模式，“地王”现象得到了有效抑制，地价涨幅处于正常的温和波动空间。截至9月，已有96宗土地招挂拍，招拍量比2016年全年的36宗多出1倍有余。前三个季度，成交土地用地的平均楼面价为2.12万元/平方米，地价环比增长率均值分别为3.45%，3.40%和2.98%，有微降趋势（见表5和表6）。

表5　北京市成交土地交易情况（2016~2017年）

时 间	成交宗数	规划面积（万平方米）	成交总价（亿元）	平均楼面地价（万元/平方米）
2016年9月	2	14.34	5.52	0.38
2016年10月	3	26.65	22.96	0.86

（续表）

时 间	成交宗数	规划面积（万平方米）	成交总价（亿元）	平均楼面地价（万元/平方米）
2016年11月	6	57.66	123.23	2.14
2016年12月	8	110.75	261.22	2.36
2017年1月	6	62.05	107.69	1.74
2017年2月	2	23.49	41.35	1.76
2017年3月	8	68.42	89.37	1.31
2017年4月	20	216.21	443.85	2.05
2017年5月	9	111.64	191.42	1.71
2017年6月	3	45.41	155.20	3.42
2017年7月	10	129.72	313.83	2.42
2017年8月	12	139.86	320.13	2.29
2017年9月	6	86.49	207.22	2.40
2017年1~9月	76	883.29	1870.054	2.12

表6　　2017年1~3季度北京市城市地价动态监测结果

单位：%

时间	内容	国家级样点				市级样点			
		平均	商业	居住	工业	商业（规划新城）	居住（规划新城）	办公（规划新城）	办公（市区）
2017年1季度	地价环比增长率	3.45	1.92	3.92	1.58	2.09	4.88	2.49	1.58
2017年2季度	地价环比增长率	3.40	2.00	3.82	1.68	2.86	4.07	3.56	2.94
2017年3季度	地价环比增长率	2.98	2.11	3.24	1.72	2.39	1.81	1.96	2.04

（五）商品住宅呈量价前涨后稳特征

2017年，北京市房地产交易量价出现了前涨后稳的特征。以“3·17”调控政策的出台为分水岭，北京市商品住宅成交量价在调控措施前后出现了明显的不同。政策出台前量价一路高涨不止，而分水岭后量价开始回跌趋稳。在70个大中城市住宅销售价格指数中，北京的降温趋势最为明显。9月份，北京二手住宅价格已连续第五个月下跌，跌幅也是全国最大。新建、二手住房价格指数从1月的环比上涨0%、0.8%扩至3月的0.4%、2.2%，而后出现增幅下降回稳态势，新建住房、二手住房环比价格指数增幅由4月的0.2%、0%降至9月的-0.2%和-0.6%，同比价格指数涨幅从1月份的27%、34.6%持续回落至9月份的0.5%和1.4%，回落幅度明显（见图6和图7）。

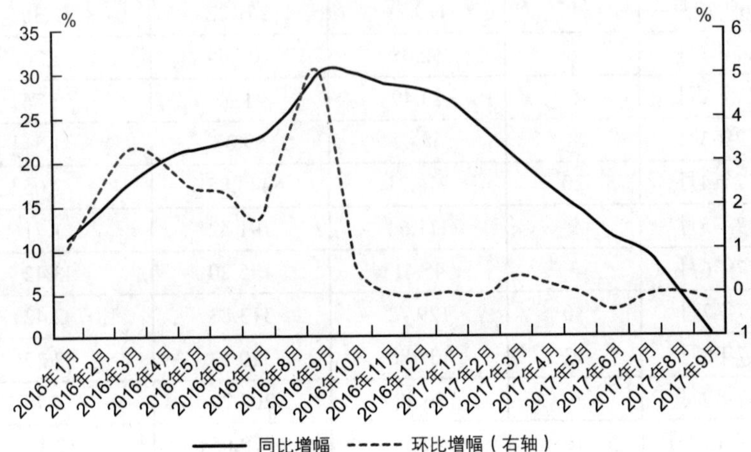

图6 2016年~2017年9月北京市二手住宅同比、环比价格指数增幅

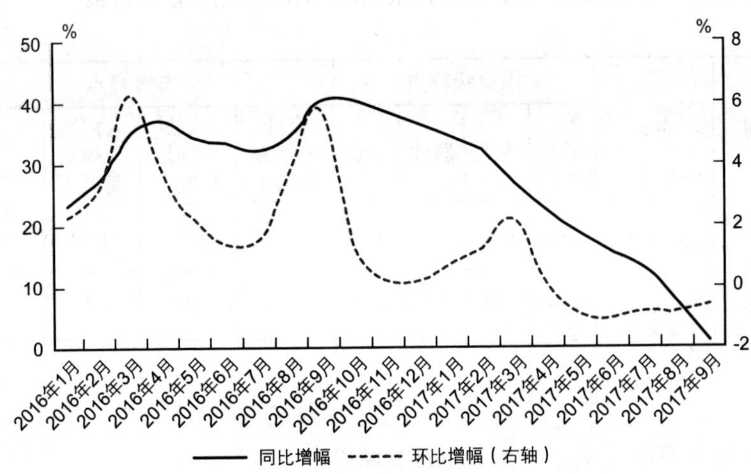

图7 2016年~2017年9月北京市新建商品住宅同比、环比价格指数增幅

北京市商品住宅成交量价齐跌，政策调控效果明显，市场整体趋于稳定。中原地产数据显示，2017年前三季度北京市商品住宅（不含保障性住房）销售套数合计57459套，同比下降81%；销售面积累计达648.35万平方米，同比下降49.69%；销售金额累计人民币2581.24亿元，同比下降36.62%。此外，北京统计局数据显示，北京市保障房销售面积126.9万平方

米，增长19.2%，占比为22.5%，同比提高12.9个百分点，保障性住房的建设依然稳中有升。从北京房管局数据来看（见图9），北京市商品房和二手房成交签约量也呈逐月下滑之势，**尤其在2017年3月份之后，住宅类商品房和住宅类二手房签约量环比均出现锐减**。具体来看，2017年1月，住宅类商品房成交签约4787套，比重为59.4%；住宅类二手商品房成交签约10733套，比重为80.3%。到2017年9月，商品房成交签约套数减少为6635套，其中住宅类商品房成交签约3349套，占比为50.5%；二手房成交签约套数为10139套，其中住宅类商品房成交签约8876套，占比为87.6%。

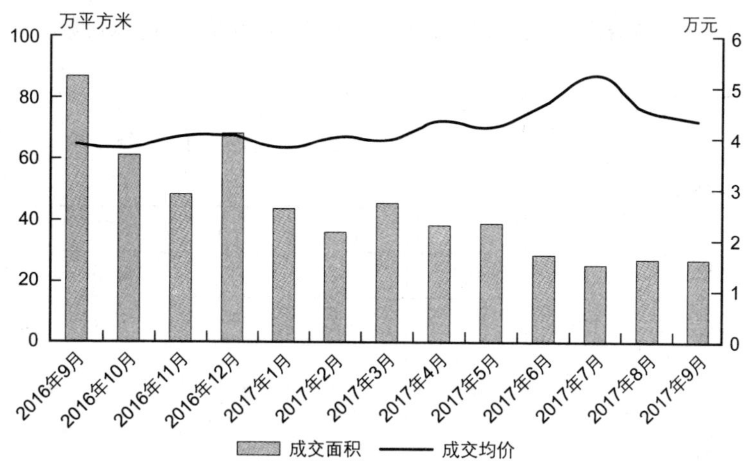

图8 2016年9月~2017年9月北京市商品住宅成交面积和均价（剔除保障房）

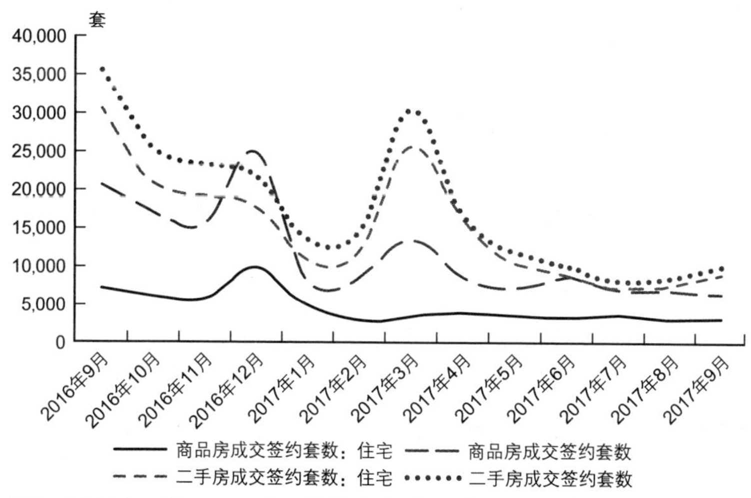

图9 2016年9月~2017年9月北京市商品房和二手房成交签约套数

从不同区域来看，上半年住宅销售量多集中在郊区。其中，大兴、顺义及昌平三个区销售面积达270.53万平方米，占总销售面积的41.73%。同时，各区县销售面积同比均呈下降趋势。从环线分布来看（见表3），**五环以外仍是北京新建商品住宅的主力成交区域**，三季度成交的新房有82.5%分布于此。但这一比例较二季度减少了6.4个百分点，与以往各季度九成左右的比例相比也有明显下降。与此相对，五环以内的占比则明显增多，尤其是，二环、三环之间，在二季度时不足1.5%的占比在三季度则大幅提高到了4.4%。

表3　北京市新建商品住宅（不含保障房）各季度网签环线分布

单位：%

时 间	二环以内	二环、三环以内	三环、四环以内	四环、五环以内	五环、六环以内	六环以外
2015年第1季度	0.5	0.6	1.8	4.1	43.5	49.5
2015年第2季度	0.9	1.5	1.7	4.4	59.2	32.3
2015年第3季度	0.6	0.7	1.4	3.7	64.6	29.0
2015年第4季度	0.6	0.7	1.5	10.6	47.2	39.4
2016年第1季度	0.6	1.1	2.2	6.4	45.2	44.6
2016年第2季度	0.2	1.4	3.1	9.3	41.8	44.3
2016年第3季度	0.1	1.1	2.9	5.1	46.5	44.3
2016年第4季度	0.7	1.2	2.6	6.0	48.6	41.0
2017年第1季度	1.2	1.1	1.2	7.2	34.4	54.8
2017年第2季度	0.3	1.4	2.3	7.1	40.9	48.1
2017年第3季度	0.3	4.4	3.8	9.0	49.1	33.5

数据来源：伟业我爱我家研究院

从商品住宅结构来看，与二季度相比，三季度北京成交的新建商品住宅中，90~140㎡占比提高了8个百分点，140~200㎡占比也提高了5个百分点。纵观2015年以来，60~90㎡的交易占比明显缩小，从过半下降到了两成左右；140㎡以上的交易占比则明显上升，从一成提高到三成左右。**二胎政策和家庭结构变化等引致的改善型市场需求依然较大。**

受2017年3月26日《关于进一步加强商业、办公类项目管理的公告》政策调控影响，**北京市前三季度商业及办公房地产市场交易较为低迷。**商业地产销售量环比下降18.96%，同比下降65.42%，降幅较大；销售额也出现明显下滑，其中销售额环比下降27.95%，同比下降69.19%；销售价格环比下降11.09%，同比下降10.90%。办公地产也出现量价齐跌，跌幅均在两位数以上。其中，销售面积环比下降34.16%，同比下降44.19%；销售额环比下降48.98%，同比下降58.24%。

（六）政策利好迎租赁市场快速发展

对比2017年商品住宅的暗淡交易，**在住房租赁政策频频利好的带动下，北京市住宅租赁市场规模和增速得到了大力扩张。**中原地产数据显示，受业主对高租金预期有所增加的影响，租赁市场租金价格整体呈现小幅上涨走势。二手住宅租金指数2017年延续了2016年的稳中有升态势，9月份较2016年同期上升3.8个百分点（见图10）。

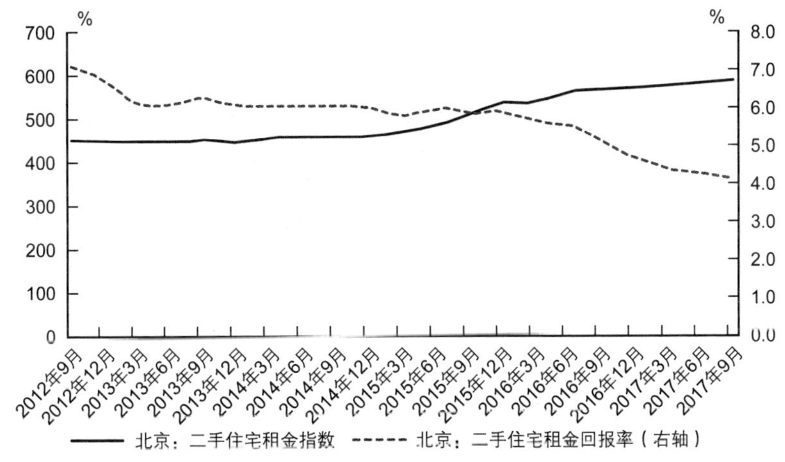

图10 2012年9月~2017年9月北京市二手住宅租金指数与租金回报率

伟业我爱我家市场研究院数据显示，2017年三季度，北京北京市租赁市场成交总量环比二季度上涨了4.2%，与2016年三季度的成交量相比大幅上涨了近30%。**价格方面，**三季度北京市租赁市场成交均价为3227元/月·套，与2017年二季度3193元/月·套的成交均价相比上涨了1%，与2016年三季度的成交均价相比上涨了11%。**供需方面**，三季度的暑期租赁旺季使得租赁市场供需比上升为1∶3.5，比二季度的供需比上升了0.6%。在区域租赁市场方面，三季度北京方庄、通州梨园、芍药居、北苑、双榆树、五道口区域是租赁市场成交最为活跃的六大板块。其中方庄、北苑和五道口同比2016年三季度成交均价涨幅均超过10%。与往年有些不同的是，2017年7月的租金价格并没有上涨并达到全年顶点，反而环比6月有小幅下降。业内专家认为，这主要是当下房地产市场降温、租赁房源较多，以及租赁人群向租金价格相对低廉的近郊和远郊区县外移所致。

租赁市场的利好新政还吸引了各路资本纷纷涌入住房租赁领域。10月23日，北京市住建委网站发布"北京住房租赁监管平台技术合作项目的比选结果公告"。公告显示，经过专家组研究讨论，一致认定，北京京东尚科信息技术有限公司对此平台已有完备的研究方案和实施建议，分析较详细、针对性较强，具有可操作性；北京京东尚科信息技术有限公司在互联网技术应用，特别是在大数据和身份认证等方面具有丰富经验，制订了较完备、科学，且符合实际的实施方案，确认京东旗下的全资控股公司北京京东尚科信息技术有限公司为中选单位。这意味着，京东将成为北京住房租赁市场的支持平台，拿到了进军住宅租赁市场的入场券。继阿里巴巴之后，国内又一电商巨头京东也正式进军房地产租赁市场，"互联网+房地产"的组合模式说明电商巨头们看好未来中国租房市场的长远发展。随着一批房地产和支付巨头近期纷纷抢滩租房市场，种种迹象表明，住房租赁市场已成为房地产业的投资新风口。

写字楼和商服地产租赁市场方面，中原地产统计显示，当前北京商业办公类项目的库存在千万平方米规模，其中商业、写字楼存量占据八成。写字楼空置率自2017年以来有所下降，较2016年同期下降0.6个百分点。租金水平稳中有升，北京市优质写字楼租金指数由2016年9月的422.8元/平方米·月小幅上涨至2017年9月的426.6元/平方米·月，实现0.9%的增长（见图11）。

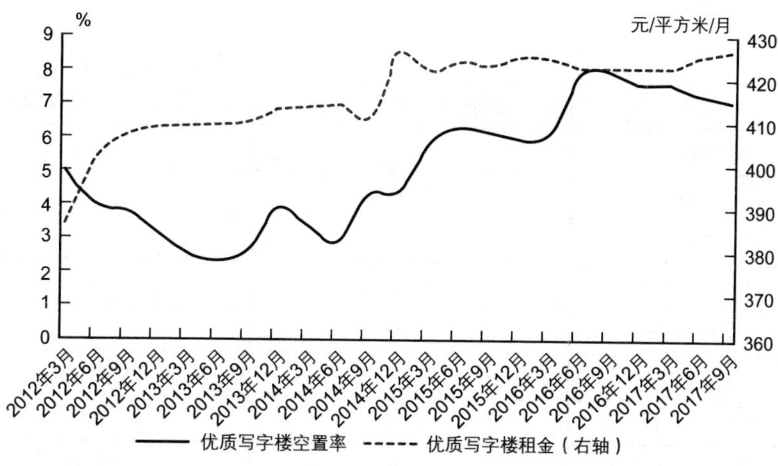

图11 2012年3月~2017年9月北京市优质写字楼空置率和租金指数

在优质项目带动下，商业地产租赁市场保持较好发展势头。受第三产业稳中向好态势推动，**北京写字楼市场需求提升，租金继续温和上涨**（见表4）。联合办公、郊区化办公等办公新业态正在重塑北京的写字楼市场格局。戴德梁行研究部数据显示，内资企业在北京写字楼市场表现活跃，在过去一年里，吸纳了整个市场73%的面积。就产业类型而言，金融产业占据了北京写字楼市场的最大份额，达到了34%。同时，北京是重要的科技中心，推动TMT企业需求稳步增长，仅次于金融企业，占甲级写字楼总成交面积的25%。综合来看，写字楼和商服地产租赁市场发展实现平稳增长。

表4　　2013年以来北京市优质写字楼及甲级写字楼吸纳量

单位：万平方米

月 份	优质写字楼吸纳量	甲级写字楼吸纳量
2013年3月	4.72	5.30
2013年6月	3.00	12.02
2013年9月	2.00	15.67
2013年12月	3.80	9.30
2014年3月	3.80	3.84
2014年6月	3.90	3.37
2014年9月	5.60	9.42
2014年12月	5.30	3.55

（续表）

单位：万平方米

月 份	优质写字楼吸纳量	甲级写字楼吸纳量
2015年3月	5.30	8.17
2015年6月	6.30	10.95
2015年9月	6.01	15.96
2015年12月	8.57	-
2016年3月	6.80	-
2016年9月	8.47	39.70
2016年12月	11.50	78.50
2017年6月	12.30	85.51
2017年9月	13.40	9.10

零售物业地产租赁市场方面，近年来，**北京市优质零售物业空置率呈逐年下降趋势**（见图12），互联网和电子商务的在线商业模式给零售物业租赁市场带来一定的冲击。戴德梁行认为，由于核心商圈零售物业供应有限，北京零售物业正在向城市周边发展。未来两年，北京零售物业新增供应将达到122万平方米，其中72%的新增供应位于丰台、通州、大兴和亦庄等周边地区。随着城市副中心建设的竣工，运河核心区成为通州高端商务区功能的主要承载地，零售物业前景也被看好。

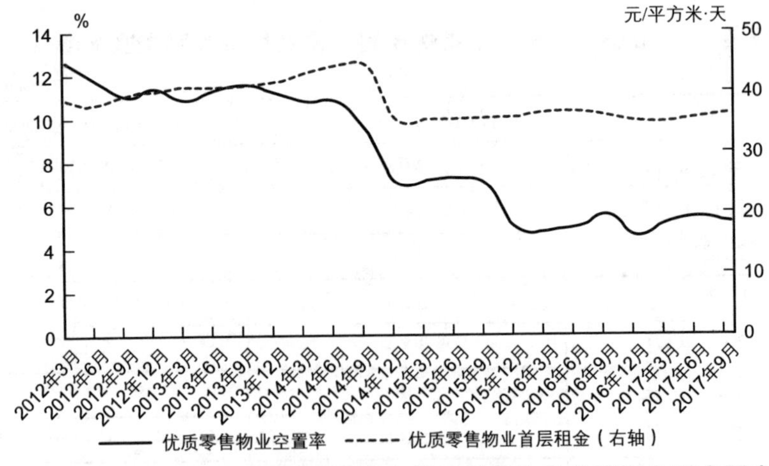

图12 2012年3月~2017年9月北京市优质零售物业首层租金及空置率

三、房地产领域需要关注的问题

（一）房地产调控政策的落地实施和可持续性亟待增强

尽管楼市长效机制建设的框架是清晰的，但“一分设计、十分落实”。房地产的属地特征很突出，长效机制能否从顶层架构走向“落地”，还有待地方政府政策和细则的出台。例如，共有产权住房确实顺应新市民、户籍无房户拥有产权住房的意愿。共有产权落地的理想方式，应当是土地“招拍挂”后政府让利，让利部分就是政府产权。但是，“限房价、竞地价”的供地方式又折射出一些矛盾。既想获得高地价，又想让房价下降，则压力多转向开发商。一旦商品房市场遇冷，开发商就不愿意参与。大规模的租赁住房建设计划已经公布，但均等化的教育等公共服务能否跟得上则不明确，之前保障房大规模建设也出现过类似问题。长效机制从设计到落地也是一项系统工程，特别是配套制度改革上要同步推进，只有增强调控手段的可持续性，长效机制方可长效。

（二）改善型和自住型刚需与当前部分政策存在冲突

本轮出台的一系列最严“五限”调控手段，及时抑制了楼市的投资和投机性住房需求。但与此同时，调控政策中的部分内容也对改善型和自住型刚需住房产生了一定的负面影响。例如，“3·17”政策中，二套房首付比例提高到60%、暂停发放贷款期限25年以上的个人住房贷款等措施同时也打击了改善性需求。过去可以被认定为首套的卖一买一群体，现在因为被认定为二套，不仅仅是首付的提高，利率的上涨也会明显抑制需求。“认房又认贷”的出现，基本抑制了改善需求中的投资比例，二手房市场明显降温，首次改善、置换类改善型需求也受到影响。而房贷利率的全面上调，则对包括首次购房在内的刚需型住房也产生了影响。对于首套的刚需一族而言，累计还款金额，动辄可能高出数十万元，还款压力大大增加。某数据中心网络民调显示，北京地区有39.4%的刚需购房者表示，受调控政策影响，原有购房计划被推迟或取消。

（三）警惕“租购并举”下租金和房价发生双涨的可能

本轮的楼市调控在供求端大力推行“租购并举”战略，作为房地产长效机制建立的重要内容。为租房赋予入户、入学、就业、就医、养老等市民化权利是大势所趋，租房“赋权”时代或将要来临。在当前高房价的背景下，如果“赋权”能够到位，预计后续会有越来越多的人选择房屋公租。但也要注意，后续还要防止“赋权”过程中可能出现的“并发症”，如：要妥善处理好出租人和承租人的利益，以及“赋权”所带来的公共服务能力和公共配套设施增加等问题，尤其是要警惕引发租金非理性上涨或暴涨，避免发生“租不起房”的后果发生。在过去的几年中， 北京楼市曾实施一轮又一轮的调控， 力度不断加码， 但有时出现出台政策的效果与初衷发生背离，甚至陷入“越调越涨”的循环怪圈。当下的调控需汲取前车之鉴，警惕“租购并举”措施下租金和房价发生双涨的可能，以免“按下葫芦浮起瓢”，或者防范出现既“买不起”也“租不起”的现象发生。

（四）防范资金违规入市房地产引致的风险

随着房地产调控监管政策的进一步趋严，个人或机构向银行、互联网平台、小额贷款公司等金融机构贷款购买或投资房地产的难度大为增加。为此市面上出现了一些消费贷、房抵贷等资金违规入市房地产的操作，将金融机构发放的用于个人消费或经营的贷款在多账户间转账，最终投向房地产，或是借款人以房产抵押作担保，向银行申请一次性或循环使用的贷款，最终再次投向房地产。这种资金违规入市房地产的操作，一方面大大提高了借贷者的借贷杠杆风险，另一方面又使得房贷借款人逃避了正常的资信审查工作，导致金融机构的信用风险大为增加。一旦这些借款人不能如期还贷，就可能引致更大范围的金融风险。据易居房地产研究院的一份报告测算称，2017年3月以来，全国新增异常短期消费贷款金额中至少有3000亿元流向楼市。这种违规贷款杠杆风险较为隐蔽，难以估算，必须严加防范。

四、2018年北京市房地产业运行走势判断

截至2017年第三季度，北京市房地产业增加值占服务业比重累计同比下降了2%，但房地产开发投资占固定资产投资比重超过50%，房地产业税收收入占地方公共财政收入约两成，国房景气指数和房地产行业景气指数仍保持平稳上升，房地产业对宏观经济的基础支撑作用依然没有动摇。在全国“房住不炒”的宏观调控大环境和北京市深入推进调结构、转方式、疏功能的背景下，北京市房地产业迎来新的机遇和局势。经过新一轮的调整，北京市房地产业下行之势有望在2018年得到改善，随着长效机制的建立，供需关系的改善，在低基数作用下，**预计2018年北京市房地产业有望实现转正并微幅增长，全年房价有望继续保持环比不增长。**房地产市场量价总体止升行稳、回归理性的势头将进一步巩固，结构性供需将得到进一步改善，租售并举格局初步形成和完善，房地产企业也将迎来新的商业布局和战略调整。

（一）房地产投资有望降温企稳

2018年，**北京市房地产开发投资增速有望进一步企稳回归正值，投资热度有所降温，但投资结构有望得到大幅改善。**受调控政策的影响，尽管2017年对房地产投资的意愿和能力均有所削弱，但统计局企业景气指数调查显示房地产预期指数呈逐步上升趋势，企业预期依然乐观。预计投资降温后，行业发展将企稳进入新常态，投资结构也将大幅调整并改善，尤其是乘政策之风，参与投入到共有产权房、公租房、租赁住房等投资建设的积极性和主动性将明显增强，大有可为。从房地产开发投资资金来源看，目前占比最高的仍然是商品房销售收入，包括定金及预收款、个人按揭贷款；其次是房地产商的自筹资金。由于销售收入是主要的资金来源，因此商品房成交量有回升企稳的预期。在融资受限的情况下，布局广、销售收入高以及融资手段多的大型房地产商具有很强的资金优势。从商品房库存的角度来看，受棚改的推动作用，商品房去化进度仍将加快，使得客观上存在一定的补库需求。历史经验表明，房地产开发投资增速通常不会低于

施工面积增速，开工库存偏低将推动房企加速开工。因此综合来看，2018年房地产投资增长上下空间都不会太大，保持稳定微幅增长的可能性较高。

（二）房地产市场平稳回归理性

随着全国范围内房地产市场的调控收紧，以及北京市“3·17”政策及后续严控举措的出台，综合近年来北京市房地产市场特点以及外部环境因素的影响，初步判断2018年北京市房地产市场交易规模整体稳中有降，交易内部结构将现分化，其中刚需及改善型住房交易需求缓慢释放上升，投资投机性住房交易规模受限锐减。新房及二手房成交均价涨幅或将进一步放缓，房价将处于企稳通道，波动幅度收窄，或将延续房价环比不增长的势头。

住房供需平衡将得到大幅改善。一方面，供应规模总体保持平稳小幅增长，其中结构性改善供给力度将继续加大。2017年，为了更好地平衡供需，北京市住宅用地供给大幅增加。截至三季度，居住类住宅用地供应占全部土地供应量的一半，土地供应放量效果显现。尽管住宅类施工面积和新开工面积累计依然是负增长，但住宅3年以上的待售面积累计同比增长达13%。另外根据北京市最新的5年住宅供应规划和新增150万套住房计划也可以预见，2018年的住宅供地和住房供应量能够在总体平稳的前提下保持小幅增长。**其中，结构性改善的供给将大为增加。**面对以往住房供需失衡较为严重的局面，刚需类和改善型住房仍将加大供给力度。而随着共有产权房建设、集体土地入市、公租房、租购并举等新政的进一步落地，一批住宅类用途住房供应将会得到进一步的释放，住宅市场对应的新房增量和存量房改造供应量均有望实现正增长。**另一方面，**住房需求也将得到多层次的满足，住房供需结构性失衡状况有望大幅改善。特别是公租房建设力度的加大和共有产权住房的推出，有望缓解中低收入人群及新北京人购房压力。同时，新政作用下择校热的降温，以及集体建设用地建租赁房试点政策的实施，也将有效缓解供需压力、抑制非理性消费的发生，房地产的长效机制效果有望显现。

写字楼市场延续良好发展势头。从供需层面看，2017年以来，北京市写字楼的空置率在一定程度上出现了微降，楼市调控下的写字楼市场需求依旧强劲。空置率的下降和企业的扩张使平均租金保持上扬态势。从企业类别看，随着北京市加快构建“高精尖”经济结构和极力打造全国科技创新中心，TMT（科技、媒体和通信）企业的蓬勃发展促使在过去一年中该行业的租赁面积仅次于金融业，占甲级写字楼总成交面积的25%。预计2018年TMT行业和金融业对写字楼市场的需求将继续保持强劲增长势头。从内外资看，过去一年中内资企业表现活跃，吸纳了北京写字楼市场73%的面积，预计这一趋势将能得到延续。从区域来看，中关村、上地等区域的写字楼目前供应量有限，望京-酒仙桥商圈未来将新增大量的优质办公物业，随着2017年下半年亚奥商圈写字楼的入市，未来将吸引大批企业进驻，成为一个新的高端商务区。

商业地产将保持稳步增长。经过多年的沉淀，北京的商业地产发展已相当成熟，市场规模效应持续显现。RET睿意德与德勤中国、新加坡南洋理工大学联合发布的《2017中国商业地产活力40城》榜单结果显示，北京已经在全国范围内成为商业地产开发商最青睐的城市之一。从零售指数、消费力指数、购物中心指数和休闲指数这四大维度看，北京的各项指标仅次于上海排名第二。在近年来披露的购物中心大宗项目交易中，一线城市进驻的购物中心数量占比占据绝对优势。从未来三年的开业项目统计数据来看，拟在北京开工的项目占到七成，消费市场主力地位依旧。北京不仅成为国外品牌进入内地的首选城市，也成为新业态、新品牌的首选孵化市场。随着商业地产从增量时代进入存量时代，竞争加剧，商业地产也将走进智能时代，数据、商户、业态、场景、流程等创新水平的提升也将成为其战略重点。

租赁市场迎来发展窗口期。2017年，随着北京租赁新政的正式实施和住房租赁监管平台的上线，北京的住房租赁市场迎来了一个历史发展窗口期，租赁市场频频释放利好政策。“购租并举”的重要举措已经开始落地，搭建住房租赁交易平台、增加租赁住房有效供应、加大对住房租赁企业的金融支持力度等工作开始进一步细化。**预计2018年的租赁房源有望大幅增加，规模化住房租赁企业也将迎来发展良机。**根据北京市租赁住房建设目标，租赁住房开工量将提供约40%新开工增长。企业层面上，未来随着对规模化租赁市场发展在融资、房源拓展、营建改造、税费减免等各类鼓励支持政策的落地实施，规模化租赁经营企业将迎来更好的发展机遇。如北京市房地产中介协会、链家、我爱我家、建设银行建立首批租赁交易服务平台，住房租赁监管平台通过链接这些网络交易平台，提供租赁信息发布、住房租赁合同网上签约、住房租赁登记备案申请、交易资金监管、市场主体信用信息查询、信用评价等服务。**新政也将吸引众多“互联网+”运营模式的企业加入房地产租赁市场的布局。**如电商巨头京东中标北京住房租赁监管平台技术合作项目，开始进军房地产租赁市场。政府层面上，大力发展租房市场，对满足基本民生需求，为城市留住人才以及平抑房价、稳定楼市都有着非常积极的作用。新发布的北京市城市总体规划指出，北京将以建立购租并举的住房制度为方向，推进房地产市场供给侧结构性改革和长效机制建设。北京市建委表示要加快推进50万套租赁房建设，这也意味着未来租赁土地的供应扩大是项长期稳定的政策，引导居民先租后买，形成梯次消费模式，促进房地产市场更加平稳健康发展。

（三）行业结构持续调整优化

在调控不断加码的大背景下，房地产行业增速逐步下行，行业结构也在发生深刻变革。总体而言，北京市房地产行业高增长的阶段已经结束，作为支撑经济发展仍是发挥关键作用的一个行业，房地产现在进入了调整、优化的阶段。传统粗放式的高杆杠、猛拿“地王”的行业思维已经开始转变，战略结构优化转型开始显现。随着银行等金融机构降杠杆、挤泡沫，调整收紧房地产信贷政策，也使得房地产行业在新环境下不再过多依赖“吸金”的办法野蛮式生长，而是更多地转向了行业结构的调整优化和转型升级。**一是北京市房地产行业集中度将进一步提升。**国家统计局数据显示，近五年来，北京市房地产行业的企业个数由2011年的3068家缩减到2016年的2654家，呈逐年减少之势。受严格限制预售价备案等政策变化、资金来源限制等因素影响，行业内部迎来一批兼并或并购浪潮。Wind数据显示，截至2017年三季度，北京房企作为买方发生并购事件33起，作为卖方发生并购21起，并购事件总和比2016年全年还多增22.7%。并购案显著增多，这说明产业经过优胜劣汰，已进入较为成熟的发展阶段。**二是存量运营将成为行业的创新发展方向。**随着房地产行业进入“白银时代”，房地产的主体已经从增量为主转变为存量为主，从住宅开发转向持有运营，这些都意味着盈利模式、回报周期、利润来源将发生变化。2017年前三季度，北京的存量房交易已明显高于新房销售量，北京地产市场已进入存量时代。行业内部通过并购等方式增加土地储备，盘活存量库存，更多的服务商、金融机构介入存量运营也成为大势所趋。同时，在大力推动租赁市场发展的背景下，经营性地产空间逐步打开，有望持续受益。

（四）京派房企面临转型调整新格局

受宏观政策层面和微观市场层面的影响，京派房企面临新的战略转型和格局调整。2017年半年报显示，北京房企的营业收入和净利润均出现了明显下滑。首开股份、华远地产等上市房企的营业收入同比均有所减少。从整体来看，京派房企在规模和业绩上与其他省份房企的差距有所加大。在同受密集的调控政策与信贷紧缩的叠加影响下，京派房企战略扩张节奏较慢，备受掣肘，而外来房企却找准了京派房企产品供需错配的时机，迅速布局。随着中国房地产市场迎来重大转折，粗放、高利润的房地产黄金时代落下帷幕，市场格局逐步从卖方市场转向买方市场，**京派房企需转变战略视角，紧跟当前政策的转向，抓住新的战略机遇，构建适应未来产业竞争的、个性化的多元业务格局。**例如，随着北京土地出让“限房价、竞地价”地块试点进入一周年，房企应迅速转型，加入和适应竞自持的土地竞拍的模式。在自持时代里，长租业务的推进对未来房价的影响值得期待。租赁市场的启动，也为房企开拓了一片“新蓝海”。当前在机构运作、土地制度创新、租购同权、发行REITs（房地产信托投资基金）等方面均出现了较大的改革动作，房企经营模式等局面势必会带来较大的改变，也会带来较多的创新，相应的企业的市场份额有待形成，这些都提供了广阔的市场发展空间。商办调控新政使得房企改变以往“商改住”模式，变增量思维为存量思维，未来对房企的要求不只限于盖房子、卖房子，而是越来越关注“社群”建设。从“卖住宅”变成“卖服务、卖运营”成为未来房企的一个发展方向。另外，国内融资环境遇冷、房企资金持续收紧之时，许多房企也开始试水多产业融合的发展道路，与旅游、体育、文化、金融、养老等产业相结合，形成多元化综合性混业经营发展新格局。

（五）组合调控政策效果将得到延续

北京市空前严厉的房地产调控组合政策已在2017年取得明显效果（见图13），**预计在2018年政策带来的影响还会得到周期性的延续。**在系列组合政策的作用下，特别是一些细则还在陆续推出，如通过多校划片、随机摇号等方式增加学区房“一对一”入学不确定性，预计“后调控”时代房地产市场将进入观察期，部分在京购买住房需求将暂缓释放。同时，仍有部分在途换房者的换房需求及首付充足购房者的需求将以高成本的方式得到满足。而随着京津冀一体化进程加快，特别是北京城市副中心与新机场建设进程的提速，雄安新区的建设规划提上日程，环京城市综合承载能力和服务能力将有大幅提高，环京地区将承接部分北京房地产市场外溢需求。预计本轮调控将使北京新房与二手房交易规模有所减少，房价快速上涨的压力也将得到缓解。

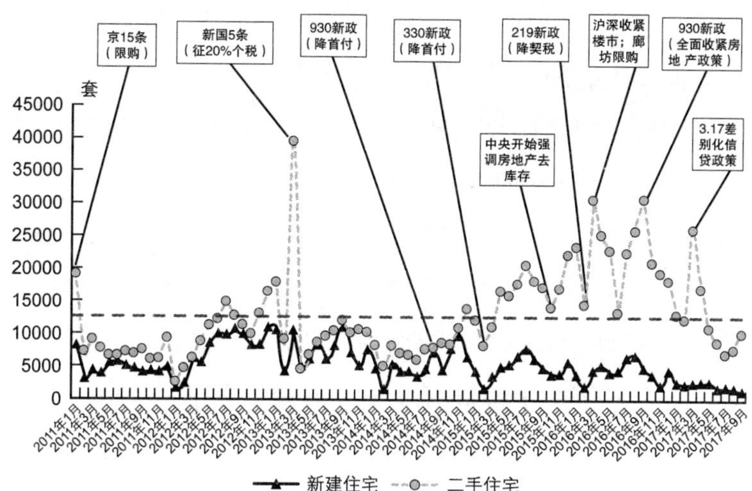

图13 2011年限购以来北京市住宅市场成交走势

五、政策建议

（一）跟进和落实后续调控政策

继续坚定贯彻落实房地产调控措施，在政策实施的过程中持续查漏补缺，保持对市场的密切跟踪，深入评估已有政策执行效果，不断完善房地产调控政策的长效机制。如市场上出现的首付贷、房抵贷、消费贷买房等现象，须进行密切跟踪监测，及时出台"补漏"政策。坚决打击囤房、囤地、捂盘惜售等市场问题。基于租赁住房的公共属性，土地出让价高者得的"招拍挂"制度需要改革，多用"招标"、少用"拍卖"。在公共财政建设上，要将教育投入与城市常住人口挂钩，确保公办教育覆盖所有常住人口。

（二）进一步做好供需平衡

当前对房地产市场的限购限贷等举措虽然遏制了一部分投机需求，但也扼杀了一部分改善型和刚性需求。在政策的制定上，建议可以在"一刀切"的粗放基础上再细化某些规定，因人施策，放宽基于居住属性的首套置业者和改善型购房置业者的购买条件。作为人口流入增长较大的一线大城市，北京应着力于中长期平稳房价的预期，根据人口增长潜力和结构加大相应土地的供给，避免为了增加财政收入而增加不合理的土地供给。

（三）盘活存量资源，切实发展租赁市场

重点落实和完善购租并举等各项政策，积极发展住房租赁市场，让租房住成为居民住有所居的重要渠道。落实好住房租赁、共有产权相关政策，落实保护承租人合法稳定居住的各项举措，着力稳定租赁关系，积极推动向租赁住房赋权的相关政策落地。除了政策的支持外，市场上房企也可以借鉴保利发行REITs的首家案例，探索REITs促进和规范租赁市场的发展路径，一方面消化住房市场库存，盘活存量住房并加以有效利用，提高资源利用效率和住房租赁市场的活力，房企实现从“拿地卖房”模式向“出售与持有运营并举”转型；另一方面通过专业化运营，从根本上改变当前“一对一”“散户式”住房租赁市场的现状。

（四）严防和严惩违规资金入市房地产

在资金入市上，坚持房地产领域“去杠杆”，消除金融风险隐患，坚持“脱虚向实”，防止泡沫积累。分类实施房地产信贷调控，强化房地产风险管控，加强房地产押品管理，银行业金融机构要严格落实相关法律法规，强化融资平台风险管控。银监局等有关部门需积极开展房地产金融市场的风险排查，做好贷前背景调查、监管审查贷款流向、加大监管问责、完善相关法律法规等措施加强房地产信贷风险把控，特别是对于个人消费单笔贷款额度超过20万元的房产抵押贷、个人经营性贷款超过100万元以及信用卡异常透支等情况需密切关注，严防个人非住房类信贷资金暗度陈仓违规进入房地产市场，从而引致一系列的金融风险。

（执笔人：胡慧璟[①]）

① 胡慧璟，北京市经济信息中心信息服务部，经济师，研究方向为产业经济。

2017年北京市信息产业形势分析及2018年展望

摘要：2017年1~9月，北京市信息产业发展良好，电子信息制造业与软件和信息服务业稳步增长，生产规模与整体实力位居全国前列，在网络、硬件、算法等方面取得领先世界的成果，重点领域取得突破性进展。2018年，“5G+物联网+人工智能”的三位一体信息技术新架构已经初步显现，将对北京市信息产业进行重构，并加速产业的发展。政策应聚焦在加强产业基金的支撑作用、向“服务型制造”转变和创新数字经济监管等方面，积极发挥优势，补齐短板，促进信息产业持续健康发展。

关键词：信息产业 现状分析 发展展望 政策建议

一、2017年北京市信息产业总体发展情况

2017年北京市信息产业发展良好，电子信息制造业与软件和信息服务业稳步增长，生产规模与整体实力位居全国前列，在网络、硬件、算法等方面取得领先世界的成果，市场竞争力大幅提高。

（一）2017年北京市电子信息制造业发展特点

1. 电子信息制造业生产快速发展，创造高端供给

2017年1~3季度，北京市电子信息制造业发展势头良好，生产呈现快速增长态势，计算机、通信和其他电子设备制造业增加值增长19.5%。从主要工业产品看（见图1），生产微型计算机531万台，同比增长13%；

生产集成电路68.1万块，增长14.8%；生产光电子器件25.6万只，增长53.3%；生产电子元件44.3万只，增长28.6%。电子信息产品设计制造等产业不断壮大，成为信息消费增长的重要引擎。依托龙头企业推动了信息终端和核心技术产业化，智能手机、智能穿戴、智能家居产品和服务的研发能力显著增强，新产品不断涌现。

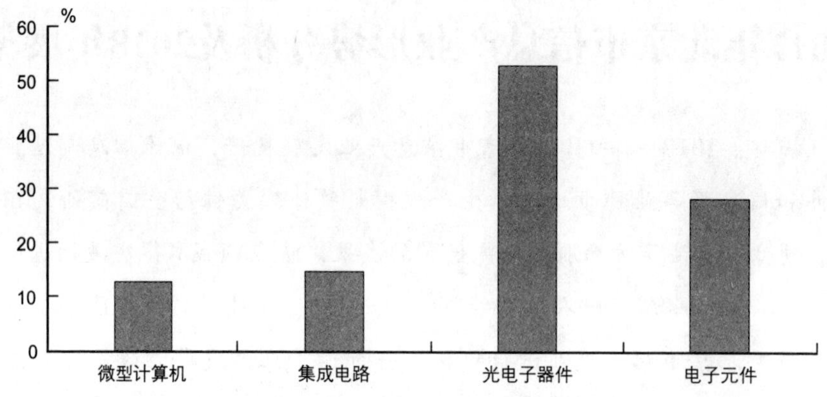

图1 2017年前三季度北京市电子信息制造业主要工业品增长情况

2．电子信息制造业上市企业运营平稳，行业集中度提升

截至2017年三季度末，北京市电子信息制造类A股上市企业共有33家。其中，上交所上市企业13家，深交所上市企业20家，2017年新增上市企业2家。从盈利能力来看，所有企业营业总收入额达到1683.68亿元，营收总额与2016年同期相比增加30.76%。归属于母公司净利润148.33亿元，同比上升6.74%。其中，29家企业净利润增长，4家净利润下降。净利润增长率有21家为正值，正值增长率企业比2016年减少1家。与2016年相比，31家非新增上市企业中，企业净利润增长率同期上升的企业有13家，行业内上市企业分化态势较为明显。三季度上市企业总市值达6453.75亿元，在资本市场上形成了活跃的“北京板块”。企业经营模式更加混合多元化，涵盖半导体、电气自动化、电子制造、光学光电子、航天装备、计算机设备及应用、金属非金属新材料、电源设备和通信设备等多个子行业，产业跨界融合与创新升级驱动力显现，行业整合和企业竞争化加剧，行业集中度有所提升。

（二）2017年北京市软件和信息服务业发展特点

1. 软件和信息服务业保持优势，新业态新模式大量涌现

2017年1~3季度，北京市信息服务等优势行业保持稳定增长，信息传输、软件和信息技术服务业实现增加值2144.5亿元，增长10.2%。北京市软件和信息服务业发展总量位居全国第三，完成软件业务收入同比增长12.3%（见图2），增速比上半年提高0.7个百分点。产业发展前景乐观，信息传输、软件和信息技术服务业产业投资增长50.1%。“引进来”力度加大，信息服务业实际利用外资增速超过三成，开放创新提升竞争力和影响力。

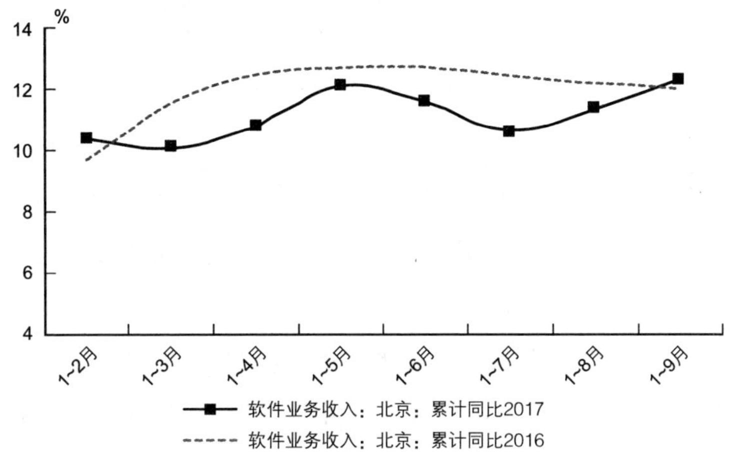

图2 2017年前三季度北京市软件业务总收入增长情况

创新催生新的增长点，云计算、大数据等信息技术的应用催生了大量信息产业新业态、新模式。前三季度，北京市规模以上互联网和相关服务业营业收入增长28.7%（见图3），运营电商平台的规模以上法人单位收入增长18.8%。电子商务、数字媒体、互联网金融、互联网教育等业态迅速成长，分享经济、O2O等快速发展，滴滴出行、美团外卖等一批消费新模式快速增长，用户规模快速扩张。

2. 软件和信息服务业企业发展质量不断提升

截至2017年三季度末，北京市信息技术服务业A股上市企业共有63家。其中，深交所上市企业54家，上交所上市企业9家，2017年新增上市

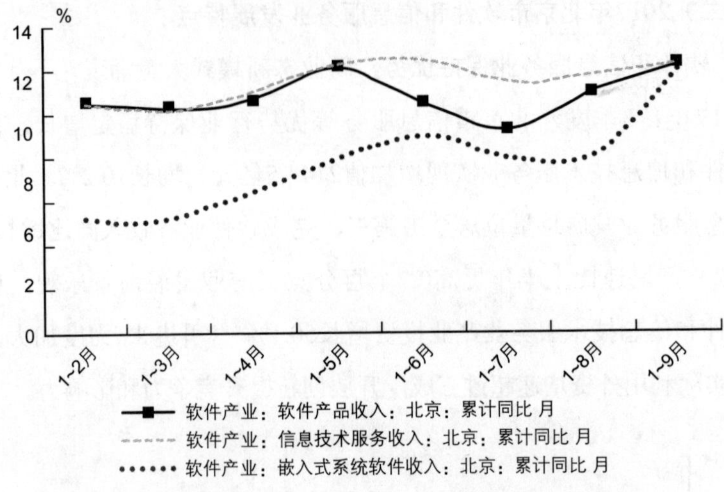

图3 2017年前三季度北京市各软件业务收入增长情况

企业5家。从盈利能力来看，所有企业营业总收入额达到855.57亿元，营收总额与2016年同期相比增加4.81%。归属于母公司净利润116.27亿元，同比下降5.78%，净利润额有所减少。其中，净利润额为正值企业占绝大多数，为56家，有7家为负值。净利润增长率有45家为正值，正值增长率企业比2016年减少4家。与2016年相比，58家非新增上市企业中，企业净利润增长率同期好转的企业有23家，企业中优胜劣汰分化加剧，优势企业群引领发展，产业集中度进一步提升。企业创新能力持续增强，从单纯的技术创新和产品创新演进为以流量变现和应用服务为核心的商业模式创新，组织、技术、业态、资本多层次协同创新在持续深化。信息服务业上市企业呈现龙头企业规模大、新兴企业后劲足的特点。企业业务涉及智慧医疗、云计算、大数据、人工智能等多个新兴领域。

在各类高科技、高成长企业榜单中，北京企业表现亮眼，产业活力凸显。如《福布斯》“2017中国潜力企业榜”共220家企业上榜，北京入榜的44家企业中有36家为软件企业（见表1），占比达16.4%，为软件企业入选最多的地区。35家软件企业入选2017年（第16届）中国软件业务收入前百家企业，数量为历年最高，居全国首位。在北京软件和信息服务业协会发布的2017年北京软件和信息服务业综合实力百强企业榜单中，百度、航天信息、腾讯位列前三。入选企业具有以下特点：一是收入、利润规模持续扩大，企业实力攀升；二是研发投入增长，促进产业创新；三是薪酬成本持续增长；四是企业聚焦行业应用，支撑关键领域；五是企业管理规范。

表1 北京市入选2017年（第16届）中国软件业务收入前百家企业名单

全国排名	企业名称	软件业务收入（万元）
8	国网信息通信产业集团有限公司	1055490
10	航天信息股份有限公司	945764
15	北京中软国际信息技术有限公司	682949
16	北京京东尚科信息技术有限公司	676425
17	东华软件股份公司	671671
19	亚信科技（中国）有限公司	613089
20	软通动力信息技术（集团）有限公司	612716
22	同方股份有限公司	601402
23	北京小米移动软件有限公司	597858
25	文思海辉技术有限公司	562340
28	用友网络科技股份有限公司	498369
30	中国软件与技术服务股份有限公司	450188
31	北京全路通信信号研究设计院集团有限公司	449073
38	神州数码系统集成服务有限公司	400889
40	太极计算机股份有限公司	392637
41	中科软科技股份有限公司	368161
44	中国民航信息网络股份有限公司	356807
52	北京神州泰岳软件股份有限公司	303354
55	石化盈科信息技术有限责任公司	274093
56	百度云计算技术(北京)有限公司	270973
63	北京中油瑞飞信息技术有限责任公司	236050
66	高德信息技术有限公司	222116
69	北京千方科技股份有限公司	217299
75	北京华胜天成科技股份有限公司	203235

（续表）

全国排名	企业名称	软件业务收入（万元）
76	广联达科技股份有限公司	202913
79	博彦科技股份有限公司	193400
80	启明星辰信息技术集团股份有限公司	190514
83	北京华宇软件股份有限公司	182011
85	北京易华录信息技术股份有限公司	173896
86	普天信息技术研究院有限公司	173202
87	和利时科技集团有限公司	172239
91	北京立思辰科技股份有限公司	168973
94	北京宇信科技集团股份有限公司	162318
96	北京四维图新科技股份有限公司	158531
100	北京四方继保自动化股份有限公司	145159

资料来源：工信部

二、2017年北京市信息产业重点领域发展情况

2017年1~9月，北京市信息产业在众多领域取得突破性进展，为北京市经济发展注入了新动能。信息产业政策持续支持促进、资本活跃，有效带动了技术创新和消费升级，提升了国内乃至国际影响力。信息产业的良好发展主要体现在以下重点领域。

（一）集成电路

集成电路作为信息技术产业的核心，已成为各国科技竞争的制高点。随着我国集成电路消费市场需求的持续增长，集成电路产业已成为北京构建首都“高精尖”经济结构、全面实现科技创新中心的重要支柱产业。为此，**北京市规划了“北设计，南制造，京津冀协同发展”的整体发展战略，**其中包括北部海淀的集成电路设计基地、南部亦庄的生产制造基地，以及河北正定封装测试产业基地，全面体现出了专业化推进集成电路产业的发展理念。

目前，北京市已形成集成电路产业蓬勃发展的良好态势，主要呈现出

以下特点：**一是**产业规模持续增长，近十年，北京集成电路产业规模年均增长率为16.1%。2017年预计北京市将有30家集成电路设计企业销售过亿元；**二是**产业空间布局完善，已经确立了“北（海淀）设计，南（亦庄）制造”的产业空间布局，设计业在以中关村集成电路设计园为核心的海淀北部形成集聚效应；**三是**产品覆盖范围广泛，自主开发的芯片产品涉及移动通信终端等信息产业领域，在移动智能终端、半导体存储器、图像传感器等领域，与世界先进水平基本接近；**四是**产业链上下游环节齐备，集成电路制造环节技术优势明显，在产业链上、下游聚集了紫光展锐等国内龙头设计企业和小米等国内优质的整机系统厂商，带动了北方华创等一批装备材料企业迅速成长；**五是**创新创业生态不断完善，集聚了一批专业投资机构、协会联盟和创新载体，形成了产业生态圈，清华、北大、中科院等科研院所提供源源不断的技术和人才支撑。

发展集成电路产业是一个非常系统化的工程，需要有完善的资金链、创新链和产业链，并且要相互高度配合。目前集成电路制造业仍面临诸多问题，制约着集成电路产业的整体发展。设计制造“两头在外”问题仍在持续。制造业飞速发展，但主要为海外客户代工；芯片设计业高速增长，但主要依赖海外制造资源；制造工艺相对落后，技术差距依然存在。晶圆代工方面，我国最先进的工艺与国际主流工艺相差近三代。例如中芯国际目前仍然停留在28纳米PoliSiON工艺。产业资本支出总体偏少，技术研发仍需大量资金，缺少带领技术研发的领军人才，技术瓶颈短期难以迅速突破。

（二）平板显示

当前，平板显示产业处于快速成长时期，从全球TFT－LCD产业格局来看，随着中国平板产业的高速发展，整个显示行业已由原来的日、韩和中国台湾三足鼎立，转变成“三国四地”的产业新格局。**2017年，以京东方为代表的北京市平板显示产业取得瞩目成就。**经过多年努力，京东方已成为IT液晶显示屏、智能手机用液晶显示屏出货量第一位的供应商，在电视用液晶面板供应方面位居全球第三位，盈利大幅提升，具备完善的技术储备与成熟的市场条件，正向技术研发和再创新稳步迈进。八亿时空公司开发出具有自主知识产权的5类7种新型混合液晶单体化合物，并开展了纯化工艺研究，突破国外技术垄断，研发出具有我国自主知识产权的高性能液晶材料。

在平板显示产业迅速发展的同时，产生的问题值得关注。一是面板价格面临下降风险。新开产能带来面板供给量增加导致价格回落，终端市场需求下降对面板价格产生压力，新技术升级影响面板价格和产能，导致面板价格进一步下降，对企业经营情况产生重要影响。二是平板显示产业的专利布局仍处于起步阶段，与快速壮大的产业规模相比，知识产权攻防体系建设迫在眉睫。三是专业人才资源竞争更趋激烈。企业为节约时间，更倾向于高薪竞聘有经验的专业人士，忽略了人才培养机制的建立和队伍的搭建，人力成本不断升高，人才缺乏的根本问题却未解决。

（三）智能终端

近年来，北京市智能终端产业快速发展，智能电视、智能手机等智能终端已经广泛普及。《北京市机器人产业创新发展路线图》于2017年8月发布，提出分两阶段实现战略目标，作为未来重要的智能终端，机器人产业将得到较大发展。IDC报告显示，2017年三季度，小米公司的手机销量增长了56.6%，达到1570万部，获得了13.7%的市场份额。在前五名中，小米增幅遥遥领先。小米全球智能可穿戴设备出货量为360万件，所占全球市场份额达13.7%，从2017年第一季度起一直占据第一位。目前，小米与百度正式达成合作，通过软硬一体的方式共建IoT+AI生态体系，以小米在全球最大的商用物联网硬件平台，与百度的AI技术相结合。在2017年TechWorld上宣布进军人工智能领域的联想，在近期同样宣布了其人工智能的落地，通过“智慧联想”应用，用户可以方便地使用和管理家里众多的智能设备，包括联想智能音箱、联想智能电视等产品。

随着智能终端的普及，用户在享受多种多样便利功能的同时也面临着越来越多的安全风险。不断出现的安全事件，使得智能终端操作系统漏洞修补越来越需要被重视。目前大量终端存在严重漏洞，而造成这种现象的原因主要为碎片化严重、厂商积极性不高、管理混乱等。积极配合《网络安全法》的落地实施，建立漏洞检测和监管体系，建立应急响应机制和长效合作机制，才能促进智能终端产业的长久健康发展。

（四）大数据和云计算

云计算、大数据以及人工智能，已成为驱动科技产业创新发展的“三驾马车”。根据中国信通院数据，预计2017~2020年中国公有云市场仍然保持高增长态势，2020年规模可达603.6亿元。**北京在大数据和云计算产业发展上起到了模范带头作用。**2017年9月，《北京市推进两化深度融合推动制造业与互联网融合发展行动计划》发布并提出，到2020年实现重点领域智能化转型，建成一批面向京津冀、辐射全国的工业云和工业大数据服务平台，政府采购更多面向重点行业和领域的云计算和大数据服务。**产业集聚效应初步显现，**京津冀大数据综合试验区启动建设，众多企业主动从北京“走出去”，在河北、天津布局大数据相关产业。据悉，张北云计算产业基地项目已竣工运营2个，签约8个，2017年新开工的4个项目也在积极推进中。新业态新模式不断涌现，与传统产业融合步伐加快，产业规模快速增长。**相关企业快速成长，**一是已经有获取大数据能力、具有一定国际影响力的公司，如百度、京东；二是以用友等为代表的电子信息通信厂商；三是以亿赞普、拓尔思等为代表的大数据服务新兴企业。北京正发挥全国科技创新中心的资源优势，以及中关村国家自主创新示范区的政策、人才、技术、资本等优势，向京津冀大数据综合试验区的“创新中心”、国家大数据产业创新核心区和全球大数据产业创新高地的目标前进。

目前，大数据与云计算产业发展面临以下几个问题：**一是**数据权属不清晰，数据流通和利用混乱。**二是**数据爆炸式增长与数据有效利用矛盾突出。**三是**企业与政府数据双向共享机制缺乏。**四是**安全问题日益凸显。下一步北京市要着力推动大数据与实体经济深度融合，从政府、企业、社会组织和个人等方面统筹推动国家大数据战略落实。

（五）人工智能

人工智能作为互联网科技的延伸领域，近几年来发展迅猛。工信部统计显示，目前我国在核心深度学习算法、图像识别等多个领域的技术处于世界领先地位。这一以创新驱动的高科技产业得到了国家和北京的高度重视。2017年7月20日，国务院印发《新一代人工智能发展规划》，提出了我国人工智能目前存在的问题，并给中国版人工智能规划设定了明确的时间表和线路图：到2020年人工智能总体技术和应用与世界先进水平同步；初步建成人工智能技术标准、服务体系和产业生态链，人工智能核心产业规模超过1500亿元，带动相关产业规模超过1万亿元。为深入落实国家政策，进一步发挥中关村示范区引领作用，中关村科技园区管理委员会制定了《中关村国家自主创新示范区人工智能产业培育行动计划（2017~2020年）》，力争培育具有国际竞争力和技术主导权的人工智能产业集群。

作为北京市重点发展的高科技产业园区，**中关村在人工智能领域颇有建树**，并形成覆盖基础层、技术层、应用层的全产业链产业集群，涌现了商汤科技、第四范式、中科寒武纪、深鉴科技、出门问问等前沿技术的创新型企业。例如，百度正推动人工智能技术渗透到各类业务中，积极打造全新的AI生态。在人工智能领域，百度通过“Apollo”计划开放自动驾驶平台；深度学习领域，发布深度学习平台PaddlePaddle，同时也是国内首个开源深度学习平台的科技公司；以及全球领先的语音识别及人脸识别等等。近日，Fast Company发布了“2017年最具创新力公司榜单”，百度位居“人工智能和机器学习”分榜中第三位，仅次于谷歌和IBM。在新一代专用计算芯片方面，巨头垄断高端芯片的国际格局有望被打破。《人工智能影响力报告》显示，虽然GPU、FPGA这两款芯片在人工智能领域占据重要地位，但在人工智能领域专用芯片排名中，谷歌发布的TPU排名第一，而紧随其后的为中科院研发的寒武纪，位居第二，超越了IBM研发的

TrueNorth、微软的Xeon Phi等。

人工智能不仅仅是一种产业，更是一种新的生产力要素，与资本、劳动力拥有同等重要地位，将成为拉动中国经济增长的新动力。过去也有AI，但算法和数据都没能达到让其成为生产力要素的程度。然而，在工业领域实现人工智能的应用将要面临诸多挑战，实现效果也有待观察。工业数据具备更强的专业性和关联性，价值实现要求与难度均高于互联网大数据，而工业企业的数据化程度与处理利用能力存在较大的提升空间。工业领域对人工智能算法处理过程也会提出更高的要求。基于海量工业数据的人工智能实现需要人才、技术积累和计算设施的大成本投入。

（六）信息安全

《中华人民共和国网络安全法》已于2016年11月7日正式发布，2017年6月1日正式施行。我国首次从立法层面确立了安全在整个信息化建设中的关键地位，网络安全相关产业市场空间迎来加速增长。北京市作为全国网络安全产业发展的重点城市，经过多年发展，汇聚了大量全国知名网络安全企业，细分领域初创公司如雨后春笋般成长。

北京市信息安全产业总体规模快速增长，行业整体实力不断壮大。目前北京市云集了数百家信息安全企业，启明星辰、华胜天成、太极计算机等上市公司已具备一定市场影响力。标准研制稳步推进。作为全国科技创新中心和网络安全产业的主要聚集地，北京市的信息安全企业、研究机构和高等院校在网络安全国家标准和行业标准的研制过程中，发挥着重要的支撑作用。**奇虎360在网络安全领域一直保持领先优势。**作为国内用户数量最多的安全防护软件，360安全卫士的装机数多年保持第一。2017年上半年勒索病毒席卷而来，国内很多医院、学校、企业机构的办公网络陷入瘫痪。360公司第一时间推送了高可靠性、高稳定性的修复补丁和病毒免疫工具，尽最大努力帮助网民挽回损失。未来信息安全的形势将愈发错综复杂，网络空间的竞争归根到底是人才的竞争。只有重视人才，打破技术瓶颈，才能加速信息安全行业发展。

三、信息产业存在的问题

（一）设计布局相对滞后，部分新兴领域监管需要紧密跟进

北京市信息产业发展的顶层设计和整体布局与欧美发达国家相比相对缺失，全产业链布局还不够健全。北京市需要推动产业整体提升，实施“核心企业—关键领域—重点产品”突破战略，推动芯片设计企业面向系统级解决方案需求，以自研、并购、合作等多种方式弥补技术短板，构建整体技术能力；推动设计企业、制造企业、封测企业间的合作，加快先进制造工艺和先进封装工艺的研发突破和规模商用。

互联网与传统产业的融合在培育壮大新动能、发展新业态方面发挥至关重要的作用，智能制造成为产业转型升级的关键领域，制造技术与信息网络技术融合塑造新的生产模式。新兴领域蓬勃发展的同时，也对原有的法律规范和道德标准造成了一定的冲击，目前北京市信息产业中无人驾驶汽车、人工智能应用等领域面临的法律问题日益凸显，需要监管层及时出台相应的规章制度，甚至上升到法律层面。

（二）基础领域研发支撑不足

北京市已建立了一定数量的研发机构，但从整体上来看还需要继续提升。目前部分领域的核心关键技术尚未打破瓶颈，仍然存在受制于人的情况。例如集成电路产业中，资金偏向基础设施建设，技术研发仍需持续投入。部分基金和资本更关注土地、厂房、设备等固定资产投资，新技术研发仍有大量资金缺口。再如，中国互联网络信息中心发布的报告指出，目前我国在网络安全方面的投入占整个IT比重仅为2%，远低于欧美国家10%左右的水平。

人工智能具有重要的战略意义，包括美国、日本、英国等国家均将AI布局提升到了国家战略层面，北京市的AI产业发展已经站上“快车道”。从创业投资领域角度来看，美国面向全产业投资，投资领域遍及基础层、

技术层和应用层，而北京市人工智能方向接受融资的企业主要集中在应用层；美国AI产业布局全面领先，在基础层、技术层和应用层，尤其是在算法、芯片和数据等产业核心领域，积累了强大的技术创新优势，各层级企业数量全面领先。

（三）重要领域人才短缺，流动机制有待优化

党的十九大报告提出，要把发展经济的着力点放在实体经济上，推动互联网、大数据、人工智能和实体经济深度融合。而数字人才，正是那些能将新技术与实体经济相结合的人。从价值链的数字化转型角度出发，数字人才分为数字战略管理、深度分析、产品研发、先进制造、数字化运营和数字营销人才等六类。目前，北京市绝大部分的数字人才分布在产品研发类，但深度分析、先进制造、数字营销等领域的数字人才较为稀缺。

近年来北京市在发展平板显示产业的过程中，吸收了国际市场上大量的液晶领域专业人才，并曾一度引起日本、韩国、中国台湾面板业界的围堵。平板显示是一个多科学交叉的跨领域产业，在某些方面需要有很深厚的量产技术沉淀和经验积累。京东方等企业在导入新技术和新制程时，容易出现良率上升缓慢，产能爬坡期过长的问题。所以，有丰富量产经验的平板显示人才稀缺，由于人才管理机制与产业氛围原因，平板显示生产企业在核心人才的培育与使用上仍有很大的进步空间。再如，工业和信息化部软件与集成电路促进中心数据显示，我国集成电路产业需要的人员规模为70万人，而目前从业人员不足30万人，面临大量人才缺口。

（四）知识产权保护和权属明晰有待提升

以大数据、智能化、移动互联网、云计算为代表的新一代信息通信技术与经济社会各领域全面深度融合，“大智移云”构成了互联网产业的主要技术体系。但是在大数据战略实施过程中，数据权属不清晰，数据流通和利用混乱，阻碍了北京市大数据产业的发展。大数据带来了复杂的权责关系，产生数据的个人、企业、非政府组织和政府机构，拥有数据存取实际管理权的云服务提供商和拥有数据法律和行政管辖权的政府机构，在大数据问题上的法律权责不明确，数据产权承认和保护存在盲点。

全球知识产权垄断、控制与保护已呈现强化趋势，而我国目前自主知识产权拥有率较低。随着我国企业“走出去”的步伐加快以及国际竞争力提升，境外针对我国信息产业的知识产权摩擦或将升级。自身方面，受知识产权保护力度不足和行业不当竞争等因素的影响，北京市信息产业的研发企业往往存在专利技术、在研项目被泄露的风险，进而影响企业发展和盈利水平。

四、2018年北京市信息产业发展展望

目前，“5G+物联网+人工智能”的三位一体信息技术新架构初步显现，智能时代已经来临。这将有利于北京市信息产业进行重构，并加速产业新一轮的快速成长。而基于虚拟化的云计算产业具有极大的商用潜力，能够助推北京市信息产业市场竞争力的持续提升。

（一）信息产业将保持稳定增长态势

2018年，在新技术不断突破、政策效果逐步显现、领先企业加速发展的带动下，北京市电子信息制造业将保持较快增长态势，软件和信息服务业也将稳定增长。**电子信息制造业方面，**一是随着对信息技术研发和成果转化投资力度的加大，技术优势有望变为产业优势，技术成果加速落地。二是行业巨头继续发挥领先优势。京东方将聚焦“两端开放”战略，力争用5年时间向全球提供50亿个端口，并投资100亿元进军硅产业。三是通信基础设施不断完善也为相关产品和服务加速应用提供了保证。北京市公共场所无线局域网普及率大幅提高，未来在城市副中心范围内，将随道路新建同步实现无线局域网覆盖。**软件和信息服务业方面，**一是新动能有望持续释放。放管服、商事制度改革以来，信息服务业创新创业、投融资都非常活跃，新兴投资热点不断出现。而《“互联网+”行动计划》的具体实施细则的落地，也将促进新兴业态的蓬勃发展。二是重点企业科技研发将不断取得突破。2018年，互联网领军企业将保持较快发展速度。如百度公司已

经正式推出人工智能开放计划，已实现开放核心人工智能技术60余项，对话式人工智能系统及自动驾驶等新兴业态正在加速形成。**产业园区建设方面，**中关村科学城原始创新策源地作用将进一步强化。中关村将瞄准世界科技前沿和竞争焦点，加快布局以人工智能、大数据、集成电路等为重点的新兴产业，形成两到三个拥有技术主导权的产业集群，培育一批国际知名品牌和世界级的领军企业，实现建设世界一流科技创新中心的目标。

（二）加速构建物联网生态体系

2017年，已是物联网"产业化"概念提出的第九年。以2016年7月软银322亿美元收购芯片巨头ARM为标志性时间点，物联网产业彻底从之前的模糊性、概念化转换成了细分化、垂直化与落地化。目前国内物联网技术广泛被应用于城市规划、公用交通、通信、公交、公安、城市管理、地下综合管网等方面。**日前，北京移动公布了最新的物联网布局，构建物联网生态体系。**北京移动至今物联网连接规模已超过2300万部，也是全国首个并且唯一物联网用户数超过个人用户数的省公司。对于时下火热的NB-IoT（窄带物联网，简称NB）建设，北京移动也在积极布局。据悉，2017年9月落地首个试点应用——未来科学城智慧灯杆项目，这也是北京市首例NB应用项目，同时计划2017年底完成NB在北京主要地区的覆盖，覆盖总面积1961平方公里。为促进产业生态链合作，北京移动将提供全方位的合作支持政策，与中移物联网公司联合建设开放实验室，致力于打造优质的物联网云管端全面开放平台，完善物联网生态合作体系。

（三）重点开展5G规模组网建设

在马上到来的2018年，全球将迎来5G的最初商用，如今，各国的5G战略都已就位，行业企业也在紧锣密鼓地进行着测试与部署。国际电信联盟（ITU）信息通信技术统计数据显示，全球移动运营商已经开始布局5G，开展了上百次5G的测试、试验或现场试验，领先的移动运营商相继推出了5G发展时间表。**我国在5G上的部署正快马加鞭，以北京为核心的京津冀区域也将迎来大规模建设。**近日，国家发改委印发《关于组织实施2018年新一代信息基础设施建设工程的通知》，5G规模组网建设及应用示范工程以直辖市、省会城市及珠三角、长三角、京津冀区域主要城市等为重点，开展5G规模组网建设。该通知明确，在6GHz以下频段，在不少于5个城市开展5G网络建设，每个城市5G基站数量不少50个，全网5G终端数量不少于500个。同时，工信部开始启动5G技术研发试验第三阶段的工作，力争于2018年年底前实现第三阶段试验基本目标，支撑我国5G规模试验全面展开。

（四）人工智能加速与实体经济深度融合

人工智能是中国在全球具有一定话语权的前沿科技产业之一，也是北京市信息产业发展的一大亮点，在AI芯片以及诸如语音识别、人脸识别等智能识别领域具有技术领先优势。随着政策的持续推进、技术的不断突破以及应用场景的不断丰富，北京市人工智能产业具有巨大的市场前景。

AI芯片更加注重前沿研究和性能提升。北京市的人工智能产业规模持续扩大，作为承载人工智能运行的AI芯片吸引了大量资本和企业布局。目前，北京市顺义区与中科睿芯联合成立了专注于人工智能领域的产业孵化机构——北京智能计算产业研究院。中科寒武纪试图将代表性智能算法的处理速度和性能功耗比提升1万倍，在移动端实时完成图像语音和文本的理解和识别，通过实时训练，不断进化提升能力。北京君正将不断完善T系列产品，从图像采集端的市场切入大视频行业。

北京将加快“智造100”工程的实施。北京市将按照相关路线规划进行布局，促进产业快速发展。在发展智能机器人产业方面，北京将抢占智能服务机器人发展制高点，以智能感知、模式识别、智能分析和智能决策为重点，大力推进教育娱乐、医疗康复、养老陪护、安防救援等特定应用场景的智能服务机器人研发及产业化。推进工业机器人智能化升级，以机器视觉、自主决策为突破方向，积极开发焊接、装配、喷涂、搬运、检测等智能工业机器人。三一重工“根云”平台是首个由中国本地化工业互联网企业打造的中国本土、自主安全的工业互联网平台。树根互联公司将在现有基础上，逐步向更多行业拓展，实现广泛赋能。

智能驾驶将成为北京市汽车工业发展的重要突破口。在北京市汽车行业发展相对平缓的现阶段，智能驾驶成为一个重要突破口。北京将重点推进智能网联汽车产业创新，加快汽车智能辅助驾驶技术产业化，推动主动避障、自主泊车、高速公路编队行驶等高级自动驾驶产品研发及应用，重点支持满足智能驾驶要求的毫米波雷达、激光雷达、中央域控制器、人机交互系统、线控制动及转向系统等核心部件研发及产业化，加快从部分自动驾驶向完全自动驾驶演进。当前，北京现代已经将诸多智能驾驶技术应用于量产车型上，还将结合智能化、环保化的出行做出更多的技术储备。北京现代以全新瑞纳作为开端，Blue Life智能网联系统还将被应用在更多量产车型中，实现由“服务车”的制造商向全面“服务人的自由出行”的服务提供商的角色转变。北汽福田的车联网建设也初具规模。

（五）云计算产业将持续快速增长

云计算产业当前进入快速增长期，北京市相关促进政策的实施与相当规模的政府采购，将继续支持云计算产业的发展。北京市将迎来需求端的大幅增长，其中IaaS（基础设施即服务）、SaaS（软件即服务）两块业务将是增长的主要驱动力，IaaS市场受大规模云计算中心等基础资源建设投资拉动，将进一步快速扩张；SaaS应用受认可度提升，同时向着移动化、垂直化和技术融合发展，日趋成熟。北京市传统软件厂商加速向 SaaS 模式转型，如财务领域的用友网络，建筑信息化领域的广联达等。百度云将紧密融合人工智能，未来将在云计算领域持续发力。

五、政策建议

面对来自国内外的各种挑战和信息产业自身面临的各种问题，北京市在信息产业发展过程中需要积极发挥优势，补齐短板，促进信息产业持续健康发展。

（一）充分发挥信息产业基金的支撑作用

目前北京市的信息产业基金更多的是引导新产业落地，对已经落地的产业扶持不足，特别是对企业创新的扶持力度太低。虽然北京市全社会的研发投入比例较高，但是更多流入高校科研院所，研发成果没有完全市场化，企业又很难跟高校科研院所对接。所以需要把创新研发投入聚焦到企业，同时加大营商环境方面的改革力度。

（二）积极促进“生产型制造”向“服务型制造”转变

融合发展是新型工业化道路的鲜明特征，要深化信息技术集成应用，促进“生产型制造”向“服务型制造”转变，加快推动制造模式向数字化、网络化、智能化、服务化转变。制造企业向服务转型意味着要为客户创造更多价值，是赢利模式从一次性销售受益向贯穿整个产品生命周期、长期而持续的服务型受益转变。政策层面，可以支持促进制造企业利用其在价值链上的运营优势，提供不依托产品的专业服务，包括物流外包、IT技术服务外包、人力资源外包和呼叫中心等，鼓励企业提供整体解决方案。

（三）创新数字经济监管模式，探索双向共享机制

在环境治理、食品安全、市场监管、健康医疗、社保就业、教育文化、交通旅游、工业制造等领域开展大数据与云计算试点应用，以点带面提升数据的应用能力。出台数字经济优惠政策，创新数字经济监管模式，探索政府与企业数据资源双向共享机制。完善政府大数据开发与利用的制度规范，建立统计和评估指标体系，营造良好的舆论环境，防止概念炒作。

（四）促进创新中心与信息产业协同发展

弥补实验室产品与产业化之间的缺失环节，不断完善制造业创新生态系统，需要政府层面积极推进信息产业创新中心的建设。政府采用类似产业母子基金的形式，采用PPP模式，吸引社会资本联合投入。适度参与创新中心的具体运营，邀请科学家、专注科技企业的风险投资家，以及外部的专业人员，指导研发项目的投资。同时，将创新中心作为北京市信息产业发展成果的推广平台，让更多“双创”企业从中受益。

（执笔人：高 亚①、任 哲②）

① 高亚，北京市经济信息中心信息服务部副主任，经济师，研究方向为产业经济。

② 任哲，北京市经济信息中心信息服务部，助理经济师，研究方向为产业经济。

第四部分 专题篇

近几年平原新城经济发展中存在的问题及对策

摘要：北京市有序疏解非首都功能进程中，提供多点支撑的平原新城综合承接能力明显偏弱，表现为平原新城发展水平较低且增速放缓，产业转型步伐缓慢，项目、资源、创新要素支撑力度不够。发展滞后的背后，是各级部门主动发展意识不强，对产业发展的统筹力度不够，公共服务及基础设施配套建设滞后，土地政策制约产业结构优化升级，营商环境总体欠佳等深层原因。未来，需要有针对性地采取多项举措破除发展中的桎梏，加快提升平原新城城市综合承载力，把平原新城打造成为北京市新的经济增长极。

关键词：平原五区 郊区新城 发展意识 产业转型 营商环境

平原新城是北京市“一主、一副、两轴、多点”城市空间结构的关键节点，是未来首都经济新增长点的主要区域。但伴随国家及北京市经济步入新常态，平原新城发展速度放缓幅度更大、产业转型相对缓慢、发展后劲不足凸显，对北京市经济增长的支撑明显弱化，需要在发展理念、发展举措和体制机制创新上有所突破，做好中心城疏解功能承接，推动北京市经济的平稳增长。

一、与新时期首都发展的内在要求存在较大差距

当前北京市已经步入减量发展的新时期，占经济比重约75%的城六区

是非首都功能疏解的重点，外围的十个郊区将是未来经济社会发展的重要支撑区域。按照北京市城市总体规划的要求，北京市人口规模控制在2300万人和中心城区人口到2020年比重降低15个百分点，郊区新城需要承接中心城区200万并新增350万人口，以人口与功能基本匹配的目标测算，郊区新城的经济总量需要从目前占北京市25%提升到50%的规模。与新时期首都发展内在要求相比，郊区新城的基础比较薄弱，支撑作用需要不断加强。

（一）发展水平依然较低且增速呈现放缓趋势

虽然北京市整体达到了高收入国家的发展水平，但各个区域发展并不均衡，特别是包围中心城区第一圈层的平原五区发展不足。

与知名大都市相比发展水平依然较低，如东京、纽约都市圈20~30公里的圈层以较少的土地集聚大量的高端产业和人才创造较大的经济贡献，集聚金融、商务服务、信息技术等众多高端产业，并形成多个中心，分别承担着政治、金融、文化、休闲娱乐等不同城市功能。据相关学者测算，东京、纽约中心城区外围20~30公里的圈层地均产出分别约为3382万美元/平方公里、2880万美元/平方公里，远高于北京市平原五区1000多万美元/平方公里的地均产出。

与国内的超大城市上海相比，当前北京市郊区新城产业发展层级不高。上海市建设用地地均产出704万元/公顷，明显高于北京市的553万元/公顷。上海一般制造业向长三角周边地区、中西部地区转移的同时，把更多的先进制造业集聚在广阔的郊区发展，将郊区打造成为先进制造业“主战场”。目前上海市郊区的GDP占上海市GDP的比重接近30%，郊区新城迎来了主城区功能向外迁移的历史性机遇，正处于打造高端生产性服务业的时期。

与中心城六区相比，郊区新城发展的集聚能力不足，对人口、就业、经济发展的集聚能力与中心城差距显著，郊区新城各区县以占北京市70%的建设用地、63%的土地投放（2003~2010年）和40%以上的人口，仅创造了北京市GDP的25%（见表1）。从园区看，现有产业主要集中在产业链的中低端，高新技术含量不足。如中关村示范区一区多园中，郊区园普遍地均产出效率低（见表2），2016年中关村示范区平均地均产出约为1亿元/公顷，郊区新城中只有顺义和亦庄超过这一水平，通州园、房山园，以及涵养区延庆园、密云园和平谷园地均产出仅为0.2亿元/公顷左右。

表1　　中心城区和郊区发展情况对比

		人口（万人）	GDP（亿元）	建设用地（平方公里）	土地累计投放（2003~2010年）（平方公里）
城六区	2012年	1227.7	13436.1	790.83	183.14
	2016年	1247.5	18673.2		
郊　区	2012年	841.6	4443.3	1853	314.17
	2016年	925.4	6226.1		
郊区/北京市	2012年	40.7%	24.9%	70.1%	63.2%
	2016年	42.6%	25.0%		

表2　　2016年中关村示范区郊区园单位产出情况

园　区	中关村整体	大兴-亦庄园	昌平园	通州园	房山园	顺义园	密云园	怀柔园	延庆园	平谷园	门头沟园
地均工业总产值（亿元/公顷）	0.21	0.30	0.17	0.09	0.11	0.80	0.14	0.49	0.10	0.17	0.37
地均总收入（亿元/公顷）	0.96	0.51	0.71	0.18	0.19	1.23	0.21	0.74	0.18	0.24	0.92
地均利润总额（百万元/公顷）	7.8	4.2	4	1.8	1.2	2.5	1.2	4.9	0.7	1.5	-0.1

目前平原五区的经济增速优势基本消失，“十一五”时期增速大幅快于北京市的态势未能延续，到2016年平原五区的经济增速已经与北京市总体水平基本相当，对于北京市经济增长的贡献率从2012年的1.07下降至0.71。其中，通州区与昌平区经济增长持续放缓，顺义区与大兴区经济波动放缓，房山区经济增速持续在北京市整体水平附近运行（见图1，表3）。

（二）产业转型步伐较慢制约经济增速提升

一是平原五区工业比重过高且波动较大，工业是平原五区的第一大产业，在五区的占比均在30%以上，房山、大兴（含经济技术开发区）更是超过50%。而北京市的优势生产性服务业，金融、信息、科技三大产业在五区的比重均未超过一成，且现有的生产性服务业还不是总部经济为主

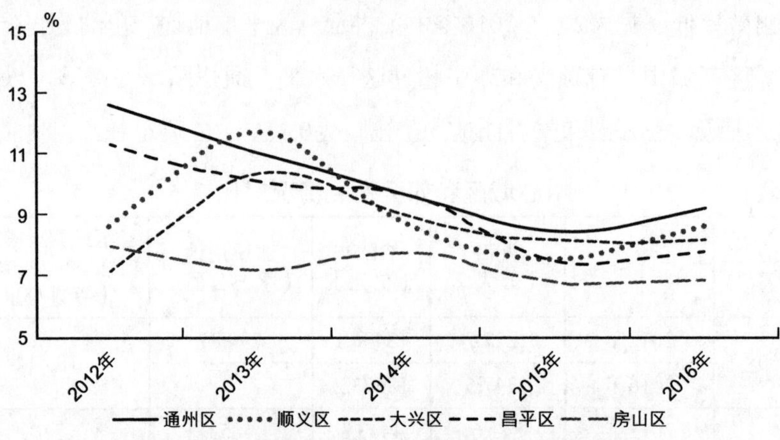

图1 2012年以来北京市平原五区GDP增速

表3 2012-2016年平原和生态涵养五区GDP增速及比重

单位：%

GDP		2012年	2013年	2014年	2015年	2016年
全市	总值	17879.4	19800.8	21330.8	23014.6	24899.3
	增速	7.7	7.7	7.3	6.9	6.7
房山	比重	2.5	2.4	2.4	2.4	2.4
	增速	8	7.2	7.8	6.8	6.9
通州	比重	2.5	2.6	2.6	2.6	2.6
	增速	12.6	12.1	8.7	8.5	9.2
顺义	比重	6.2	6.3	6.3	6.3	6.3
	增速	8.7	12.4	8	7.6	8.7
昌平	比重	2.8	2.9	2.9	2.9	2.8
	增速	11.3	11.8	8	7.5	7.8
大兴	比重	6.8	6.8	6.9	6.9	6.9
	增速	7.6	10.8	9	8.1	8.7
平原五区GDP占比		20.9	20.9	21.1	21	21.1
门头沟	比重	0.7	0.6	0.6	0.6	0.6
	增速	12.9	6.1	7.8	7.7	7.1
怀柔	比重	1	1	1	1	1
	增速	7.8	11.8	7.8	6.8	7.7
平谷	比重	0.9	0.9	0.9	0.9	0.9
	增速	12.1	10.2	8.7	7.4	7.4
密云	比重	1	1	1	1	1
	增速	10.2	10.3	7.6	7	7.5
延庆	比重	0.5	0.5	0.5	0.5	0.5
	增速	10.6	10	8.2	7.6	9.5
生态涵养五区GDP占比		4	3.9	4	4	3.9

体的经济结构。二是支柱产业单一，对大企业过度依赖，如顺义、平谷区汽车制造及相关产业占比较高，顺义区全区产值的48%是由北京现代、北汽股份北京分公司等企业贡献的。而且产业层次较低，处于产业链的中低端，如通州区工业大院经济、乡镇经济、瓦片经济等传统产业比重较高，仅工业大院产值占工业总产值的比重就高达47.1%。三是平原五区产业转型步伐较慢，新旧增长动力未能平稳衔接。如**顺义区**持续推动产业升级，但高端服务业发展特征不明显，近年交通运输、仓储和邮政业营收占顺义区重点服务业营业收入的八成以上，金融业占比持续低于10%，科学研究和技术服务业盈利拉动能力相对较弱，租赁和商务服务业也处在低位运行状态；**昌平区**科学研究和技术服务业占比一成以上，在各区中处于首位，但近年"高精尖"企业转型升级步伐滞后，早期引进的一些企业技术逐渐落后、产品附加值低、经营状况不好；**房山区**近两年高端制造业基地产值、税收增长较快，2015年分别增长1.2倍和2.7倍，而石化基地2015年、2016年产值均为负增长，但石化基地产值占全区工业产值的比重仍接近六成，而高端制造业基地产值占比不到两成，难以弥补石化基地产值下降的影响。

（三）项目、资源、创新要素支撑减弱影响发展后劲

一是创新驱动增长的格局尚未形成。平原五区各区均反映其创新资源较少，"白菜心"企业资源的占比较低，通州、顺义、大兴（含经济技术开发区）、昌平、房山五区国家高新技术企业的数量分别为569家、299家、225家、938家、237家，与海淀区7000多家及朝阳区1939家的水平相比还有较大差距。郊区园区地均实现技术收入能力更低（见表4），与北京市

表4　2016年中关村示范区郊区园单位创新投入与产出情况

园区	中关村整体	大兴–亦庄园	昌平园	通州园	房山园	顺义园	密云园	怀柔园	延庆园	平谷园	门头沟园
企均科研人员（人）	33	42	17	31	31	80	25	36	19	21	44
科技人员占从业人员比重（%）	26.5	16.8	26.2	20.8	15.2	17.7	18.1	17.5	17.7	15.5	27.2
地均技术收入（亿元/公顷）	0.16	0.04	0.05	0.03	0.01	0.14	0.01	0.03	0.04	0.01	0.12
企均研发活动支出（亿元）	0.10	0.14	0.05	0.09	0.07	0.31	0.07	0.12	0.05	0.04	0.13

地均0.16亿元/公顷的平均水平相比，平原五区中除顺义区和门头沟区以外，地均实现技术收入均低于0.05亿元/公顷。从业人员中科研人员所占份额除昌平园和门头沟园外，其余均明显低于北京市整体水平。

二是服务消费比重过低且层级不高，对总部企业、创新资源及高端人才吸引力不足。目前平原五区的经济需求主要是以投资为主体，消费需求的比重总体不高，支撑总部经济的高端服务供给不足，难以满足总部企业的商务活动、研发活动所需要的各种配套服务，如高端人才所需的高品质生活消费，包括交通、子女教育、医疗等。2016年，通州、顺义、大兴（含经济技术开发区）、昌平、房山五区的投资消费比分别为2.4、1.1、1.6、1.4、2.2，均显著高于同期0.8的北京市总体水平。另外，**投资增长放缓也会影响后期产能。**近年，平原五区固定资产投资增速明显放缓，与北京市的整体水平相比，除通州连续五年远高于北京市整体水平外，其他各区基本均低于北京市水平（见图2）；生态涵养区固定资产投资更是大幅下行，特别是怀柔区已连续两年负增长。

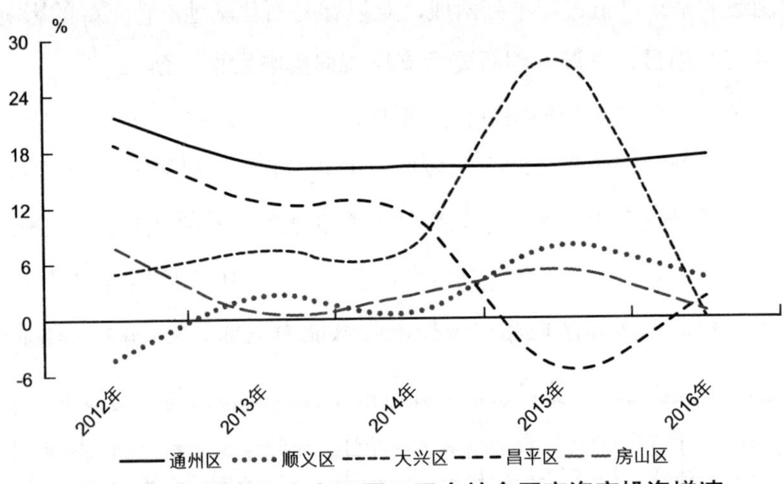

图2 2012年以来北京市平原五区全社会固定资产投资增速

二、新城发展面临问题的原因分析

（一）疏解背景下主动发展意识有所减弱

治理大城市病，强化首都核心功能，疏解非首都功能是“牛鼻子”，但并不意味着不要发展经济，而是强调调整经济结构和空间结构，推动内部功能重组，实现产业更新升级，实现发展重心从中心城地区向郊区新城的调整，使北京市市域范围内形成中心城区经济增速下降、郊区增速提升的增长格局。郊区新城应该更加主动承接中心城区产业和功能疏解，但在实际工作中，谈疏解多、谈发展少，谈产业禁限多、谈促进投资少，关门封闭谋划多、主动联系企业少，向社会发出郊区新城也是重要承载地的导向信号不够强烈，招商引资放慢节奏，在外地优惠政策吸引下，出现部分符合首都城市战略定位的“高精尖”企业出现高端业务拆分外迁等现象，不利于郊区新城产业的转型升级。

（二）对郊区新城产业发展的统筹不力带来同构严重

尽管郊区新城都有各自定位，但市级层面对产业园区规划定位和重大项目布局的统筹协调力度不够，对产业发展及配套的动态评估、考核和适时调整不够，带来各区域差异化、特色化发展不明显，园区同构严重，如汽车产业成为很多区县的主导产业，顺义、平谷汽车制造业产值占全区工业产值比重均在六成左右，大兴、房山也分别占到40%和20%以上，支柱产业单一、对大企业过度依赖，而且很多集中在产业链的中低端，技术含量不足，“五化”融合程度不高，势必影响产业抗风险的能力。

（三）公共服务及基础设施等配套功能建设滞后影响高端要素进入

郊区新城普遍存在公共服务配套设施建设滞后，现有的公共服务资源不足、质量不高的问题，特别是交通、教育、医疗、文化等公共设施短缺，客观上制约了郊区新城引进优质企业和加速高端人才落户的进程。如109高速门头沟段建设滞后，导致该区前期腾退出的205处约1.6万亩废旧工矿用地仍处于闲置状态；而作为门头沟区重点打造的斋堂文化创意产业示范区，面临着社会资本进入意愿不强、前期拿地企业开发缓慢等问题，很大程度上也与交通设施落后有关。再如怀柔区，APEC会议的举行使其国际会都的定位更加清晰，但目前雁栖湖会议会展接待能力仍十分有限，提供的住宿能力严重不足，影响了会都发展。另外，个别地区教育质量与城六区差距越拉越大，如某区高考全区前10名只能考上北京工业大学，严重影响高端人才的引进。

（四）现有土地政策不利于产业用地高效再利用制约产业结构优化升级

随着区域经济的不断发展，土地政策和管理办法越来越不能适应产业发展的需要，制约产业结构的优化升级。主要表现在土地使用性质和建筑使用功能的变更难度大制约园区产业升级。郊区产业园区以发展工业为主，按照现有规定，工业用地仅可用于工业生产，行政办公及生活服务设施用地面积之和不得超过工业项目总用地面积的5%，建筑面积不得超过总建筑面积的10%，随着产业转型升级中研发、总部、设计、系统集成等高端环节比重不断加大，用地配置中对行政办公及生活服务设施用地面积的需求加大，导致企业很难打造从研发到生产再到销售的全产业链条。特别是经过前期"疏解整治促提升"工作，腾退出大量建设用地，如门头沟区近几年通过疏解转移制造环节和关停低端产业，在中关村门头沟园内已经腾退出约21万平方米的生产车间和工业厂房，但由于土地转型需要补缴地价款过高等因素影响，腾退空间再利用受限，大量仓库厂房处于闲置状态。同时，土地出让后，相关执法部门对土地利用监管力度不够，导致土地闲置、土地单位产出偏低等问题长期存在。另外，项目退出机制不够健全，园区进驻企业转让自有用地时缺乏政策干预等都会影响用地效率。

（五）营商环境有待改善

良好的营商环境是吸引企业投资经营的首要因素，也是构建"高精尖"经济结构的基础条件。目前，北京市郊区新城总体营商环境欠佳，客观上影响了企业投资经营的意愿。**一是**企业租、建办公场所难。据中关村上市企业协会反映，中关村1/3以上的高新技术上市企业目前难以拿到合适地块自建总部办公楼。**二是**政府审批服务效率不高。主要是政府准入、审批事项过多，企业四成以上时间用于与政府沟通。同时，当企业遇到困难，向政府部门寻求帮助时缺乏有关制度性安排。**三是**政府部门制定和执行各类鼓励性政策时缺乏沟通机制和反馈机制。**四是**知识产权保护及资本化有待加强。针对北京市高科技企业多、轻资产企业多的特点，在知识产权保护和出资、质押融资等方面的支持政策不够完善。

三、对策建议

（一）主动增强发展意识，强化郊区新城在未来城市发展格局中的地位

北京市疏解非首都功能，不是不发展经济，而是调整经济发展的空间格局，中心城区要通过非首都功能疏解进一步强化首都的核心功能，郊区新城则要积极承接中心城区功能与产业转移，强化经济增长贡献和动力，成为带动区域经济发展的新增长极。因此，在"疏解整治促提升"行动中，不仅要落实疏解整治，更要强化提升意识，积极向社会发出"在减量背景下谋划发展"的信号，稳定市场预期，引导要素有序合理流动。同时，应注重因区施策，中心城区在现阶段突出疏解，郊区新城在整治规范的同时更要强化发展提升，积极承接中心城区疏解功能和产业，引导和培育符合首都功能定位的产业落地郊区新城，衔接中心城区与周边区域实现产业功能的合理布局与分工。

（二）加快理顺制约产业发展的土地政策

研究北京市存量土地二次利用政策，借鉴上海经验，减轻经营主体补缴地价款负担，加快研究制定腾退空间土地使用权人自行升级改造或建设产业承载平台，改变土地用途补缴地价款的优惠等政策。创新产业用地方式，落实国家发展新产业新业态的供地政策，试点推行产业用地弹性出让。对重点产业功能区内重大产业项目，差别化降低城市基础设施配套费征收标准。抓住利用集体建设用地建设租赁住房试点机遇，拓展集体用地用途，为郊区新城发展注入活力。

（三）提升基础设施和城市公共服务水平

优化区域路网体系，推进郊区新城城市主次干道建设，打造对内大循环、对外大开放的交通网络，打通通往重点城镇"断头路"，扩容"瓶颈

路"，提高交通转换能力。高质量推进郊区新城生态建设，加快推进污水处理和再生水利用设施建设。设立城市建设发展基金，整合郊区新城PPP项目库，撬动民间投资。提升公共服务水平，补齐各项公共服务的短板，提升城市公共服务能力和水平。加强便利性，完善公共医疗和养老保健、义务教育、商业服务等方面的建设，加强区域内公共服务资源预留用地谋划，积极对接市属优质教育资源、医疗资源、文化资源等向郊区新城布局。

（四）推进郊区新城产业"腾笼换鸟"

坚决淘汰不符合首都功能定位的落后产能，建立园区低端产业退出机制。推进郊区新城产业"腾笼换鸟"，抓住中心城区产业布局调整的契机，加快高端产业引进和培育。主动对接中心城区优质企业资源，搭建企业服务平台，承接科技成果转移。平原五区重点发展电子信息、生物医药、航空航天、高端制造、新材料、新能源等战略性新兴产业，积极发展金融、科技、信息、文化创意、商务服务等现代服务业。涵养区新城加快推进旅游文化休闲产业发展，按照"大企业+项目组团"模式，持续吸引实力雄厚的企业对接景区组团进行整体开发。强化财政资金对产业"腾笼换鸟"的引导作用，大力发展产业引导基金、创投基金，创新融资模式，解决科技型企业融资难题。

（五）营造更加宜商宜业的营商环境

完善企业自建自持办公用房的供地政策。提高市场准入审批服务效率，在郊区新城重点产业园区率先实行企业投资项目承诺制，大幅缩减前置审批事项。加强产业扶持政策的精准性，明确界定"高精尖"企业标准，明确郊区新城重点发展产业领域，分行业研究出台发展路径及政策。构建北京市统一权威的政策发布平台，统筹发布北京市各区、各部门产业发展政策和企业扶持政策。构建企业困难解决机制，稳定企业发展预期。切实降低企业税费负担，消除企业跨区转移税务登记阻力。

（六）建立园区发展的考核激励机制

出台《中关村示范区一区多园统筹协同发展指导意见》，建立各分园考核评价体系，优化企业发展环境。建立考核评价激励机制，对得分较高的园区可探索建立专项扶持基金、加大市级税收返还、市级固定资产投资或重大项目支持资金优先到位等方面的支持力度；对于考核得分较低的园区，限期要求进行整改。考评机制完善后，考评结果经市委组织部审核后纳入各区领导班子考核等相关考核体系，以加大激励力度。

（执笔人：刘岚芳[①]、杨永恒[②]、司 彤[③]）

---

① 刘岚芳，北京市经济信息中心经济研究部主任，高级经济师，研究方向为宏观经济、数量经济。

② 杨永恒，北京市经济信息中心经济研究部副主任，高级经济师，研究方向为数量经济、区域经济。

③ 司彤，北京市经济信息中心经济研究部，经济师，研究方向为固定资产投资、财政税收。

世界超大城市发展的一般规律及启示

摘要：纽约、东京、巴黎等城市的发展经验表明，世界超大城市的经济主要依靠服务、创新和文化驱动，城市宜居水平将随着“大城市病”的治理以及城市管理的智能化、精细化而不断提升。同时，在超大城市演进的过程中，城市群在区域经济和社会发展中的地位和作用将更加突出。为尽早实现建设国际一流的和谐宜居之都的战略目标，北京市也应在经济结构、发展动力、目标导向、城市治理、城市群建设等方面充分借鉴世界超大城市发展的规律和特征，提升“轻型”产业结构的发展能级，重视城市宜居性和内涵品质，提高城市综合治理和公共服务智慧化水平，加强京津冀区域协同发展，打造具有较强竞争力的世界级城市群。

关键词：超大城市发展经验 城市群 经济驱动 宜居之都

城市是生产、生活、生态在空间上的综合系统和有机生命体。世界超大城市作为城市发展的高端形态，往往扮演着国际政治、经济、文化中枢的角色，在提高国家综合影响力和国际竞争力方面发挥着重要作用。本文基于对纽约、东京、巴黎等世界超大城市发展经验的梳理，归纳总结了世界超大城市发展的主要规律，为北京建设国际一流的和谐宜居之都提供借鉴。总的来看，主要世界超大城市的发展历程表明，超大城市的产业结构、治理与管理以及区域定位一直在不断演化，经济结构更加“轻型”化，城市发展的动力更加突出创新驱动和文化驱动，城市治理格局多元化、手段精细化，加快回归到以人为本、让市民生活更幸福的本源上。

一、经济发展更加突出服务驱动、创新驱动和文化驱动

主要世界超大城市的发展经验表明，超大城市在跨过高收入门槛之后，产业结构将由工业经济转向服务经济，经济结构更加“轻型”化；同时，以要素驱动为主的发展方式加快向创新驱动和文化驱动转换。

一是从产业结构看，服务经济特征日益明显。在步入工业化后期后，世界超大城市产业发展逐步由“数量扩张型”发展向“扩量提质型”发展转变，呈现出知识密集化、产业集中化和产业国际化等特点，以高智力、高集聚、高成长、高辐射为特征的现代服务业，成为主要国际大都市的支柱产业。目前，纽约、伦敦、东京等第三产业比重均已超过85%，其中，2015年东京第三产业占GDP比重达87.4%，伦敦达89.5%，纽约达92.4%，均表现出强烈的服务经济特征。伦敦作为全球金融中心、航运中心和资讯中心，依靠金融创新、信息技术创新并制定相关的全球标准，确立了行业领先者地位。

二是从发展动力看，科技创新成为经济社会发展的主动力。目前，发达国家的科技贡献率均达到较高水平，其中，美国、日本等的科技贡献率达到了80%左右，创新已成为驱动发达国家经济发展的主引擎。超大城市集由于聚了大量高端科技人才等创新资源，在科技投入和科技成效方面普遍成为一国的领头力量。日本以东京为核心构建“工业集群+研发基地+政府立法”的东京都市圈科技模式；英国以伦敦为中心形成“知识服务+创意文化+市场枢纽”的大伦敦区科技模式，并计划将东伦敦地区打造为世界一流国际科技中心[①]；纽约在金融危机之后，明确提出要将纽约打造为新一代科技中心，采取了设立创业基金、实施“应用科学计划”等多项举措。目前，北京科研支出占GDP比重已超过发达国家平均线，科技创新对经济增长贡献率也达60%，创新驱动能力正不断增强。

[①] 英国于2010年启动“英国科技城”国家战略。

三是更加突出文化产业培育，增强文化驱动和引领功能。文化是城市的生命和灵魂，是城市的内核和形象，在造就城市气质、提升城市魅力、决定城市品位等方面发挥无可替代的作用，是现代世界超大城市发展的重要驱动力量。以纽约为例，纽约不仅仅是全球的经济中心、金融中心，同时也是全球最重要的文化、艺术之都，是超过1000家的美术馆、画廊和各类非盈利艺术机构的所在地，更拥有百老汇、大都会艺术博物馆等一众世界知名的文化、艺术地标。

二、城市发展更加重视人的发展及宜居便利性

随着发展水平的提升，超大城市发展逐步从财富追求向幸福追求的发展本质回归，更加重视城市宜居性和内涵品质，紧凑城市、宜居城市、低碳城市、人文城市、智慧城市等成为城市建设的方向和潮流，不断促进生产、生活、生态三者之间的和谐。

一是重视城市生活品质的提升。超大城市在演进发展中，非常注重激发市民的个性化、高层次消费需求，并提供愈来愈多样化、高水平的公共服务。巴黎作为历史之城、美食之都和创作重镇，大量的科学机构、研究院、图书馆、博物馆、电影院、剧院、音乐厅分布于城市的各个角落。从20世纪70年代起，受简•雅各布斯对美国城市街道过度小汽车化的批判，城市治理开始推行“完整街道（Complete Streets）设计”的理念，努力构建可步行、可骑行、舒适而有活力的街道空间和环节，鼓励人们步行、骑车或乘坐公共交通出行[②]。通过精细设计、精细管理，满足人和物的安全、高效移动和输送，同时具有适宜交流欣赏的优美道路景观、文化特色和清洁环境。

二是重视城市功能优化。主要世界超大城市在发展过程中，以往由于过于强调城市功能分区，带来了“钟摆式”交通压力。近些年，这些城市通

② 杨涛、王梅：“中国大城市应该一起学习《2017年伦敦交通发展战略草案》”，澎湃新闻网，2017年7月11日。

过严格限定生产空间，控制开发强度，划定水体保护线、绿地系统线、历史文化保护线和生态保护红线等，更加突出功能优化，不断提升生活便利度。例如，巴黎与东京均曾对城市功能进行过减量化调整。

三是重视生态保护。创造优良人居环境，将城市建设成为人与人、人与自然和谐共处的美丽家园。例如，伦敦60余年来一直在进行雾霾的治理，最终建设成为全球的生态之城。

表1　部分OECD国家的紧凑城市政策

国家	全国层面政策
美国	区域创新集群倡议；可持续社区伙伴关系；邻里振兴倡议
英国	关于气候变化和地方空间规划的政策申明
法国	城市规划规范（密度奖励）；低密度税
德国	全国城市发展政策；紧凑城市政策报告
日本	城市中心振兴计划；低碳城市发展指引
韩国	可持续新城规划标准；交通换乘中心开发

资料来源：经济合作与发展组织编著：《紧凑城市：OECD国家实践经验的比较与评估》，刘志林、钱云等编译，中国建筑工业出版社2013年版。

三、城市治理更加突出智能化和精细化

新一轮科技革命和产业变革正在孕育兴起，计算无所不在、软件定义一切、数据驱动发展的智能化时代正在开启。人工智能、大数据、云计算、物联网等新技术正在极大地优化并提升超大城市治理与服务水平。

一是以信息化手段构建更加多元化的城市治理格局。金融危机后，社会利益多元、需求多样、矛盾多发的问题进一步凸显，政府主导的城市治理方式越来越难以适应经济社会发展的需要。特别是在信息化时代，层级化管理反应滞后的弊端集中暴露，为此，主要世界超大城市正加快借助信息化手段，努力构架更加扁平化、多元参与的社会治理方式，充分调动政府、社会、市民三大主体的参与度。

二是管理方式更加精细化。从国际实践看，超大城市的人口、资源和环境之间的关系趋于紧张，粗放式的城市管理会加剧资源过度集聚、环境过度开发。为此，超大城市纷纷转向精细化的管理方式，更加明确城市管

理的范围、职责、标准和法律责任，实现城市管理数字化、标准化、常态化、无缝隙、全覆盖、零缺陷管理。

四、城市发展新阶段更加重视“大城市病”治理

城市的资源环境承载能力是有上限的。随着城市规模迅速扩张，人口和功能会超过城市短期的综合承载能力，从而产生人口膨胀、交通拥堵、环境恶化、资源短缺、住房紧张、贫民窟等一系列“大城市病”问题。

一是超大城市正在面临或曾经面临“大城市病”难题。从历史看，世界超大城市在快速发展期几乎都曾出现“大城市病”问题，并通过强化规划管控、推动新城建设等方式进行“大城市病”治理。从成效来看，即便是治理“城市病”较好的大城市，在通勤效率、住房价格、生态环境等方面也仍面临较大挑战。美国波士华城市群、日本东海道城市群和英国东南部城市群的形成过程中，都存在着人口过度向纽约、东京、伦敦等核心城市集聚的问题，并带来诸如房价过高、交通拥堵、贫民窟与犯罪、生态环境恶化等“大城市病”。

二是快速城镇化阶段是“大城市病”的集中爆发期。纽约在上世纪20年代交通拥堵不堪，城市环境严重污染；伦敦在20世纪50年代之前是名副其实的雾都，1952年12月份的一次浓雾造成1.2万人死亡；东京在20世纪60年代举办奥运会时，交通不仅拥堵而且混乱，路网平均车速仅8公里/小时。目前，北京等城市正在探索超大城市“大城市病”治理的中国方案。

三是对作为首都的超大城市，疏解非首都功能是防治“大城市病”的实招。许多国家的首都在发展中，除了作为政治中心外，也会形成经济、社会、文化、科技等领域的领先地位，东京、伦敦、巴黎和北京都是这种情况。由于迁都制约条件较多，许多国家首都采取就地疏解城市功能的方式缓解或防治“大城市病”，取得了良好效果。以东京为例，东京在1958年建立了新宿、池袋和涩谷3个副中心，之后又建立了上野（浅草）等4个副中心，通过5次修订和落实《首都圈基本规划》，东京逐步形成了“中心区—

副中心—周边新城—邻县中心”的多中心多圈层的城市格局，有效分散了东京中心城区压力。

五、超大城市演进更加突出城市群的协同发展

随着经济规模扩张和社会协作分工细化，原本经济联系较弱、空间较为分散的一群城市逐步发展成为以超大城市为核心的城市群，各城市通过相互协调、资源整合、分工合作等手段促进区域协同发展，成为集聚国内乃至国际经济社会高端要素的空间载体，实现城市能级的不断提升。国民经济也会呈现出若干以超大城市为核心的城市群作为主要增长极的地理形态。

一是发达国家的超大城市群聚集着相当高比例的人口与财富。目前，纽约都市圈的人口和经济产值分别为全国的20%和24%，东京都市圈的人口和经济产值分别为全国的28%和32%左右，伦敦都市圈聚集的人口和财富比例更是占到全国的60%和80%。我国在“十三五”规划中确定了“19+2”城市群总体格局，并重点建设京津冀、长三角、珠三角世界级城市群。目前，上述三个城市群在我国经济中所占比重分别达到9.3%、19.8%、9.8%，不仅是拉动全国经济的核心力量，同时也已具备世界级城市群的体量。当然，与纽约都市圈、伦敦都市圈、东京都市圈等全球主要城市群相比，我国世界级城市群在经济和产业发展等方面都还有较大提升空间。

二是城市群的发展策略在不同发展阶段各有侧重。在城市群形成初期，城市群的发展重点主要是解决核心城市的过度集聚带来的城市效率下降问题；在城市群发展中期，是依靠核心城市带动周边地区发展的问题；在城市群发展的高级阶段，尤其是在全球化背景之下，城市群主要解决的问题是多个城市的分工与专业化问题，以便提升整个城市群在全球的竞争力，使之成为国家参与全球竞争的重要平台。

三是从首都在城市群中的定位看，首都往往是城市群的核心，是控制影响国家发展的中枢。在大部分国家，首都是国家经济实力最强、规模最

大的城市之一，如法国巴黎、墨西哥墨西哥城等。这意味着，首都不仅作为政治中心具有国家管理功能，同时还集聚着商业、金融、传媒、高教等其他国家级功能，并成为首都都市圈的核心。在中央集权国家，首都的国家管理功能往往比联邦制国家发育得更加健全。

表2　　世界五大都市圈发展状况

	面积（万平方公里）	人口（万人）	经济贡献率
纽约都市圈	13.8（1.5%）	6500（20%）	24%
北美五大湖都市圈	24.5（2.6%）	5000（15.4%）	14%
东京都市圈	1.34（3.5%）	3600（30%）	30%
伦敦都市圈	4.5（18.4%）	3650（60%）	80%
巴黎都市圈	14.5	4600	-

六、对北京建设国际一流的和谐宜居之都的启示

以上，本文从五个方面梳理了主要世界超大城市发展的经验和规律。总的来看，随着世界超大城市发展水平的不断提升，在城市经济结构、发展动力、发展目标和导向、城市治理、"大城市病"的防治以及城市群的建设和发展等方面都呈现出了一定的规律和特征，这也为北京建设国际一流的和谐宜居之都提供了有益的借鉴和启示。

在产业结构优化升级方面，要不断深化北京服务业扩大开放综合试点，推动服务业提级增效，提升北京"轻型"产业结构的发展能级；紧紧抓住创新前沿、关键核心、集成服务、设计创意和名优民生等"高精尖"产品，促进制造业升级发展；继续提升农业现代化、集约化发展水平。在发展动力转换方面，要坚持把创新作为驱动经济社会发展的第一动力，围绕"三城一区"科技大平台等的建设，加快完善有利于科技创新的制度环境和区域平台，不断加大科技研发投入力度，稳步提升原始创新能力，营造更加开放、公平的市场环境，激发大众创业万众创新的北京浪潮。同时，要积极推进大运河文化带等重点区域的保护和建设，不断深挖北京历史文化名城底蕴，完善文化公共服务体系，塑造北京特色文化品牌，提升文化对

北京经济社会发展的驱动和引领作用。

在城市发展的目标和导向方面，要更加重视城市宜居性和内涵品质，不断更新城市规划理念，更加注重提升城市空间多样性和生活质量，更加突出城市生活的便利性，打造宜居宜业宜游的社区生活圈。要着力建立购租并举的住房体系和长效机制，使更多的人实现住有所居。要继续加大生态文明建设力度，强化生态环境保护修复，以更大决心、更强力度推进环境污染治理，不断扩展绿色生态空间，实现林成片、水相连，绿满京华、水映京城。

在城市的管理和治理方面，要积极破除过度依赖行政性管理的传统思维，充分调动政府、社会、市民等的积极性，努力构建更加扁平、多元的社会治理模式，推动社会治理创新。同时，要充分利用人工智能、大数据、云计算、物联网等新型的信息化、智能化技术手段，按照城市管理精细化、可视化和社会治理协同化、透明化发展需求，加快"网上政府"建设，深化大数据在养老、交通等领域的应用，加强基层治理信息化支撑，不断提升城市综合治理和公共服务智慧化水平，让城市居民生活更安全、更便利。

在"大城市病"的防治方面，要切实把提升城市治理能力和水平作为核心任务，牢牢把握疏解非首都功能这个"牛鼻子"，努力在"疏"字上持续用力，在"舍"字上保持定力，在"优"字上集中发力，着力处理好"疏解、填补、提升"之间的关系，充分把握"减量发展"方向，科学划定城市开发边界，努力遏制城市"摊大饼"式发展势头，着力破解交通拥堵、房价高涨、安全缺失、环境污染等"大城市病"，回归到"城市让生活更美好"的发展初衷。

在城市群的建设和发展方面，要按照京津冀协同发展的总体要求，不断完善京津冀协同发展体制机制，着力推动三地人才共享、服务共享和交通互联，强化产业链整合和生态环保合作，加快统一大市场建设步伐，不断提升区域协同发展能力。要不断强化对城市副中心和雄安新区的战略支持，围绕北京、天津、雄安新区构建京津冀"区域三角"，牵引其他区域性中心城市和节点城市发展，不断优化城市体系，提升以首都为核心的世界级城市群竞争力。

（执笔人：林明金[③]、耿德伟[④]）

③ 林明金，北京市经济信息中心副主任，高级经济师。

④ 耿德伟，国家信息中心经济预测部，助理研究员，研究方向为产业经济。

北京市经济发展的差距分析

摘要：北京经济发展正在进入一个以调整提升为主基调、向更高目标演进的关键阶段。新版城市总体规划进一步明确了北京全国政治中心、文化中心、国际交往中心、科技创新中心的城市战略定位。立足自身定位，以世界城市为参照系，北京市在经济规模、产业结构和布局、需求结构、资源利用效率、对外辐射和影响力等方面，还存在差距与不足，资源优势有待充分释放。未来，要紧紧抓住疏解北京非首都功能这个“牛鼻子”，坚持质量第一、效益优先，以供给侧结构性改革为主线，构建首都现代化产业体系，着力吸引高端要素、提升产业能级、培育壮大与首都功能相契合的产业，推动京津冀产业协同发展，提升经济创新力和城市核心竞争力，推动内涵式集约发展。

关键词：经济发展 世界城市 差距不足 提质增效

党的十九大明确指出，我国经济已由高速增长阶段转向高质量发展阶段，正处在转变发展方式、优化经济结构、转换增长动力的攻关期。新版城市总体规划进一步明确了北京全国政治中心、文化中心、国际交往中心、科技创新中心的城市战略定位，这是北京城市的本质特征和核心价值。立足城市战略定位，推动北京从“集聚资源求增长”到“疏解功能谋发展”转变，在城市布局、产业选择、资源配置等方面更加注重与首都功能契合，实现由经济发展主导城市发展向经济发展服从和服务于城市战略定位的转变。北京经济发展正在进入一个以调整提升为主基调、向更高目标演进的关键阶段。本文从与世界城市比较和发展阶段新要求出发，分析北京经济发展的差距与不足，从提质增效方面探寻未来北京经济发展的思路及可能的切入点。

一、经济发展水平与国际大都市差距较大

北京市经济较早进入中高速增长阶段，且服务和消费主导的发展特征不断稳固，但与大国首都的要求和国际和谐宜居之都的目标相比，仍有较大差距。

（一）经济规模稳步提升，但与自身地位相比尚有差距

北京市经济规模稳步提升，2016年北京市GDP达到2.57万亿元，但与世界城市相比经济规模较小。北京城六区面积与纽约、伦敦、东京等世界城市相当，但整个北京市的GDP仅相当于伦敦与东京的60%和50%左右，不足纽约的1/4。人均GDP约1.7万美元，仅为东京的1/4、伦敦和巴黎的1/5、纽约的1/8。财政收入800亿美元左右，仅为纽约州的一半左右。而且还需要担负较多的城市建设任务，与国际大都市的实际差距更大。

（二）产业结构不断优化，但提升效能的空间依然较大

当前，北京市服务业占GDP的比重在80%左右，吸纳了北京市近80%的就业人口，实现了北京市八成以上的收入和九成以上的利润，对北京市经济增长的贡献达到80%左右，是典型的服务主导型经济，具备了后工业化发展阶段的基本特征。但第三产业比重较纽约、伦敦和东京分别低12.7个百分点、9.8个百分点和7.7个百分点（见表1），仍有一定提升空间。产业结构已由产业间调整转向内部结构持续优化，产业服务化、高端化特征更加明显，产业结构的持续优化对经济平稳增长的拉动作用不断释放。但与国际大城市相比仍有一定提升空间。北京制造业服务化程度较低，在GDP中的比重明显高于纽约、伦敦和东京等主要世界城市。高技术制造业研发经费投入强度远低于OECD高技术产业标准，其增加值率仅为美国、日本等发达国家的一半左右。服务业内部高端、新兴环节发展较慢，还没

有充分显示其对传统产业升级的支撑性、技术体系的融合性、经济发展方式转变的引领性。如，金融、航空、旅游等对城市经济具有巨大溢出和支撑效应的产业并未占突出地位，商贸、物流、电子信息等现代服务业发展依然落后，公共服务领域中国际性教育、医疗、旅游等优质服务产品供给明显不足，难以适应多样化、多层次的公共服务需求。

表1　　主要世界城市产业结构特征

单位：%

	北京	上海	纽约	伦敦	东京
第二产业比重	19.7	31.8	7.53	10.53	12.5
第三产业比重	79.7	67.8	92.4	89.47	87.4
排名第一行业及比重	金融业 17.06	工业 28.51	房地产及租赁 16.93	房地产 15.08	批发零售 19.8
排名第二行业及比重	制造业12.21	金融业 16.57	金融保险服务业15.94	专业服务和科学技术服务业 12.04	房地产 12.9
排名第三行业及比重	信息传输、软件和信息技术服务业 10.36	批发零售业 15.22	专业和商务服务14.44	金融保险服务业 11.36	信息和通讯 12.2
排名第四行业及比重	批发零售业 10.22	房地产业 6.77	信息业 7.95	信息和通讯 10.95	金融保险业 9.5
排名第五行业及比重	科学研究和技术服务业 7.91	租赁和商务服务业5.87	保健和社会救助6.63	批发零售及汽车修理 8.00	制造业6.9

注：（纽约）数据来源：Bureau of Economic Analysis。
（东京）数据年份为2014年。

北京市域内产出分布不均衡，产业空间关联不够紧密，差异化、特色化发展不明显。郊区新城各区县以占北京市70%的建设用地、63%的土地投放（2003~2010年）和40%以上的人口，仅创造了北京市25%的GDP，郊区集聚发展能力明显不足。其中，平原五区1000多万美元/平方公里的地均产出，远低于东京、纽约中心城区外围20~30公里的圈层3000万美元左右/平方公里的地均产出。产业空间关联不够紧密，梯度分布格局有待完善。东城、西城、海淀、朝阳、丰台第三产业比重占绝对优势，央企优势决定其服务全国的特征更为突出；平原五区仍以工业为第一大产业，工业比重均在30%以上，房山、大兴（含经济技术开发区）更是超过了50%，北京市的优势生产性服务业，金融、信息、科技三大产业在平原五区的比重均未超过一成。而且投入产出表测算结果显示，北京市生产性服务业对制造业的中间投入仅有6.31%，也在一定程度上反映了区域间产业关联程度总体上处于较低水平。尽管郊区新城都有各自定位，但各区域产业趋同现象突出，如汽车产业成为很多区县的主导产业，顺义、平谷汽车制造业产值占全区工业产值比重均在六成左右，大兴、房山也分别占到40%和20%以上。现有产业很多集中在产业链的中低端，技术含量不足，产出效率不高，如通州区工业大院产值在工业总产值中占比接近五成，这种产业特点与人口向郊区新城流动的目标和趋势难以匹配。

（三）消费主导格局不断稳固，但需求内部结构调整滞后于发展阶段

全球经济发展史显示，进入工业化后期，保障民生与扩大消费是经济发展的重要支撑。自2007年消费率超过投资率以来，北京的消费率呈现波动上升态势，目前达到60%以上，对GDP的拉动作用由2003年的39.2%波动上行到2016年的62.4%，消费成为拉动经济增长的主引擎；相应地，投资率从2003年的57.1%波动下降到2016年的39.2%，对GDP的拉动作用由2003年的67.7%波动下行到2016年31.3%，经济增长对投资的依赖明显降低。这一特点意味着北京经济增长的动力机制已发生转变，与日本、韩国、德国等国家在刚步入后工业化社会时完全一致，符合后工业化阶段世界城市经济发展的一般规律。但与纽约、伦敦、东京等世界城市消费率普遍在85%以上相比，仍有较大提升空间。而且北京市消费率比人均GDP、服务业比重等经济指标晚十年达到后工业化经济体的一般水平，需求结构调整相对滞后，仍处于三大需求间结构调整与内部调整并存的发展阶段，需求内部结构调整所释放的增长潜力空间依然较大。

从投资来看，基础设施供给与发达国家相比仍有较大差距。如北京市城六区路网密度为4.6公里/平方公里，低于上海的5.4公里/平方公里，远不及国外发达城市中心城10公里/平方公里以上的普遍水平，轨道交通路网长度0.3公里/平方公里，低于上海的0.57公里/平方公里，仅是东京的2/3，伦敦的2/5，不足纽约的1/4；固定宽带下载速率仅为12.93mbps，比上海低7.8%，约为伦敦宽带速率的一半，不到纽约固定宽带下载速率的1/5；移动宽带下载速率为11.96mbps，约为纽约移动宽带下载速率的一半。现有排水设施基本是按照3年一遇的标准建造的，而国外一般都是10年、20年一遇，有的国家可以达到200年一遇的排水能力，美国的排水标准为居住区2~15年，一般取10年。投资主体看，北京呈现“大国有、小民间”的特征，民营企业投资占三成左右，但民营企业投资中近九成集中在房地产业。

从消费来看，政府消费比重保持在40%以上，明显高于上海25%的水平，也高于很多中上等收入国家水平。而消费市场中，服务消费持续保持两位数增长，在市场总消费中的比重由2010年以来持续6年的45%以下提高到2017年的52%以上，贡献率也由2016年的55%提高到2017年1~9月份的七成，服务消费的主引擎作用更加突出。其中，交通、教育、文化服务消费占比超六成。但长期以来文化教育、健康医疗、休闲娱乐等代表的“以人为核心”的服务市场供给明显不足、服务结构单一，制约了服务性消费的扩张。商品消费进入转型调整期，增速波动下行，2013年开始呈现个位数增长，2016年更是下降到改革开放以来的最低点6.5%，但与发达国家相比商品消费依然有较大潜力，如欧美国家户均拥有三四十种小家电，日本则户均多达100多种，而北京市家庭平均拥有小家电数量不足10件。再比如，温哥华、盐湖城等承办冬奥会的城市，不仅将冬季滑雪运动打造成为城市的旅游名片，并利用相关设施形成“四季游”的消费市场。

二、资源利用效率不高

（一）土地集约利用仍有潜力

近年来，北京市人均城乡建设用地规模逐年缩小，建设用地的地均产出、城乡建设用地第二产业、第三产业增加值等体现单位建设用地产生经济效益的指标稳定增长，表明建设用地效率在逐年提升，但与深圳和上海市相比，建设用地地均产出仍然偏低，即使扣除山区对北京市整体水平的影响后，与深圳相比仍有较大差距。具体来看，土地利用存在以下差距：**一是与世界城市相比，平原地区开发强度过高。**2013年，北京市整体开发强度为21.5%，这与其他世界城市的开发强度相比较为适中，国家发展研究基金会《中国发展报告2010》数据显示，法国大巴黎地区的开发强度为21%，英国伦敦地区的开发强度为23.7%，日本东京、京都和名古屋三大都市圈的平均开发强度仅为15%，其中开发强度最高的东京都市圈达到29%。但北京市平原地区开发强度达到45.1%，六环路以内地区开发强度达到70%，已经大幅超出世界城市平均水平，如我国香港地区开发强度也仅为24%。**二是用地结构与产业结构不匹配，空间集中度也不高。**北京市产业用地以工业用地和村镇企业用地为主，在北京市域和中心城城乡建设用地中的占比分别为11%和5%，高于日本东京市域和都心五区5.9%和2.4%的工业用地比例，也高于纽约市域和曼哈顿地区2.8%和1.5%的工业用地比例。而且，除了3个国家级园区、16个市级开发区外，北京工业用地还有超过75%分布在乡镇工业用地上，而中关村科技园分布在11个园区，16个市级开发区产业用地分散在28个片区内，空间布局较为分散，用地资源尚未得到有效整合。**三是开发区用地较为粗放。**根据《国家级开发区土地集约利用评价情况（2016年度）》，北京市中关村科技园区土地集约利用水平在86个产城融合型开发区中排序由2014年的第9名下滑到2016年的第14名，而北京经济技术开发区、北京天竺综合保税区在386个工业主导型开发区中排序分别为第171名、322名，北京市国家级开发区在土地集约利用方面与上海市开发区仍存在较大差距。

（二）水资源利用方式粗放

近年来，北京市用水效率不断提升，2012~2016年万元GDP水耗累计下降24%，在全国位居前列，但与部分城市相比，仍有一定差距。**一是用水总体效率仍有提升空间。**北京市2016年万元GDP用水量和人均用水量分别为15.6立方米和178.6立方米，虽明显低于全国82立方米和438.1立方米的平均水平，但与国外发达国家相比，北京市总用水效率的差距则很明显，人均用水量约合英国的2倍、瑞士的2.4倍。**二是工农业水资源利用效率偏低。**北京市第一产业增加值在GDP中占比不足0.1%，但农业仍是北京市的用水大户，在用水总量中的比重在15%以上，万元农业增加值用水量是澳大利亚的3.5倍、韩国的2.1倍[①]。工业行业中黑色金属采矿业、酒、饮料和精制茶制造业、化学原料和化学制品制造业、食品制造业及非金属矿物制品业对经济的贡献不高，在工业总产值中的占比均不超过3%，但用水量消耗较大，拉低了北京市的工业用水效率，北京市万元工业增加值用水量是日本的9.5倍、韩国的6.2倍。**三是管水治水尚有较大提升空间。**雨水收集处理利用不足，地下水长期过量开采又得不到充分补给，再生水厂处理能力较低，再生水利用量仅为北京市用水总量的四分之一。城市供水漏失率、农业节水灌溉面积比例以及家庭节水器具普及率等指标仍有较大提升空间，近30%的有效灌溉面积没有节水灌溉工程措施，节水型社会建设与国际一流标准也有较大差距。

（三）能源可持续利用水平有待提升

近年来北京市将节能减排作为转变发展方式的重要抓手，能源利用效率得到了明显改善，万元GDP能耗仅为全国平均水平的47%，比上海低26个百分点，但与美国、日本、欧洲等发达经济体相比仍有较大差距。**一是能源消费总量和万元GDP能耗偏高。**北京市人口为世界主要城市人口的2~3倍，经济总量远低于世界城市，但能源消费总量却相当于中国香港和英国

---

① 岳冰、王焕松、王洁等："北京市水资源可持续利用面临的挑战及对策"，《环境与可持续发展》，2011年第2期。

伦敦的3.5倍，是东京和新加坡的2.5倍，与以高资源消耗著称的纽约基本相当。万元GDP能耗仅相当于东京的1/10、伦敦的1/5、纽约的1/4、中国香港的1/3。人均能源消费量约为3.54吨标准煤，是世界平均水平的一倍多，高于东京、伦敦和中国香港。随着生活水平的提升，北京市人均能耗仍将有所上升，与世界城市差距将进一步拉大。**二是能源利用方式存在提升空间。**北京三产比重与世界城市90%以上的水平相比仍有进一步调整空间，而第二产业中高耗能产业加工环节耗能严重，工业园区内部未完全形成能源循环利用的生产组织方式。优质能源占比较低。与世界城市零煤耗相比，2015年北京市能源消费总量中煤炭占比13.7%；而天然气、电力等优质能源的比重为50.9%，远低于发达国家70%~80%的水平。北京市可再生能源资源中太阳能、地热能、生物质能和风能都较为丰富，但规模化和集成化程度也比较低，技术商业化应用领域较窄，2015年北京市可再生能源利用总量仅占能源消费总量的6.6%，不及全国17.9%的平均水平，与深圳的85%更是相差甚远。

（四）劳动生产率有待提升

北京市劳动生产率长期保持着稳步提升的发展趋势，由2000年的5.1万元/人稳步攀升到2016年的21.3万元/人，但年均实际增速低于同期地区生产总值增速，仍有较大提升空间。**一是劳动生产率与发达国家和国内外一些城市相比存在差距。**北京市劳动生产率远不及美国的7万美元/人和日本35万美元/人左右的水平，与中国香港等经济体相比也存在较大差距。在全国超大城市中，北京、上海、广州、深圳的劳动生产率均为全国平均水平的2倍以上，但北京的劳动生产率与上海相当，比广州落后2~3年。**二是重点支柱产业劳动生产率尚未占有优势。**金融业、科技服务业、信息服务业一直是北京重点支柱产业，也是北京市劳动生产率最高的几个行业，但与其他城市相比，仍存在一定差距。信息服务业生产率低于上海、广州、深圳，科技服务业生产率低于广州、深圳。特别是金融业，2015年北京金融业劳动生产率为81.1万元/人，是北京市各行业最高，但上海、广州、苏州均超过百万，深圳超过200万元/人，是北京的两倍多。**三是部分劳动生产**

率偏低的传统行业就业人口占比相对偏高。商务服务业、居民服务业、住宿餐饮业等行业劳动生产率较低，这是各省市的普遍情况。但北京商务服务业吸纳就业人员超过140万人，是北京市吸纳劳动力最多的行业，就业人员占北京市的13.5%，远高于上海的9.5%，广州的3.3%和深圳的2.8%，就业人口比重明显过高，显著拉低了北京市平均劳动生产率的水平和排名。

三、科技文化优势潜力尚未充分激发

（一）全国科技创新中心的建设步伐仍需加速

北京是我国智力资源最丰富的城市和全国科技力量最集中的地区，在京国家重点实验室、国家工程技术研究中心67家，分别约占全国的1/4和1/5，北京中关村65家独角兽企业占全国总数的一半，是全球仅次于硅谷的独角兽最密集地区，显示出北京科技创新的强劲实力。2015年底美国《福布斯》发布的中国大陆城市创新力排行榜上，北京名列深圳之后，位居第二位。但全球科技中心的争夺是全方位竞争，北京不仅面临着上海、深圳、杭州等国内城市在人才、政策资源等方面的直接竞争，更要直面硅谷、纽约、东京等全球超一流地区的激烈竞争。**一是研发投入结构不尽合理。**企业投入低，北京市全社会研发经费中企业投入不足40%，远低于发达国家80%以上的水平，也低于上海60%和深圳90%以上的水平；企业研发投入强度不足1%，远低于创新能力较强国家4%的平均水平；规模以上企业研发经费支出仅相当于上海、深圳经费支出的50%和40%。基础研发投入与发达国家相比存在差距，其占研发经费支出的比例为13.8%，低于发达国家15%~20%的水平；其中企业投入仅占1.4%，远低于发达国家水平。**二是人才结构有待完善，**2015年北京全部研究与实验发展人员中，研究人员所占比重为63%，低于日本76.3%（2014年）、英国70.5%（2014年）的水平。在创新人才培养方面，强化高等教育实践与职业教育等方面与日本、德国等强调“实践本位，学研相继”的国家相比还有差距。**三是研发成果质量有待提升，**北京市每亿元研发经费所带来的发明专利申请受理数量远远低于天津、浙江和江苏；PCT专利申请量仅为深圳的一半左右，其中北京企业的PCT专利申请量不及深圳企业的1/5；技术开发和技术转让合同成交额占全部技术合同成交额的20%左右，低于上海60个百分点左右。**四是科技创新转化能力不强**，连年提升的技术交易额中，留在北京本地、转化形成产业发展动力的仅有不到1/3。规模以上工业企业新产品年均产值占全国新产品总产值的3.3%，低于GDP占全国的比重，分别相当于上海市、深圳市的53.1%、61.7%；高技术人均产值相当于金融危机前美国、日本、德国的50%~60%。

（二）文化资源优势有待转化为现实生产力

北京是享誉世界的历史文化名城，文化资源基础雄厚，文化市场潜力巨大，文化产业前景广阔，为北京建设有国际影响力的文化中心城市奠定了基础。但受限于体制机制以及行业和部门壁垒，文化市场培育滞后，产品和服务供给单一，难以充分满足市场需求，文化资源尚未充分得到整合利用，未能转化为文化产业的发展优势，与纽约、伦敦、巴黎等具有国际影响力的文化中心城市相比，北京在历史文化名城保护、文化产业国际竞争力、文化活动品牌效应等方面均存在较大差距。北京尚未进入全球入境旅游城市的前20强，接待境外游客仅为伦敦、巴黎的1/4左右，仅是上海的1/2强，文化软实力和影响力亟待增强。**一是公共文化设施水平存在差距**，北京每10万人拥有博物馆仅相当于伦敦的36.4%、纽约的50%和巴黎的66.7%，每10万人拥有美术馆仅相当于伦敦的2.7%、纽约和巴黎的3.4%[②]。**二是彰显城市形象的文化精品存在差距**，伦敦西区和纽约百老汇汇聚了近50家剧院，经典剧目已成为外地游客旅游的必选项目，带给当地巨额的经济收入，也促进了城市文化形象的塑造和提升。北京演出场所众多，但具有品牌效应的文化精品和文化活动明显缺乏。**三是文化企业规模小、实力弱**，缺乏具有国际影响力的文化领军企业，三经普数据显示，北京文化创意企业中小微企业占90%以上；亚太总裁协会2012年公布的国际文化产业企业排名数据显示[③]，在全球文化产业领军企业排名前30 强中，纽约有15家，巴黎有2 家，伦敦有2 家，东京有3家，而北京未能占一席之位。美国

《出版商周刊》和英国《书商》等共同发布的“2014全球出版业50强排行榜”，位于北京的中国出版集团和中国教育出版传媒集团上榜，但其销售收入与世界同类集团相比，差距很大。

四、对外影响力和辐射带动作用不强

（一）产业的对外辐射带动作用有限

作为伟大社会主义大国首都和迈向中华民族伟大复兴的大国首都，北京市的国际影响力在不断增强，但产业的影响力和对外辐射带动作用有限。**一是经济开放度有待提升。**受开放意识不强、开放机制不健全等因素影响，我国在全球贸易分工和价值链中的地位较低，北京对外投资约60%集中在亚洲地区，技术合作层次不高，参与全球分工不高。**二是国际组织的影响力还比较有限。**随着中国国际地位的提升，国际经济、社会、文化等各类组织纷纷在北京设立代表机构，国际组织聚集程度有了一定的提升。据不完全统计，目前在京设立总部的政府间国际组织有8个，政府间国际组织驻京代表机构25个，其中联合国的21个机构在京共设立了14个代表机构，部分派生机构由联合国开发计划署等综合性机构一并代表。而纽约是拥有联合国主要机构数量最多的城市，还有一大批非政府间国际组织选择将总部设在纽约；日内瓦则以北京市朝阳区面积的60%，聚集了200多个各类国际组织总部和231个常驻办事处。与国际化大都市相比，常驻北京的国际组织不管是数量上、层次上还是影响力方面，都有明显差距，吸引和聚集国际活动的功能还不太强，体现大国首都气度的重大国际性活动还不多，会展、节庆、赛事等国际活动影响力尚需增强。**三是总部集群的范围经济和规模经济不高。**世界城市以其各自的城市特点和比较优势产业为支撑，形成了各具特色的优势产业总部集群，进而使城市整体实力和国际影响力不断提升。如纽约曼哈顿CBD是全球知名的金融、保险、专业服

---

[2] 何芬：“推动北京建设国际文化中心城市的思考”，《文化研究》，2016年第2期。

[3] 王琪延、王博：“将北京建设成为世界文化中心城市的建议”，《北京社会科学》，2015年第4期。

务等生产性服务业企业总部集群；东京作为世界第六大汽车城，聚集了本田、日产、三菱等一批大型知名汽车企业集团总部；伦敦是全球重要的金融中心、英国的创意之都，企业总部也以国内外金融机构总部、文化创意企业总部为主要特色。目前，北京市拥有世界500强总部企业58家，连续4年居全球城市首位。但与纽约、伦敦等世界城市的花旗银行、时代华纳、路透社等知名企业相比，北京具有较强竞争力的总部企业主要集中在能源、金融、工程建筑等领域，体现世界城市产业特征的金融保险、商务服务和文化创意企业总部较少，尚未形成一批具有世界影响力的大企业、大集团。

（二）京津冀区域协同发展格局尚未形成

纵观国内外先进城市群的发展历程，产业升级和布局优化是其重要的推动与支撑力量。近年来京津冀地区产业结构不断优化，第三产业占比持续提高，重化工业、战略性新兴产业和高端服务业优势明显，但总体发展水平依然偏低，区域内产业在协同发展能力、产业分工与协作、主导产业转型、产业空间布局等方面还存在一些问题，产业升级的区域支撑不足，北京对周边地区的核心带动作用有待增强。**一是京津冀区域的发展能级总体较低。**人口与GDP在全国比重仅为8%和10%，远低于东京和巴黎城市群30%以上的水平，京津冀区域还未发挥出增长极的作用。**二是经济发展水平差异大。**受京津冀区域行政体制制约、地区发展落差较大等因素的影响，中心城市对优势资源的虹吸效应大于对周边的辐射效应，导致京津与河北经济发展差异较大，2016年京津两地人均地区生产总值均为11.5万元/人，而河北仅为4.3万元/人，为全国平均水平的八成左右。**三是产业分工与协作远未形成。**京津与河北经济差距较大，产业和产品结构存在较大差异，京津高端服务业和先进制造业优势明显，河北传统产业占比仍然较大，产业合作缺少足够基础。京津产业大多处于全球垂直产业分工的中间环节，而河北产业布局分散、缺少优势产业集群、配套能力弱，加大了京津地区向外转移中低、中等技术水平产业的难度，对外辐射带动作用难以发挥。**四是城市群网络化结构远未形成。**次中心产业集中度低，产业缺少大城市的有序布局，中小城市无法承接来自顶层的辐射，中心城市带动底层发展的能力也较弱，导致产业无法有序扩散和融合，产业轴点和产业链条难以形成。

五、未来经济发展的几点考虑

未来几年，全国上下将全面落实党的十九大精神，决胜全面建成小康社会，开启全面建设社会主义现代化国家新征程。大国首都下强化“四个中心”的定位对北京经济提质增效发展提出了新要求，京津冀协同发展特别是雄安新区建设对北京经济错位和融合发展也提出了新要求，北京要深入贯彻新版城市总体规划，紧紧抓住疏解北京非首都功能这个“牛鼻子”，切实减重、减负、减量发展，实施人口规模、建设规模双控，严守人口总量上限、生态控制线、城市开发边界三条“红线”，优化城市功能和空间结构布局，实现首都转型发展。因此，应立足首都城市战略定位和阶段性特征，尊重超大城市发展规律，坚持质量第一、效益优先，以供给侧结构性改革为主线，着力构建首都现代化产业体系，实现产业“结构高端化、业态现代化、布局均衡化、排放低碳化”，在减功能、减要素、布局调整中转动力、转空间、转领域，推动经济发展质量变革、效率变革、动力变革，提升经济创新力和城市核心竞争力，推动内涵式集约发展。

（一）引进国际组织和总部经济等高端要素

吸引和创设国际组织落户北京，优化总部经济类别和职能，填补首都全球化要素。提高已有国际组织的集聚效应和延伸影响，推动国际组织活动与会展业、旅游业的延伸，积极争取教育、科技、文化、体育、卫生等专业性、功能性国际组织落户北京，并在促进国际历史文化艺术规则制定的问题上发挥领军性质的作用。针对我国掌握标准主导权的行业领域，创设若干我国有最高出资比例、最大话语权的组织，并积极争取将总部设在北京。提升总部发展能级，增强城市企业总部聚集的辐射带动作用。重点聚集跨国公司和世界500强企业地区总部以及跨国公司研发中心、营销中心、结算中心、投资公司等职能机构落户，重点保留研发、管理、决策机构和部门，重在引导国际知名企业在京设立研发中心和地区研发总部，打造全球性科技创新总部和跨行业经营文化创意企业总部，提升科技文化的国际影响力。深化"总部—制造基地（分支机构）"链条，引导总部经济高端功能集聚北京市域，促进生产加工、销售网络等中低端功能分散在周边区域，在周边中小城市布局产业飞地、人才飞地和政策飞地，促进经济资源的自由流动和跨地区的经济合作。

（二）发展实体经济，强化服务型制造业特色

实体经济是建设现代化经济体系的着力点，是科技创新的载体，是"高精尖"经济结构的重要组成部分。作为超大型都市，北京不适合发展一般性制造业以及高端产业的制造环节，而是要占领制造业发展的制高点，要更多地发展服务型制造业，推动"北京制造"向"北京创造"转变。要推动制造业本身的价值向服务端转移，大力发展工业设计、推广个性化定制服务、实施质量品牌战略、促进知识产权产业化和服务型制造标准化；要促进制造业与服务业深度融合，推动制造业企业发展模式升级，以信息化为桥梁促进工业与服务业融合，推广以智能制造为代表的信息制造模式，建设网络化协同制造服务体系，鼓励支持企业发展服务外包业务；要重点围绕电子信息、汽车、装备制造等产业，打造"制造—服务"产业链，进一步发挥产业集群效应和知识外溢效应。

（三）立足资源优势，培育壮大可经营、产业化的新兴人文服务业

以健康医疗、文化教育、休闲娱乐等为代表的"以人为核心"的服务性消费不仅是消费增长新引擎，更有望成为北京市经济增长的主要动力，也是提升"四个服务"能力和城市生活品质的重要支撑。在继续保持金融业、信息服务业、科技服务业等优势服务业的同时，北京市应更加注重培育壮大新兴人文服务业。充分发挥首都信息、科教、文化、卫生、体育、金融等优势资源，创新公共服务提供方式，在保障基本公共服务需求的同时，深化服务业体制改革，落实扩大服务业改革试点意见，将新兴人文服务业作为首都战略性功能产业，鼓励社会投资发展专业培训及留学生教育、健康医疗、文化创意产业、体育休闲、养老服务、人力资本服务等新兴业态，丰富服务消费供给层次，满足中高收入群体层次高、个性化强的消费需求，培育新的服务业增长点，持续增强全国文化中心服务能力。

（四）以科技创新引领京津冀城市群产业链发展

城市群的发展能够促使产业集聚和提高规模经济效应，推动区域经济发展和提升区域参与全球竞争的实力，为城市经济的发展创造机遇。立足三地优势和定位，以“三城一区”建设为抓手，强化央地科技资源联动；结合市域各功能区定位，推动各区形成差异化、协同化的科技创新发展格局；发挥中关村园区辐射和带动作用，促进科技创新资源和成果开放共享；合理利用雄安新区政策优势探索科技创新政策新模式，促进区域内科技创新错位发展，形成以北京为研发、津冀为成果转化的科技创新空间链，有序推进京津冀科技协同创新。按照京津冀区域整体功能定位和三省市功能定位，强化区域内产业分工，北京突出高端化、服务化、集聚化、融合化、低碳化，天津优化发展高端装备、电子信息等先进技术制造业，河北改造提升传统优势产业；要理顺产业发展链条，依托京津、京保石等通道，推动产业要素沿轴向集聚，协同打造跨区域制造业产业集群，形成有机的研发、设计、生产、销售产业链，形成横向优势产业高度集聚、纵向产业链条化的整体布局。

（五）创新土地利用方式，推动产业园区腾笼换鸟

强化产业发展规划与土地利用总体规划的协调衔接，统筹各业各类用地需求，强化各类产业项目的土地投入产出效益要求，重点保障与区域资源环境和发展条件相适应的主导产业用地。加快推动城六区现有工业企业的“退城入园”，整合低效产业用地，发展“高精尖”新兴业态，促进现有开发区与邻近乡镇产业基地的统筹协调发展。要强化城市建设用地开发强度、土地投资强度、人均用地指标整体控制。结合城区非首都功能产业用地的疏解转移，加强对宗地资源的污染评估、生态修复和合理再开发利用。要推动建设用地立体开发复合利用。积极探索TOD开发模式，建立城市轨道、市郊铁路与沿线用地“捆绑”的建设开发模式。鼓励商业、商务、工业、仓储、交通和居住等多类用地混合使用，实现高层建筑集办公、居住、商业、公共配套等多功能为一体的目标。要实现土地灵活转性。允许通过补交地价款的方式，实现工业用地性质转换，盘活低效工业用地。根据企业特点，设计差别化的年限出让政策。实施工业用地弹性年期出让制度。

（执笔人：刘岚芳[④]、张萌[⑤]）

[④] 刘岚芳，北京市经济信息中心经济研究部主任，高级经济师，研究方向为宏观经济、数量经济。

[⑤] 张萌，北京市经济信息中心经济研究部，经济师，研究方向为宏观经济、区域经济。

北京市推进PPP模式的几点看法

摘要：政府和社会资本合作（PPP）是适应现代财政制度框架体系的重要一环，是防范地方政府债务风险、创新财政投融资机制的有力举措。北京市较早注重开展PPP模式试点，目前已积累较多成熟的项目建设及运作经验，同时PPP项目投资对北京市经济平稳增长也有一定贡献。在经历近两年的项目“大爆发”时期，PPP模式也出现了民间资本参与热度不均、项目定价机制有待完善、项目管理不规范、项目风险仍然较多等问题，在进一步出台各项举措从严规范PPP项目的同时，还需要注重建立常态监管机制，真正发挥PPP模式对激发社会资本投资活力、保障公共产品与公共服务提供的均等化、引领创新合作机制等方面的关键性作用。

关键词：PPP模式　项目库　民营资本　项目风险

经济发展进入追求高质量的新阶段，更加注重补齐发展短板，北京市经过大规模疏解整治，未来将以新版城市总体规划为根本遵循，重点促提升。在当前财政收入持续放缓、地方政府债务负担依然较重的形势下，落实首都功能定位、完善城市总体布局，亟需激发全社会活力，创新投融资方式，鼓励探索运用PPP模式，有力支撑经济增长稳定，保障城市公共产品及公共服务提供的均等化。北京较早开展PPP模式探索并取得较多成功经验，特别是近两年PPP模式的推广应用已进入快速发展阶段。

一、北京市推广PPP模式的背景

财政性建设资金短缺亟需创新融资模式。近年，北京市财政收入增长放缓，北京市一般公共预算收入由2010年16.1%的高增长放缓至2017年1~9月的6.1%的个位数增长水平；财政增收能力明显降低，2017年1~9月，占一般公共预算收入比重近七成的税收收入增长大幅下降至1.9%，延续2011年以来的放缓态势，政府性基金收入持续负增长。受经济下行压力，减税降费等多项改革的推进，非首都功能产业进一步向外疏解，土地实施减量规划等影响，财政收入增长压力持续存在。与此同时，财政资金在引领城市建设、保障社会民生、支持科技自主创新和节能减排等方面的支出存在刚性，可用于支持重大公共项目建设资金有限，再加上对地方政府债务实施“存量置换、规范增量”，专项债务纳入预算管理等，都造成财政性建设资金短缺状况，需要政府探索新型融资模式。

需要畅通民间资本进入公共领域建设的渠道。近年，北京市城市建设水平不断提升，城市空间布局不断优化，重大工程建设项目日益增加，可以实行市场化运作的基础设施、市政公用和其他公共服务领域项目越来越多。而北京市民间资本较多集中于房地产领域，连续多年占比在80%以上，这既与政府项目管理中一直存在的“弹簧门”“玻璃门”等顽疾有关，也与占有巨大优势的国有资本投资布局有关，还与民间资本融资渠道不畅有关。需要政府推进简政放权改革进程，创新项目建设模式，探索政府和社会资本合作方式，充分激发民间资本活力，畅通民间资本参与北京市公共领域建设渠道。

二、北京市运用PPP模式开展公共投资现状

（一）北京市拥有较多成熟的PPP项目

北京市是国内较早开展PPP项目的城市之一，地铁4号线的成功建设和运营开创国内PPP模式提供公共产品和公共服务的先河。根据财政部PPP项目库公布的项目看，截至2017年12月，北京市共有PPP项目114个，计划总投资额2850.6亿元，在我国四个直辖市中均处于首位（见表1）。

表1　　2010年以来我国直辖市PPP项目及落地项目情况

	项目总体情况		落地项目情况		
	个数（个）	投资额（亿元）	个数（个）	投资额（亿元）	落地率（%）
北京市	114	2850.56	32	1881.42	60.4
上海市	4	30.25	2	15.75	100
天津市	32	1149.57	1	20.22	11.1
重庆市	76	2399.30	12	256.91	27.3

资料来源：财政部PPP项目库，全国PPP综合信息平台项目库。

一系列政策扶持下，北京市PPP项目逐年增加（见图1）。一是鼓励在公共产品供应重点领域使用PPP模式，2014年以来，北京市进一步明确推广PPP的重点领域及政策保障，出台《关于在公共服务领域推广政府和社会资本合作模式的实施意见》（京政办发[2015]52号），同时，积极配合水务、卫生等部门印发不同领域推广应用PPP模式相关管理办法；**二是**规范PPP项目操作流程，制定PPP项目操作指南；**三是**项目定价机制更加注重平衡政府与社会资本双方利益，物有所值评价指引通过收益与风险均衡确定项目价格，确保了社会资本的利益，财政承受能力论证、政府采购管理办法等实施细则的落实避免了政府付费的盲目性；**四是**加大资金支持力度，下达2017年度PPP以奖代补资金7200万元，协调北京市PPP项目与中央PPP融资支持基金对接，研究设立北京市PPP基金。

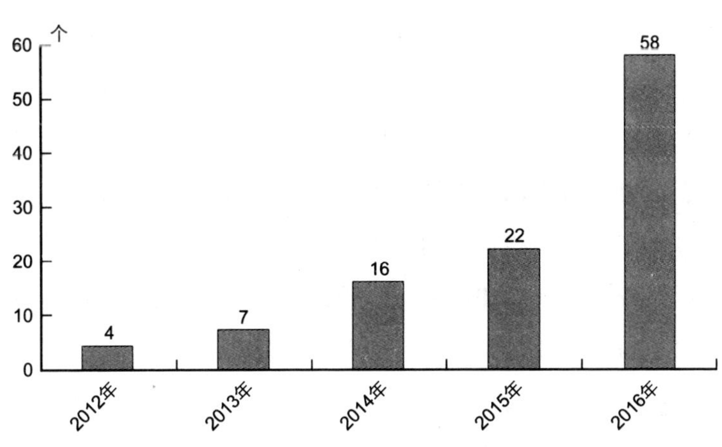

图1　2012年以来北京市PPP项目个数

北京市PPP项目进展良好。绝大多数PPP项目由政府发起，少数几个项目由社会资本发起，从执行情况看，有61个项目处于识别阶段，占比53.5%，32个项目进入执行阶段，即已经顺利落地建设运营，占比28.1%（见图2），另外有9个项目处于准备阶段，12个项目处于采购阶段，预计这21个项目将很快开工建设。

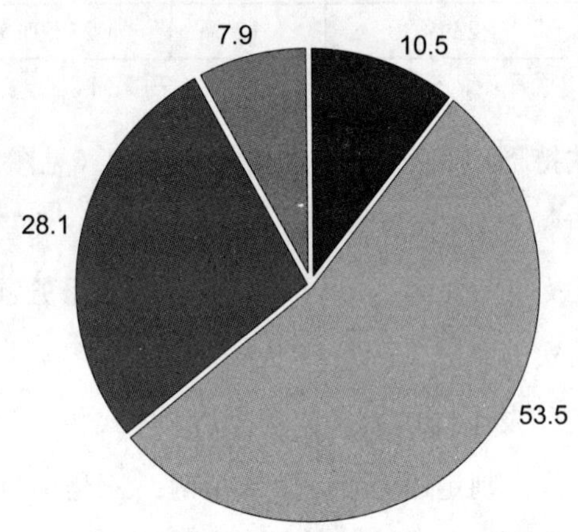

图2　2012年以来北京市各阶段PPP项目占比

北京市PPP项目多集中于市政工程及生态环保领域。在北京市进一步提升城市形象及完善公共服务带动下，北京市市政工程PPP项目45个，总投资额1437.6亿元（见表2），占所有PPP项目投资额的50.4%。交通运输PPP项目9个，总投资额801.5亿元，占比28.1%。目前，轨道交通新机场线也成为北京市第一个公开招标的轨道交通PPP项目，兴延高速公路项目已成为全国PPP项目的新样板。近年北京市鼓励社会资本较多参与生态建设和环境保护，北京市生态环保领域PPP项目17个，总投资额319.4亿元（见表2），占所有PPP项目投资额的11.2%。

BOT模式成为北京市PPP项目最频繁使用的建设模式。北京市PPP项目建设模式多为BOT（建设—运营—移交）、BOO（建设—运营—拥有）、O&M（委托运营）、ROT（改建—运营—移交）、TOT（移交—经营—移交）等，其中，BOT模式发展较为成熟，可借鉴项目经验较多，可以很好地体现政府与社会资本合作的形式。2010年以来，北京市共有62个项目采用BOT建设模式，总投资额2590.9亿元，占全部项目投资额的90%以上（见表3）。

表2　2010年以来北京市PPP项目行业分布及投资额情况

行业类型	项目个数（个）	投资额（亿元）	投资额占比（%）
市政工程	45	1437.6	50.4
交通运输	9	801.5	28.1
生态环保	17	319.4	11.2
科　技	8	50.4	1.8
能　源	3	20.8	0.7
水利建设	9	22.4	0.8
养老业	10	43.7	1.5
其　他	13	155	5.4
合　计	114	2850.6	100.0

资料来源：财政部PPP项目库，全国PPP综合信息平台项目库

表3　2010年以来北京市PPP项目运作模式及投资额情况

项目模式	项目个数（个）	投资额（亿元）	投资额占比（%）
BOT	62	2590.9	90.9
BOO	6	77.2	2.7
O&M	11	15.5	0.5
ROT	3	4.7	0.2
TOT	2	5.9	0.2
其他	30	156.4	5.5
合计	114	2850.6	100.0

资料来源：财政部PPP项目库，全国PPP综合信息平台项目库

（二）利用PPP模式与社会资本合作的安排有所优化

一是积极落实国家关于PPP模式管理的一系列政策举措，保障社会资本公平参与建设。贯彻财政部《关于规范政府和社会资本合作（PPP）综合信息平台管理的通知》，通过建设北京市PPP项目库，建立项目管理长效机制，对纳入项目管理库的项目严格把关，及时清退不合格项目；落实

国资委《关于加强中央企业PPP业务风险管控的通知》，规范融资增信，避免“小股大债”问题，促进央企与民企、国企、改良后的地方融资平台的合作，推进PPP项目多元化投资；落实国家发改委《关于鼓励民间资本参与政府和社会资本合作（PPP）项目的指导意见》，通过优化民企参与PPP项目环境、民企与国企分类施策、政策倾斜等方式鼓励民间资本进入PPP领域。二是逐步探索优化与社会资本项目合作的安排，一方面，优化运营安排，探索多元化的项目回报机制，不断提高PPP项目专业化运营管理的能力，对于尚不具备专业化运营管理能力的项目，通过合资合作、引入专业化管理机构等措施，确保项目安全高效运营；另一方面，积极盘活存量投资，完善退出机制，根据项目自身需要，持续优化资金安排，通过出让项目股份、增资扩股、上市融资、资产证券化等渠道盘活资产、收回资金，实现PPP业务资金平衡和良性循环。

（三）推广PPP模式对北京市经济带动作用明显

PPP模式丰富了北京市公共投资资金来源。北京市PPP模式的不断推广和应用，引导社会资本较多进入公共基础设施建设及公共服务提供领域，一定程度上弥补了财政建设资金缺口；PPP资产证券化、PPP专项债券等创新型融资方式也吸引了较多民营企业资金。**北京市PPP项目投资占比有所提高。**在PPP项目加快落地带动下，北京市PPP项目投资占全社会投资总额的比例由2013年的0.4%提高到2016年的12.7%。**PPP项目投资对北京市经济增长有重要贡献。**根据北京市财政局公开信息，截至2017年9月，北京市PPP项目集中落地49个，总投资额1980.1亿元，粗略计算，落地项目拉动当期GDP增长1.1个百分点[①]。**PPP模式有力促进城市基本公共服务水平的完善。**PPP模式创新了公共服务供给模式，PPP项目陆续落地持续增加了社会基本公共服务供给，对于补足城市基础设施及公共服务短板，提升城市建设水平意义重大。

[①] 需要说明的是，北京市PPP项目中，存在较多直接由存量项目改为PPP模式推进，再加上计算估计的粗略性影响，1.1个百分点仅用来说明PPP对经济增长的重要程度。

三、推广PPP模式过程中存在的问题

北京市PPP模式在城市基础设施和公共服务领域的运用，对转变政府投融资理念、深化政府投融资体制改革、创新政府投融资机制等方面均起到积极作用。PPP项目投资越来越成为稳增长、调结构、促改革、惠民生、防风险的重要抓手。但PPP模式在探索过程中，也出现了项目参与热度不均、定价机制不健全、管理不规范、风险依然较多等亟待解决的问题。

（一）民营资本参与PPP项目热度不均

截至2017年9月，北京市处于执行阶段的PPP项目中，民营企业、外资企业等作为社会资本方参与的项目个数与投资额占比均达到59%，远高于全国39%的比例，有力带动民营资本市场空间的扩大。民营资本主要考虑PPP项目的定价机制、收益状况、合作期限，如民营资本更倾向于定价机制为政府付费及可行性缺口补助等有财政资金担保的项目，预期实现较稳定收益的市政工程及生态建设和环境综合治理项目，合作期限在30年以内的项目等，对于收益与风险不匹配、回报率不稳定、合作期限长的科技、水利等项目，民营企业往往表现不积极；再加上对地方政府履约的担心及合作模式和采购模式的限制等都导致民营资本参与热情偏低。同时，民营企业资金实力有限，整体资信能力偏弱，融资渠道与融资能力均不能满足PPP项目大规模资金需求。大型国有控股企业的绝对优势也在一定程度上对民营企业产生“挤出效应”，使得民营企业无法参与大体量投资的PPP项目。

（二）PPP项目定价机制仍需进一步完善

目前，PPP项目没有统一的定价方式，常见的有政府指导定价、可动态调整的市场定价等，可供参考的物有所值评价报告缺乏定量分析，定价的主观性、随意性强，不能够平衡政府、社会公众、社会资本方的利益需求。**一是**项目定价标准不统一，当前只有物有所值评价和财政承受能力论证的政策文件涉及PPP项目价格，政策仅明确了定性评价标准，对于定量

评价仍处在探索中，对于合适的定价理论、定价模型等均莫衷一是，造成PPP项目定价的困难；二是项目定价的市场机制有限，PPP项目多涉及具有较高垄断性的领域，市场化配置资源机制尚不健全，如公共交通、燃气、供水、污水及垃圾处理等市政基础设施，养老、医疗等公共服务提供等，导致难以形成市场定价机制；三是价格监督机制不健全，受信息不对称影响，社会资本在招投标过程中隐瞒一些信息，导致政府与社会公众难以准确获取项目公司成本、效益等关键信息，导致对PPP项目定价监督失去有效性。

（三）PPP项目管理不规范

一是行政管理主体不明确导致政出多门。目前国家发展改革委与财政部均享有对PPP项目的管理权，两部委相继出台较多PPP项目规范文件，并各自成立PPP示范项目库，其中不乏项目重复、政策冗余现象，双重领导管理极大降低地方政府与社会资本合作成功率，制约PPP项目的推进。**二是PPP项目存在先落地执行后追加论证现象。**从全国PPP综合信息平台项目库项目公开信息看，北京市处于执行阶段的PPP项目多数未见项目可行性论证报告、物有所值评价报告、财政承受能力论证报告等关键文件，即便履行程序相对完整的一些PPP示范项目，以上已公开报告仍明显存在后期追加现象。**三是PPP模式风险管理尚未成体系。**全国各地PPP项目在风险识别方法选择、风险评估测算、风险分担机制建设方面均未形成完整体系。具体看，尚未有一套普遍认可的方法有效识别不同PPP项目错综复杂的风险，根据项目行业类别、所属阶段、风险层次等定量分析风险概率及损失程度更无从谈起，受政府与社会资本对风险的认识和承受能力不同影响，政府预算软约束等承诺一定程度削弱风险分担机制的有效性，致使社会资本承担本不该承担的风险。

（四）PPP项目依然面临较多风险

政府行为可能引致的风险影响持续的合作关系。北京市PPP项目主要面临基础设施投资政策、产业政策变动影响项目推进的政策风险，全局性、系统性的法律规范缺失影响PPP产权关系的风险，政府违背合同约定的信用风险，政府夸大PPP模式作用，过多运用PPP模式融资，使实质上的债务出表软化预算约束的财政风险等。**企业运营过程中可能承受的风险会导致项目破产。**企业经营过程中成本变化、需求变化造成预期收益无法实现的风险，企业融资利率上升造成额外损失的风险，项目到期移交政府涉及的社会资本退出风险等，都会影响项目稳定持续运营。**项目推进过程中存在的固有风险影响项目可持续性。**政府与社会资本固有的目标、观念冲突容易引致项目唯一性风险，即出现实质性商业竞争项目；同时，政府行政管理思维主导下，较多运用行政手段协调分歧，而社会资本较多权衡成本与收益，由此产生的冲突容易导致项目延误、决策冗余甚至失误。

四、PPP模式进一步推广的思路与建议

未来北京市进一步推广PPP模式，应更加注重发挥PPP项目投资对经济增长的带动作用，既要正确认识PPP模式对政府投融资体制改革产生的根本性、长期性作用，又要引导PPP建设模式的常态化，避免夸大化；以吸引民间投资为核心，既要探索设计合理的收益和风险分担机制，又要探索如资产证券化方式给予民间投资较大自主权；以市场配置资源为原则，既要充分激发市场机制在推广PPP模式中的决定作用，又要解决好相关利益主体的缺位、越位、不到位问题；以规范PPP项目建设运营为出发点，既要体现PPP项目物有所值的基本目标，又要差别化、针对性做好PPP项目运作，降低政府投资成本。

一是进一步营造有利于社会资本参与PPP项目的环境。按照市政府“促进民间投资27条”、市财政“促进民间投资30条”、国企国资改革“1+N”制度体系等，不断简化规范PPP项目审批程序，明晰政府支出责任，保障项目合理回报，做好项目信息披露公开，利用政府引导基金等方式提供融资便利，不断激发社会资本参与PPP项目积极性。

二是加大PPP模式规范推广应用力度。贯彻落实财政部关于推广PPP模式、规范PPP项目流程的相关文件要求，加强与城市建设、公共服务管理等相关部门的配合，积极研究北京市有关行业具体落实意见。在垃圾处

理、污水处理等公共服务领域"强制"应用PPP模式，对于其他有现金流、具备运营条件的项目领域，与相关行业部门探索强制实施PPP论证有关措施。

三是进一步强化PPP项目风险管理要求。切实履行PPP项目识别物有所值评价与财政承受能力论证，加强政府采购管理、财政预算管理、资产负债管理，完善信息披露与监督检查制度，探索建立完整风险管理体系，确保合作各方风险与收益相匹配，降低PPP项目全生命周期风险发生可能性，确保项目规范实施、高效运营。

四是进一步支持推动重点PPP项目落地实施。积极协调支持冬奥会速滑馆建设、通州副中心水环境治理、新机场线、财政部示范项目等重点PPP项目顺利实施，深入项目一线跟踪管理，结合项目需求给予相关支持，以高标准建设运营PPP项目。协调各区按照上下一致、形成合力的原则，理顺PPP项目推进机制和管理程序，加大协调力度，共同推动PPP项目顺利落地。

五是在京津冀产业园区发展中以PPP模式引领合作机制创新。在京津冀协同发展背景下，疏解非首都功能，充分发挥三地各自优势，引导京津地区产业向河北转移，应鼓励较多采用PPP模式共建产业园区，吸引社会资本参与PPP项目，特别是在首钢曹妃甸园区、新机场临空经济合作区、天津滨海新区、中关村科技园、张承生态经济区建设中要以PPP模式引领"飞地经济"合作机制创新，为"飞地经济"发挥优化资源配置的竞争优势提供新动力。

（执笔人：司 彤②）

② 司彤，北京市经济信息中心经济研究部，经济师，研究方向为固定资产投资、财政税收。

国内飞地建设经验及对北京的启示

摘要：2017年，国家发展改革委、国土部等八部委发布《关于支持“飞地经济”发展的指导意见》，建议通过创新飞地经济合作机制，发挥不同地区比较优势，推进区域协同发展。本文以苏州工业园、上海外高桥启东产业园、成阿工业园和江阴—靖江工业园四个飞地产业园区为例介绍我国飞地产业园的发展经验，并对北京市发展飞地经济提供借鉴。

关键词：飞地经济 比较优势 产业园区

2017年6月，国家发展改革委、国土部等八部委发布《关于支持“飞地经济”发展的指导意见》，建议通过创新飞地经济合作机制，发挥不同地区比较优势，优化资源配置，探索行政许可跨区域互认、地区政府考核协商划分等措施，加快统一市场建设，促进要素自由、有序流动，推进区域协同发展。发展飞地经济一方面有利于发达城市解决土地资源紧缺、发展空间不足的问题，并据此实现城市功能的飞跃；另一方面也有利于相对落后的城市得到资金、人才、技术和管理经验，实现经济的快速发展。对于北京市来说，飞地经济的发展模式可以作为有效疏解非首都功能、京津冀协同发展的重要突破口和切入点，实现京津冀乃至更大区域范围内的协同“起飞”。本文主要进行国内相关飞地建设经验的梳理，为北京市发展飞地经济提供借鉴。

一、相关省市飞地建设经验梳理

1994年由中国和新加坡合作建设的苏州工业园是我国最早出现的"飞地工业园"，随后飞地经济模式逐步推向其他地区，飞地经济发展较好的是江苏、浙江、广东、福建和辽宁等东部沿海地区，这些省份也相应出台了引导和规范飞地经济发展的政策。我国飞地经济大多是采用飞出方政府主导、飞出地政府和飞入地政府共建共管的合作模式，在飞地经济园区的建设过程中，飞出方和飞入方按协商的出资比例成立园区开发公司，为飞地经济园区的基础设施建设提供资金保障；在飞地经济园区的管理上，双方共同管理，一起成立园区管理委员会。飞地经济可以降低产业转移的"脱嵌"难度和成本，飞出地政府既组织和引导项目、资金、人才、企业、配套产业、中介机构等有形经济资源向飞地经济园区转移，又提供管理、招商经验、服务等无形经济资源。本文以苏州工业园、上海外高桥启东产业园、成阿工业园和江阴—靖江工业园为例介绍我国飞地产业园的发展经验。

（一）苏州工业园

1．基本情况

1994年，国务院批复同意建成苏州工业园区，在坚持和维护国家主权的前提下，自主地、有选择地借鉴吸收新加坡经济发展和公共管理方面对园区适用的经验，这是中国和新加坡两国政府间的重要合作项目，开创了中外经济技术合作的新形式。园区的目标是在苏州建设一个以高新技术为先导、现代工业为主体、第三产业和社会公益事业配套的具有一定规模的现代化工业园区。经过20多年的发展，苏州工业园区以占苏州市3.4%的土地、7.4%的人口创造了约15%的经济总量，并连续多年名列"中国城市最具竞争力开发区"排序榜首，综合发展指数位居国家级开发区第二位，在国家级高新区排名居江苏省第一位。

2．合作机制

园区设置了一个多层次的治理结构。园区的整体治理由中国—新加坡联合协调理事会负责，该理事会每12~18个月会面一次以审查进度、解决重大的执行问题，并设定未来的发展目标。中国国务院副总理和新加坡副总理担任该理事会的共同主席，理事会还包括了两国部级首长、江苏省和苏州市的高级官员等。在具体操作上，由苏州市长和新加坡贸易与工业部常任秘书长担任共同主席的联合工作委员会，在园区的启动阶段扮演了重要的角色。

园区还区分了监管者与开发者的职责。苏州工业园区的直接管理和监督机构是苏州工业园区管理委员会，这是由苏州市政府授权的独立地方政府机构。苏州工业园区管委会享有在政策制定和执法方面的高度自治权。管委会是园区的一级土地开发商，中新集团是园区的主要土地开发商和地产代理商。另外，由新加坡贸工部软件项目办公室和园区借鉴新加坡经验办公室负责日常联络工作。

中新双方组建中新苏州工业园区开发有限公司，由中国苏州工业园区股份有限公司（中方）和新加坡—苏州园区开发私人有限公司（新方）合资组建，公司成立时投资总额为1亿美元，注册资本为5000万美元，其中新方出资3250万美元，占65%，中方财团出资1750万美元，占35%。2001年公司调整中新投资双方的股权比例，将中方财团的股权比例由35%调整为65%，新方财团的股权比例由65%调整为35%，股权比例调整后，中方担负起主要管理职责。

3．园区特点

第一，建立符合国际惯例、具有中国特色的园区管理体制和开发运行机制。苏州工业园区借鉴新加坡招商和企业服务经验，提出“亲商”服务理念，建立“全过程、全天候、全方位”的亲商服务体系，按照“小政府、大社会”要求和扁平化管理模式，坚持“精简、统一、高效”原则，整合并轨政府职能，减少管理层级。**第二，**坚持全球定位，创新招商方式。园区发挥中新联合招商体制优势，坚持大小项目并举，内资外资并举，第二产业、第三产业并举，存量升级与增量并举的方针，先后建立以管委会招商局、科技招商中心、各镇招商中心以及中新苏州工业园区开发有限公司招商部和各国有公司为主体的专业化招商队伍。倡导“择商选资”理念，将资本密集、技术密集、基地型、旗舰型项目作为招商重点，瞄准世界500强及其关联项目，引进产业龙头项目，带动相关配套项目进驻。**第三，**中方向新方学习管理制度常态化。为借鉴运用新方管理经验，苏州市选拔一批优秀专业管理人员到新加坡进行为期数月的培训；苏州工业园区管理机构各职能部门负责人到新加坡进行为期数周的培训；新加坡政府机构派专业人员赴苏州工业园区传授新加坡的管理经验；苏州市及其有关部门的负责人，可以访问考察新加坡，实地取得新方管理经验的第一手资料。

（二）上海外高桥启东产业园

1．基本情况

上海外高桥启东产业园由上海外高桥（集团）有限公司与启东市政府共同开发，位于江苏南通启东滨海工业园内，是全国第一家政企合作的飞地代表。外高桥集团有项目但缺乏发展空间，启东发展空间较大但亟须好项目落地，良好的区位优势、深厚的产业积淀促成双方合作。产业园重点引进世界五百强企业以及国内大型企业，打造外高桥在上海北翼的重要生产制造业基地，形成机械制造、电子电器、船舶配件、生物医药四大支柱产业。

2．合作机制

2008年9月，外高桥启东产业园有限公司成立，正式开工建设产业园。产业园采取市场化运营，股份合作管理模式，即在现有开发区中设立共建园，交由合作双方成立合资股份公司按照市场化运营和管理，主要负责园区规划、投资开发、招商引资和经营管理等工作。合资公司注册资本3.2亿元，启东市以5.33平方公里土地入股，占比40%，上海外高桥集团资金入股60%，双方商定税收等收益按4∶6分成。

管理模式上，协议签订后设立联席会议制度，每半年召开一次，有重大问题可临时召开，以确保凡进入外高桥启东产业园的企业，专事专办。另外，转出方占股份较多，有利可图，则其积极性较高，会专门派出外高桥产业园的管理人员常驻启东，组成园区管理团队，负责园区的自主招商、厂房管理、企业服务等内容，加速产业转移的进程。

3．园区特点

第一，通过联合兴办产业园，外高桥集团在异地营造了一个较低土地成本、较小运输半径、拥有一流物业服务的良好发展环境，并利用自己的品牌优势以及长期以来与企业建立的互相信赖、互相依存关系，使区内企业特别是一些国外企业能够以较小的风险和成本找到满意的发展空间。**第二，**为了避免企业"单打独斗"向外发展衍生出的费时费力、成本高的问题，上海外高桥采取企业"组团式"外迁和转移，从而打消企业对产业链网络断裂的顾虑。**第三，**迁移企业既保留了企业嵌入在产业链内的企业网络社会资本，也保留了企业嵌入在政府官员中的社会网络社会资本，虽然迁移出上海，但企业仍然可以利用上海的品牌优势在上海外高桥发展总部经济，同时享受外高桥开发区所能提供的服务。

（三）成阿工业园

1．基本情况

成阿工业园区位于成都市区以东45公里的金堂县中部，是由成都市与阿坝州合作打造的灾后重建项目。园区规划面积154平方公里，围绕主导产业着力培育节能环保、新型电子产业和重大装备制造产业集群，引进节能环保装备制造、节能环保产品生产、资源循环利用、新能源汽车等行业龙头企业。打造全国一流的节能环保产业示范区、承接东西产业转移示范区、灾后产业重建示范区。

2．合作机制

根据两地签署的《关于共建工业集中发展区的协议》，成都市和阿坝州共同承担包括基础设施建设在内的早期投入。投资方面，成都市出资60%、阿坝州出资40%，共同组建成阿发展实业有限公司，负责园区的开发、建设和融资等事宜。成阿工业园区投资建设后，园区管委会创新管理体制，对投产后主要经济指标和政府性收益，按照第一个五年成都、阿坝按3.5:6.5分享，2019年起成都、阿坝则按4:6分享的模式，实现"政府推动、市场主导、支持阿坝、充分合作"的同时，也开创了区域合作互惠共赢的全新模式。

3．园区特点

园区交通便利，位于西部经济核心地带，成都半小时经济圈内，多条高速、道路、铁路与园区相接，距离亚洲最大的铁路集装箱编组站仅25公里，到成都双流机场45分钟车程，距规划成都商用机场仅3公里。同时园区还具有综合配套完善、市场潜力巨大、政策支撑强劲等诸多投资优势，仅工业用电价格优惠一项，就可以为企业带来巨大的经济收益。

（四）江阴—靖江工业园

1．基本情况

江苏江阴—靖江工业园区成立于2003年，是江阴、靖江两市跨市跨江联合投资开发的省级经济技术开发区，是江苏省首个、也是唯一的一个跨江、跨行政区域联动开发的园区。园区地处靖江市南侧，首期启动区面积8.6平方公里。园区依托丰富的长江岸线资源，建设以船业、机电、冶金、能源、物流、研发、商贸为主导产业的具有临江产业特色的重要国际制造业基地，打造集工业园、生态园、新港区、新城区"两园两区"为一体的新型工业园区。2016年，江阴—靖江工业园区凭借产业集聚、区位优势、联动开发、科技创新、人才资源荣获"长三角最强中国制造产业集聚区"称号。

2．合作机制

园区成立了以江阴为主、靖江参加的园区管委会，负责园区的投资、建设、管理和招商。靖江市政府在园区设办事处（办事处主任同时兼任园区管委会副主任，正科级建制），负责园区范围内的社会事务和开发建设的协调工作。园区内经济事务由江阴负责，社会事务、拆迁由办事处负责。江阴、靖江两市合作成立投资公司，用市场运作手段进行园区开发建设。以江阴经济开发区在靖江注册成立投资公司为操作平台，投资、管理以江阴为主，土地、劳动力和环境配套以靖江为主。具体方案是：江阴、靖江两市按9:1的比例共同出资1亿元用于建设。10年内，两市都不从园区提取投资收益，收益全部留在园区内滚动发展；10年后，投资收益两市对半分成。在园区招商引资上按照“优势互补、共同发展、市场运作、各得其所”的原则，建立了两市和开发区、沿江办的合作机制，在客商介绍、项目推介、人员往来、信息交流等方面作出明确规定。

3．园区特点

园区运行机制较为健全，无锡、泰州两市成立联动开发协调小组，江阴、靖江两岸市政府成立联动开发协调委员会，作为联动开发的最高决策机构，负责解决共建园区发展中遇到的困难和问题。各责任单位都实行一把手负责制，并严格按照相关具体目标和责任要求管理园区。园区工商、地税由省局在园区建立直属分局，国税、技术监督、口岸查验由江阴派驻，国土、消防等管理工作由靖江相关部门负责。园区还成立了项目审批服务中心，中心由招商部门牵头，将规划、建设、环保、国土、税务、工商、港口、消防等多个部门的服务优势进行优化整合，努力为企业发展和项目建设提供“一站式”高效服务。

二、飞地经济发展对北京市的启示

（一）北京市飞地经济发展现状及问题

北京市早在1949年就有了跨省飞地，但早期飞地多为兼具农业生产和劳动教养性质的场所，例如黑龙江境内的双河农场、天津市宁河区境内的清河农场。现在的飞地建设多是在产业转移疏解背景下产生的，目前已初步具有产业飞地性质的园区包括：京津两地签约共建的天津滨海中关村科技园，京冀两地共建的北京•沧州渤海新区生物医药产业园和张北云计算产业基地，中关村软件园与保定、廊坊地方政府合作的产业创新基地等。这些园区多聚焦云计算、移动互联、大数据、智能硬件、生物医药等高精尖产业，借鉴北京市的运营管理模式，津冀当地提供土地、厂房、电力等硬件支持和相应的配套服务。

但北京市飞地经济发展仍属于起步阶段，存在的问题包括：**第一，**缺乏方向更加明确、规划更加精细的顶层设计，园区同质化现象严重，无一例外把发展重点放在电子信息、生物医药、新材料等领域，存在发展定位不清晰、集聚度弱的问题，并未培育出具有区域协同特色的增量产业，津冀的制造业也很难对北京的科研创新形成有力支撑。第二，园区缺乏规范化的管理制度，一些细节尚未完全理顺，在运营管理、成本分担、利益分配等方面都缺乏长期协调机制，造成飞地发展面临诸多行政和制度掣肘。第三，北京与津冀尚未形成一体化的人才、资本、技术、产权等要素市场，在服务市场方面也缺乏统一。无论是交通、物流、通信基础设施等硬件方面，还是教育、医疗、养老等社会服务方面都缺乏协调对接机制，导致飞地园区长期存在招商难、落地项目少、投融资困难、政策支持不完善等问题。

（二）政策建议

发展飞地经济，北京市的优势在于优良项目、资金、品牌、科技创新、管理经验等，而劣势在于开发空间和环境限制。北京市发展飞地经济，要与其他行政区展开面对面的合作，围绕某个园区按照“政府引导、市场运作”的方式共同开展建设，遵守“平等协商，权责一致”的原则，最大限度发挥双方比较优势，并引导企业积极参与，发挥行业协会的作用，形成产业优化布局由点及面的联动局面。

1. 打造多层次、专业化的治理体系

在园区的管理中，设置多层次的治理结构，区分园区监管者与开发者的职责，开发者具体负责园区的开发过程和日常管理，监督者负责园区功能定位和重大战略的制定，并对开发者行为进行监督。第一，建立园区监管单位，由飞出地和飞入地政府共同组建跨越行政区划的园区管理委员会作为监督机构，选派干部到园区任职。园区管委会负责确定明晰的园区主体职能发展定位，建立常态化议事协调机制，加强在产业发展、功能布局等方面的政策对接，共同攻克税收分成、土地审批、征地拆迁以及污染物排放等重点、难点问题。第二，根据《公司法》，双方协商共同出资成立开发公司作为园区开发者，采取股份合作模式，制定市场化运营管理制度。也可通过特许经营、政府购买等方式，将园区部分事务委托给第三方运营管理，聘请专业经理人进行管理，在融资投资、开发建设、运营管

理、成本分担、利益分配等方面建立规范的流程和模式。**第三，**针对管理人员，逐步完善相关主要干部和管理人员的调配、挂职、学习等制度，促进人员的双向交流和培养，更好服务飞地经济发展。

2．以京津冀为重点发展飞地经济

飞地模式为京津冀协同发展提供了新的发展路径，成为突破体制机制桎梏、加快区域产业转移和承接的重要探索。**第一，**飞地园区旨在形成三地上下游产业链相匹配的服务机制，要防止单个项目的"零敲碎打"。如生物医药产业，研发任务仍留在北京，建立北京•沧州渤海新区生物医药产业园负责药品制造，药企既利用了"北京企业"的品牌效应，又能利用京津冀更加广阔的发展空间。**第二，**在园区招商环节中，可将飞地经济发展与总部经济对接，飞地经济和总部经济的总部基地与生产基地分开发展的经营模式有天然的联系，可鼓励北京市的大型企业将总部留下来，而将生产基地转移到飞入地，打造"北京总部+飞地制造"的模式，形成互利共赢的经济格局。**第三，**除了传统工业项目和劳动密集型产业，以新兴产业为代表的科技含量高的项目也应纳入飞地园区发展范围，推动天津建立产业创新和研发转化基地，推动河北建立先进生产和制造的战略支撑区。**第四，**在京津冀范围内寻求体制突破和创新，如已经实行的针对医药产业建立药品异地监管机制。逐步探索行政许可跨区域互认，推进转移企业工商登记协调衔接等。合理确定碳排放、污染物排放等成本，给予飞入地适当补贴。

3．在对口支援中积极发展飞地经济

除了立足京津冀以外，北京市也可以在中西部资源丰富的省份探索飞地经济发展，在各类对口支援、帮扶、协作中开展飞地经济合作，通过基础设施共建共享，配套设施集约使用，人才科技资源外溢延伸，在依靠北京产业转移的同时，促进飞入地既有产业升级，实现从输血到造血的改变。具体操作中，首先应梳理需要向中西部地区转移的产业，其次综合考虑地理区位、产业基础、物流效率、政府服务、资源成本等因素后，选定一块综合优势最优的区域作为飞入地，实现双方产业优势配套与互补。同时在转移过程中要充分利用中西部地区已有的出口加工区、保税区等海关特别监管区。最后，在选定飞地经济园区的地址后，可与当地政府进行沟通、协商和谈判，重点协商飞地经济园区的共建共管机制和利益分享机制。

4. 设立人才、政策飞地，积极探索飞地经济新模式

要避免简单复制模式和模仿发展路径的行为，防止形成重复建设和过度竞争的局面，需要对飞地经济的发展进行改革创新和先行探索：**第一，**进行多层次"飞地"建设，在建设过程中不仅要布局"产业飞地"还要布局"人才飞地""政策飞地"，促进北京相关大学、科研机构、社会组织等飞出。**第二，**探索多元的飞地经济参与模式，可以资金、土地、技术成果、品牌、管理等多种形式参与合作，实现共建共享。**第三，**鼓励合作方创新投融资模式，采取政府和社会资本合作（PPP）等模式，吸引社会资本参与园区开发和运营管理。**第四，**围绕创新链、价值链、产业链的拓展与合理的分工协作，按照"品牌+飞地经济模式"的科技和高端产业资源疏解支持模式，置换和拓展空间，形成互利共赢的高端产业分布格局，如"一核两翼"格局形成中，推动北京与雄安新区形成错位融合发展。

5. 完善配套公共服务和保障

一方面，在飞地产业园区发展初期，土地利用、房屋拆迁、劳动力管理、基础设施建设等硬件建设均需要得到有力保障，同时在落实发展基金、加强工商服务、完善基础设施等软件方面也应不断加强，形成政策到位、责任到人、资金到项、管理到底的飞地经济健康发展的良好局面，防止出现"空心园区"；**另一方面，**飞地园区不仅仅是一个加工生产园区，而是从生活、生产、生态三方面系统规划的园区，在对飞入地进行设计时，应布局人才、科技、教育、医疗、养老等公共社会服务体系，完善城市配套，提升城市品质，缩小与北京间的城市配套差距，打造"宜居、宜行、宜业"的高品质飞入城市。

（执笔人：奚春①）

① 奚春，北京市经济信息中心经济研究部，助理经济师，研究方向为宏观经济、产业研究。

2017年北京市居民关注热点变化及2018年期盼

摘要：伴随经济社会发展环境的变化，北京居民关注领域和热点也在不断发生变化。“教育”“交通”“居住”“医疗保健”“养老”等是2017年居民最关注的领域，交通管理、教育资源均等化、医疗体制、买卖房屋等是居民最关注的热点问题。展望2018年，居民对美好生活的诉求不断提升，对生活质量提高的期待日趋强烈。“缓解交通拥堵”“治霾改善空气质量”“解决看病贵”“提高收入”“降低房价”等仍然位居北京居民十大期盼排行榜前列。

关键词：调查 关注热点 生活期盼

《北京市居民关注热点调查》是了解北京市居民关注的热点问题、热点领域，把握居民关注热点问题现状及变化趋势的一项专门研究成果。自2006年3月起，北京中观经济调查有限公司（以下简称“中观调查”）对北京市居民关注的热点问题进行了连续性监测，并在此基础上设计了《北京市居民关注热点问题调查（PCR，Public Concern Research）》。2017年北京市居民关注热点调查共涉及教育、医疗保健、文化休闲、养老、就业收入、居住、社会保障与福利、交通、环境、城市精细化管理以及其他等11个领域，共涉及52个方面400多个居民关注的具体问题。

一、2017年北京市居民关注领域的变化情况

伴随经济社会发展环境的变化，北京居民关注热点也在不断发生变化（见图1）。2017年居民关注领域前五位依次是"教育""交通""居住""医疗保健""养老"，其他依次为"就业收入""环境""社会保障与福利""文化休闲""城市精细化管理"和"其他"领域。

2017年，随着北京市进一步加大入学条件联审力度，实行"单校划片和多校划片相结合"、"小升初"取消推优、进一步降低特长生招生比例等措施，促使居民对教育质量提升、教育资源均衡发展的期盼程度越来越高，"教育"领域蝉联居民最关注领域的冠军，提及率为19.3%。

尽管近年相继采取了优化交通线路、强化疏堵工程等一系列提升道路运行效率、增强公共交通供给能力、缓解交通拥堵的措施，但受车辆保有量继续增加等因素影响，中心城区早晚高峰交通拥堵仍然突出，部分公共交通线路或站点乘车拥挤严重，带来"交通"领域关注度持续保持高位，蝉联居民最关注领域的亚军，提及率为17.7%。伴随"最严限购令"、"租房新政"、共有产权房等重磅政策的出台落实，房价过快上涨和投机投资需求得到有效抑制，带来居民对"住房"领域的关注度由2016年的第6位升至2017年的第3位，提及率从10.2%升至17.2%。随着"4•8"医改惠民效果逐步显现，居民看病费用有所减轻，带来2017年居民对"医疗保健"领域的关注度有所下降，从2016年第3位降至2017年的第4位。伴随医养结合的加快推进，养老服务水平进一步提升，居民对"养老"领域关注度由2016年的第7位升至2017年的第5位，提及率提升至9.3%。就业持续向好，空气质量明显好转，促使居民对"就业收入"领域、"环境"领域的关注度保持下降态势，分别降至第6位、第7位。"社会保障与福利""文化休闲""城市管精细化管理"和"其他"领域排位比较稳定，分别排在第8位、第9位、第10位、第11位。

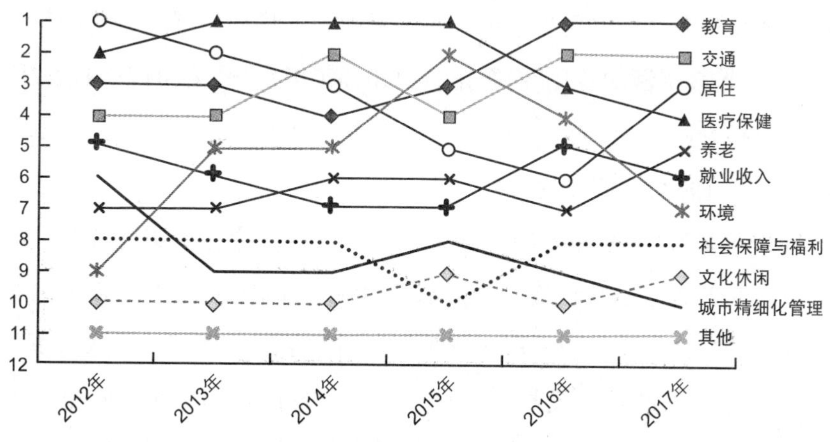

图1 2012~2017年度居民最关注领域的变化情况

二、2017年北京市居民最关注的热点问题

（一）“交通管理精细化”名列居民最关注的热点问题榜首

随着北京市深入实施2017年度缓堵专项行动计划，持续优化路面交通线路，增加公交专用道，加快推进停车管理，将智慧交通相关服务接入“北京通APP”，推进北京市智慧路网建设，中心城区绿色出行比例达到72%，带来居民对**“公共交通管理精细化”问题的关注程度攀升，由2016年的第3位升至2017年的第1位，提及率为42.8%。**同时，随着燕房线、磁浮S1线和有轨电车西郊线三条轨道交通新线开通试运营，北京轨道交通路网运营线路达22条，运营总里程608公里。通过缩短发车时间间隔、增加发车频次等措施，轨道交通运力得到明显提升，加之共享单车快速发展，投放运营车辆超过200万辆，进一步促进居民公共交通的便利性，带来居民对**“公共交通便利化”的关注度保持高位，名列第3位，提及率为39.5%。**

（二）“教育资源均等化”问题排名仅次于交通管理

近年来，北京市持续推进教育资源均等化发展步伐，严格推进免试就近入学政策，实施“单校划片”、“多校划片”促进入学机会公平，深化学区制改革，完善集团化办学体系，推行乡村教师支持计划和特岗计划，鼓励优秀师资校际流动，鼓励名校在郊区或教育资源较差区域设分校，优质教育资源覆盖面进一步扩大，义务教育优质均衡发展程度逐步提升。居民在感受到教育资源均衡发展推进的同时，对改善非均衡发展现状的期盼也更加迫切。**“教育资源均等化”问题排名由2016年第4位升至2017年的第2位，**提及率为40.5%。

（三）“医疗体制”位列第4

2017年4月，北京市发布《北京市医药分开综合改革实施方案》，覆盖北京市3600多家医疗机构，全面取消15%药品加成，实行零差率销售，取消挂号费、诊疗费，设立医事服务费，将医事服务费整体纳入城镇职工基本医疗保险、城乡居民基本医疗保险、生育保险和工伤保险报销范围内，同时联合推出医疗服务价格、药品报销等配套措施，以全面破除“以药补医”机制，实现医疗、医药、医保“三医联动”改革。伴随医疗全面落实而来的各项实惠也逐步惠及居民，带来居民对**“医疗体制”问题的关注度有所提高，由2016年的第5位升至2017年的第4位，提及率达到38.6%。**此外，居民对“医院管理”问题也比较关注，名列第6位，提及率达到28.4%。

（四）“住房市场买卖”力压“住房租赁”位列第5

为贯彻落实中央关于“房子是用来住的，不是用来炒的”定位，北京市制定出台了一系列房地产调控措施，如提出居民家庭名下在北京市已拥有1套住房，以及在北京市无住房但有商业性住房贷款记录或公积金住房贷款记录的，购买普通自住房的首付款比例不低于60%，暂停发放贷款期限25年（不含25年）以上的个人住房贷款。随着最严调控政策的逐步落实，投资投机性购房需求得到明显抑制，住房居住属性进一步回归。受此影响，居民对居住领域的关注度明显攀升，**“住房市场买卖”由2016年的第12位升至2017年的第5位，提及率为30.9%。**此外，10月31日开始实施的租房新政率先落实“租售同权”，涵盖了集体户口租公租房可以落户；符合条件的京籍无房家庭租房，其子女可以享受在租房所在区接受义务教育；非京籍家庭根据规定可办理适龄子女在出租住房所在区接受义务教育手续；租房合同期内不许随意涨租金、租金最好按月收取等多项热点关注内容，带来居民对住房租赁问题的关注度保持高位，**排名较上年提高5位，位列第8，提及率为24.2%。**

（五）空气质量明显改善带来“污染问题”关注度直线下降

在国家“大气十条”的收官之年，北京采取了诸多超常规举措，进一步强化京津冀大气联防联治，实施最严停工令，强化扬尘防治治理及监督管理，推进压减燃煤总量，最大限度压减行业本地排污，加上全年相对有力的气象条件，在一定程度上促进了污染物扩散和清除，全年PM2.5累计浓度实现58微克/立方米，较上年同比下降20.5%，较2013年的90微克/立方米下降32微克/立方米，降幅达到35.6%，完成国家《大气污染防治行动计划》下达的60微克/立方米左右的目标。空气质量明显好转形势下，导致长期入围往年居民最关注热点问题前三甲的污染热点问题，在本年度的排位直线下降，**由2016年的第1位降至2017年的第7位，提及率为28.2%，大幅下降31.4个百分点。**

此外，居民对“收入”“养老服务”“垃圾”、“医疗公共资源均等化”等问题也比较关注。居民最关注热点问题排名见表1。

表1　　2017年居民最关注热点问题变化

最关注热点问题	2017年排名	2017年提及率	2016年排名	2016年提及率
交通管理精细化	1	42.8%	3	39.1%
教育资源均等化	2	40.5%	4	38.5%
公共交通便利化	3	39.5%	2	46.7%
医疗体制	4	38.6%	5	37.0%
住房市场买卖	5	30.9%	12	22.2%
医院管理	6	28.4%	6	32.5%
污　染	7	28.2%	1	59.6%
住房租赁	8	24.2%	13	16.2%
收　入	9	22.3%	7	30.2%
养老服务	10	21.2%	17	11.1%
养老设施	11	21.0%	20	9.7%
垃　圾	12	19.2%	8	28.1%
养老资金/福利	13	18.0%	16	13.6%
居住配套	14	16.2%	9	24.2%
医疗公共资源均等化	15	14.8%	19	10.1%

三、2018年北京市居民的十大期盼

随着经济社会发展水平的不断提高，以及人们需求层次的提升，居民对美好生活的诉求越来越高，对生活质量提高的期待日趋强烈。2018年，“缓解交通拥堵”“治理雾霾，改善空气质量”“解决看病贵”等占据北京居民十大期盼排行榜前列（见图2），显示当前首都城市发展要满足居民对美好生活的需要仍然任重道远。此外，“提高收入”“降低房价”“教育资源均等化”“让城市更绿色整洁”“提高社会保障待遇”等也仍是普通居民期盼改善的主要方面。

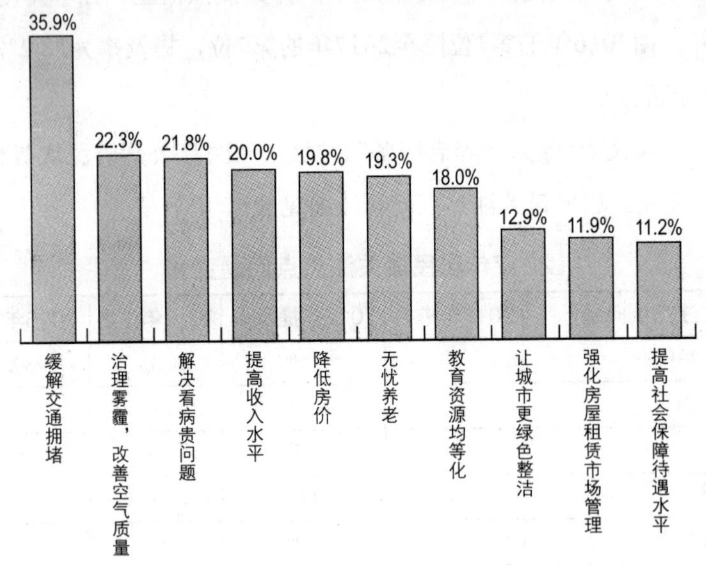

图2 2018年北京市居民的十大期盼

（一）“缓解交通拥堵”超过“改善空气质量”成为2018年居民的首要期盼

2017年，北京市积极推进交通治堵工作，实施了一揽子综合缓堵措施，加强重点区域交通联络建设，加快完善城市道路网，城市副中心线、怀柔密云线等市郊铁路逐步开通运营，同时研究制定《机动车停车管理条例》，强化停车管理，促进北京市交通运行平稳有序。从居民对2017年北京市交通运行总体状况的评价结果来看，57.8%的受访居民认为全年交通

运行情况和上年差不多，这一比例较上年同期提升11.5个百分点；15.3%的受访居民认为交通比上年更顺畅，这一比例较上年同期降低1.6个百分点；26.9%的居民则认为更堵了，这一比例较上年同期降低10个百分点，总体上显示北京市交通拥堵状况较2016年有所改善。但是，伴随机动车保有量的持续增加，长期存在的职住分离带来严重的潮汐交通现象，节前出行需求高涨，医院、学校、大型商场活动区等区域拥堵严重，特别是中心城区交通拥堵仍然突出，带来居民对“缓解交通拥堵”的期盼持续保持高位，此次更是超过“改善空气质量”，成为2018年的首要期盼。

（二）“雾霾治理，改善空气质量”是2018年居民的第二大期盼

自2013年以来，北京实施清洁空气行动计划，从能源结构、产业结构、交通运输结构优化提升等方面统筹推进大气污染防治工作，相继建成四大燃气热电中心，城六区、南部平原地区和顺义区基本实现了“无煤化”，淘汰高排放老旧机动车，调整退出一批印刷、铸造、家具等不符合首都功能定位和污染企业，大力增加新能源和清洁能源车，严厉查处一批大气类环境违法行为，逐步强化京津冀及周边地区大气污染防治协作机制，叠加2017年有利的大气扩散条件共同作用，北京市空气质量获得显著改善，完成国家下达的60微克/立方米左右的目标。但是，雾霾及空气污染治理非一日之功，除了要继续强化大气污染治理措施外，一定程度上仍有赖于大风天气帮忙，让空气质量持续改善的愿景仍然充满不确定性，从而促使“治理雾霾，改善空气质量”成为居民2018年的第二大期盼。

（三）“解决看病贵问题”是2018年居民的第三大期盼

2017年4月8日起，北京市全面实施医药分开综合改革政策，实施了药品阳光采购，取消药品15%加成（中药饮片除外）和挂号费，设立医事服务费，上调了护理、推拿等体现技术劳务价值项目的价格，降低大型设备检查项目的价格等措施。同时将国家2017年版药品目录新增的477种药品及36种谈判药品全部纳入北京市医疗保险、工伤保险和生育保险报销范围。调查显示，医药分开综合改革后，36.9%的受访居民感觉总体费用增加了，主要体现在医事服务费、床位费、针灸推拿等项目，52%的受访居

民表示与以前持平或减少，主要体现在药品费用、大型设备检查费用有所减少，符合“患者负担总体不增加”的原则。展望2018年，随着医改的逐步深化，居民期盼就医总体费用进一步降低，逐步“解决看病贵问题”。

（四）“提高收入水平”是2018年居民的第四大期盼

2017年，北京市经济增长平稳，在稳定岗位补贴、强化重点群体帮扶、完善创业服务等促就业措施作用下，就业呈现持续向好态势，为居民收入稳定增长提供了有力保障。调查结果显示，86.7%的受访居民认为2017年收入与上年持平或更高，13.3%的受访居民认为收入低于上年。然而，需要引起重视的是，北京市城乡居民收入持续增长仍然受到收入分配政策落实难、经济增长和就业仍然存在一定压力等因素制约。如现有劳动工资有关政策的增收效应在逐步减弱，最低工资、企业工资指导线等年度增幅逐年下降，增收政策的配套细则存在难出台、难落实等问题。并且，很多家庭仍面临子女教育、老人赡养、医疗、住房等方面的责任和压力，怀揣对美好生活的期望，带来居民期盼2018年收入增长更明显，“提高收入水平”名列居民2018年的第四大期盼。

（五）“降低房价”是2018年居民的第五大期盼

楼市调控政策可以说是2017年北京房地产市场上的主旋律，随着“认房又认贷”、“过道学区房”不作为入学条件、降低首套房贷优惠力度、异形房不予登记不予落户、离婚1年内申请房贷按二套执行、商办项目不得作为居住使用、住宅平房纳入限购等强效调控政策渐次出台落实，北京房地产市场在逐步回归理性。调查结果显示，这一系列调控措施对67.4%的受访者产生了不同程度的影响[①]，其中，28.1%的受访者表示没有能力购买了，27.7%的受访者选择观望，10.5%的受访者需要“考虑”后再做决定。展望2018年房价，39%的受访居民认为房价会出现回落，较上年同期提高22.3个百分点；41.6%的受访居民认为房价会上涨，较上年同期降低20.7

① 另外的32.6%，主要是没有买房需求（21.7%）和没有任何影响仍会购买的人群（10.9%）。

个百分点，16.1%的受访居民认为房价和2017年差不多，较上年同期降低4.9个百分点。可见，“史上最严限购令”增强了居民对2018年房价回落的信心，“降低房价”成为居民2018年的第五大期盼。

（六）“无忧养老”成为2018年居民的第六大期盼

2017年，北京市持续落实“养老十条”政策，按照养老服务要让老年人看得见、摸得着、感受得到的工作目标，从抓重点、补短板、重协调、促发展四个方面，积极推进养老服务发展，逐渐推进“四级三边”养老服务体系建设，市级负责统筹谋划、出政策以及行业监督，区级建立养老服务指导中心，街道和社区居委会通过养老照料中心和养老服务驿站直接为老人提供服务，争取实现老年人在周边3公里内有养老照料中心，1公里内有驿站，有效对接老年人服务需求。展望2018年，居民期盼养老金增幅进一步提高，养老补贴力度继续加大，医养结合加快推进，养老服务内容更加丰富、规范、标准，实现居民“无忧养老”，名列2018年居民的第六大期盼。

（七）“教育资源均等化”是2018年居民的第七大期盼

2017年，北京市教育领域改革深入实施，持续推进深化学区制改革，进一步加大教育资源的整合力度，支持集团化发展和九年一贯制办学，扩大优质教育资源覆盖面。同时出台实施租房新政，提出义务教育中实施“租售同权”，调查显示，居民对这一政策促进教育资源公平、均衡享有的认可程度相对较高，59.7%的受访者认为有利于进一步促进受教育权利的平等享有，54%的受访者认为有利于进一步保障适龄儿童接受义务教育权益，37.9%的受访者认为降低了非京籍儿童的入学门槛促进的教育的平等。然而优质教育资源的公平享有并非一日之功，既要解决城郊区域发展不平衡、优质教育资源布局不均衡等硬性方面问题，还要解决师资水平差异、居民择校观念差异等软性方面的问题。展望2018年，居民期盼“教育资源均等化”能够持续推进，是居民2018年的第七大期盼。

（八）“让城市更绿色整洁”成为2018年居民的第八大期盼

2017年，北京市抓住疏解非首都功能这个“牛鼻子”，通过开展综合整治、拆除违法建设、中心城区整治提升、历史文化街区保护等工作，不断优化区域环境，城市面貌焕然一新，也增强了老百姓的获得感。3200公顷“留白增绿”任务逐步落实到具体地块上，核心区新建“广阳谷”城市森林、大通滨河等大型公园，以及龙头井“微公园”、京韵园微公园、逸骏园微公园等54个微型公园。同时，大力推动背街小巷环境整治提升，打造干净卫生城市空间，进一步提升垃圾处理能力，强化垃圾分类管理工作，创建垃圾分类示范片区。调查显示，居民对2017年拆除违法建设、占道经营、无证无照经营和“开墙打洞”整治以及地下空间和违法群租房整治等专项行动的满意度最高，认为这些专项行动让首都城市更加整洁、有序，呈现了更多绿色。展望2018年，57.2%的受访居民期盼继续大力推进拆除违法建设、城乡结合部改造、疏解批发市场、地下空间整治等专项，52.6%的受访者建议违法建设、占道经营等整治类任务要防止反弹回潮，46.7%的受访者建议更加重视提升类专项任务，如增加绿化任务专项等，让城市增加更多绿色，进一步增强居民获得感。

（九）“强化房屋租赁市场管理”成为2018年居民的第九大期盼

2017年，北京市发布租房新政，提出要强化住房租赁管理服务、增加租赁住房供应，建立住房租赁监管平台、提供便捷公共服务，明确住房租赁行为规范、维护当事人合法权益，加强市场主体监管、提升住房租赁服务水平等措施，加快住房租赁市场发展，规范住房租赁管理，推动建立租购并举的住房体制。调查显示，44.9%的受访居民认为这一新政有利于促进租房市场发展，推动租购并举住房市场体系建设，44.9%的人认为能够强化房屋租赁权益保障，43.4%的人认为一定程度上能够放缓房价上涨速度，37.5%的人认为房屋租金可能呈分类上涨趋势，尤其是重点学区房租价格。受此影响，展望2018年，居民期盼“强化房屋租赁市场管理”，实现房租有所降低，租住环境更好，承租人权益保护政策落地更实。

（十）“提高社会保障待遇水平”成为2018年居民的第十大期盼

2017年，北京市继续上调企业退休人员养老金、失业保险金、城乡居民基础养老金和福利养老金、工伤保险定期待遇与企业最低工资标准等六项社会保障待遇。自2017年1月1日起，北京市城乡居民基础养老金和老年保障福利养老金每人每月增加50元，基础养老金由每人每月510元提高到每人每月560元，老年保障福利养老金由每人每月425元提高到每人每月475元，最低工资标准由目前的1890元/月调整为2000元/月，增加110元。同时，城乡低保标准调整为家庭月人均900元，城乡低收入家庭认定标准调整为家庭月人均1410元，低收入家庭的认定标准调整幅度达34%，增幅为历年来之最。一系列社会保障待遇的持续上调，一定程度上解除了居民的后顾之忧。伴随疏解非首都功能的持续推进，居民生活成本上涨的压力将逐步突显，加上居民家庭仍会面临成员失业、疾病等风险因素，带来居民期盼2018年社会保障的实际保障供给能力得到进一步增强，保障水平获得明显提升。

（执笔人：胡彭辉[②]、房娜[③]）

② 胡彭辉，北京市经济信息中心经济研究部，高级经济师，研究方向为社会经济发展战略与规划、人口就业与收入分配等。

③ 房娜，北京中观经济调查有限公司，研究经理。

第五部分 大数据应用探索篇

北京市新经济发展测度初探

摘要：运用大数据技术、方法，筛选北京新经济研究对象，选取企业注册、招聘、投资、融资、创新、招投标项目等多个维度，设计新经济企业运行监测指标体系，并利用指数分析方法对北京市新经济发展水平进行综合测度研究。基于实证分析，提出加快北京新经济发展的对策和建议。

关键词：大数据技术 新经济 运行监测 发展测度

2016年3月，“新经济”一词写入《政府工作报告》，报告中明确要求各地“必须培育壮大新动能，加快发展新经济”。李克强总理多次表示，新经济发展能够带动传统产业改造提升，加速新旧动能转换，培育新的经济结构，在优化供给、支撑增长、吸纳就业、改善民生中发挥越来越重要的作用。为此，北京市经济信息中心联合北京国研数通软件技术有限公司，在严密梳理北京新经济内涵的基础上，尝试运用大数据技术、方法与手段，筛选北京新经济企业研究对象，构建北京新经济运行监测指标体系，并对2016年以来的北京市新经济企业运行状况进行了综合测度与分析，为动态监测北京新动能培育情况，准确把握新经济发展特点进行有益的尝试，也为北京市综合经济形势分析提供崭新的分析视角。

一、北京新经济内涵与特征

新经济是指在新一轮科技革命和产业变革显现端倪的历史机遇下，以经济发展质量、效益提升为核心目标，以城市发展需求升级为指引，依靠技术创新、模式创新、组织创新、管理创新等内驱动力，以制度、机制创新为重要保障，促进产品与服务创新、过程创新乃至产业创新，不断提升城市在全球价值链中地位升级的各类创新型经济活动的总和，是当今时代的新型经济发展模式，是实现区域产业升级的路径选择，是促进城市可持续发展的必经阶段。

李克强总理高度概括提炼新经济的"四新"特征：新技术、新产业、新业态、新模式，对应着四类微观企业创新型经济活动类型：技术创新类、业态创新类、模式创新类、产品创新类。新技术重点是指国际上公认的并列入21世纪重点研究开发的高新技术领域，包括电子信息技术、生物医药技术、新材料技术、新能源与节能技术、资源环境技术、航空航天技术、海洋技术等等；新业态是指基于不同产业间的组合，企业内部价值链和外部产业链环节的分化、融合，行业跨界整合以及嫁接信息及互联网技术所形成的新型企业、商业乃至产业的组织形态。包括网上购物、网络约车、网上订餐、互联网金融、移动支付、在线教育、在线医疗等；新模式是指企业对现有资源和营销手段的整合，充分利用互联网和电子商务等手段，结合传统的流通渠道，进行有效的资源配比，以让企业的销售实现短期赢利和长期品牌发展。包括共享单车、共享wifi、共享住宿空间等。产品创新是指通过内部研发（自主创新、委托创新、联合创新等）和外部获取（创新引进、企业购并、授权许可等）两大途径实现创新，提高经济效益，包括智能家居、可穿戴设备、智能医疗等。

各类创新型经济活动的行为目标是为提升城市经济发展质量、效率、效益，进而实现宏观层面的经济结构转型升级。结合北京市经济发展阶段性特征、区域比较优势与发展过程中存在的问题，将北京市新经济研究对象划分为消费升级需求类、城市现代化治理升级需求类、传统产业转型升级需求类。其中消费升级需求类是指伴随居民可支配收入水平的提高，居民消费从过去单纯满足吃、穿和部分用的简单生理和安全需求为主，转向满足人们的社会需求、自尊需求和自我实现需求，转变方向体现在：被接纳、被尊重、被肯定及实现梦想。新型消费需求推动企业经济活动转变，产业结构升级。比如由过去的以小餐饮、小旅馆为代表的低端服务业态向外卖订餐、共享民宿等新型服务模式转变等。城市现代化治理升级需求类是指企业作为国家治理结构体系的重要成员，必然进行众多创新型经济活动，辅助政府治理成效改进与治理能力提升。比如采用经济手段进行空气污染监控与治理、水环境保护及清洁等。传统产业转型升级需求类是指经济新常态下，企业必须走一条融合创新的转型升级之路，在经营方向、运营模式、组织方式、资源配置等方面做出整体性转变，重塑企业竞争优势，提升社会价值，包括发展战略新兴产业、新型制造、现代服务业等。

二、北京新经济测度方法探索

（一）新经济发展测度思路与流程

新经济发展测度的总体思路是从新经济的内涵研究入手，探寻新经济典型特征，根据特征筛选“新经济关键字”列表，进而确定新经济企业研究对象。归纳新经济企业创新型经济活动类别，通过对影响新经济发展水平的主要要素分析，明确新经济发展评价指标体系，确立新经济发展测度方法，基于新经济企业研究对象的实际运行数据，测算发展指数。

新经济发展测度是具有一整套清晰流程的严谨性工作，具体分为四大步骤：第一步，运用大数据技术，筛选含有“新经济关键字”的新经济企业名单，作为新经济发展测度研究对象；第二步，设计新经济企业发展评价指标体系与方法；第三步，运用大数据技术、方法，从互联网公开大数据资源中，广泛采集与新经济企业研究对象相关的监测指标数据，并清洗整理汇总；第四步，基于新经济发展评价指标体系数据进行实证分析。

（二）北京新经济研究对象确定

1. 确定方法

北京新经济研究对象是基于“北京新经济关键字”列表，运用大数据技术、方法，从北京市企业信用信息网站爬取全量企业信息，从中筛选包含“关键字”列表信息的企业名单，同时结合企业新闻动态、《北京市新增产业禁止和限制目录（2015）》、《北京市关于加快退出高污染、高耗能、高耗水工业企业的意见》等政府文件规定，进行企业名单的深度斟酌，最终确定北京新经济企业清单。

其中，北京新经济关键字的确定须符合三大条件：一是符合北京消费需求升级、城市现代化治理需求升级和传统产业转型升级需求范围；二是符合新技术、新业态、新模式、新产品的“四新”特质；三是符合北京市产业规划方向、“四个中心”的城市定位以及北京市政府部门出台的相关文件要求，包括《北京市提高生活性服务业品质行动计划》（京政发[2015]40号）、《北京市人民政府关于进一步优化提升生产性服务业加快构建高精尖经济结构的意见》（京政发[2016]25号）、《北京市人民政府关于印发北京市加快培育和发展战略性新兴产业实施意见的通知》（京政发[2011]38号）、《北京绿色制造实施方案》（京制创组发[2016]1号）等。

2. 特点分析

依据北京新经济企业筛选思路，经过整理，共计敲定38万余家北京新经济企业，作为本次研究的重点对象。

从企业数量来看，纳入本次研究范畴的38万家北京新经济企业占北京市工商注册企业总量的30%左右，且均为创新型经济活动的典型代表，对北京市经济运行趋势把握具有明显的指引作用。

从行业分布来看，38万家新经济企业主要集中在现代服务业（如科学研究与技术服务业、文化体育娱乐业、租赁与商务服务业、信息传输与软件和信息技术服务业、金融服务业、生物技术与医疗健康业等）与高端制造业（如电子与光电设备制造业、新能源汽车行业等）。

从企业注册规模来看，38万家新经济企业注册规模普遍不高，主要集中于500万元以下，占比72%；16%的企业注册资本在500万~1000万元之间，1000万元以上的企业占比12%，其中5000万元以上的企业仅占3%。

从企业所属区域来看，海淀区占比最高，达到26.3%；其次是朝阳区，占比23.3%；丰台区排名第三，新经济企业数量占比11.8%；其他区尤其是远郊区新经济企业数量明显偏少，比如延庆区占比不足1%。

从企业注册时间来看，38万家新经济企业中新生企业较多，其中2014年注册的有48294家，2015年注册62780家，2016年注册81722家，即2014年以来新注册的新经济企业数占比超50%，主要受益于2014年初我国开始推行注册资本登记制度改革，放宽注册资本登记条件，取消公司注册资本最低限额，公司注册成本降低，商业环境优化。

（三）北京新经济发展测度方法

1. 监测内容

新经济是以技术、知识、信息、数据、人才等新型生产要素大规模投入为标志，以新技术、新业态、新模式、新产业等"四新"为产出的各类创新型经济活动的总和，北京新经济运行监测分析的内容重点围绕具有上述特征的各类创新型经济活动展开，具体包括：

一是以人力资本投入为标志的企业招聘活动。招聘规模的大小反映新经济企业运行业务的扩张与收缩，招聘成本的高低反映人才市场的供需形势与企业所需人才的水平、层次，招聘专业要求与岗位类型的变化反映当前新经济企业人才需求结构的更替。

二是以物质资本投入为标志的企业融资活动。融资环境好坏直接决定企业生存难度，对于新经济企业这类创新型企业而言，除银行贷款、债券融资等传统融资方式外，天使轮、A轮、B轮、C轮、IPO等新型融资模式日益成为新经济企业的主流。企业融资历程、融资规模等信息最直接反映新经济企业运行状态。

三是以知识产权、发明专利输出为标志的企业创新活动。企业创新动力最强，产品与工艺的每次进步都离不开发明专利。有发明专利的连续输出，才有企业运营的不断发展。因此，企业发明专利数量的多寡、类型的变化都在很大程度上反映新经济企业创新型活动的进度。

四是以招投标项目表现为标志的企业经营活动。新经济企业是为解决北京经济现实问题为使命的，中标项目的多少、项目金额的高低、项目类型的不同，都直接反映了企业经营的市场环境与企业价值的发挥程度。

五是以对外投资企业或项目为标志的企业投资活动。现代市场经济条件下，企业对外投资是企业财务活动的重要内容，一方面可充分利用闲置资金，提高资金使用效益；另一方面通过对外投资，实现企业扩张、开辟新市场、弥补发展短板等问题。因此，企业对外投资方向的变化、对外投资规模的变化、对外投资企业数量的变化等都是反映新经济企业运行的重要指标。

以上述五类新经济活动相关指标为雏形，综合数据资源现状，构建“北京新经济监测指标体系”与“北京新经济发展评价指标体系”。

2. 数据来源

基于北京新经济运行监测指标体系设计，综合考虑互联网公开数据源的数据代表性、可得性、连续性、获取成本高低等，最终确定研究数据源，包括：

以北京市企业信用信息网为代表的**工商注册信息**的采集，如公司名称、注册地址、法人、注册时间、注册资本、所属行业、经营范围、登记机关等；以智联招聘、猎聘网等为代表的**企业招聘信息**的采集，如公司名称、招聘职位名称、所在区、工资范围、招聘人数等；以国家知识产权局官方网站为代表的**企业专利信息**的采集，如公司名称、专利数量、申请日期、发明人等；以清科网为代表的**企业融资信息**的采集，如融资方、投资方、融资金额、融资轮次、所属行业等；以千里马、中国采招网等为代表的**企业招投标项目信息**的采集，如招投标数量、发布时间、采购人、金额等；以百度新闻等为代表的**企业新闻动态信息**或其他行业主流网站采集的实时数据。

3. 指数构建

本研究利用综合指数分析方法，基于各重要监测指标数据加权形成“北京新经济发展指数”，该指数为季度指数，用以衡量北京新经济企业的综合性发展水平与发展趋势，反映北京市、各区新动能培育情况。

北京新经济发展指数由5个一级指标、8个二级指标加工构成，取值范围在0~100之间。具体发展评价指标体系框架如表1所示。

表1　北京新经济发展指数评价指标体系

一级指标	二级指标	指标含义
企业融资	新经济企业融资金额	监测期内新经济企业累计获得的融资数额
企业招聘	新经济企业招聘职位数	监测期内新经济企业新招聘的职位数量
	新经济企业招聘人数	监测期内新经济企业新招聘的人员数量
	新经济企业招聘职位平均工资	监测期内新经济企业新招聘职位的工资中位数
企业创新	期内新经济企业新申请发明专利数	监测期内新经济企业新增加的发明专利数量
企业投资	新经济企业对外投资企业数	监测期内新经济企业对外投资企业数量
市场项目	新经济企业招标项目总金额	监测期内新经济企业对外发布招标项目总金额
	新经济企业中标项目金额	监测期内新经济企业中标项目总金额

由于北京新经济发展指数评价指标间量纲不同，有平均指标，有总量指标，因此在进行指数加工前，需对各指标进行标准化处理，具体处理方法如下：

正向指标的标准化处理公式：

$$Z_i = \frac{x_i - \min(x)}{\max(x) - \min(x)}$$

逆向指标的标准化处理公式：

$$Z_i = \frac{\max(x) - x_i}{\max(x) - \min(x)}$$

评价指标权重的设计采用专家打分、结合层次分析法确定各级指标的权重。

目标层：北京新经济发展水平。

准则层：企业融资情况、企业招聘情况、企业创新情况、企业投资情况、市场项目情况。

通过对上述各大因素进行两两比较，评价各因素对北京新经济发展水平的影响程度的差异，得到判断矩阵，进而求得特征向量。同时结合专家评分，最终确定北京新经济发展指数各维度指标权重。

北京新经济发展指数由北京新经济企业融资指数、企业招聘指数、企业创新指数、企业投资指数、企业项目指数5个分项指数构成。各分项指数根据其构成指标标准化处理后的数据进行简单平均计算得到。

北京新经济发展指数可实现横向、纵向对比，一方面可比较北京市下辖各区的相对位次，或对重点行业的发展水平进行排序；另一方面可进行历史比较，包括与上年同期、与上期、与固定基期的比较等，能够综合地、动态地反映北京新经济发展水平、趋势及各因素发展强弱。

三、北京新经济运行监测实证分析

（一）北京新经济运行监测指标分析

1．招聘指标分析

从2017年前三季度新经济企业招聘情况来看，科学研究、技术服务业，租赁、商务服务业，文化、体育、娱乐业，信息传输、软件、信息技术服务业等行业发布招聘职位数最多，合计占比88.4%，招聘人才需求最强烈（见图1）。

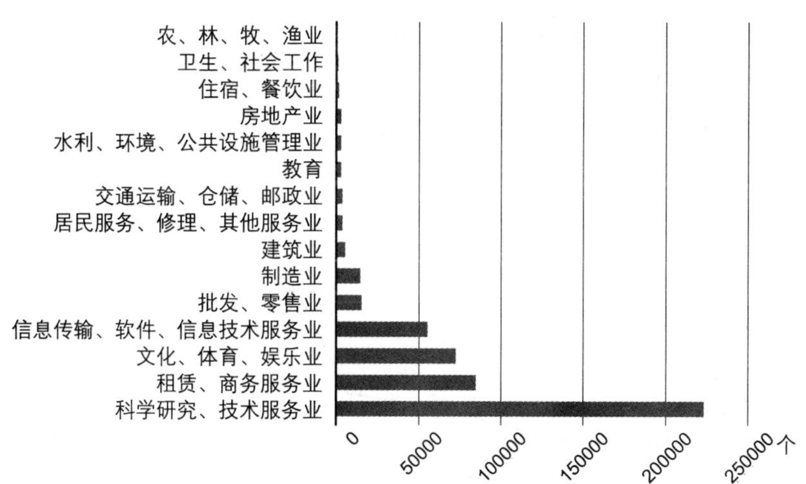

图1 2017年前三季度北京新经济企业招聘职位行业分布

数据显示，2017年新经济企业招聘形势明显好转，其中第一季度、第二季度为新经济企业招聘高峰期，企业发布招聘职位数多，招聘人数也最多，此时正值应届生毕业招聘季，说明新经济企业招聘主要面向年轻、高学历的知识青年，利于整体提升企业职员素质水平。三季度以后，招聘职位数迅速下降（见图2）。

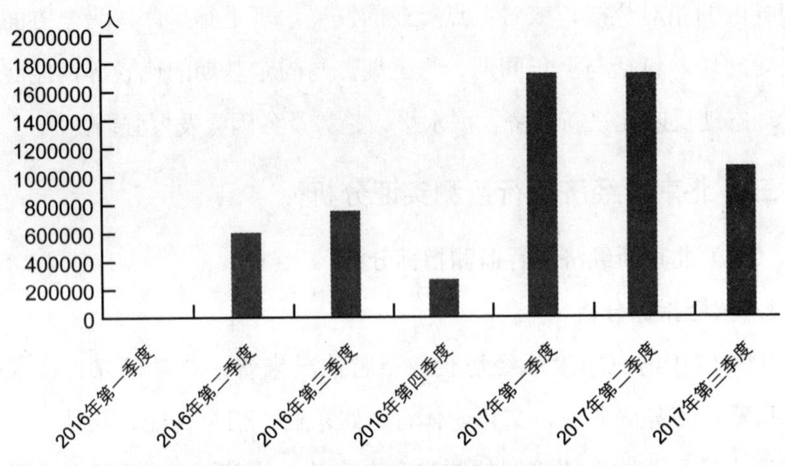

图2 2016年以来各季度新经济企业招聘人数

招聘行业有“金三银四”的说法，数据显示，2017年一季度，新经济企业招聘职位的平均薪酬明显高于其他时期，表明2017年初、高级职位招聘密集，岗位薪酬普遍偏高（见图3）。

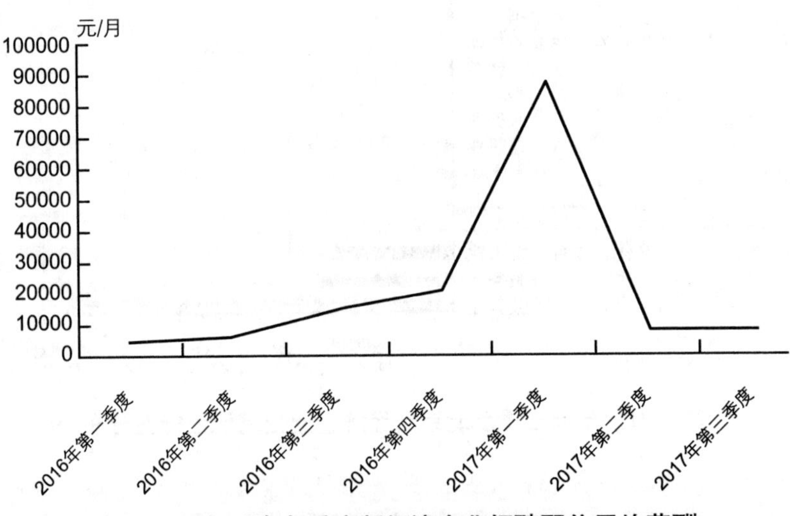

图3 2016年以来各季度新经济企业招聘职位平均薪酬

新经济企业招聘人才主要是本科、大专等同等学历，占比累计达57.9%，硕士、博士招聘比例合计为2.5%，相对来说高学历人才招聘需求并不甚高，大专及同等学历人才招聘比例为31.4%，说明新经济企业更多务实性招聘需求（见图4）。

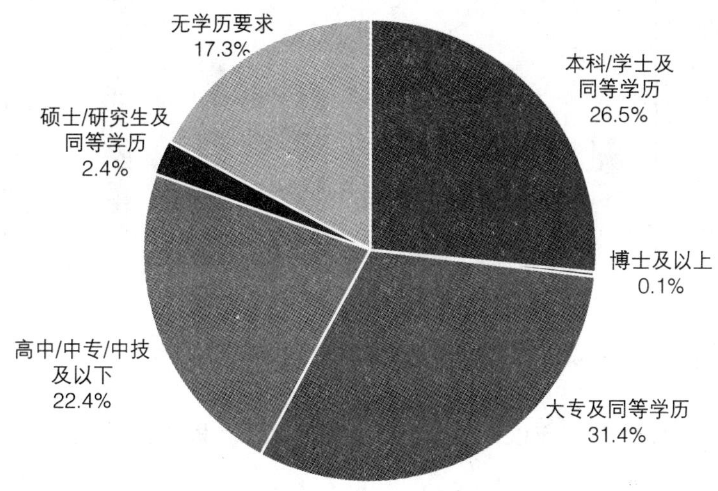

图4 新经济企业招聘需求学历分布情况

2．创新指标分析

专利是发明创造活动的产出成果，体现一个地区的创新活动运行方向、科技发展水平与综合竞争力。专利的申请和授权情况，是衡量一个地区创新能力重要指标。近年来，伴随政府鼓励自主创新，实施专利战略各项政策影响日益增强，北京市专利申请、授权数量稳步增长，新经济企业普遍创新动力最足。创新能力最强、专利意识最高，是专利申请的主力军。2015年北京新经济企业累计新增发明专利数为57387项，2016年增至86933项，同比增加51.5%；2017年前三季度累计新增发明专利79476项，同比增加23.7%（见图5）。

我国《专利法》规定，发明创造包括发明专利、实用新型专利、外观设计专利3种。同时国际专利申请包括PCT发明专利与PCT实用新型专利等。其中，发明专利是新产品、新装备和新工艺的核心，技术含量高，与其他专利类型相比，更能反映一个国家或区域科技开发能力和综合竞争力，是衡量科技产出与进行国际比较的基本指标。从北京市新经济企业专利类型分布来看，发明专利数量最多，所占比重最高，反映新经济企业自主创新能力与科技水平明显领先（见图6）。

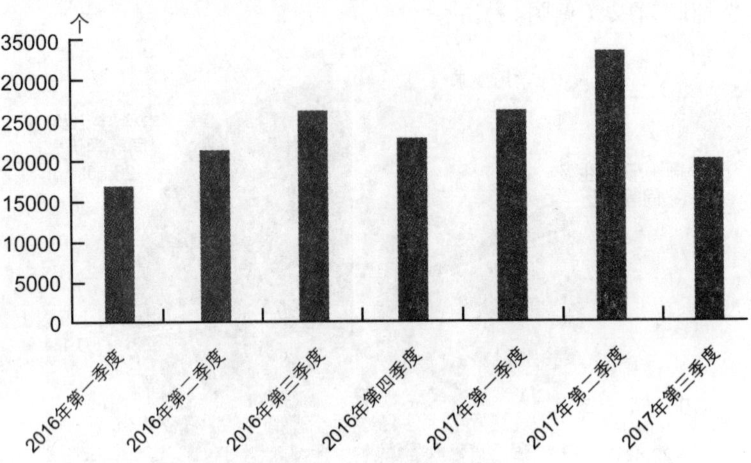

图5 2016年以来各季度新经济企业新增发明专利数量

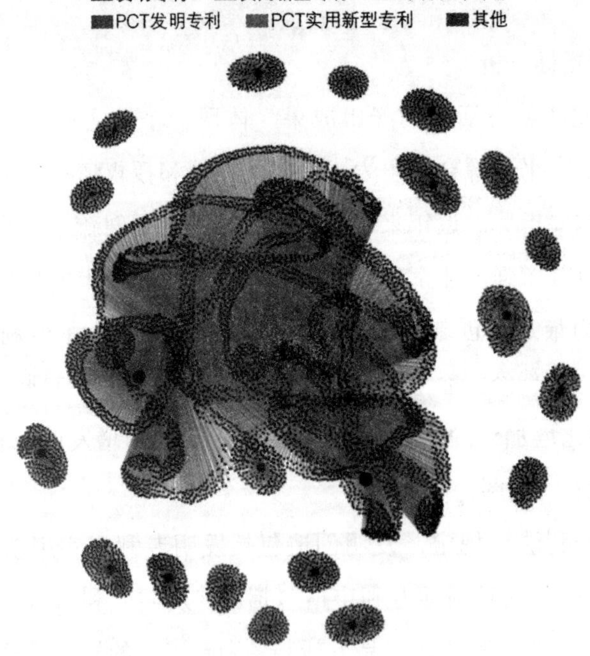

图6 北京新经济企业发明专利集中度分析

3．融资指标分析

2015年北京市平均每个季度有243家新经济企业获得风险资本支持，到2016年该数字上升至314家，增幅达29.2%。2017年，风险资本加速新经济企业投资布局，前三季度平均每季度有627家新经济企业获得风险投资，较2016年水平近乎翻番（见图7）。说明在“大众创业、万众创新”背景下，越来越多的新经济企业正获得银行贷款之外的另一条融资途径，风险投资对于扶植新经济企业发展，帮助其做大做强市场起到重要的作用，正成为新经济企业发展的推动器。

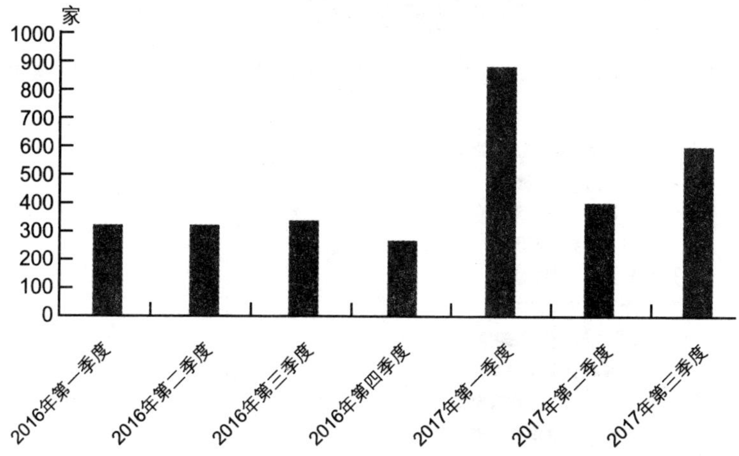

图7 2016年以来各季度获VC/PE支持的北京新经济企业数

从获取风险投资的新经济企业地区分布情况来看，2017年前三季度，海淀区新经济企业最受青睐，所有接受风投的企业，45.7%分布在海淀区；其次是朝阳区，比重为25.9%；然后是西城区、东城区，比重均在5%以上；石景山区和丰台区均有3%以上；房山、密云、怀柔、平谷、门头沟等郊区新经济企业数量少，获得风险资本投资的机会较小（见图8）。

从获取风险投资的新经济企业行业分布情况来看，2017年前三季度，IT行业、互联网业、娱乐传媒业、生物技术与医疗健康业、电信及增值服务业、机械制造业、教育培训业、清洁技术业、电子及光电设备业、金融业等是风险投资的主要对象行业，累计占比达85.5%（见图9）。

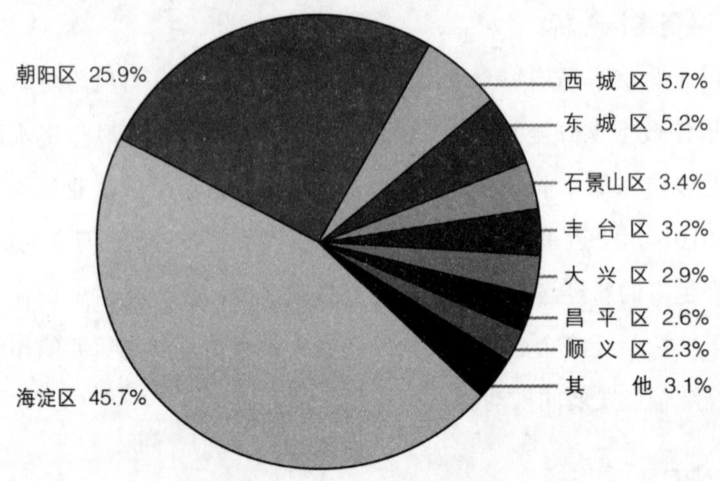

图8 2017年前三季度北京各区新经济企业获取风险资本支持情况

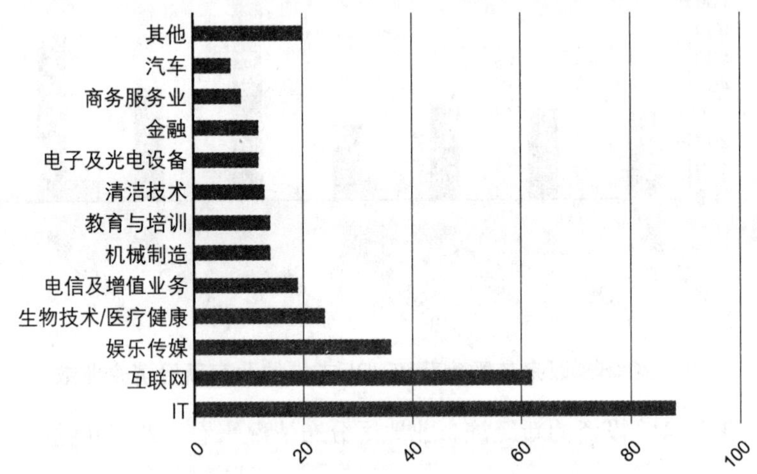

图9 2017年前三季度接受风险投资的新经济企业行业分布

4. 投资指标分析

从新经济企业对外投资情况来讲，2017年北京新经济企业对外投资企业数迅速增加。对外投资行业主要集中在科学研究、技术服务业，占比45.6%；文化体育与娱乐业，占比24.5%；商务服务业，占比15.7%；信息传输、软件与信息技术服务业，占比8.2%；其他行业仅占6%（见图10）。

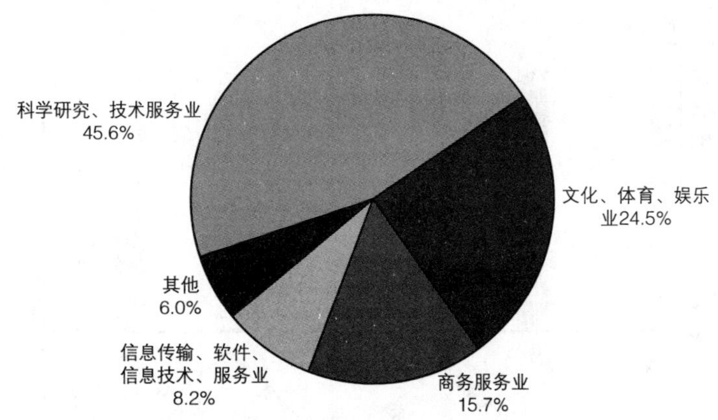

图10 北京新经济企业对外投资行业分布

注：此图是2017年全年北京新经济企业对外投资数据

5．项目指标分析

2016年二季度，无论是从新经济企业对外发布招标项目金额，还是企业中标项目金额，均创近两年新高。进入2017年，企业招投标项目数及项目总金额下降，新经济企业面临市场需求形势收紧（见图11和图12）。

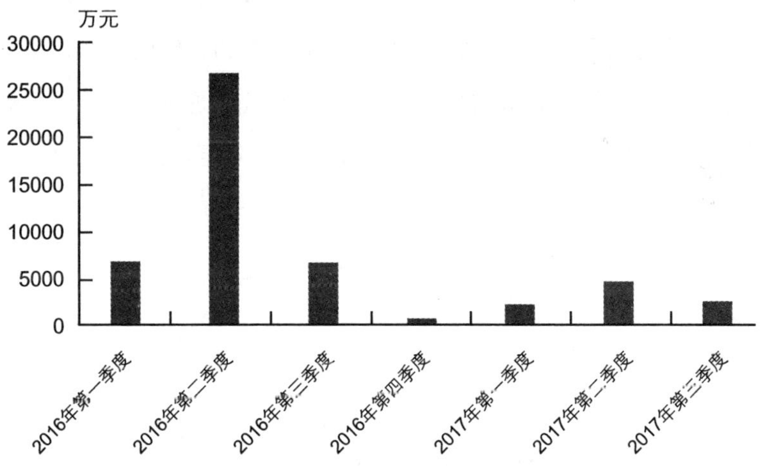

图11 2016年以来各季度新经济企业招标项目总金额

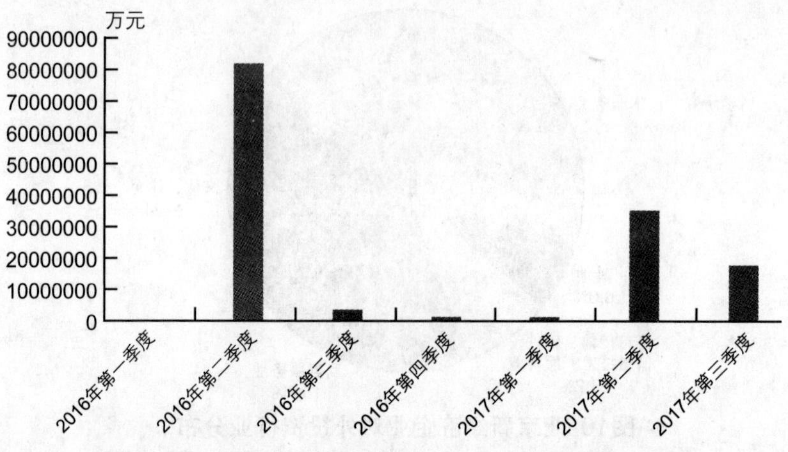

图12 2016年以来各季度新经济企业中标项目金额

（二）北京新经济发展指数走势分析

1. 总指数分析

2016年春节过后，北京新经济企业各项经济活动总体缓慢扩张，二季度内出现小高峰，指数值为105.5；之后发展减速，四季度达到阶段低谷，指数值降至71.0。2017年一季度受招聘、融资、投资等因素大幅扩张影响，新经济发展水平快速上升，达到历史新高310.0。然而，2017年二季度开始，招聘、融资降温，新经济发展总体处于下降通道，企业经济活动意愿降低，发展程度减弱，至2017年三季度指数值降至155.0（见图13）。

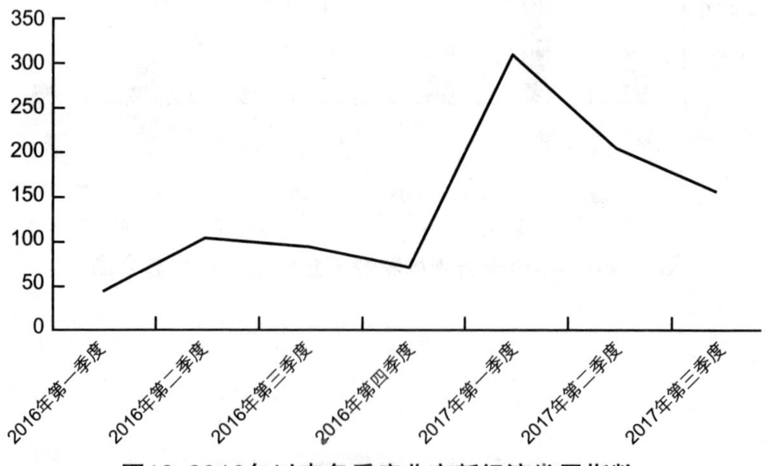

图13 2016年以来各季度北京新经济发展指数

2．分项指数分析

2016年一季度至2017年三季度研究区间内，北京新经济企业招聘整体呈现“M”型走势，2016年三季度达到年内首个高峰107.9，之后招聘活动迅速降温，四季度降至60.7，环比下降43.7%。2017年年初招聘小阳春力量爆发，招聘热度与活力迅速升温，人才市场出现紧俏现象，一季度招聘指数达348.6，二季度开始有所降温，招聘指数分别降至182.1和106.0（见图14）。

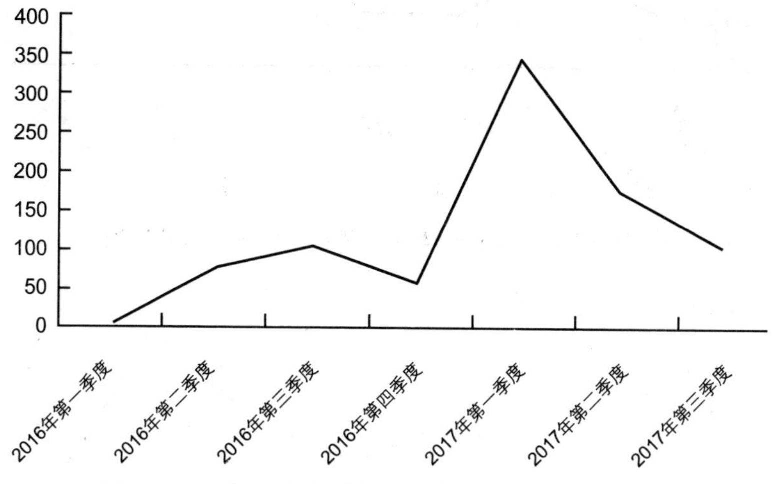

图14 2016年以来各季度北京新经济企业招聘指数

2016年一季度至2017年三季度研究区间内，北京新经济企业融资趋势总体平稳，各季度获得风险投资的企业数与融资金额波动不大，二季度创年内高峰，为113.4。然而进入2017年，越来越多的新经济企业得到投资支持，企业融资环境明显好转。2017年一季度新经济企业融资指数达292.6，创近年高峰，之后迅速降温，二季度降至103.2，环比下降64.7%，三季度再次下降至85.7（见图15）。

2016年一季度至2017年三季度研究区间内，北京新经济企业创新指数呈现“M”型走势。2016年前三季度，新经济企业获取专利数量总体平稳上升，二季度、三季度环比增速分别为61.3%和42.6%，2016年三季度达到高峰期160.2，四季度新经济企业发明专利申请数量有所下降，创新指数降至127.2，环比下降20.6%。进入2017年，新经济企业创新势头迅猛，至二季度达到最高水平233.0，三季度有所降温（见图16）。

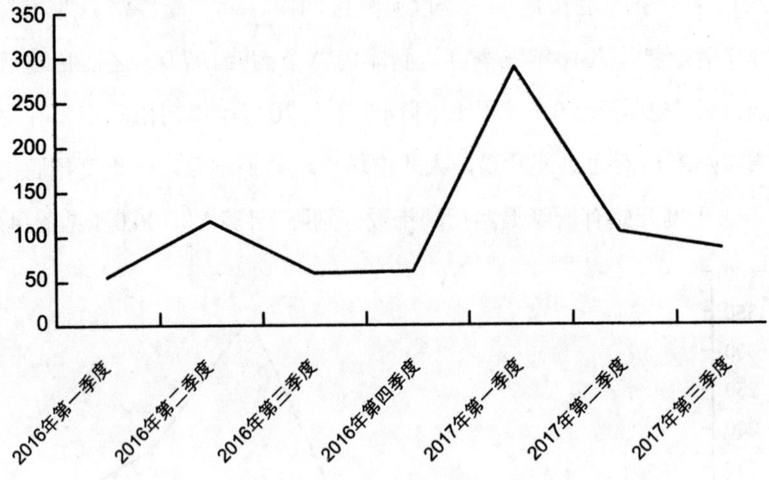

图15 2016年以来各季度北京新经济企业融资指数

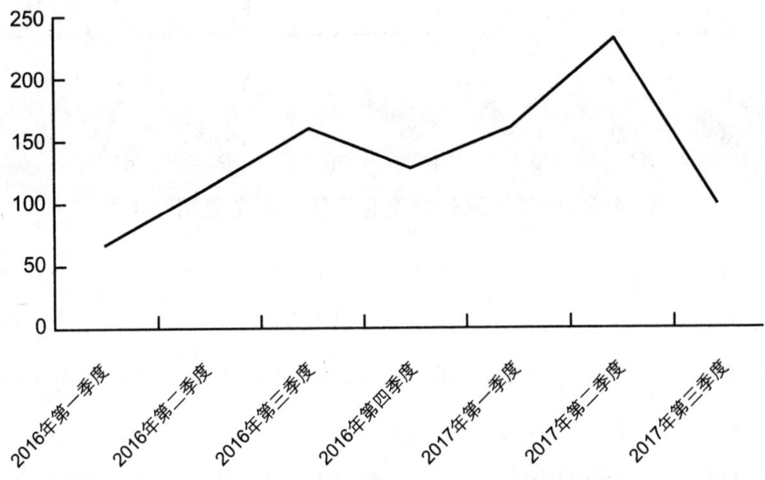

图16 2016年以来各季度北京新经济企业创新指数

2016年一季度至2017年三季度研究区间内，北京新经济企业对外投资指数呈现明显跃升趋势，2016年新经济企业对外投资活动平稳，前三季度平均值为127.5，四季度开始，对外投资活动急剧扩张，至2017年一季度跃上新台阶，并持续保持稳定。2017年前三季度平均值为769.2，较2016年同期平均值上升503.3%（见图17）。

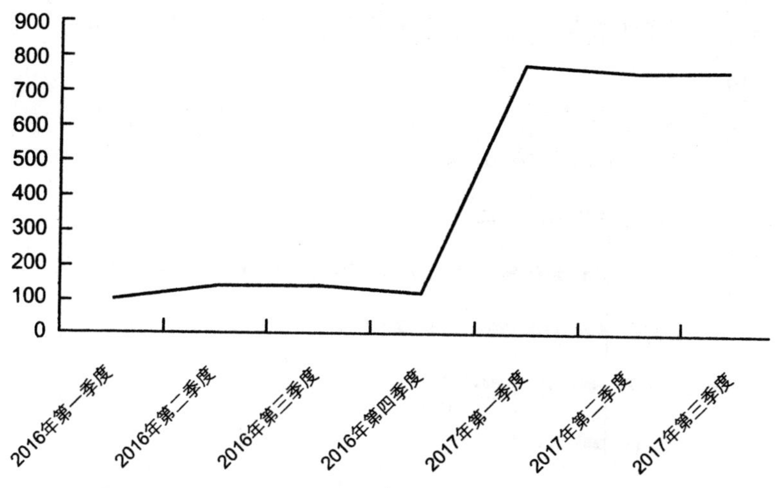

图17 2016年以来各季度北京新经济企业投资指数

2016年一季度至2017年三季度研究区间内，2016年北京市新经济企业招投标项目出现明显的倒“V”型，一季度招投标活动频繁，项目众多，金额高企，二季度达至顶峰118.2，之后持续下滑，于2016年四季度与2017年一季度内长期筑底，2017年以来总体持续低迷态势（见图18）。

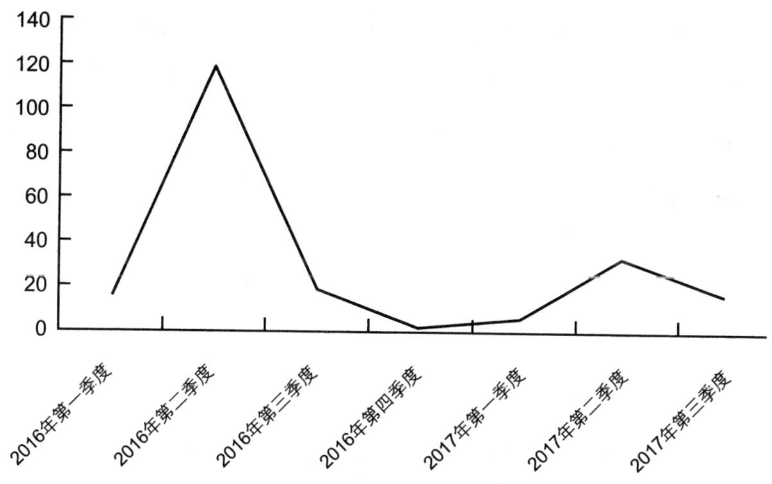

图18 2016年以来各季度北京新经济企业招投标指数

3. 区域差异分析

对比2017年三季度北京市城六区新经济发展指数发现，海淀区新经济发展水平遥遥领先，三季度指数达101.8，其次是朝阳区，指数为60.4，东城、丰台、石景山新经济发展水平差别不大，基本处于30~40区间范围内（见图19）。

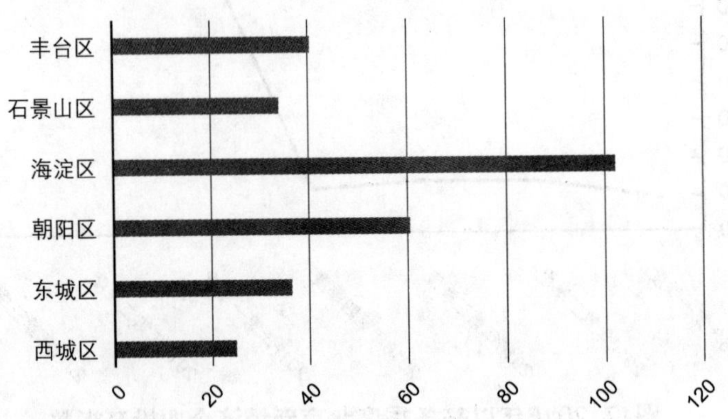

图19 2017年三季度北京市城六区新经济指数对比

（三）北京新经济运行监测主要结论

1. 上半年招聘高峰季，提前做好人才储备与流动引导

招聘数据显示，每年一、二季度为新经济企业招聘高峰期，招聘职位数与高级人才招聘人数比例明显高于其他时间，对“大专及同等学历”人才需求比例也较高。因此，为推动新经济发展，有效满足新经济企业人才需求，建议相关部门未雨绸缪，提前做好人才储备与流动导向，针对北京市人才需求量大的科学研究、技术服务业，信息传输、软件、信息技术服务业等重点行业进行人才供需形势预判，扩大人才开放，引进急需的、紧缺的国外人才与智力；优化人才结构，突出“高精尖缺”的人才导向，重视高级技工人才的培养。

2. 延续企业创新热潮，营造良好创新环境

2017年新经济企业发明专利数量迅速增加，企业创新势头强劲，为有效延续创新热潮，促进科技成果转化效率，进一步贯通科技成果产出至产业化的创新链条，建议相关部门协助打造协同创新平台，推进产业内企业、科研机构、高等院校等各类创新主体构成合作创新网络，通过共性技术平台、产学研合作平台、信息共享平台等建设催生更多创新机会，充分

发挥创新平台的网络协同效应。同时加强人才服务、技术服务、金融服务、中介服务等支撑体系，加强知识产权保护与相关监管，培育良好创新环境。

3．服务宏观，优先扶植新产业、新技术企业

数据显示，大部分北京新经济企业属于新生企业、新兴产业，规模不大，业务领域较新，如清洁技术领域、生物技术/医疗健康领域等，亟需政府重点扶持，特别是融资支持。建议相关部门基于发展规划，有序地分梯次开展新兴产业或新技术研发新经济企业扶持，培育优质创业项目，通过搭建供需桥梁，支持培育商业联盟；通过PPP合作、项目贷款等方式引进产业基金，提供项目融资支持；鼓励发展天使、VC等股权融资、债券融资，规范发展众筹、互联网融资等多元化方式。

（执笔人：孙 哲[①]、李春玲[②]）

[①] 孙哲，北京市经济信息中心经济研究部，经济师，研究方向为行业研究、区域经济。

[②] 李春玲，北京国研数通软件技术有限公司，研究员。

金融压力指数动态监测分析

摘要：经济与金融深度融合是国内外经济的大势所趋，20世纪以来爆发的系统性风险都是从金融风险开始的，提高监测预警能力识别系统性风险意义重大。通过对2001年以来200多个月度的回溯验证与样本外检验，FEPI方法能够提前2~3个月监测到中国金融经济的拐点。2012年以来我国FEPI开始下行，2015年12月~2016年1月到达由降转升的拐点，逐步呈现回暖态势。2016年、2017年运行的特征是稳中有进和窄幅盘整。北京、天津不同于全国大多数省份的收缩状态，FEPI指数处于中度扩张状态，存在着扩张型的金融风险压力，河北省FEPI指数处于收缩状态，存在着收缩性的金融风险压力。

关键词：金融风险　金融经济压力指数　风险识别　系统风险监测

经济与金融深度融合是国内外经济的大势所趋，近30年来爆发的系统性风险都是从金融风险开始的。系统性金融风险体现在三个方面，即经济效应、社会效应、政治效应，有学者认为其危害远大于自然界的海啸风暴。2016年的中央经济工作会重点强调，金融风险是压倒一切的首要任务，2017年的中央经济工作会将防范化解重大风险攻坚战放在了“三大攻坚战”的首位，指出：“今后3年，打好防范化解重大风险攻坚战，重点是防控金融风险，要服务于供给侧结构性改革这条主线，促进形成金融和实体经济、金融和房地产、金融体系内部的良性循环，做好重点领域风险防范和处置，坚决打击违法违规金融活动，加强薄弱环节监管制度建设。”《人民日报》刊发《正确认识金融发展、改革与稳定的关系》指出，如果金融稳定出了问题，可能在短短的时间内让长期不懈努力获得的金融发展改革成果毁于一旦。抵御系统性金融风险首先就是要做好监测预警。2017年中央经济工作会要求，“要加强和改进金融风险监测，要守住不发生系统性金融风险的底线。要进一步健全系统性金融风险监测评估和预警体系，完善风险防范处置应对预案……要健全风险监测预警和早期干预机制，要加强系统研究，完善实施方案”。提高监测预警能力已提到了前所未有的高度。2016~2017年，北京市信息中心联合北京物资学院共同开展了中国金融压力指数（FEPI）的月度动态监测工作，形成2016年至2017年FEPI指数月度动态监测报告。

一、金融经济压力指数的内涵与特点

目前，G7国家中央银行等国际机构和研究机构采用的金融压力指数是金融形势指数（FCI），FCI的优点在于能够反映货币政策和金融危机。但对于我国而言，FCI也存在一定缺陷：一是在部分金融经济指标出现积极向好趋势、另一部分经济金融指标出现一定幅度下滑时，依赖传统的专项跟踪分析，得出的结论容易是“盲人摸象”的片面结论；二是传统的专项跟踪分析难以判断经济金融压力能够持续多久以及未来的变化，如补库存和物价上涨的可持续性，经济的切实企稳条件等，需要依赖综合分析的方法进行分析。在FCI基础上，研究团队进行了多方面改进，最终形成了金融经济压力指数（Financial Economic Pressure Index，简称FEPI指数）。

FEPI的指标体系分为两个层次，其中，一级指标体系是由银行金融、证券金融、外汇金融、工业经济、房地产经济、对外经济、综合金融、综合经济八类指数，最终通过成分集成运算出来的综合性月度指数；二级指标体系是短期借款量、中长期贷款利率、储蓄存款、人民币汇率、股票价格指数、存款利率、贷款利率、存款准备金率、银行不良贷款率、外汇储备、财政收入、财政支出、国债价格、国债收益率、短期借款量、同业拆借利率、同业拆借交易量、工业企业利润、工业企业负债、回笼货币、投放货币、黄金储备、工业增加值、社会消费品零售额、城镇居民人均可支配收入、社会融资规模、房地产投资、商品住宅、商业营业用房、固定资产投资贷款、进出口贸易、货币供应量等具体指标。从分项指标形成FEPI指数的方法是多学科交叉的方法，运用德尔菲法、多指标属性分析法、信息熵分析法等方法相结合，最终采用系统科学与工程方法进行指标体系优化与集成。

所选用指标变量是银行、股票、外汇市场，以及商品市场、要素市场、进出口市场等领域中具有代表性意义的指标，在构造风险监测指标体系基础上，经过优化集成形成金融压力指数。FEPI指数平台由五大子系统组成：FEPI专项跟踪分析子系统、FEPI月度动态量化监测子系统、FEPI动态预测子系统、FEPI系统性风险介稳态分析子系统、FEPI plus投融资应用子系统组成。其中，系统性风险月度动态监测采用FEPI指数法； FEPI指数短期预测的目的是通过预测下一期FEPI，分析FEPI的短期变化； FEPI plus投融资应用子系统，包括企业金融风险动态预警模型研究、大宗商品金融风险动态预警模型研究、区域金融风险监测模型等；30个省份的区域性系统风险监测，由FEPI plus投融资应用子系统中的区域风险监测plus B模型完成。

二、金融经济压力指数监测与变化特征

（一）回溯验证效果较好表明模型设定较为合理

根据FEPI指数方法，本研究测算了中国近16年间近200个月的FEPI长期跟踪监测值。通过FEPI指数的16年间的长期月度跟踪监测与回溯验证，可以看出FEPI指数雷达都能及时监测到2001年以来的历史上几次大的拐点。一是FEPI指数及时跟踪了2008年金融危机的运行情况，并提前1~2个月预判到该危机的出现。二是FEPI提前3个月预判到2012年的经济增速回落。2011年下半年多数研究者判断中国金融经济运行良好，是“绿色”健康状态，但FEPI指数却显示2011年的第四季度末与 2012年初将面临较大下行

压力风险，能够提前3个月发出“黄色”风险预警，2012年一季度 GDP增速创两年多新低，与FEPI指数的判断一致。

（二）样本外的验证效果较好表明模型具有较好预测作用

从预测子系统的效果看，一是FEPI监测A模型提前3个月预判到2016年的金融经济企稳回暖，及时发现2015年12月~2016年1月为FEPI中期拐点。二是FEPI预测H模型提前5个月预判到2016年的金融经济企稳回暖。FEPI指数模型样本外由FEPI动态预测子的H混沌预测模型完成。从图1可以看出，FEPI指数的混沌预测值H已经在2015年8月出现了明显的拐点。H信号先于FEPI指数的月份监测值提前5个月，发出拐点信号（见图1）。

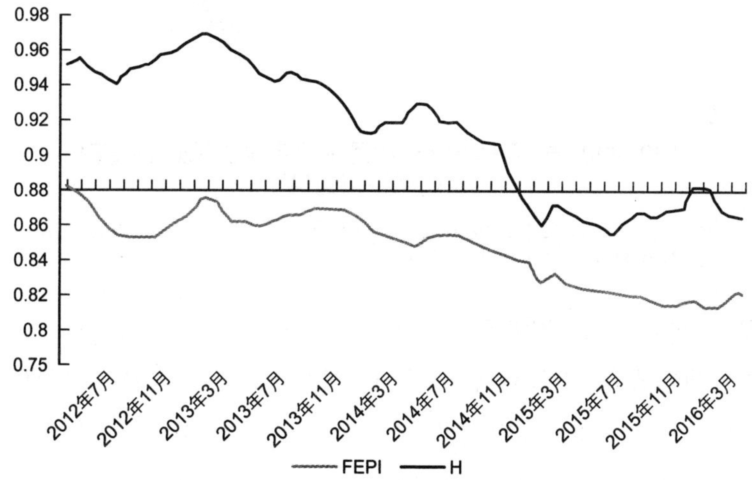

图1 FEPI动态预测子系统混沌理论H模型的预测效果

（三）FEPI月度中长期监测与变化特征

通过FEPI监测子系统的监测，2001年1月~2017年12月期间的17年间连续200多个月度的FEPI指数动态跟踪监测、测算与识别结果如图2所示。

一般地，当FEPI指数平稳运行时，系统风险较小。FEPI指数过大或者过小时，金融风险较大，数值越大扩张型风险越大，数值越小收缩型风险越大；当FEPI指数绝对值过大时，系统性风险的拐点则会出现，会出现较为严重的系统风险。

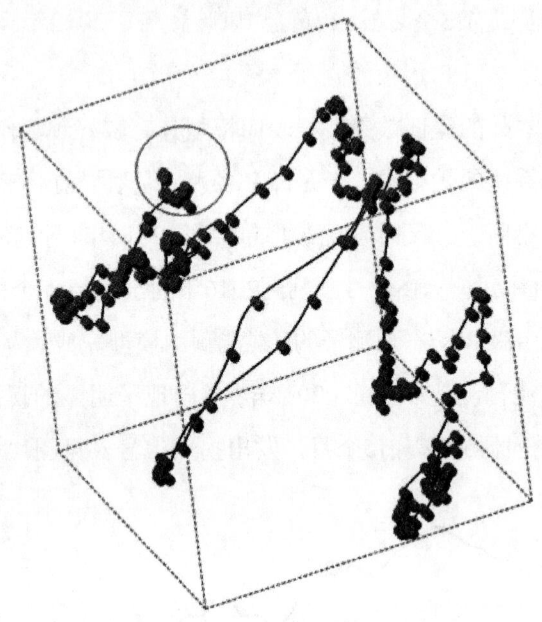

图2 2001年1月~2017年12月中国系统性风险的FEPI雷达图识别结果

注：图中的红豆点为FEPI值，垂直的纵轴为时间轴。FEPI雷达图顶部左侧黄色圈区域为当前状态。

从图2可以看出，FEPI指数呈现如下特点：

从长期趋势看，FEPI变化的长期趋势呈现L型。2012年以来FEPI连续不断下行；2015年10月FEPI创出2012年以来新低，2015年12月~2016年1月为FEPI触底拐点开始显现；2016年至2017年全年FEPI处于回暖期。

从周期看，目前处于回暖后的盘整期。2016年全年FEPI处于回暖期，2017年各月仍在延续回暖态势，2017年全年处于回暖后的盘整期。其中，2015年10月~2016年1月为企稳拐点，2016年1月~2016年7月为触底企稳期，2016年8月回暖显现，2016年8月~2017年5月为回暖期，2017年6月至今为盘整期。

从拐点看，目前尚未出现明显下降的拐点。2015年12月~2016年1月为FEPI中期拐点。2015年10月~2016年1月FEPI开始逐渐企稳的拐点。这是自2014年以来中长期下行趋势通道中首次企稳回暖。表明中期下行压力已经大幅度缓解。目前尚未出现下降的拐点，表明金融经济具有稳定运行的基础。

从短期看，FEPI指数在2017年下半年各月基本无大的变化，目前处于盘整态势。这种状态下，金融经济回暖力度不大，难以推动经济金融上行，但也不会出现大幅度的下行，总体处于平稳运行状态。

（四）FEPI指数的介稳态分析

FEPI系统性风险介稳态分析子系统与宏观经济的景气监测系统相似，能够预警系统性风险转折点。

FEPI指数介稳态变化意味着系统性风险的趋势扭转。FEPI介稳态分析子系统有多个模型。其中，JA介稳态分析的模型是根据FEPI指数的数值大小，判断系统性风险的高低状态。一般地，该指数值围绕0值的正、负区间波动，偏离0轴较近时，说明该月份处于低系统性风险状态，该月份基本面处于较冷或较热期，对应图3的三区和二区区域。相反，该指数值偏离0轴较远时，即FEPI指数绝对值越高的月份，说明该月份处于高系统性风险状态，该月份基本面处于过冷或过热期，对应图3的一区和四区区域。其阈值可根据FEPI指数2001年以来近200个月度变化的历史经验确定。

2016年9月~2017年12月份FEPI指数的JA模型介稳态的测算结果如图3所示。

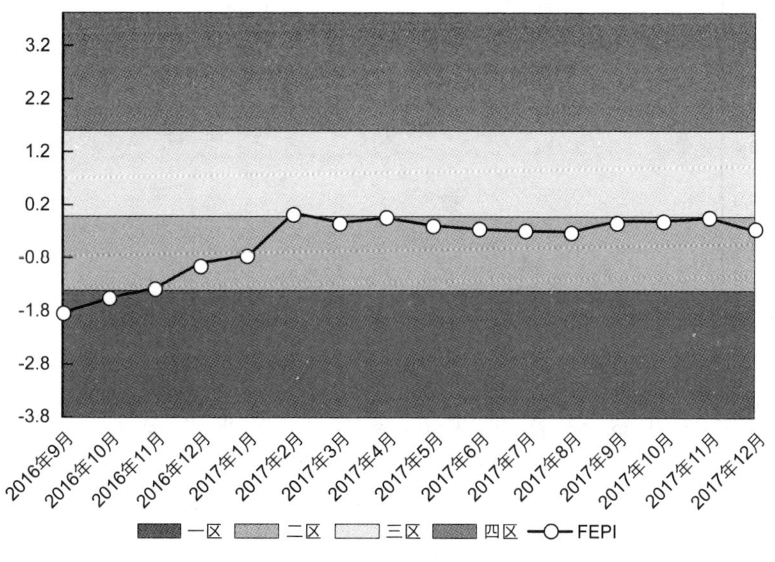

图3 JA模型的介稳态分析图

从图3可以看出，目前FEPI指数仍在介稳态图二区与三区交界处，表明短期持续企稳，短期处于强弱势均衡。

（五）各省份FEPI指数分化态势明显

系统风险的FEPI指数监测结果将经济金融风险划分为6个等级。从30个省份来看，北京、天津、浙江和海南处于中度扩张态；上海、广东、澳门和香港处于高度扩张态；甘肃、山西和四川处于重度收缩状态，青海处于高度收缩状态，金融经济收缩风险较大；河北等其余各省均处于轻度收缩状态，有一定下行压力，但金融风险相对较小。从京津冀的协同性来看，京津冀三地短期趋势趋同，2016年、2017年均呈现稳中有进、窄幅盘整的运行趋势。

（六）2018年初金融风险将会小幅上升

目前我国FEPI处于盘整态势，在窄幅区间盘整持续达10多个月之久（见图4），短期FEPI的上升幅度由收窄改变为走平趋势。根据FEPI指数的N预测模型，2018年初，金融经济转型仍在艰难进行中，FEPI指数会有所下降，金融风险有所上升。

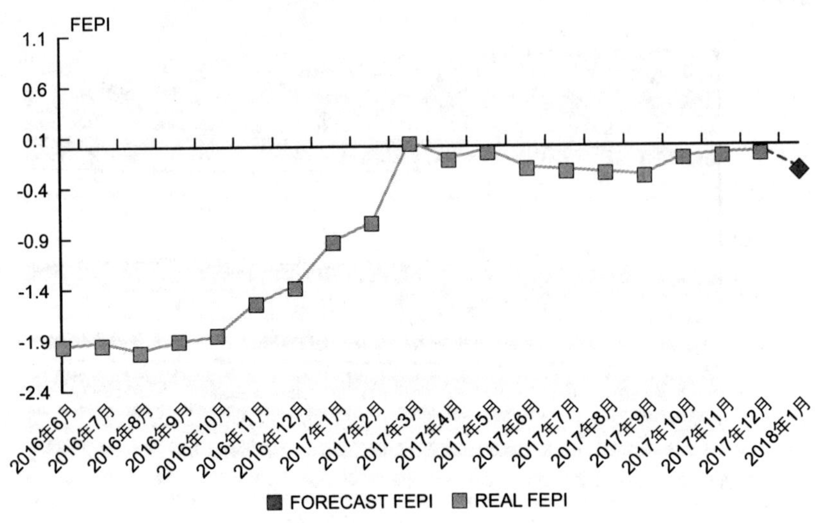

图4 FEPI指数短期脉动实际值与预测值

三、结论

总体来看，FEPI指数动态监测研究表明，中国系统性金融风险将呈现以下特征。

一是从长期趋势看，FEPI指数揭示中国经济L型拐点于2016年初开始显现。这意味着长期L型拐点显现，中国金融经济整体从“寒冬”期进入“复苏回暖”期。但系统性不确定因素依然存在，结构性矛盾仍较突出。

二是2016年1月起至2017年年底，连续20多个月处于复苏回暖区域，为经济金融的稳定运行打下了较好的基础，企稳回暖的趋势不会改变。但金融经济不稳定性和不确定性依然较大，2017年1月~12月，FEPI在窄幅区间盘整持续达10多个月之久，短期FEPI的上升幅度由收窄改变为走平趋势。特别是近几个月来FEPI指数呈现出原地踏步，经济金融进一步上行的可能性较小，这一轮回暖是否延续或终结还有待进一步观察。

三是北京、天津FEPI指数相对来说形势较好一些，处于低度扩张态，好于全国平均水平，属于金融经济稳定的省份；河北处于低度收缩态，处于金融经济发展全国平均水平。

考虑到2018年国内外金融经济不稳定性和不确定性依然较大，建议2018年金融经济工作以稳中防变为主，谨慎乐观。

（执笔人：杨永恒[①]、霍再强[②]）

[①] 杨永恒，北京市经济信息中心经济研究部副主任，高级经济师，研究方向为数量经济、区域经济。

[②] 霍再强，北京物资学院经济学院，教授。

基于互联网大数据的北京部分领域经济运行监测分析

摘要：综合运用大数据技术、方法，通过深入挖掘基于互联网的数据遴选出新三板数据、专利数据、快递数据、货物运输、电信数据、房屋销售数据等指标，通过对这些指标进行对比分析和关联分析，形成了对北京部分领域运行情况的动态监测，通过对这些指标数据进行分析，部分弥补了基于统计数据进行分析的不足。

关键词：互联网数据 北京 经济运行 监测

为确保北京市国民经济的运行和社会的稳定，提升经济管理的有效性和政策调控的准确性，从总体上客观、灵敏、形象地反映北京市宏观经济的运行态势，并进一步对宏观经济未来发展态势进行形势判断、预测预警，解决依赖统计部门的宏观经济数据的发布都存在时间滞后的问题，运用互联网、大数据等先进技术，北京市经济信息中心拟对基于互联网大数据进行宏观经济监测预测进行研究，与中关村科技软件有限公司合作，共同组成课题组对基于不同数据源的宏观经济监测预测分析进行初步探索。

课题组通过广泛搜集各类互联网数据并精心遴选了10类指标，通过对10类指标的动态跟踪监测，发现互联网数据呈现的北京经济走势与北京宏观经济走势相似，形成了基于互联网大数据的北京部分领域形势的初步判断。截至2017年10月底，除二手房市场受政策影响下滑外，新三板、专利、快递、物流等方面表现普遍向好，但受非首都功能疏解政策、北京产业结构调整影响，各行业板块会同时面临机遇和挑战，对经济增长形成较大压力。

一、北京新三板企业数量、市场总股本、总市值持续扩大

北京位于环渤海经济圈，受益于区域和资源优势，高新技术产业发展较为领先，虽然受政策红利缺失影响，新增新三板挂牌企业数量有所减少，但新三板企业整体数量依然呈递增趋势。北京市新三板企业数量的增加，带动了新三板市场总股本、总市值的持续攀升，市场规模也不断扩大。从新三板企业方面月度变化情况看（见图1、图2和表1），新三板总股本、总市值和挂牌公司数量均稳中有升，仅各月新增企业数量有所减少，北京新三板挂牌企业以信息传输、软件和信息服务业公司为主，新三板市场容量的扩大将促进该行业的发展。北京作为创业创新性企业的汇聚地，中小企业资源丰富，为新三板市场的发展提供了坚实的基础，但由于新三板监管体系不够完善、企业质量参差不齐等因素影响，导致新三板市场稳定较差，市场准入制度尚待完善。

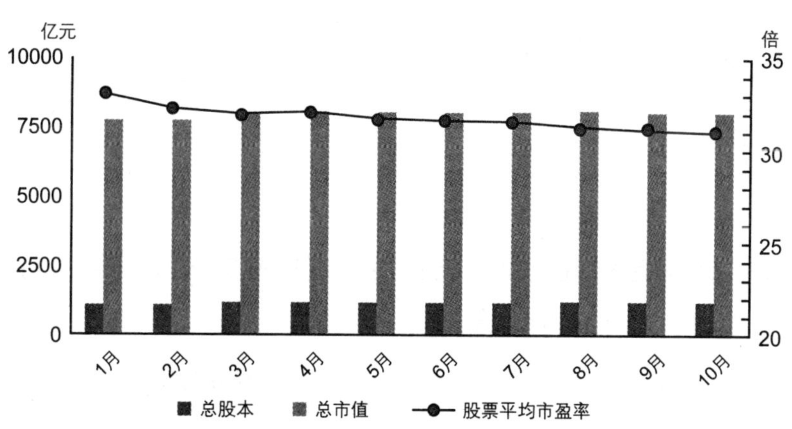

图1 2017年北京市新三板企业股票发展走势

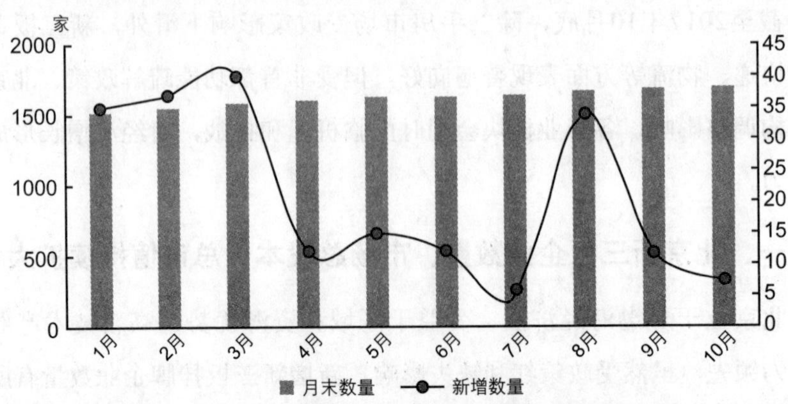

图2 2017年北京市新三板企业挂牌公司数量走势

表1 2017年北京市新三板企业概况

时间	总股本（亿股）	总市值（亿元）	股票平均市盈率（倍）	挂牌公司家数（家）	
				新增家数	月末家数
2月	1075.0	7708.5	32.3	37	1551
3月	1141.4	7955.2	32.0	40	1591
4月	1145.1	7983.7	32.1	12	1603
5月	1155.8	8030.0	31.8	15	1618
6月	1160.2	8031.4	31.6	12	1630
7月	1161.9	8031.4	31.5	5	1635
8月	1167.1	8049.4	31.2	34	1669
9月	1169.0	8055.1	31.1	12	1681
10月	1170.5	8055.1	31.0	7	1688
10月环比	0.1%	0.0%	-0.4%	-41.7%	0.4%

数据来源：犀牛之星。

二、北京专利授权量增长稳定，其中有效发明专利维持率保持在70%以上，呈稳步提升态势

专利是反映城市创新力的重要指标，同时也体现了城市的技术水平与发展潜力。北京拥有许多高校、科研院所、开发区和高科技园区，再加上政府对科研的支持，提升了专利的整体产出水平。2017年1~10月（见图3、图4和表2），北京专利授权量呈波动变化，整体稳定，其中有效发明

专利5年以上维持率较高，基本在70%以上，且呈稳步提升态势。专利的高产出率、政府的支持策略，将带动北京市大中型企业科技、研发R&D的提升。目前北京专利产出量在全国位居前列，主要受益于市内高校、科研院所、开发区和高科技园区较多。北京专利的高产出量增强了城市创新力及城市竞争力，只是目前大家对专利的认识主要集中在数量上，对专利的市场化及价值最大化重视度不够，知识产权意识尚待增强。

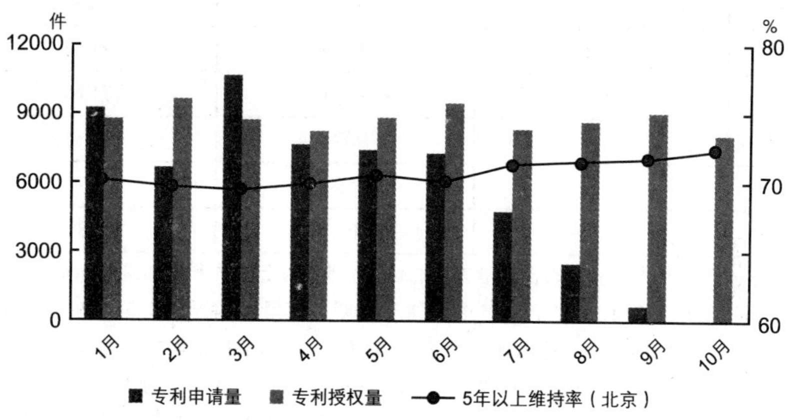

图3 2017年北京市专利申请情况走势

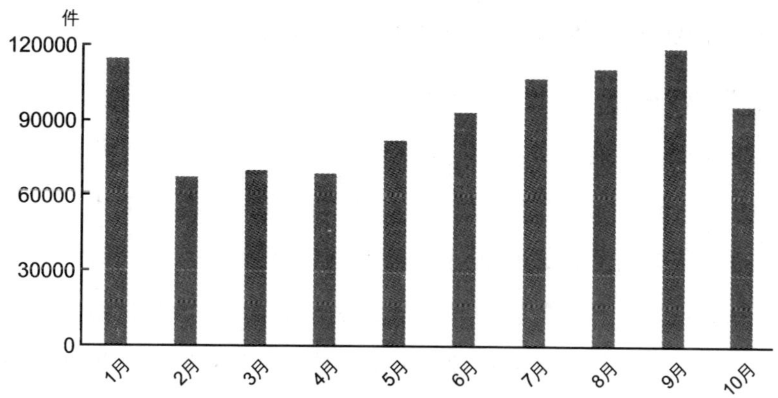

图4 2017年全国发明专利申请情况走势

数据来源：全国发明专利数据来自国家知识产权局。

表2　2017年北京市专利申请情况

时间	专利申请量（件）	专利授权量（件）	5年以上维持率
1月	9273	8758	70.3%
2月	6709	9647	69.8%
3月	10710	8772	69.6%
4月	7721	8240	70.0%
5月	7468	8871	70.5%
6月	7334	9515	70.3%
7月	4816	8370	71.4%
8月	2526	8718	71.6%
9月	684	9074	71.8%
10月	45	8124	72.4%
10月环比	-93.4%	-10.5%	0.8%

数据来源：专利申请量和专利授权量来自佰腾网，5年以上维持率来自国家知识产权局。

数据说明：2017年1~10月，北京专利申请量呈明显下滑趋势，而全国发明专利申请量2~10月呈波动上升趋势。对比北京专利与全国发明专利申请量变化趋势可以看出，2017年北京专利申请数据变化异常。目前获悉有些专利申请暂未对外公开是专利申请数据异常的影响因素之一，后续将继续跟踪北京专利的数据变化，以期获取导致数据异常变动的其他因素。

三、企业人才供需结构性矛盾日益突出

2017年，在经济下行压力较大、人口调控等因素影响下，北京就业压力逐渐显现。伴随北京产业结构优化升级、新旧业态调整和非首都功能疏解的步伐，就业供需结构性分化特征日渐明显，北京就业压力将持续增大，闲置人员如何安置的问题亟需解决。从企业性质看，民营企业人才需求一枝独秀，人才需求量较为突出；从行业分布看，计算机服务及软件行业、互联网及服务行业需求量较为突出，传统制造业的需求量则较少，人才市场的需求变化表明信息传输、软件和信息技术服务业将会有更大发展空间；从人员需求学历分布看，大学本科需求量相对较大，就业岗位需求偏向中端，而非高学历人才；从就业岗位上看，客服销售需求增加迅速，IT技术人员需求也比较好。

1．招聘企业性质数量分布

见表3和图5。

表3　　2017年北京市企业招聘情况——企业性质分布

序号	企业性质	9月（个）	11月（个）
1	国有企业	1734	5026
2	外商投资企业	2591	8112
3	股份有限公司	2053	5572
4	有限责任公司	150	433
5	民营企业	60480	147080
6	合伙企业	33	44
7	其　他	3128	12433

注：1. 外商投资企业包括外商合资、独资企业和办事处。
2. 民营企业包括民营、私营、个人企业。

数据来源：互联网招聘信息。

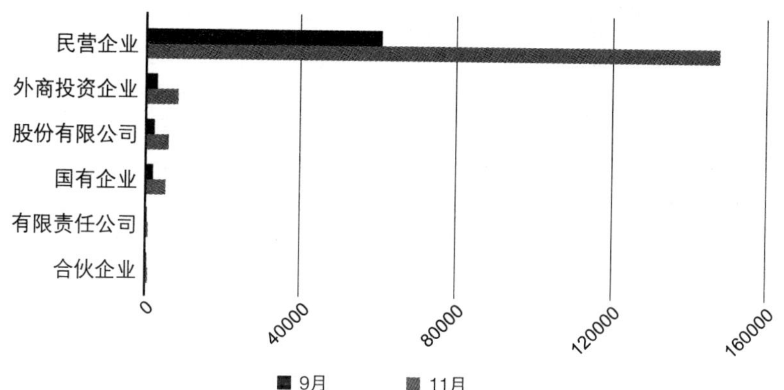

图5 2017年北京市企业招聘情况——企业性质分布

2．招聘企业行业分布数量

见表4和图6。

表4　　2017年北京市企业招聘情况——行业分布

序号	行 业	9月（个）	11月（个）
1	制造业	11309	11142
2	批发和零售业	2801	9014
3	交通运输	5482	17468
4	计算机服务及软件	240708	449343
5	互联网和相关服务	100897	121251

（续表）

序号	行 业	9月（个）	11月（个）
6	金 融	22490	49403
7	房地产	9178	19860
8	商务服务	18262	52767
9	居民服务	18954	50270
10	教 育	22281	28799
11	文化、体育和娱乐	14873	17739
12	其 他	38764	882394

数据来源：互联网招聘信息。

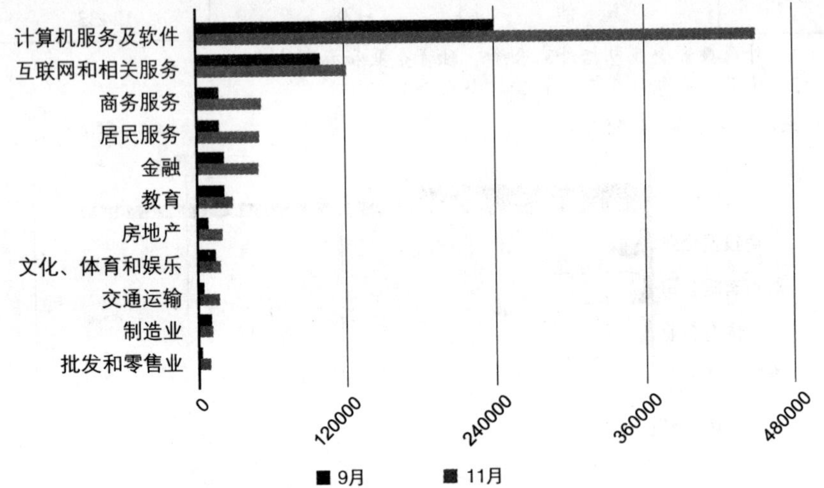

图6 2017年北京市企业招聘情况——行业分布

3. 学历要求数据量分布

见表5和图7。

表5　2017年北京市企业招聘情况——学历分布

序号	学历	9月（个）	11月（个）
1	博士研究生	546	1757
2	硕士研究生	12677	46998
3	大学本科	286488	959679
4	大学专科	158417	773829
5	中等专科	7198	66927

（续表）

序号	学历	9月（个）	11月（个）
6	高中	27994	69875
7	高中以下	75633	229426
8	其他	127857	635601

数据来源：互联网招聘信息。

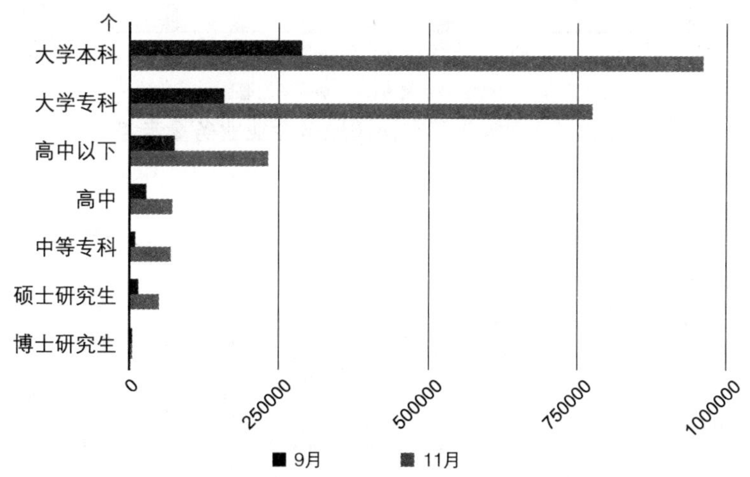

图7 2017年北京市企业招聘情况——学历分布

四、快递业务量和收入整体保持上升态势，但行业增速放缓

随着生活水平的不断提高、互联网+的不断发展，人们逐渐由价格敏感转向时间敏感，不断追求省时、高效的生活，由此催生了快递的高速发展。据统计，整个快递市场中，逾七成的包裹来自电商的贡献，预计未来电商发展区域稳定，增速将放缓，但快递行业仍将保持高速增长。2017年1~10月北京市快递业务量和业务收入整体保持上升态势（见图8、图9和表6），环比增速放缓，但同比仍保持12%以上的较高速增长，与国内快递行业整体发展趋势相吻合。生活水平的提高，对省时、高效生活的追求，京津冀一体化中的三地物流联动布局，均为北京快递发展提供了广阔空间，带动了快递行业的快速发展，而快递行业的快速发展，也反过来将提升居民的消费水平，促进社会消费品零售总额的发展。

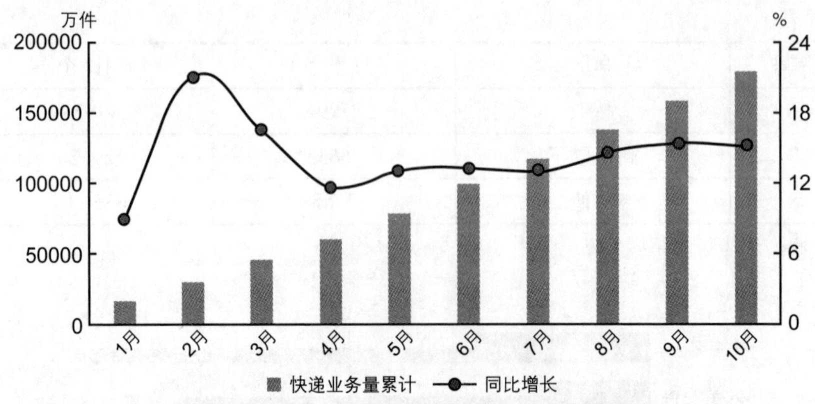

图8 2017年北京市快递服务企业业务量走势

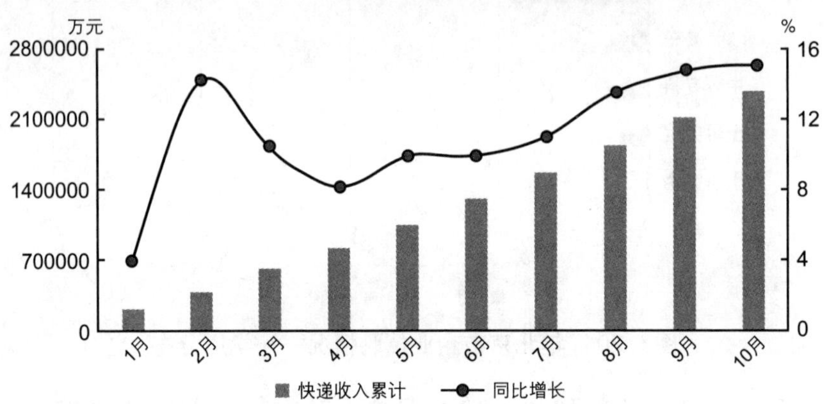

图9 2017年北京市快递服务企业业务收入走势

表6 2017年北京市快递服务企业业务量和业务收入情况

时间	快递业务量累计（万件）	同比增长	快递收入累计（万元）	同比增长
1月	15319.1	8.9%	210775.3	3.9%
2月	28860.6	21.2%	383722.2	14.2%
3月	45393.7	16.6%	607865.9	10.4%
4月	60391.3	11.7%	809977.3	8.1%
5月	78887.9	13.0%	1050882.7	9.9%
6月	99062.8	13.3%	1308206.5	9.9%
7月	117137.3	13.1%	1556840.5	11.0%
8月	137832.1	14.6%	1830375.8	13.5%

（续表）

时间	快递业务量累计（万件）	同比增长	快递收入累计（万元）	同比增长
9月	158701.1	15.3%	2110583.9	14.8%
10月	178945.4	15.3%	2377508.6	15.1%
10月环比	12.8%	-	12.7%	-

数据来源：国家邮政局。

五、货物运输量和周转量保持高位稳定

公路货运受国民经济、产业结构及区域经济分布等因素影响比较突出，新发布的北京城市总规划中公路运输发展计划无疑对公路货运的发展起到了促进作用。2017年1~10月，公路货物运输量和周转量变化趋势基本保持同步，大部分月份发展平稳、维持在较高水平，4~9月均维持在较高水平、发展平稳；10月数量下滑，但依然高于2016年同期水平（见表7和图10、图11）。

表7　　2017年北京市公路货物运输情况

时间	公路货物运输量（万吨）	同比增长	公路货物周转量（万吨公里）	同比增长
1月	1155	-18.3%	96931	-13.1%
2月	1089	1.7%	100361	3.7%
3月	1233	3.9%	105490	6.0%
4月	1805	3.6%	148695	5.7%
5月	1801	-0.6%	142389	2.6%
6月	2036	0.2%	156744	2.8%
7月	1948	1.0%	155487	3.6%
8月	1931	1.5%	153770	4.2%
9月	2031	2.2%	165287	4.3%
10月	1585	0.3%	135177	2.7%
10月环比	-22.0%	-	-18.2%	-

数据来源：国家交通运输部。

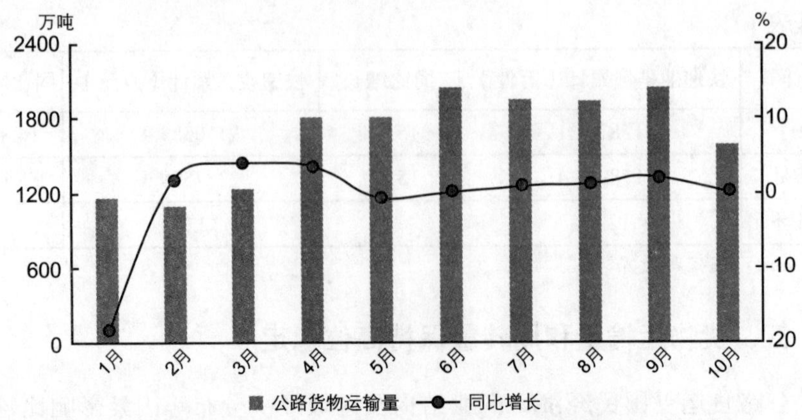

图10 2017年北京市公路货物运输量走势

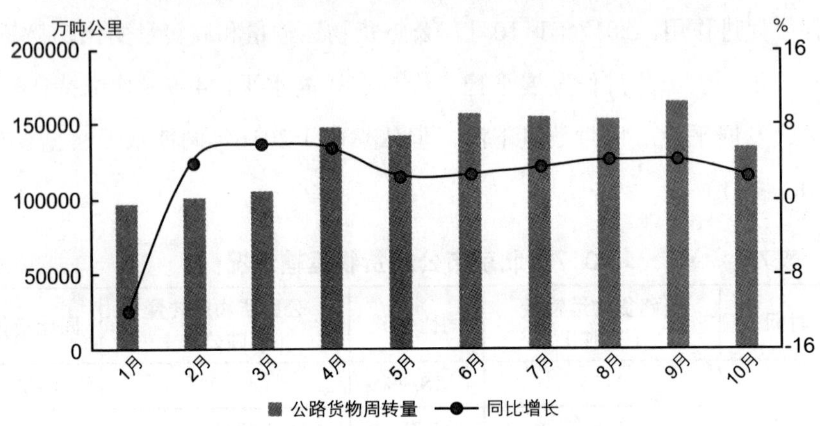

图11 2017年北京市公路货物周转量走势

铁路货运受宏观经济环境影响较大，同时与居民生活整体水平也密切换相关，近些年煤炭、钢铁、金属矿石等行业发展的不确定因素较多，再加上铁路货运物流意识薄弱、市场化观念低等因素，铁路货运发展之路会略显漫长，铁路货物发送量整体呈下降趋势，周转量呈企稳回升态势。2017年1~10月，北京铁路货物发送量年中呈企稳回升态势（见图12、图13和表8），10月数量下滑，整体呈下降趋势；铁路货物周转量经过4~6月的调整后，7~10月周转量逐步增加，发展形势较好。

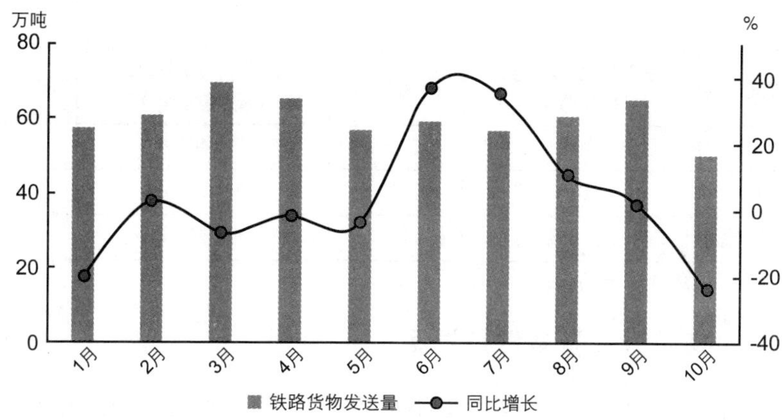

图12 2017年北京市铁路货物发送量走势

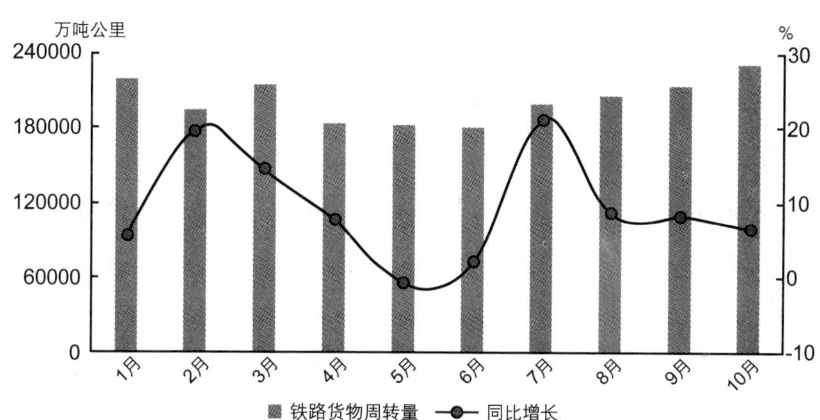

图13 2017年北京市铁路货物周转量走势

表8　　2017年北京市铁路货物运输情况

时间	铁路货物发送量（万吨）	同比增长	铁路货物周转量（万吨公里）	同比增长
1月	57.7	-20.7%	219283.6	5.0%
2月	60.5	3.2%	195055.9	19.8%
3月	69.2	-6.0%	214970.7	14.4%
4月	65.2	-1.8%	184008.1	7.4%
5月	57.3	-4.7%	182319.5	-0.7%
6月	59.1	37.4%	180203.2	1.7%
7月	57.0	35.4%	199831.9	21.2%
8月	60.8	10.7%	205971.8	8.5%

（续表）

时间	铁路货物发送量（万吨）	同比增长	铁路货物周转量（万吨公里）	同比增长
9月	64.8	2.0%	213469.6	8.1%
10月	50.2	-23.9%	230958.8	6.9%
10月环比	-22.5%	-	8.2%	-

数据来源：北京市统计局。

六、物流行业基本保持稳定

我国物流业正处于转型升级的新阶段，物流企业逐步向提升效率、不断创新方向转变。中国物流信息中心数据显示，中国物流业景气指数、中国仓储指数和中国电商物流指数整体提升，中国公路物流运价指数略有下滑但趋于稳定，中国物流业整体运行态势较好。2017年1~10月，中国物流业经济活动整体运行态势较好，中国物流业景气指数、中国仓储指数和中国电商物流指数均呈波动变化，整体提升；中国公路物流运价指数略有下滑，趋于稳定（见表9和图14）。就北京物流行业看，北京物流信息化、标准化水平与全国平均水平比较而言相对较低，若想调整物流业发展战略，需尽快按照上述布局逐步优化北京市物流网络。

表9　　2017年中国物流指数情况

时间	中国公路物流运价指数（点）	中国物流业景气指数	中国仓储指数	中国电商物流指数（点）
1月	118.8	52.5%	51.0%	119.7
2月	109.8	53.2%	54.0%	124.0
3月	107.8	55.4%	54.5%	119.0
4月	106.3	58.2%	55.1%	121.2
5月	106.3	57.7%	52.4%	121.0
6月	107.0	55.8%	52.7%	123.2
7月	105.1	53.8%	49.6%	119.8
8月	104.0	53.5%	51.6%	120.4
9月	103.9	54.3%	50.9%	123.6
10月	104.1	54.0%	55.1%	122.3
10月环比	0.2%	-0.6%	8.3%	-1.1%

数据来源：中国物流信息中心。

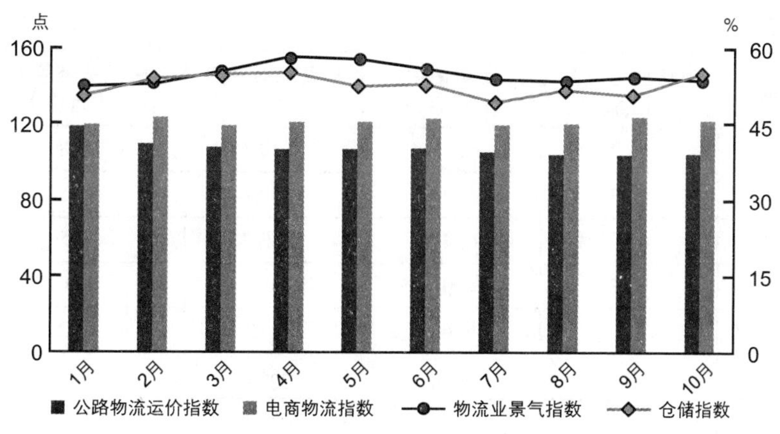

图14 2017年中国物流指数走势

七、电信业务总量平稳上升，但互联网化进程滞后

北京通信管理局的数据显示，北京电信业务总量平稳上升，固定电话和移动电话用户数量略有减少，互联网宽带接入用户稳步提升，电信行业呈现以互联网为主导的发展趋势。2017年1~10月，北京市电信行业整体发展态势较好（见表10和图15），电信业务总量呈平稳上升态势，固定电话和移动电话用户数量虽略有减少，但互联网宽带接入用户稳步提升，伴随移动互联网的日渐普及，微信等社交工具的推出及其功能的日渐完善，不断挑战电信运营商的底线，电信行业呈现以互联网为主导的发展趋势。在目前竞争态势下，电信行业需尽快改善业务结构、增强技术创新、升级网络与信息安全等基础建设，转型升级迫在眉睫。电信行业隶属于信息传输、软件和信息技术服务业，电信行业的发展将直接提升后者的增长速度，但目前电信业务互联网化进程较为滞后，可逐步通过技术创新等措施改善业务结构，实现转型升级。

表10　　2017年北京市电信行业发展情况

时间	电信业务总量（亿元）	固定电话用户（万户）	移动电话用户（万户）	互联网宽带接入用户（万户）
1月	51.7	691.6	3838.0	477.5
2月	45.9	687.6	3828.3	480.6
3月	58.6	684.3	3834.2	489.0

（续表）

时间	电信业务总量（亿元）	固定电话用户（万户）	移动电话用户（万户）	互联网宽带接入用户（万户）
4月	61.3	681.3	3838.3	488.8
5月	66.3	679.7	3830.1	495.7
6月	68.6	674.1	3803.7	505.0
7月	75.7	670.4	3738.9	506.6
8月	77.0	666.6	3677.5	502.2
9月	80.5	662.8	3661.9	525.4
10月	85.3	658.7	3642.8	530.9
10月环比	6.0%	-0.6%	-0.5%	1.1%

数据来源：北京市通信管理局。

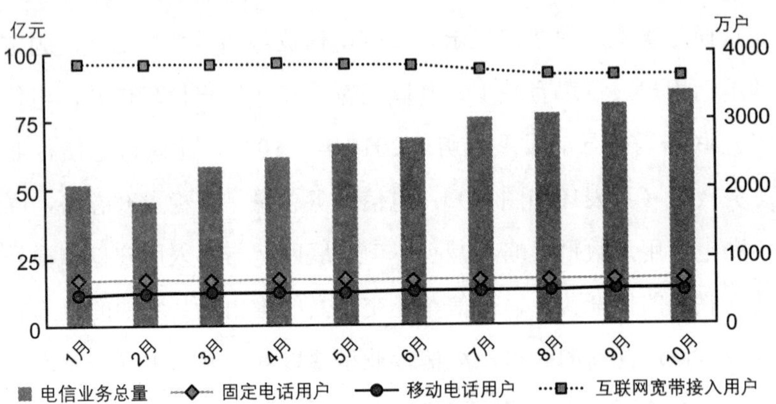

图15 2017年北京市电信行业发展走势

八、北京二手房市场政策调控效果明显

自年初以来，北京市房产调控政策日趋严格，有效抑制了房价继续上涨，但短期内住房刚需依然比较旺盛，如何有效抑制投机、增加房产供给、缓解住房刚需，是房地产市场目前面临的重点问题。2016年下半年，北京二手房市场成交数量、成交价格逐渐攀升，甚至在年底达到“疯涨”地步；2017年1~10月，新增挂牌数量、挂牌均价波动变化、整体提升，但成交套数不断减少，成交均价直线下降，二手房政策调控效果明显，市场趋于理性，北京市二手房调控政策效果显著，但短期内住房刚需问题亟待解决（见表11和图16）。

表11　　2017年北京市二手住宅成交、挂牌情况

时间	成交套数（套）	成交价（元/㎡）	新增挂牌量（套）	挂牌均价（元/㎡）
1月	12833	60845	35898	61490
2月	12144	62520	74540	62995
3月	25886	64045	74063	66092
4月	16794	64091	53093	69997
5月	10801	63612	70103	69493
6月	8918	63247	61076	68723
7月	7158	63042	67589	69656
8月	7712	62872	76942	67912
9月	8876	62223	84760	68098
10月	6059	61887	83724	66580
10月环比	-31.7%	-0.5%	-1.2%	-2.2%

数据来源：云房数据。

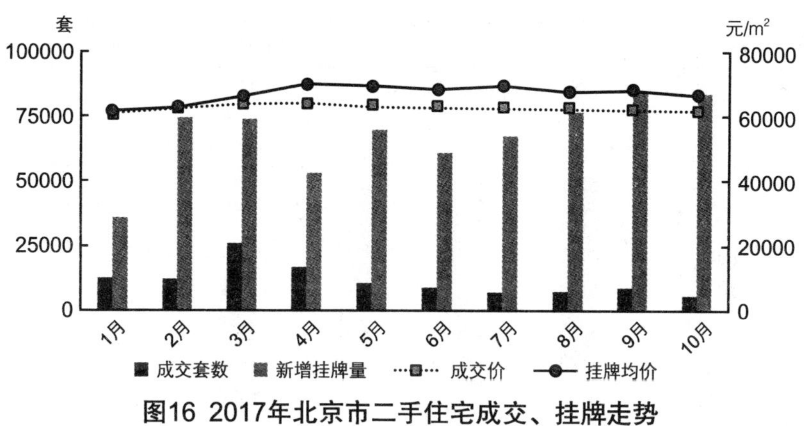

图16 2017年北京市二手住宅成交、挂牌走势

九、宏观经济走向社会预期

宏观经济走向社会预期方面，百度指数[①]整体下降，百度搜索指数对转型升级、协同发展和“双创”的关注度上升，其中百度搜索对转型升级的关注度较为突出，对北京市经济发展方向的关注度较高。2017年5~10月宏

① 百度指数是指以百度海量网民行为数据为基础，并经过一定形式处理后而形成的指标，是百度公司产品之一，这里特指百度指数的百度搜索指数。

观经济走向社会预期方面，百度指数在经过平稳上升后，自9月略有下滑（见表12和图17），关注度下降；对转型升级、协同发展和“双创”的关注度呈波动上升趋势，其中对转型升级的关注度较为突出，后两者关注度依次次之。疏解非首都功能以及京津冀一体化战略的推进等举措为北京经济发展带来了机遇和挑战，响应“双创”号召，发展“高精尖”产业，是实现经济转型的必由之路。

表12　2017年北京市经济百度指数情况

时间	百度指数	转型升级	协同发展	京津冀一体化	双创	工业企业
5月	369	728	437	52	203	178
6月	380	839	543	84	213	156
7月	358	937	532	83	295	250
8月	372	1706	787	69	376	377
9月	267	1428	637	72	654	257
10月	241	1484	989	63	422	363
10月环比	-9.7%	3.9%	55.3%	-12.5%	-35.5%	41.3%

数据来源：互联网舆情监测及百度指数（zhishu.baidu.com）。

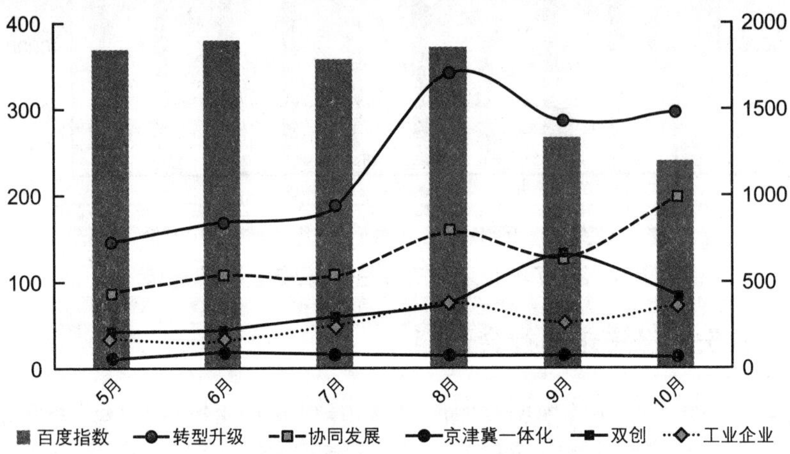

图17　2017年北京市经济百度指数发展走势

十、常住人口增量、增速呈双递减态势

北京常住人口逐年增加，但增量和增速呈下降趋势。据统计，自2010

年以来，北京市常住人口增量和增速逐年递减（见表13和图18）。城市副中心的建设、雄安新区的设立及建设、京津冀一体化战略的实施，将成功引流部分人群，加速北京城区人口的疏解步伐，产业结构的调整，也将疏解部分在京人口。鉴于京、津、冀三地教育、医疗、服务、基础设施等资源不均衡的条件下，疏解北京人口将面临较大问题。

表13　2016年、2017年北京市工作人口监测情况比较（北京移动）

时间	2017年工作人口（人）	2016年工作人口（人）
1月	16404104	16496956
2月	16833457	13924327
3月	18198580	16407131
4月	18617297	17533027
5月	18591223	17759075
6月	18375561	17711499

数据来源：公司内部人口监测系统，由于数据滞后数据目前只到6月底。

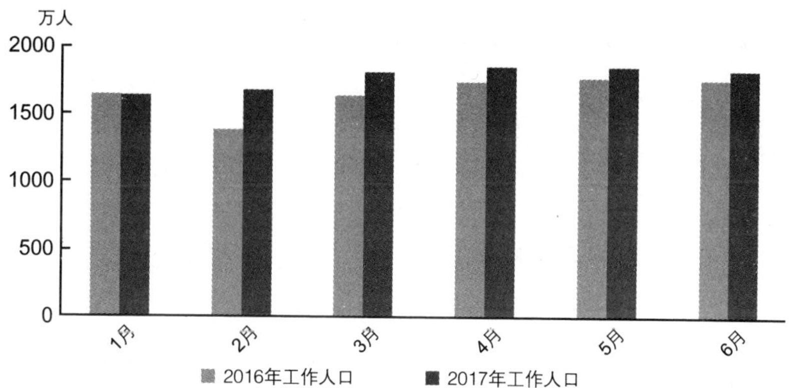

图18 2016年、2017年北京市工作人口变化走势图（北京移动）

（执笔人：杨彦军[②]、王继奎[③]）

② 杨彦军，北京市经济信息中心数据服务部主任，高级工程师，研究方向为大数据应用。

③ 王继奎，中关村科技软件股份有限公司，研究员。

基于企业大数据的京津冀产业协同动向分析

摘要：习近平总书记多次强调要推动实施国家大数据战略，加快建设数字中国，并提出了推动大数据技术产业创新发展、构建以数据为关键要素的数字经济、运用大数据提升国家治理现代化水平、运用大数据促进保障和改善民生等要求。本文尝试运用大数据技术，分析在京津冀协同发展上升为国家战略之后三地市场活力、企业互投、联合创新的情况，特别是北京企业对津冀产业辐射和创新带动的情况，为动态监测京津冀产业协同和创新协同进展提供崭新的分析视角。

关键词：企业大数据 京津冀 产业协同 创新协同

2014年2月，习近平总书记视察北京时提出了首都“四个中心”的战略定位，并对京津冀协同发展做出重要部署。2015年4月中央政治局审议通过《京津冀协同发展规划纲要》，明确了京津冀协同发展战略的总体方针，并指出要在交通一体化、生态环境保护和产业升级转移三个重点领域率先取得突破。为此，北京市经济信息中心联合龙信数据研究院共同开展了基于企业大数据的京津冀产业协同发展监测，跟踪分析北京企业对津冀产业辐射和创新带动进展，了解京津冀产业协同和创新协同的情况。如果没有特殊说明，本书的数据均是根据国家企业信用信息公示系统、国家知识产权局的公示数据进行整理而得到的。

一、市场活力持续增强，京津冀三地产业分工更加明显

企业是市场的主体，新增企业数量是反映市场活跃度的重要指标。近年来，京津冀地区市场活力加速释放，新增企业数量保持快速增长，2012~2016年年均增长30.9%。其中，2014年习总书记视察北京讲话并就京津冀协同发展提出七点要求后，加之商事制度改革的推出，企业新增数量明显增加，2014年比2013年增长接近60%。随着《"十三五"时期京津冀国民经济和社会发展规划》等规划和政策的落实与推进，京津冀的市场活力将进一步释放。

（一）京津地区新增企业资本规模相当

2012年~2017年10月间，京津冀三地新增企业总量累计为229.28万户（不含分支机构），北京、天津、河北分别占41%、16%和43%；注册资本金额累计为23.63万亿元，北京、天津、河北分别占55%、21%和24%（见图1）。京津新增企业注册资本规模均在1300万元以上，明显高于河北570万元的水平。

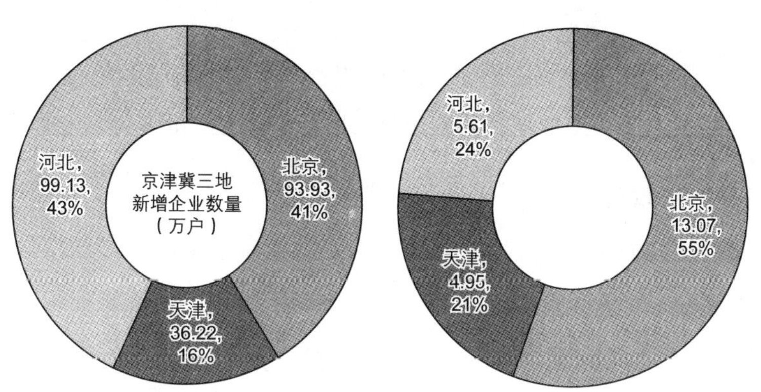

图1 2012年~2017年10月京津冀三地新增企业整体情况

（二）津冀两地新增企业数量增长明显快于北京

京津冀三地新增企业数量均保持较快增长，2016年京津冀三地的新增企业数量分别相当于2012年的2.3倍、3.4倍和3.6倍，与2012年相比，年均分别增长23.4%、35.5%和37.6%，津冀两地新增企业数量增长明显快于北

京，2016年当年这种态势更为明显，三地新增企业数量分别增长9.3%、26.6%和37%，特别是河北，2016年新增企业数量达到24.8万家，首次超过北京的21.48万家。2017年依然保持这种态势，1~10月，京津冀三地新增企业数量分别达到15.27万户、7.81万户、22.29万户（见图2），河北新增企业数量远高于京津，在一定程度上表明京津冀协同发展战略对河北的带动效应日益明显。

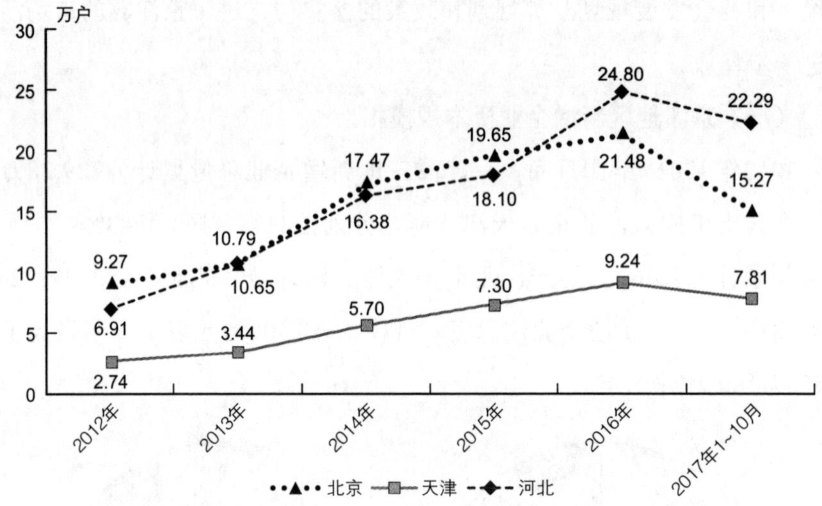

图2 2012年~2017年10月京津冀三地新增企业数量年度变化情况

（三）京津冀三地产业分工日益明显

新增企业的行业结构在一定程度上可以反映未来区域产业结构调整的方向（见图3）。从北京来看，2012年~2017年10月，科学研究和技术服务业新增企业数占北京新增企业总数的31.58%，位居第一，同时也占京津冀地区该行业新增企业总量的66.59%；科学研究和技术服务业新增企业注册资本额占北京新增企业注册资本总额的16.63%，位居第二；这与北京作为全国科技创新中心的定位高度一致。从天津来看，2012年~2017年10月，金融业新增企业注册资本额占天津新增企业注册资本总额的20.41%，位居第二，这主要是受到天津自由贸易区成立和金融创新运营示范区建设的带动。同时，科学研究和技术服务业新增企业数占天津新增企业总数的

22.41%，这也说明天津的研发能力正在增强。从河北来看，2012年~2017年10月，制造业新增企业数占河北新增企业总数的16.7%，位居第二，占京津冀地区制造业新增企业总量的84.89%；制造业新增企业注册资本额占河北新增企业注册资本总额的16.19%，位居第一。可以看出，河北在京津冀地区承担了较多的生产制造环节。

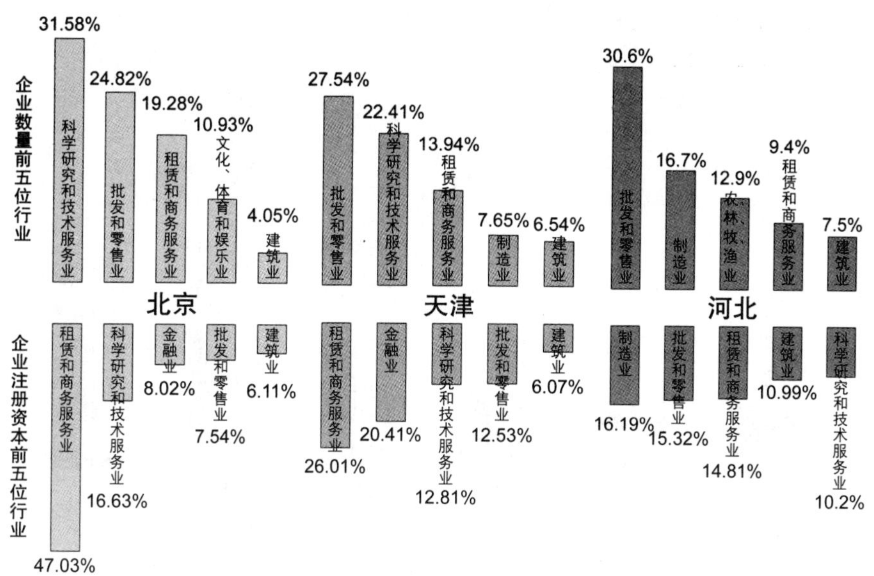

图3 2012年~2017年10月京津冀三地新增企业数量和注册资本TOP5行业分布

注：我国各省（市）新增企业中批发零售业、租赁和商务服务业两类企业所占比重普遍比较高。

二、产业协同不断深化，北京的产业辐射带动作用日益显著

（一）北京对津冀的产业辐射带动加强

2012年~2017年10月，有京企投资的津冀企业注册资本保持快速增长，注册资本总额高达11034.84亿元。其中，有京企投资的天津企业注册资本总额为6303.70亿元，占总额的57%；有京企投资的河北企业注册资本总额为4731.14亿元，占总额的43%。其中，2016年有京企投资的天津企业注册资本达2193.31亿元，相当于2012年的4.2倍；有京企投资的河北企

业注册资本达1245.03亿元，相当于2012年的3.1倍（见图4）。特别是自京津冀协同发展上升为国家战略以来，北京企业对津冀企业的投资明显加速（见表1），率先通过资本的方式，促进了三地的产业协同。2015年有京企投资的天津企业注册资本增长1倍以上，2016年增长有所回落；而有京企投资的河北企业注册资本均增长60%以上，尤其2017年1~10月有京企投资的河北企业注册资本已经超过2016年的全年水平。

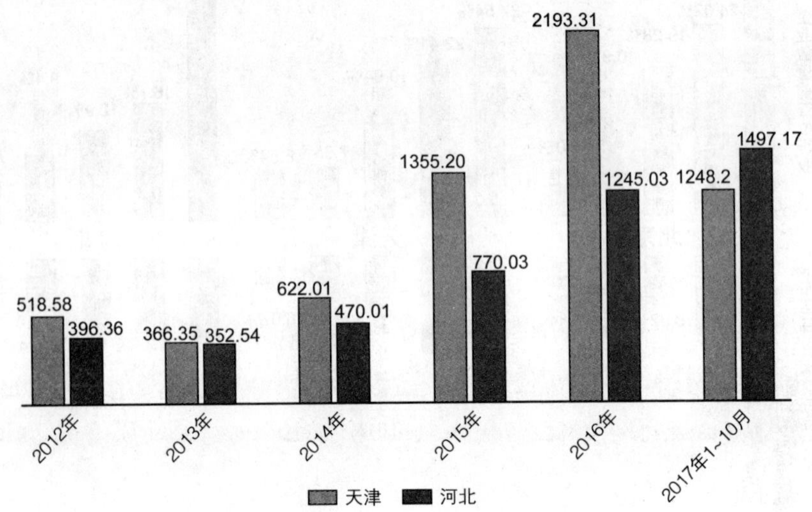

图4 2012~2017年10月有京企投资的津冀企业注册资本年度变化情况（单位：亿元）

表1　2012~2016年有京企投资的津冀企业注册资本增长

单位：%

年 份	有京企投资的天津企业注册资本增长（%）	有京企投资的河北企业注册资本增长（%）
2013	-29.36	-11.06
2014	69.79	33.32
2015	117.87	63.83
2016	61.84	61.69
2012~2016年均	43.41	33.13

（二）滨海新区和石家庄等五地成为北京对津冀投资的首选

在京津冀协同发展战略中，作为区域经济发展的重要引擎，滨海新区成为“五区五带五链”京津冀产业转移的重点区域和“2+4+46”京津冀产业转移承接重点平台的四大战略合作功能区之一，有力地承接了京津冀产业的转移，成为北京企业对天津企业投资的首选地。2012年~2017年10月，有京企投资的天津企业注册资本中高达82.11%集中于滨海新区（见表2）。有京企投资的河北企业注册资本总额则主要集中在石家庄、张家口、唐山、廊坊和保定五地，2012年~2017年10月有京企投资的五地企业注册资本总额为3480.10亿元，占比高达74.01%（见表3）；而且，五地在有京企投资的河北企业注册资本总额中的占比均超过10%，这表明北京对河北的资本辐射半径明显长于天津。

表2　　2012年~2017年10月有京企投资的天津企业注册资本区域分布情况

区 域	京企投资的天津企业注册资本（亿元）	占 比
滨海新区	5065.07	82.11%
武清区	413.63	6.71%
静海区	217.26	3.52%
宝坻区	90.93	1.47%
西青区	72.62	1.18%
津南区	72.17	1.17%
东丽区	44.89	0.73%
蓟州区	41.10	0.67%
河北区	33.11	0.54%
南开区	29.01	0.47%
和平区	24.04	0.39%
河东区	23.59	0.38%
河西区	19.37	0.31%
宁河区	16.38	0.27%
红桥区	5.32	0.09%

表3　2012年~2017年10月有京企投资的河北企业注册资本区域分布情况

地 区	京企投资的河北企业注册资本（亿元）	占比
石家庄市	872.2	18.55%
张家口市	703.87	14.97%
唐山市	656.06	13.95%
廊坊市	629.4	13.39%
保定市	618.56	13.15%
承德市	388.49	8.26%
沧州市	305.51	6.50%
秦皇岛市	170.28	3.62%
邯郸市	155.79	3.31%
邢台市	141.3	3.00%
衡水市	60.73	1.29%

（三）租赁商务服务业和金融业成为北京对津冀投资的热门行业

2012年~2017年10月，有京企投资的天津企业注册资本主要集中在租赁和商务服务业、金融业、科学研究和技术服务业（见图5），注册资本总额占比分别为41.25%、31.64%和8.38%，三行业集中的注册资本总额累

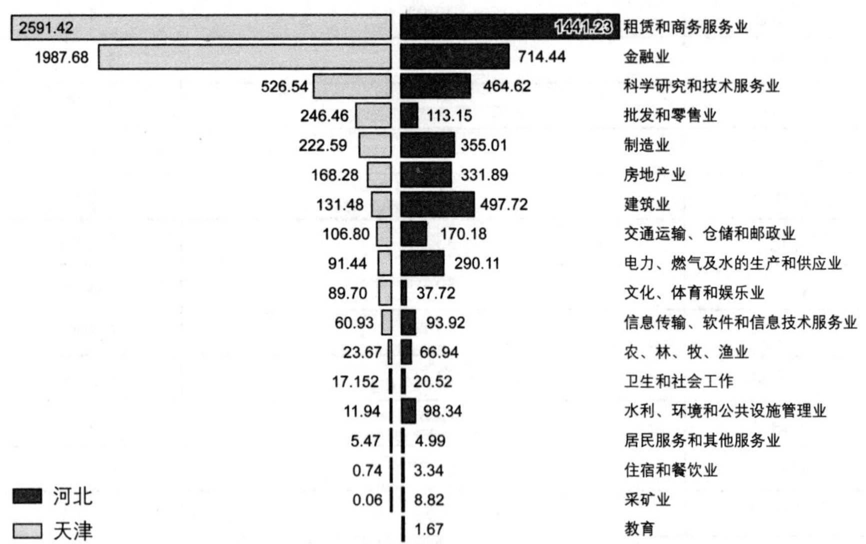

图5 2012年~2017年10月有京企投资的津冀企业注册资本的行业分布情况

计为5105.64亿元；有京企投资的河北企业注册资本则集中在租赁和商务服务业、金融业和建筑业，注册资本总额占比分别为30.57%、15.15%和10.56%，三行业集中的注册资本总额累计为2653.39亿元。

三、创新协同的态势加强，为京津冀协同发展注入新动力

创新是引领发展的第一动力，是京津冀产业协同发展的战略支撑，三地联合创新驱动已经成为驱动三地协同发展的“新引擎”，促进了人才、技术、资本等创新要素在三地间的集聚和流动，推进了产业链、创新链、服务链和资金链在三地间的有效融合，为京津冀协同发展注入新动力。

（一）三地企业联合创新持续发力，有效推动三地的协同发展

2012年~2017年10月，京津冀三地企业联合专利申请量和授权量分别达23313件和17289件。尤其自2014年以来，三地企业联合创新步伐明显加快（见图6），2014年三地企业联合专利申请量和授权量分别为4268件和2888件，同比增幅分别为59.02和139.27%。2016年三地企业联合创新实现新的突破，联合专利申请量和授权量分别为8255件和5195件，分别比上年增长95.4%和93.9%，分别相当于2013年的3.1倍和4.3倍。这反映出三地企业协同创新正成为驱动三地协同发展的重要力量。

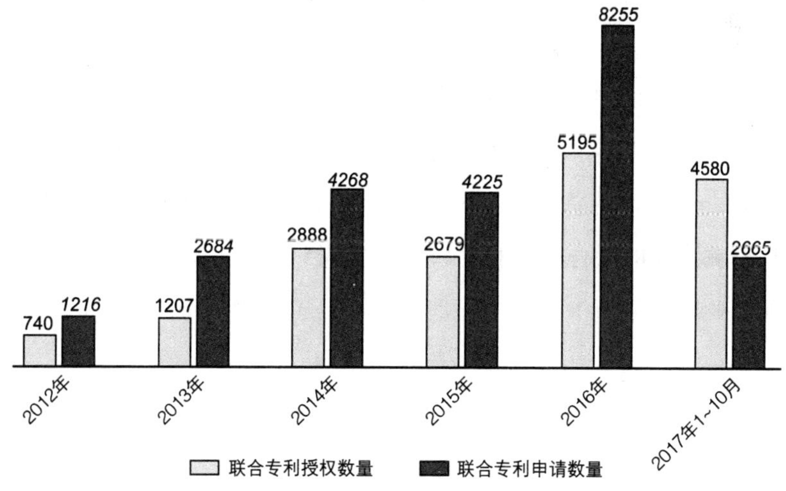

图6 2012~2017年10月底京津冀三地联合专利申请和联合专利授权年度变化情况（单位：件）

（二）三地企业联合创新集中在基础设施和科技服务两大领域

2016年~2017年10月，三地的电力、燃气及水的生产和供应业以及科学研究和技术服务业两大领域的联合专利申请量和授权量的占比分别达到55.94%和59.18%（见表4）。同时，在租赁和商务服务业、制造业、采矿业也取得了良好的协同创新成效。三地创新协同步伐的不断加快，促进了人才、技术、资本等创新要素在三地间的集聚和流动，推进了产业链、创新链、服务链和资金链在三地间的有效融合，为京津冀协同创新共同体的构建打下坚实的基础。

表4　2016年~2017年10月京津冀三地联合专利创新行业分布情况

行　业	联合专利申请量占比	联合专利授权量占比
电力、燃气及水的生产和供应业	34.17%	38.17%
科学研究和技术服务业	21.77%	21.01%
租赁和商务服务业	13.80%	6.18%
制造业	9.57%	9.92%
采矿业	9.21%	11.38%
其　他	11.49%	13.33%

（三）北京在三地企业联合创新中发挥着核心带动作用

在京津冀三地联合创新中，北京作为全国科技创新中心，在京津冀协同创新共同体建设中发挥着核心带动作用。2014年~2017年10月，京津和京冀企业联合专利申请量和授权量分别为18896件和14863件，分别占三地企业联合专利申请总量和授权总量的97.34%和96.88%，但京津冀三地之间和津冀之间的联合创新相对较少（见表5、表6）。这反映出北京企业在三地企业联合创新中处于主导地位，成为了京津冀协同创新中的核心力量。

表5　　2014年~2017年10月京津冀三地联合专利申请量创新联合体外分布情况

年份	京津	京冀	津冀	京津冀	合计
2014年	1626	2577	48	17	4268
2015年	1937	2202	78	8	4225
2016年	4635	3365	219	36	8255
2017年1~10月	1087	1467	96	15	2665
总　计	9285	9611	441	76	19413

表6　　2014年~2017年10月京津冀三地联合专利授权量创新联合体外分布情况

年 份	京津	京冀	津冀	京津冀	合计
2014年	946	1878	58	6	2888
2015年	1055	1549	61	14	2679
2016年	2322	2719	125	29	5195
2017年1~10月	1784	2610	145	41	4580
总　计	6107	8756	389	90	15342

四、主要结论

一是京津冀地区市场活力加速释放，新增企业数量保持快速增长，其中，津冀两地新增企业数量增长明显快于北京，但京津地区新增企业资本规模相当，且明显高于河北。

二是京津冀三地新增企业与区域定位高度相关，北京科学研究和技术服务业新增企业和注册资本较高与其全国科技创新中心的定位高度一致，天津金融业注册资本较高与其自由贸易区成立和金融创新运营示范区建设密不可分，制造业新增企业和注册资本较高反映出河北在京津冀地区承担了较多的生产制造环节，三地产业分工日益明显。

三是产业协同不断深化，北京的产业辐射带动作用日益显著。滨海新区和石家庄、张家口、唐山、廊坊和保定五地成为北京对津冀投资的首选，租赁商务服务业和金融业成为北京对津冀投资的热门行业。

四是三地联合创新驱动已经成为驱动三地协同发展的“新引擎”，促进了人才、技术、资本等创新要素在三地间的集聚和流动，为京津冀协同发展注入新动力。北京在三地企业联合创新中发挥着核心带动作用。

（执笔人：刘岚芳[①]、王成刚[②]）

① 刘岚芳，北京市经济信息中心经济研究部主任，高级经济师，研究方向为宏观经济、数量经济。

② 王成刚，龙信数据（北京）有限公司龙信数据研究院，院长。

基于58民生大数据的北京市房地产市场运行分析

摘要：基于58同城在房产租售服务方面积累的数据资源，尝试利用大数据技术、方法，通过住房信息浏览量、住房信息量、二手房价格、租金价格等多项监测指标分析北京市房地产市场的供需结构及价格运行情况，以及不同区域和户型结构所呈现出的差异化特征。

关键词：大数据分析 北京市房地产 二手房 租房

随着互联网发展以及人们日常信息浏览习惯的转变，房产信息的发布及获取逐步从线下转为线上。58同城作为国内最大的生活服务平台，一直致力于为本地商户和消费者提供线上服务，积累了大量住房市场的数据资源。为此，北京市经济信息中心联合58同城开展合作，尝试利用大数据技术，动态监测北京市住房市场供需量、布局、结构以及价格变化等情况，更好地支撑形势判断。

一、本文数据和技术指标说明

本文分析数据均基于58同城网站。运用58同城网站房产版块中二手房、出租房、商业用房的信息发布情况、点击浏览情况以及信息中的户型特征、价格特征进行数据统计，并以此分析北京市居民在房产买、卖租赁方面的需求及供给变化。

主要技术指标中，**住房信息浏览量**是指当月网民在58同城网站中对北京市房产信息详情页的点击浏览量，在一定程度上反映居民的住房需求，其中，详情页是指点击某条房产信息后展示该房产房屋类型、详细地址、周边区域概况等房源详情的页面。**住房信息量**是指当月中介机构或个人房东在58同城网站上发布的二手房、出租房或商业用房的信息总和，具体是指在58同城网站的房产业务线版块中，房产中介或个人房东有新增、修改、刷新、设置精准、设置置顶、设置智能、设置优先共7类操作的活跃房产信息，在一定程度上反映各类住房的供给情况。**二手房价格**是指当月所有北京市二手房信息中每平方米售价（挂牌价格）的均值。**租金价格**是指当月所有北京市出租房屋信息中每月租金价格（挂牌价格）的均值。需要特别说明的是，如果房屋在信息发布的当月就售出或租出，对应的活跃信息不计入住房信息量，相应的价格信息也不包含在当月二手房或租金价格的统计当中，因此，住房信息量、二手房价格和租房价格主要反映的是房地产市场中的存量信息。目前租赁市场上处于中间价位或高价位的居住舒适型房屋（房屋较新、精装修、设施齐备）出租周期较短，而低价位的简单居住型房屋（房屋简陋、设备老旧）通常处于长期闲置状态，占据了租房信息中的绝大部分，因此，房屋租金的统计数据一般要低于实际交易的价格水平。**户型结构**是指当月租房或二手房住房信息中不同居室结构房屋数量的占比情况，具体包含一居、二居、三居和四居及以上共四类户型。由于2015年的租金和房源信息不完整，表9和表10中列出的当年房租和户型结构数据可能存在较大误差。

二、北京市住房信息需求与供给情况

当前，互联网房产需求主要以二手房交易、租房交易和商业房产租售交易为主，新房虽然已经开始在互联网领域试水销售，但目前仍然以线下模式为主，由开发商、代理商实行线下销售。

（一）住房信息需求保持增长

2017年北京市住房信息需求整体呈现增长态势（见图1），1~9月，全部住房信息的月均浏览量为7216万次，比2016年月均浏览量增长11.98%，增速有所放缓。其中，租房需求最为旺盛，浏览量接近4700万次，比2016年增长11.16%，增幅略有回落；二手房月均浏览量比2016年末微增1.68%至1150万次，远低于2016年47.69%的增长；商业用房月均浏览量小幅上升至1374万次，较2016年末增长25.82%，增幅略高于2016年24.85%的水平（见表1）。

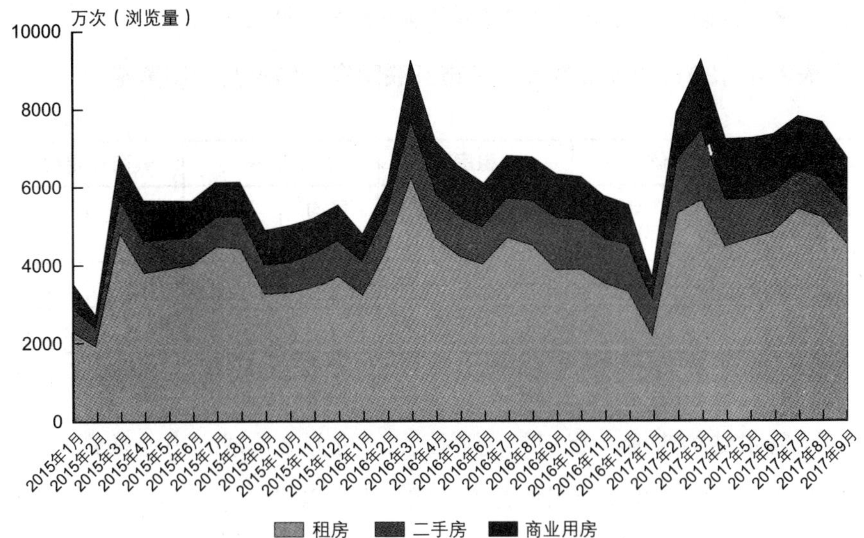

图1 2015年以来北京市互联网房产信息浏览量变化情况

表1　2015年~2017年1~9月北京市互联网房产信息月均浏览量

单位：万次

	整体		租房		二手房		商业用房	
	月均需求	增速	月均需求	增速	月均需求	增速	月均需求	增速
2015年	5262	/	3621	/	766	/	875	/
2016年	6444	22.46%	4221	16.59%	1131	47.69%	1092	24.85%
2017年1~9月	7216	11.98%	4692	11.16%	1150	1.68%	1374	25.82%

从年内运行来看，2017年，尽管北京市房地产市场活跃程度有所下降，但住房信息需求仍呈现逐季增加态势，只是环比增幅有所放缓，且各类需求均呈现出明显的季节性变化规律，年后和暑期各有一个小高峰。不同类型住房需求的变化幅度不尽一致，房地产需求调控的不断加码在有效遏制房价快速上涨势头的同时，也使得很多二手房需求主动或被动搁置推迟，其

中相当一部分转化为租赁需求，推动租房信息浏览量攀升到一个新的高度，使其从一季度的4380万次增加到三季度的5052万次，各季度环比增幅分别达到21.87%、6.05%和8.76%，明显高于住房信息需求的整体水平；而二手房受3月份房地产调控政策进一步收紧的影响，二季度、三季度浏览量连续减少，环比分别下跌20.79%、11.85%；商业用房需求则在二季度飙升28.81%后快速回落，因政策收紧三季度浏览量下降9.56%（见表2）。

表2　2017年前三季度北京市互联网房产信息月均浏览量

单位：万次

	整体		租房		二手房		商业用房	
	月均需求	环比增速	月均需求	环比增速	月均需求	环比增速	月均需求	环比增速
一季度	6959	18.84%	4380	21.87%	1385	17.47%	1194	10.25%
二季度	7280	4.61%	4645	6.05%	1097	-20.79%	1538	28.81%
三季度	7410	1.79%	5052	8.76%	967	-11.85%	1391	-9.56%

从需求结构来看，租房是现阶段需求的主要构成，占全部需求量的六成左右，二手房和商业用房各占两成左右。2017年，租房需求占比由一季度的62.9%逐季攀升到三季度的68.2%；二手房需求则由一季度的19.9%逐季回落到三季度的13.1%，处于2016年以来的较低水平；商业用房占全部浏览量的比重小幅提高到接近两成，特别是二季度需求明显，占比达到21.1%（见图2）。

（二）住房信息供给小幅下降

2017年，北京市住房信息供给量随着房地产市场调控明朗化有所下滑（见图3），1~9月，全部住房信息的月均发布量为2018万条，比2016年月均发布量小降2.32%，主要是年内政府限购以及房产信息发布监管趋严所致。不同类别房产信息发布量呈分化走势，其中，租房信息量最为丰富，在全部住房信息发布量中占3/4左右，月均信息发布量较2016年大幅攀升40.37%，增幅有所扩大；二手房月均信息发布量比2016年大降56.46%，跌幅扩大38.54个百分点，是受政府监管影响最严重的房产板块；商业用房月均信息发布量也止升转跌，较2016年月均发布量下降16.03%（见表3）。

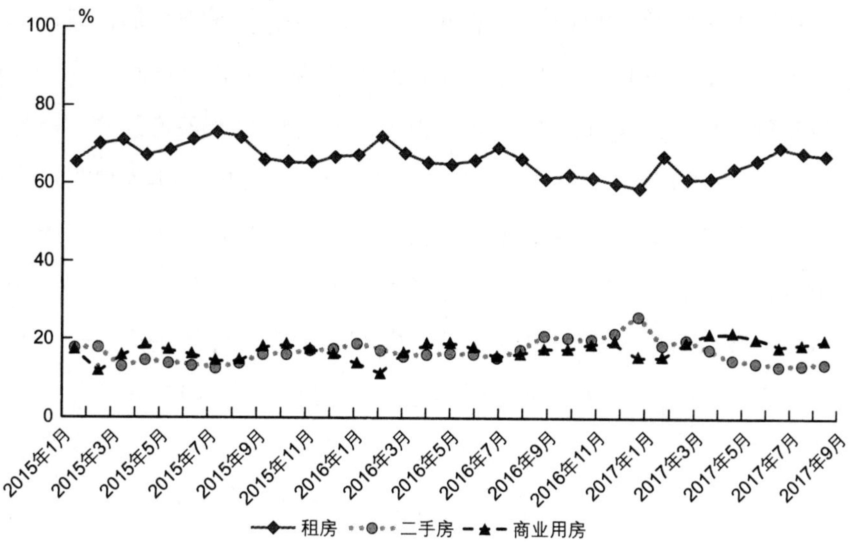

图2 2015年以来北京市互联网房产信息需求结构

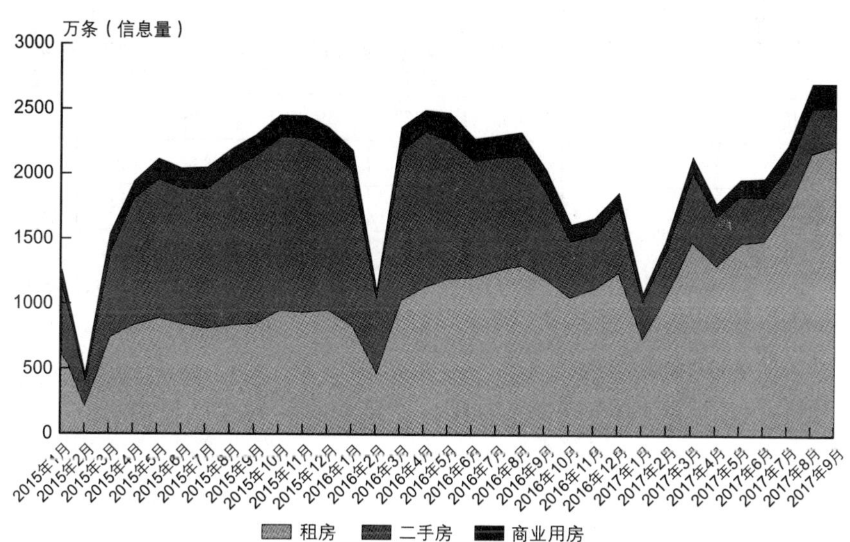

图3 2015年以来北京市互联网房产信息发布量变化情况

表3　2015年~2017年1~9月北京市互联网房产信息月均发布量

单位：万条

	整体		租房		二手房		商业用房	
	月均供给	增速	月均供给	增速	月均供给	增速	月均供给	增速
2015年	1933	/	790	/	999	/	144	/
2016年	2066	6.88%	1090	37.97%	820	-17.92%	156	8.33%
2017年1~9月	2018	-2.32%	1530	40.37%	357	-56.46%	131	-16.03%

从年内运行看，2017年北京市住房信息供给量逐季增加，且环比增幅呈扩大趋势。其中，租房信息发布量受政府提出租售同权、大力发展房屋租赁市场的影响而不断攀升，由一季度的1103万条增加到三季度的2059万条，二季度、三季度环比增幅分别达到29.56%和44.09%，是带动整体住房信息增加的主要力量；商业用房信息月均发布量在一季度受春节因素影响下降25%之后，二季度、三季度大幅反弹，环比分别上涨33.33%和52.5%；但是，二手房信息发布量因政府监管趋严出现大幅下滑，一到三季度信息发布量连续减少，环比分别下跌12.86%、8.4%、11.94%（见表4）。

表4　　2017年前三季度北京市互联网房产信息月均发布量

单位：万条

	整体		租房		二手房		商业用房	
	月均供给	环比增速	月均供给	环比增速	月均供给	环比增速	月均供给	环比增速
一季度	1586	-7.58%	1103	-3.75%	393	-12.86%	90	-25.00%
二季度	1909	20.37%	1429	29.56%	360	-8.40%	120	33.33%
三季度	2559	34.05%	2059	44.09%	317	-11.94%	183	52.50%

从供给结构看，不同类型房产信息发布量明显分化。其中，租房信息从2016年开始占比不断提高，由不到四成稳步提升到接近八成。与之相反的是，二手房信息量占比不断缩小，由2016年初的六成降至两成以下。究其原因：一是2016年四季度北京市政府重启限购政策，新一轮限价潮开始刺激市场收缩；二是2017年政府再度加强二手房信息发布的管控力度，限制学区房等带有炒作性质的房源信息上架，导致相关房产信息量及占比不断下降。商业用房信息发布量占比变化幅度很小，基本稳定在一成左右（见图4）。

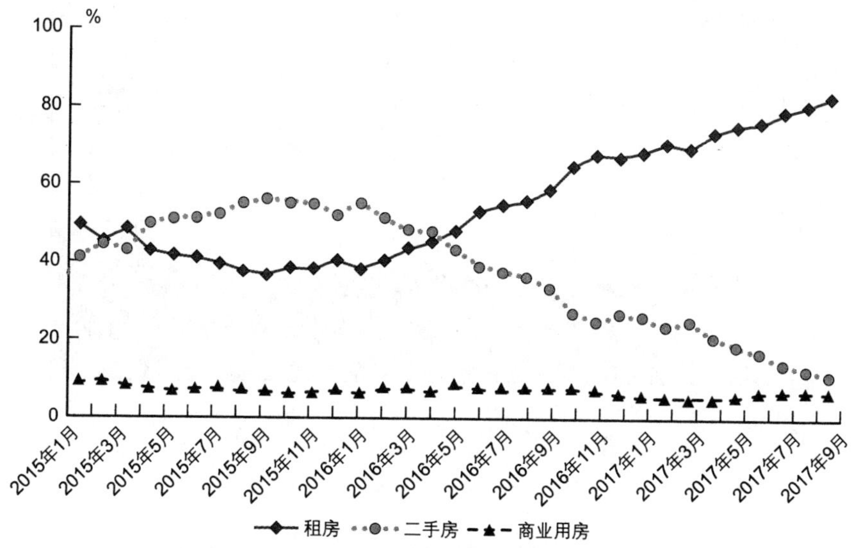

图4 2015年以来北京市互联网房产信息供给结构

三、二手房市场变化特征

2017年1~9月，北京市房地产市场活跃度呈现先升后降的反转局面，年初承接着2016年房价加速上涨的势头继续量价齐升，3月份政府出手调控后，房地产市场出现转折性拐点，二手房市场成交量从高点的3万多套/月迅速跌至近36个月的冰点，目前每月成交量不足万套；二手房均价从6.1万/平方米最低降到5.1万/平方米，不论东城、西城等核心城区还是通州、大兴等新城区都有一定程度的下降。

（一）2017年二手房价格涨幅有所放缓，但年内波动较大

近年来，北京市二手房价格总体呈现波动上行态势，2009年以来大致经历了三波上涨期（见图5）。第一波是2009~2010年，两年间二手房价格从初始的1.2万元/平方米左右升至近2.5万元/平方米，完成了第一个翻倍。第二波是2012~2013年，二手房价格超过了4万元/平方米，较2012年年初水平上涨60%。第三波是2016年至2017年年初，二手房价格在2016年的月均涨幅达到3.21%，创下2010年以来新高点，仅次于2009年3.78%的水平（见表5）；2017年年初房价最高达到6.2万元/平方米，较2015年年末的3.9万元/平方米上涨59%，完成了第二个翻倍。

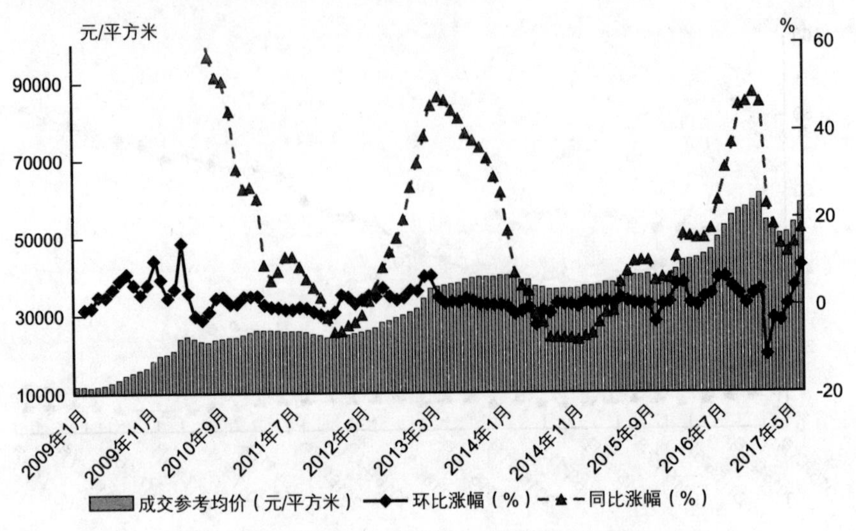

图5 2009年以来北京市二手房价格变化情况

表5 2009年以来北京市二手房价格变化情况

单位：元/平方米

	2009年	2010年	2011年	2012年	2013年	2014年	2015年	2016年	2017年1~9月
年末价格	18741	24733	25166	30158	40342	37294	39437	57597	58191
年内均价	14173	23327	26077	26809	37403	38614	39164	47168	55817
年涨幅	18.11%	64.59%	11.79%	2.81%	39.52%	3.24%	1.42%	20.44%	18.34%
月均涨幅	3.78%	2.34%	0.14%	1.52%	2.45%	-0.65%	0.47%	3.21%	0.11%

在2016年二手房价格迅速蹿升的背景下，北京市自9月30日开始了新一轮调控，陆续实施了限购、限贷、限售、限价的一系列政策，影响了整个房地产市场的运行态势并遏制了第三波房价的过快上涨，使得2017年二手房价格涨幅有所放缓。1~3月，北京市二手房价格月均涨幅为2.28%，较2016年水平已有所下降。3月份加大调控力度后，房价开始掉头下跌，年中的低点较年初回落近1万元/平方米（见图6）。7月开始租售同权政策试点陆续展开，8月《北京市共有产权住房管理暂行办法》发布，规定新北京人“共有产权住房”的分配比例不低于30%，表明房地产调控将由原来的需求调控更多地向供给管理转变，房地产市场调控长效机制将逐步建立。9月初，北京银监局又下发通知严查个人消费贷、房抵贷违规购房行为，

市场调整仍在持续。但值得注意的是，7月以来北京市房地产市场出现一波回调，二手房成交量和价格均有反弹迹象，8月、9月成交量分别上涨4.2%和16%，房价也由5万元/平方米回升至6万元/平方米左右，基本达到了年初水平。但在前期市场转冷的影响下，4~9月房价月均仍下降0.52%，将1~9月整体月均涨幅拉低至0.11%，年内均价较2016年上涨18.34%，涨幅回落2.1个百分点（见表5）。

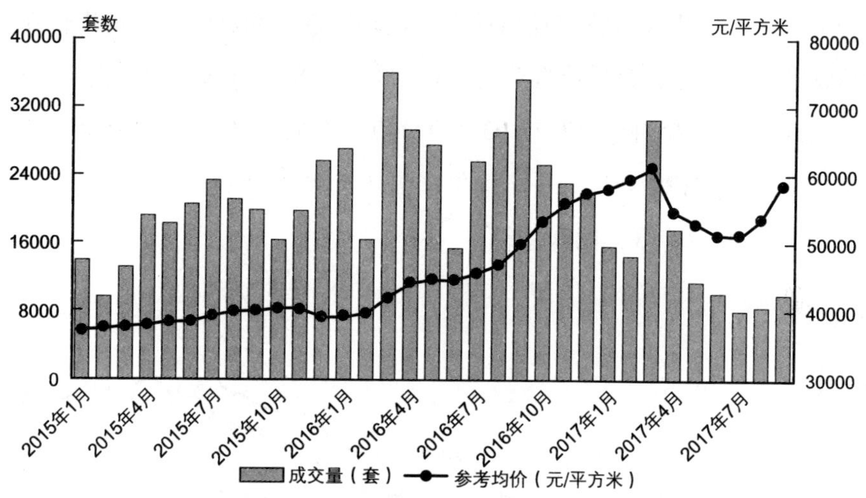

图6 2015年以来北京市二手房价格及成交情况

注：房价数据来源于58同城网站；成交数据来源于北京市住房和城乡建设委员会。

总体上，随着2016年四季度和2017年一季度两轮政策密集出台，房地产市场调控初见成效，但目前房价在经历了一轮快速下跌后正在酝酿反弹，市场转入窄幅震荡区间，监管政策仍面临考验，房价调整还未结束。

（二）北京市各区域二手房价格涨幅各异

从城六区来看，2015年至2017年一季度，城六区二手房价格总体呈现上涨态势，“3·17”新政后，各区域房价相继止升转跌，但受年初价格上涨影响，2017年城六区二手房价格水平较2016年仍有较大幅度提高。受制于区位条件、住房供需以及附属教育资源水平等各方面的差异，不同区域二手房价格水平和涨幅相差较大。2015年和2016年，西城区和东城区二手房价格及其涨幅在各区中均处于最高水平，房价分别由每平方米6万~7万元迅速上涨近40%达到每平方米9万~10万元；海淀区紧随其后，每平方米较东西城低2万元左右；其他三个区域二手房价格相对偏低，特别是丰台和石景山，房价仍不及东西城的一半，且房价涨幅也处于城区中最低水平。2017年，北京市房地产限购政策不断趋紧，各区房价均受到较大影响，二手房均价排序没有发生变化，但在政府严格限制对学区房、高价房进行炒作的影响下，二手房价格涨幅出现反转，东城区、西城区二手房均价在3月后领跌周边区域，月均降幅分别为1.15%和2.28%，1~9月的涨幅较2016年分别回落16.87个百分点和17.03个百分点，在城六区中处于较低水平；而石景山、丰台和朝阳区二手房均价涨幅均扩大到40%左右，较中心城区高出10~20个百分点（见图7、表6）。

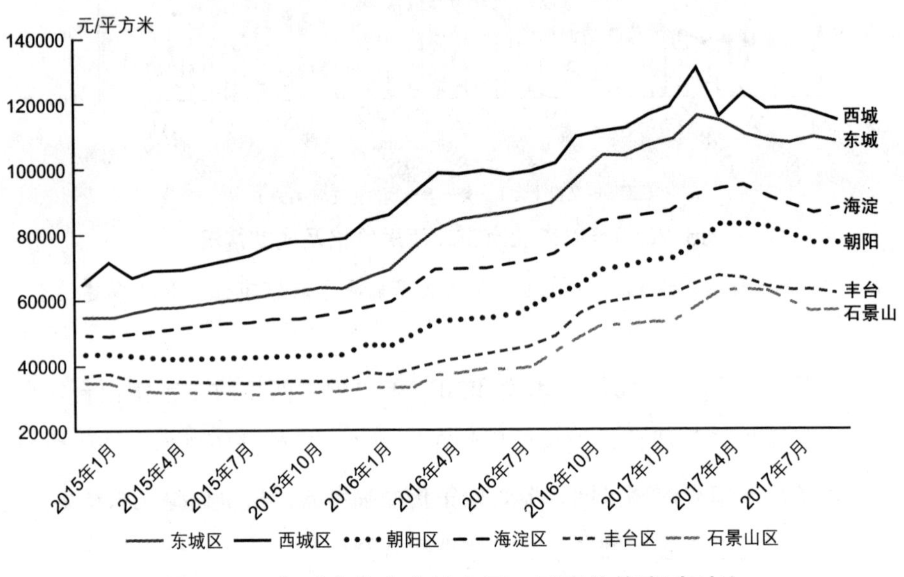

图7 2015年以来北京市城六区二手房价格变动对比

表6　　北京市城六区二手房价格对比

单位：元/平方米

	2015年		2016年		2017年1~9月	
	平均房价	涨幅	平均房价	涨幅	平均房价	涨幅
西城区	72775	8.21%	99713	37.02%	119645	19.99%
东城区	59590	5.02%	86310	44.84%	110454	27.97%
海淀区	52608	2.01%	71489	35.89%	90088	26.02%
朝阳区	43421	-2.28%	56860	30.95%	78428	37.93%
丰台区	35604	-6.41%	46320	30.10%	63802	37.74%
石景山区	32639	-4.15%	40882	25.26%	58468	43.02%

从新城区来看，各区域二手房价格均处于北京市较低水平，与城六区中房价最低的石景山区相比，新城区二手房价格还存在1万元/平方米左右的差距。但二手房价格的变化趋势与城六区大致相同，2015年，新城区房价上涨相对缓慢，基本保持在24000元/平方米左右，且各区之间房价相差不大；2016年，房价进入快速上涨阶段，四个区域价格涨幅明显分化，通州区房价涨幅达到63.43%，比涨幅最低的昌平区高出一倍多，受此影响，各区房价水平略有拉开，通州、大兴、顺义和昌平区二手房价格由高到低依次每平方米相差3000~5000元；受“9·30”和“3·17”两轮调控影响，主要新城区房价拐点也陆续显现，其中，通州区房价自2016年年末就逐渐止升转跌，大兴、昌平和顺义区房价在小幅增长后于2017年年初也基本都呈现出缓慢下降的运行态势。但2017年新城区房价仍明显高于2016年，1~9月，仅通州区房价涨幅大幅回落至25.45%，其他三区二手房价格涨幅均在40%左右，区域间房价差距再次缩小，特别是大兴区对通州区实现了反超（见图8、表7）。展望未来，主要新城区的房地产市场仍存在发展空间，一方面，较城六区而言，这些地区仍属价格洼地；另一方面，随着城市副中心、北京新机场建设，以通州、大兴为代表的区域蕴含着较大的新城建设发展目标与预期，未来房价仍存在一定的上行动力。

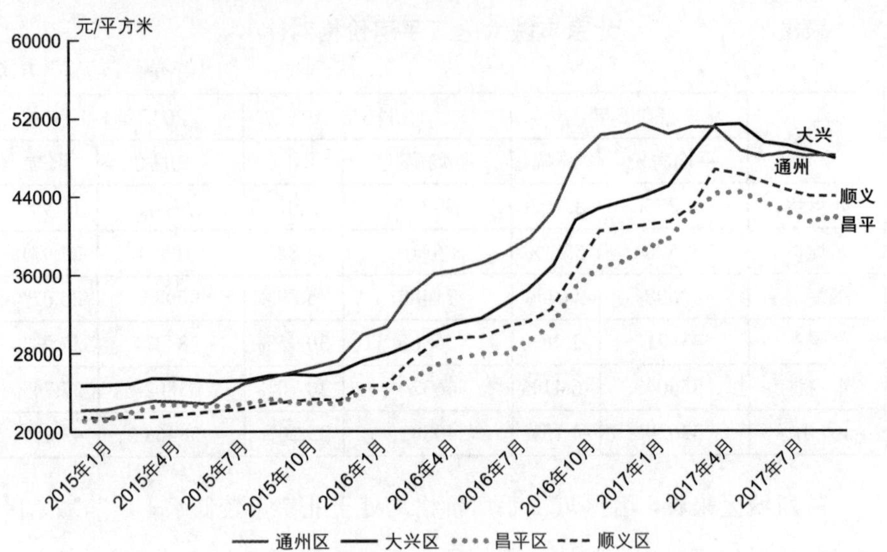

图8 2015年以来北京市主要新城区二手房价格变动对比

表7　　北京市主要新城区二手房价格对比

单位：元/平方米

	2015年		2016年		2017年1~9月	
	平均房价	涨幅	平均房价	涨幅	平均房价	涨幅
通州区	24175	1.51%	39509	63.43%	49564	25.45%
大兴区	25509	-3.42%	34203	34.08%	48575	42.02%
顺义区	22251	-3.73%	31497	41.55%	44114	40.06%
昌平区	22624	-6.13%	29420	30.04%	42084	43.05%

（三）2017年北京市中小户型二手房供给增多

从结构来看，北京市二手房供给以中小户型为主。四类房屋中二居室房源最多，约占全部住房的45%；其次是三居室，约占1/4；一居室占比略低于1/5；而四居室及以上的所有大户型共占1/10左右（见表8）。

从变化趋势来看，北京市二手房中中小户型供给总体呈现上升趋势，但在“3·17”前后变化特征不尽相同。2016年至2017年年初，一居室、二居室占比在不断上升，分别从16%和41%左右上升到近20%和50%的水平，两者总体占比提升了近10个百分点；相对应地，三居室、四居室占比逐渐下降，分别由30%和13%左右降至24%和8%的水平，反映出近两年二手房市

表8　　北京市二手房户型结构变化对比

	2016年		2017年1~9月	
	月均户数	占比	月均户数	占比
一居室	197570	17.29%	160997	17.45%
二居室	501426	43.87%	451615	48.95%
三居室	314886	27.55%	221583	24.02%
四居室及以上	129097	11.29%	88430	9.58%

场中改善型需求明显增长，导致三居、四居的存量消耗加快，从而相应的占比缓慢下降。2017年4月以来，户型结构的走势发生变化，一居室和三居室占比相对稳定，二居室占比下降了近5个百分点，而四居室及以上户型的占比由8.4%升至13.6%（见图9），主要是因为当前政府的限购限价措施对大户型的冲击更大，导致相应的存量占比小幅回升。

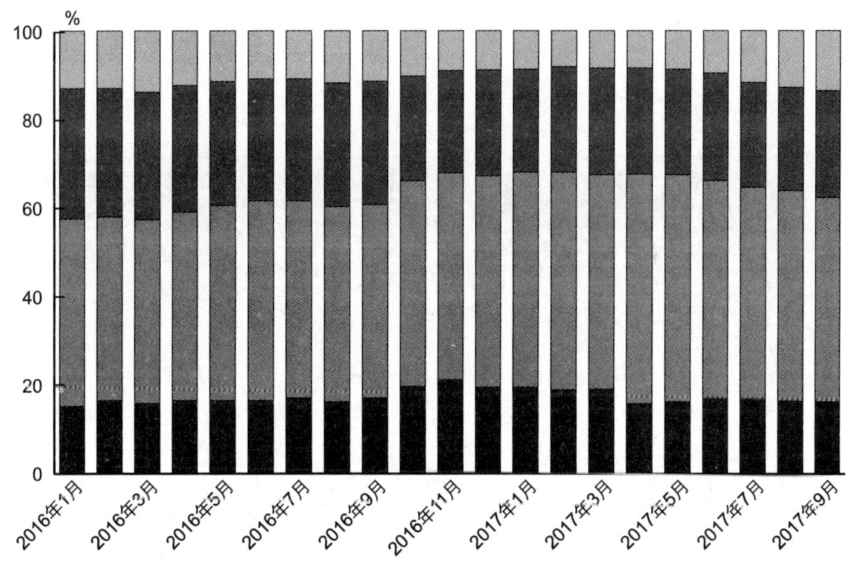

图9 2016年以来北京市二手房户型结构特征及变化趋势

四、北京市租房市场特征

伴随着近两年北京市房地产市场的扬升和反转走势，部分房源由售转租增加了租赁住房的供给，再加上人口规模增长放缓减轻需求压力，以及大量租赁需求逐步向租金偏低的近郊和远郊区县迁移等因素的影响，北京市租房市场总体保持平稳运行，2017年1~9月租金水平上涨较为温和，不同区域和户型结构的租金价格呈现出分化增长的运行态势。

（一）2017年北京市小户型租赁住房供给略有下降

从结构上来看，北京市租房供给以小户型为主，其中，两居室最多，在全部房源中占比接近一半，一居室和二居室共占3/4左右。三居室约占1/5，四居室及以上所有大户型占比在4%以下。**从变化趋势来看**，小户型占比总体略有下降。2016年至2017年年初，一居室、三居室在租房结构中的占比较为稳定，波动幅度基本在1个百分点左右；二居室占比略有上升，由43%小幅升至45%左右；四居室及以上户型的占比稍有下降。2017年4月以来，各类户型占比的波动有所加大。尽管二居室占比在46.4%的基础上进一步提高了两个百分点，但一居室占比下滑至30%以下，使整体小户型占比小幅下降；而三居室及以上的户型占比则呈现出稳中有升的走势（见图10）。

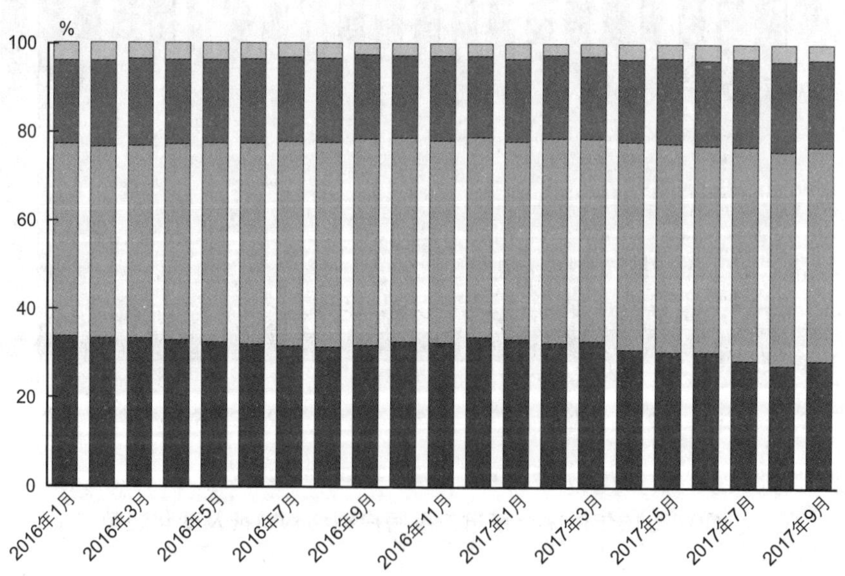

图10 2015年以来北京市租房户型结构特征及变化趋势

各区域租房的户型结构不尽相同，基本与本区域内的房价水平紧密挂钩。**房价较高的城六区内小户型租赁房源占比更大**，东城区和西城区一居和二居的小户型占比接近85%，其中一居室占比高达40%左右，两项指标明显高于其他区域，三居室占比则相对较低，四居室及以上户型占比还不足1%。朝阳区和海淀区的租房户型结构与北京市平均水平比较类似，小户型占75%左右，但海淀区的三居室占比要高于其他核心区域。丰台和石景山区租房结构中小户型占比也在80%以上，特别是石景山区二居室占比高达60%。**新城区租赁房源更偏向大户型**，除通州以外其他区域三居室及以上的户型占比均在北京市平均水平（23%左右）以上，特别是昌平区和顺义区达到了30%，比东西城高出一倍左右。

（二）2017年北京市房租价格平稳上升

2017年，北京市租金价格延续了2016年以来平稳上升的运行态势，房租由每月6000元上升了500元左右。同时，租房市场严格遵循季节性变化规律，交易量和价格涨幅在"春节返程高峰"、"高校毕业季"两个传统旺季与其他月份的淡季之间波动，但除个别月份以外，环比涨跌幅基本在2%以内，总体上波动幅度不大（见图11）。与二手房价格相比，尽管租金价格受租赁市场政策环境向好的影响涨幅较2016年有所扩大，扭转了2015

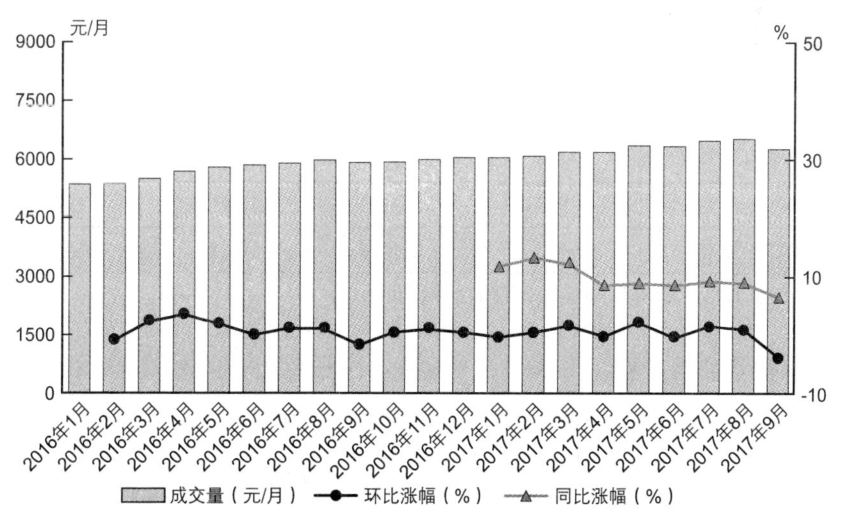

图11 2016年以来北京市租金价格变化情况

年以来涨幅一直低于房价涨幅的运行态势（见表9），但2017年北京市租金和二手房价格的差距依然悬殊，租售比达到1:806，远超过国际公认的1:200~1:300的合理范围。

表9　　北京市房价和房租情况对比

	2015年		2016年		2017年1~9月	
	价格	涨幅	价格	涨幅	价格	涨幅
买房（元/平方米）	39437	5.75%	57597	46.05%	58191	1.03%
租房（元/月）	5521	1.92%	5812	5.27%	6307	8.52%

（三）大户型的房租价格上涨较快

从价格水平来看，2017年租房市场平均每月租金6307元，其中，一居室3487元/月，二居室4500元/月，三居室6511元/月，四居室11267元/月，较往年的价格水平均有不同程度的上涨。一居室与二居室差距仅千元左右，二居室性价比最高。涨幅方面，户型越大，租金上涨幅度越高。其中，二居室、三居室的租金涨幅与2016年基本持平，分别为8%和10%左右；一居室租金涨幅明显回落，四居室租金则大幅上涨，涨幅较2016年提高13.3个百分点（见表10）。

表10　　北京市房屋租金价格变化情况对比

	一居室	二居室	三居室	四居室
2015年月租均价	3194	3895	5331	10081
2016年月租均价	3437	4169	5904	10007
2017年月租均价	3487	4500	6511	11267
2016年涨幅	7.59%	7.03%	10.75%	-0.74%
2017年涨幅	1.45%	7.94%	10.28%	12.59%

注：2017年的均价和涨幅由1~9月数据计算得出。

从价格波动来看，一居室、二居室、三居室租金的波动幅度相对较小且呈现出减弱趋势。其中，一居室租金在2017年1~9月的波动幅度均值为0.4%，3月旺季时环比上涨2.5%，较2016年同期1.3%的波动幅度均值和3月8.7%的环比涨幅分别回落0.9个百分点和6.2个百分点（见图12）；二居室和三居室租金在1~9月的波动幅度均值均为0.6%，较2016年同期的1.1%和1.6%也有所回落（见图13、图14）。四居室租金波动幅度最大，4月旺季时环比上涨近10%，9月环比下跌近5%，但与2016年同期环比变化近12%相比，租金价格的波动区间也明显收窄（见图15）。

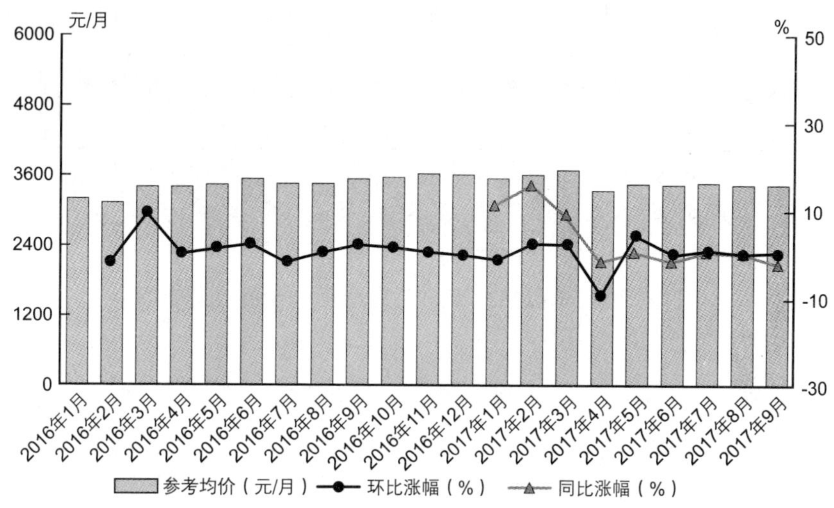

图12 2016年以来北京市一居室租金价格变化情况

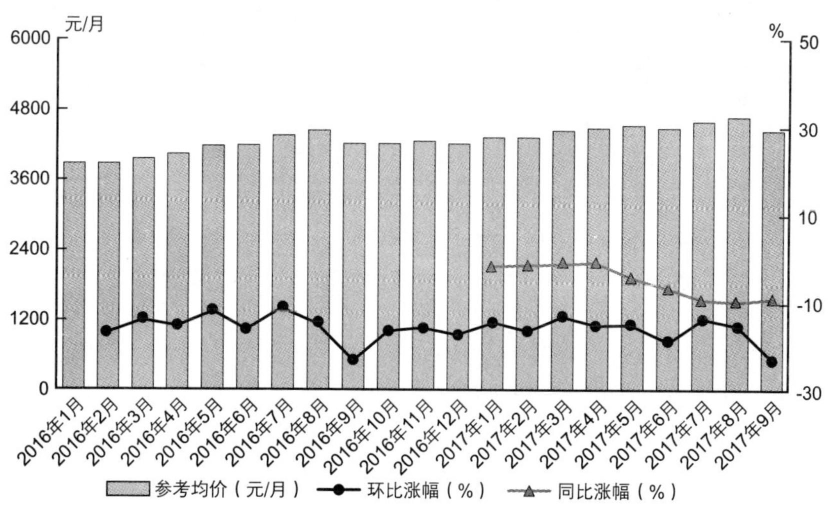

图13 2016年以来北京市二居室租金价格变化情况

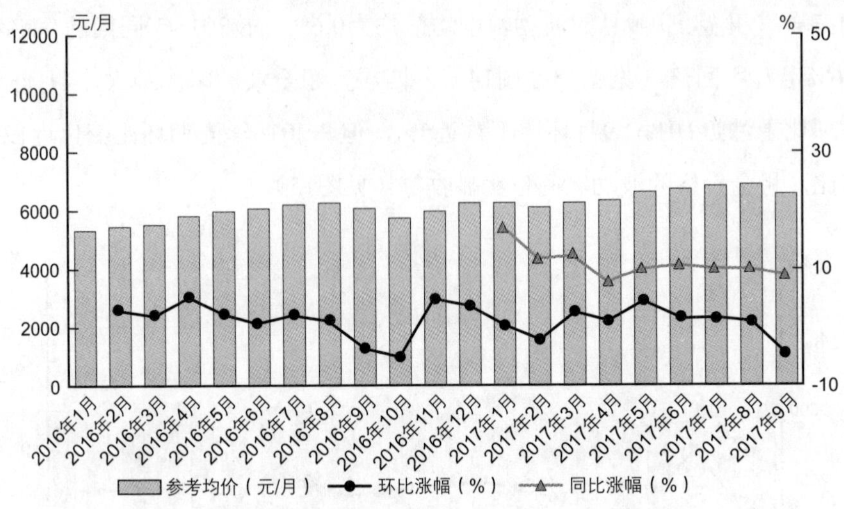

图14 2016年以来北京市三居室租金价格变化情况

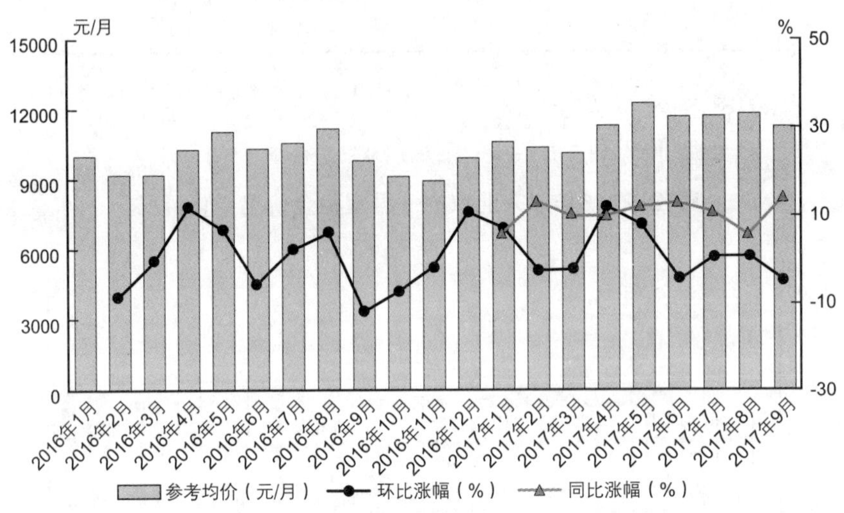

图15 2016年以来北京市四居室租金价格变化情况

（四）不同区域房租价格分化上涨

2017年，北京市各区的租金价格呈现分化上涨的运行态势。其中，朝阳区的租金最高，1~9月的平均价格已超过8000元/月；西城区、东城区和海淀区租金水平紧随其后，均在7000元以上，且涨幅明显高于朝阳，特别是海淀区租金较2016年的平均水平大幅上涨了17.2%；顺义区、丰台区和昌平区月租金在5000~6000元，但顺义区租金变化平稳，2%左右的涨幅在各区中处于最低水平，而昌平区租金在北京市中上涨最快，涨幅达到18.65%。石景山区、大兴区和通州区租金较低，特别是通州区月租金价格还不到4000元，仅为城区租金的一半左右（见表11）。

表11　　北京市不同区域房租价格对比

	2016年月平均租金	2017年1~9月月平均租金	涨幅
朝阳区	7871	8242	4.72%
西城区	7195	7685	6.81%
东城区	7086	7682	8.40%
海淀区	6151	7209	17.20%
顺义区	5892	6004	1.91%
丰台区	4845	5429	12.05%
昌平区	4216	5002	18.65%
石景山区	4567	4938	8.12%
大兴区	4405	4892	11.06%
通州区	3354	3884	15.81%

五、主要结论

基于对58同城网站房产信息的监测，分析得出北京市房地产市场运行存在的三方面特征：

一是住房信息需求温和增长，但受二手房信息浏览量增幅回落影响，整体信息需求增幅较2016年明显放缓，租房、二手房和商业用房的需求结构基本保持在6:2:2的水平，变化幅度不大。随着北京市加大房地产市场调控力度并从严把控二手房信息发布，二手房供给减少带动整体住房信息发布量小幅下滑，且在部分房源由售转租的影响下，租房、二手房和商业用房的供给结构由2016年初期的4:5:1转变为8:1:1。

二是2017年北京市二手房均价涨幅比2016年略有回落，但年内波动较大，年初延续了2016年以来的上涨态势，但进入二季度以后随着“3·17”楼市调控升级开始掉头下跌，三季度又呈现恢复性上涨。各区域房价走势与北京市整体情况大致相同，但涨幅变化各异，其中，东城、西城受政策影响最为明显，尽管房价仍为北京市最高，但价格涨幅出现大幅回落，处于城六区和主要新城区中的最低水平。

三是租金价格整体上仍保持着2016年以来平稳上涨的趋势，没有完全跟随房价涨跌。不同类型房租价格涨幅差异显著，户型越大的房屋租金价格上涨越快。不同区域租金价格也呈现分化上涨态势，朝阳区和东城、西城房租较高、租金涨幅相对较低，通州、大兴和昌平区房租较低、租金涨幅相对较高，而海淀区的房租及涨幅均处于北京市较高水平。

（执笔人：张 萌[①]、姚 明[②]）

[①] 张萌，北京市经济信息中心经济研究部，经济师，研究方向为宏观经济、区域经济。

[②] 姚明，58同城企业经营分析部，高级分析师。

基于58民生大数据的北京市就业市场运行分析

摘要：基于58同城在就业服务方面积累的数据资源，尝试利用大数据技术、方法，通过企业招聘用工量、个人求职简历量、岗位薪资等多项监测指标分析北京市劳动力市场的运行情况，以及不同性质、行业、地域呈现出的差异化特征。

关键词：大数据分析 北京市就业 招聘用工 薪资水平

伴随着互联网发展的深入推进，企业招聘、居民求职越来越依赖于网上进行。58同城作为国内较早提供劳动力市场供需服务的企业，已经成为企业发布招聘信息、个人发布求职信息的重要平台，积累了大量的就业数据和信息。为此，北京市经济信息中心联合58同城开展合作，尝试利用大数据技术，动态监测北京市企业招聘、个人求职以及薪金变化等情况，更好地支撑就业形势判断。

一、本文数据和技术指标说明

本文分析数据均基于58同城网站。网站上企业招聘信息**按具体工种**分为40多个大类，由企业发布信息时勾选填报确定。其中，**白领**主要包括保险、编辑、财务、法律、翻译、高级管理、咨询、教育培训、金融、设计、行政、公关、研发、互联网、销售、质控等相关岗位，以及电子电气、服装、化工、能源环保、生物工程等制造业非一线生产性岗位；**蓝领**主要包括保健按摩、餐饮、零售、房产中介、家政保洁、安保、建筑、客服、美容美发、技工、司机、物流、护理等岗位。根据分析需要，将上述岗位和工种**按主要行业**归并为15类，具体包括房地产业，金融业，租赁和商务服务业，信息传输、计算机服务和软件业，教育行业，文化、体育和娱乐业，卫生、社会保障和社会福利业，建筑业，居民服务和其他服务业，农林牧渔业，制造业，能源环保业，交通运输、仓储和邮政业，批发和零售业以及住宿和餐饮业。需要特别说明的是，由于销售、人事、后勤等工种同时涉及多个行业的招聘用工，没有将其划入某一个特定行业，因此按行业分析的相关内容和结论未涵盖全部求职信息。

主要技术指标中，**企业招聘用工数**是指截至当月所有在58同城网站上发布招聘信息的北京市企业所提供全部岗位的招聘人数总和，指标数据涵盖了58同城网站招聘业务线板块中，企业新增、修改、刷新、设置精准、设置置顶、设置智能、设置优先共7类操作的活跃招聘信息，在一定程度上反映企业的用工需求。考虑到招聘信息发布后在不撤销的情况下将连续计入不同月份，累计招聘用工数量可能因为重复计数的影响较实际需求偏大，因此文中采用月均招聘规模分析用工需求变化。**发布简历量**是指当月求职者在58网站上新上传或更新上传的求职意向地域为北京的所有简历数量。由于更新上传后原有简历将被覆盖替换不会导致重复统计，因此后文中在分析求职意向时同时参考各月累计和月均发布简历量。**用工薪金**是指企业发布招聘信息时对外公布的该职位或岗位所对应的工资情况。本文通过对58网站相关信息的日常发布与浏览数据进行大数据收集，并结合社会经济发展与企业招聘的实际情况尽量给予合理的分析。

二、2017年北京市企业招聘用工现状

（一）2017年北京市企业招聘需求有所回升

企业招聘用工规模是经济兴衰的晴雨表。2017年，我国经济运行稳中向好，就业形势有所好转，北京市加大人口调控力度也对企业用工需求产

生一定影响。总体来看，2017年北京市企业招聘需求扭转了2015年以来的波动下行态势，1~9月月均企业招聘用工数由2016年同期的312万人增加到384万人，涨幅达到23%，较2016年同期的-43%提高66个百分点，但与2015年同期544万人的水平相比，仍有较大幅度的萎缩（见图1）。

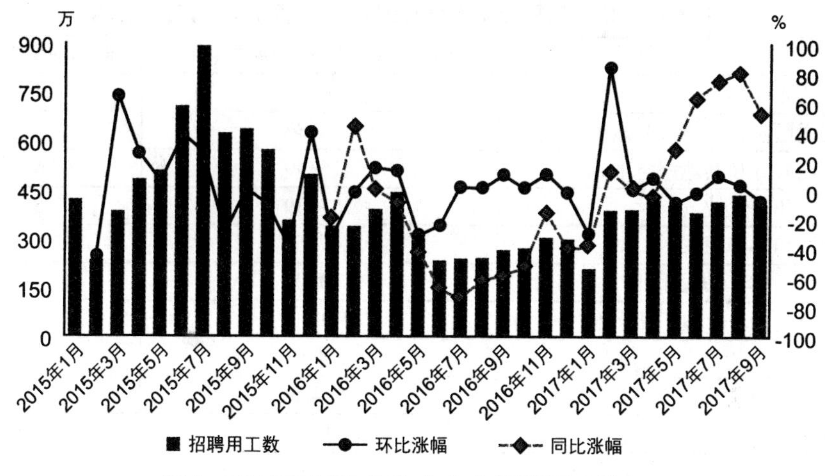

图1　2015年以来北京市企业招聘用工情况

从年内运行看，春节后是企业招聘用工的第一波高峰，当月环比涨幅达到近85%的水平。与往常4月份已经接近春季招聘尾声所不同的是，2017年4月企业招聘仍保持着增长态势，招聘用工数环比上涨8.6%，显示企业对发展经营情况信心较强。此外，二季度、三季度企业招聘用工也处于持续恢复当中，连续创出2016年以来的用工高点，其中7月份、8月份高校毕业季企业招聘用工需求环比增幅分别为9.5%和5.2%，明显高于2016年同期的2.4%和1.6%（见图1）。考虑到季节性变化，年末很多企业都会收紧招聘规模，招聘市场或将转冷，预计四季度企业招聘用工需求将有一定幅度的回落。

（二）不同行业企业招聘用工情况

2016年下半年以来，很多行业的用工需求纷纷走出底部，特别是2017年，反弹走势更加明显。其中，制造业招聘用工需求增长强劲并持续维持高位运行，非制造业则冷暖各异。

从需求规模来看，15类行业中，制造业企业用工需求最大，在全部用工需求中占1/4左右；交通运输、仓储和邮政业、居民服务和其他服务业以及住宿和餐饮三个行业的招聘用工规模占比也都在10%以上；其余10个行业约占全部用工需求的1/5，其中除批发和零售业以外的行业招聘用工需求占比均在3%以下（见表1、图2）。

表1 2017年1~9月北京市各行业招聘用工需求月均规模及相对比例

行业	1~9月月均招聘用工需求（人）	制造业=100
制造业	913377	100
交通运输、仓储和邮政业	478688	52.4
居民服务和其他服务业	416399	45.6
住宿和餐饮业	387939	42.5
批发和零售业	247461	27.1
文化、体育和娱乐业	110076	12.1
信息传输、计算机服务和软件业	96141	10.5
金融业	68041	7.4
房地产业	62473	6.8
建筑业	43801	4.8
教育行业	42739	4.7
能源/环保	30543	3.3
租赁和商务服务业	22727	2.5
农林牧渔业	9799	1.1

注：卫生、社会保障和社会福利业因技术原因个别月份数据缺失，未纳入分行业招聘需求规模统计。

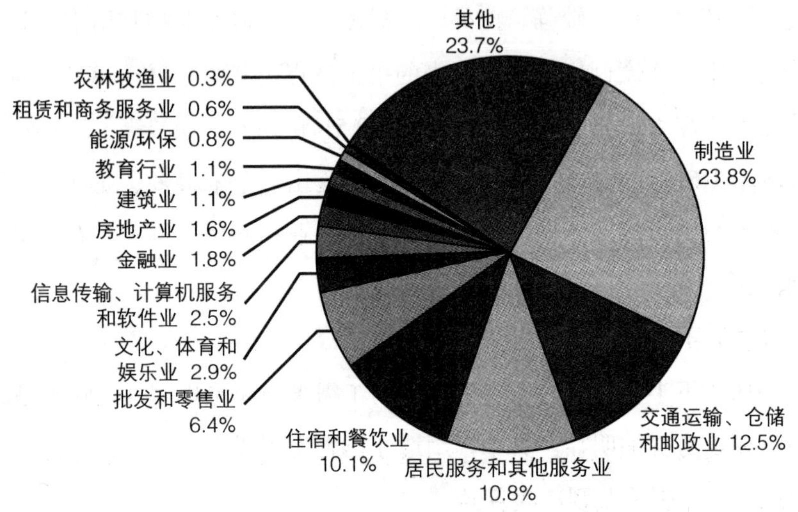

图2 北京市企业招聘用工行业结构

注："其他"是指未纳入行业分类的工种。

从需求增长来看，2017年1~9月，北京市15个行业的招聘用工需求走势明显分化，8个行业招聘用工需求增速高于北京市平均水平。其中，新能源及环保领域因投入持续加大带动用工需求增长最快，招聘用工规模增长了4倍以上；住宿餐饮和建筑业招聘用工需求增长也相对较快，增速分别为83%和52%，主要原因是2017年国内餐饮业回暖增加了服务员等蓝领岗位的用工需求，通州、大兴等地城市基础设施建设进入高潮期使得建筑业相关工种用工激增；同时，由于农林牧渔业用工较少通过互联网渠道达成意向，且农业生产活动严格遵循季节性规律，所以行业招聘数据一直很少、波动性较大，前三季度招聘岗位较2016年同期也大幅提高68%。

伴随国内及北京市制造业景气回升，制造行业招聘用工需求呈现逐月攀升态势，特别是对操作工、技工的需求明显增加；同时，居民愈发重视文化娱乐、体育锻炼支撑了文娱产业整体用工规模持续增长，悠闲生活化服务需求日益高涨带动服务员、收银、服务性技能人才等工种的招聘岗位增多，消费水平提升和消费方式转变加大了对物流、快递、配送人员等岗位的需求，受此影响，这4个相关行业的用工需求增速也快于平均水平10个百分点以上。

处于北京市平均水平以下的6个行业招聘用工需求增速也涨跌不一，其中，信息传输、计算机服务和软件业、批发零售业以及卫生、社会保障和社会福利业的用工需求呈现小幅上升态势，增速在10%~20%之间；教育行业招聘用工规模总体平稳，与2015年用工规模相差不大；金融业用工需求在互联网金融创新对传统业务带来冲击以及金融监管、整改政策出台提高从业人员要求的共同作用下明显下滑，房地产业招聘规模受楼市收紧影响一季度后大幅走低，两个行业的用工需求跌幅均大于20%；租赁和商务服务业用工需求下降幅度最大，跌幅达到35%，可能的原因是随着互联网经济快速发展，电子商务逐渐向企业端延伸，很多服务可由拥有相关技能的个人通过互联网平台提供，导致线下的一些服务企业用工需求减少（见表2、表3）。

表2　2015年1月~2017年9月北京市各行业招聘用工增长变化

行业	环比增长	同比增长
农林牧渔业	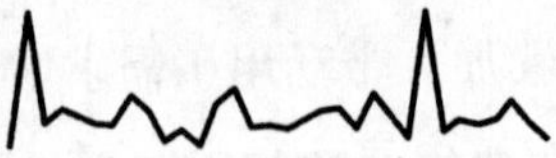	
制造业	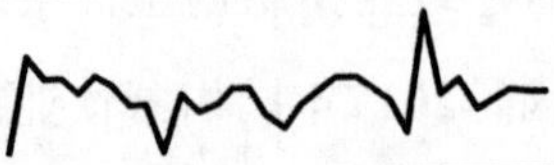	
能源/环保	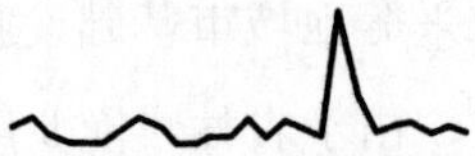	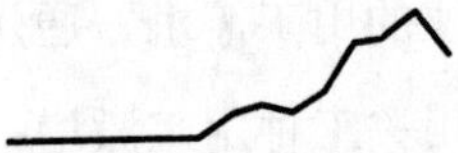
建筑业	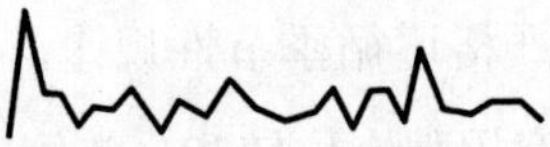	
交通运输、仓储和邮政业	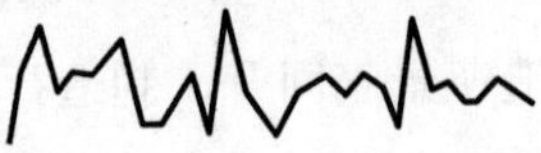	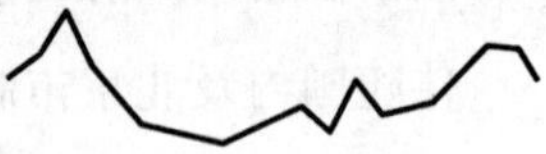
信息传输、计算机服务和软件业	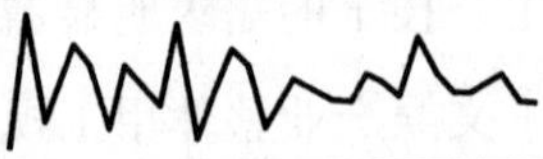	
批发和零售业	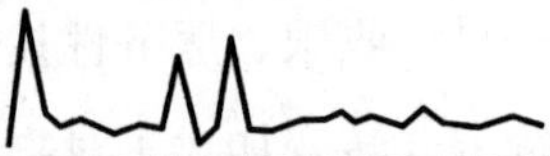	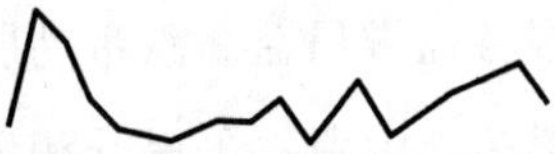
住宿和餐饮业	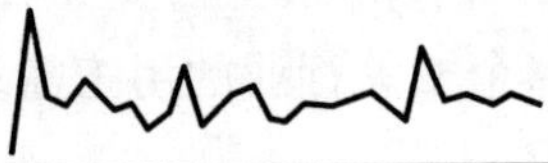	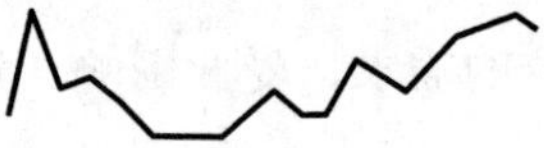
金融业		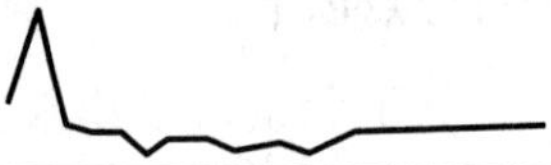
房地产业	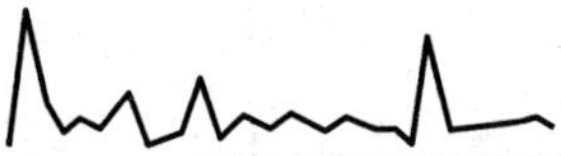	
租赁和商务服务业	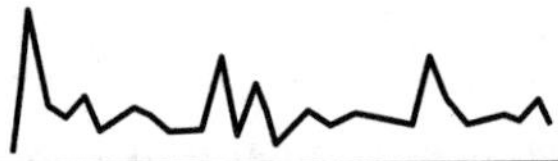	
居民服务和其他服务业		
教育行业	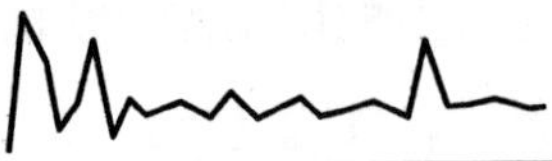	
文化、体育和娱乐业		
卫生、社会保障和社会福利业	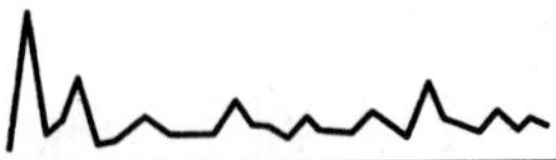	

表3　2015年~2017年1~9月北京市各行业招聘用工需求和涨幅

单位：人

行业	2015年月均用工需求	2016年月均用工需求	2016年比2015年涨幅	2017年1~9月月均用工需求	2017年1~9月比2016年1~9月增幅
整体用工	5287491	3070669	-42%	3841164	23%
能源/环保	6741	5009	-26%	30543	463%
住宿和餐饮业	249980	223228	-11%	387939	83%
农林牧渔业	9740	6286	-35%	9799	68%
建筑业	23199	29021	25%	43801	52%
文化、体育和娱乐业	125322	72647	-42%	110076	48%
交通运输、仓储和邮政业	388867	348782	-10%	478688	37%
居民服务和其他服务业	418759	304642	-27%	416399	37%
制造业	1625536	699544	-57%	913377	34%
信息传输、计算机服务和软件业	102738	77873	-24%	96141	19%
批发和零售业	243775	217789	-11%	247461	12%
卫生、社会保障和社会福利业	38020	21547	-43%	24469	10%
教育行业	57605	38612	-33%	42739	4%
金融业	120987	79701	-34%	68041	-21%
房地产业	75835	76383	1%	62473	-23%
租赁和商务服务业	53945	30269	-44%	22727	-35%

从年内走势来看，绝大多数行业都在春节后达到用工高峰，特别是农林牧渔业、制造业、能源环保、居民服务和其他服务业以及交通运输、仓储和邮政业的变化特征更为明显，相较之下，住宿餐饮业以及卫生、社会保障和社会福利业用工需求的波动幅度较小，传统高峰期的用工需求增幅有限。此外，批发零售业全年招聘用工需求变化都较为平稳，文化、体育和娱乐业的用工需求则呈现出明显的上行态势（见表2）。

（三）不同工作性质招聘用工情况

北京市**整体用工**中，蓝领的用工需求规模要远比白领用工需求旺盛，且这种趋势还在进一步扩大。2017年1~9月，白领招聘用工月均117万人，蓝领招聘用工月均267万人，分别占整体用工需求的30%和70%，而这一比值2016年同期为36%和64%。年内两类岗位用工需求增速较2016年均有明显提高，2017年1~9月，白领和蓝领用工需求月均增幅分别为6%和10%，而2016年同期为-4%、-3%。

分类别来看，2017年白领用工规模基本保持平稳，月均117万人的水平较2016年同期的113万人略有提高，年内1月最低，2~4月达到最高点后有所回落，并在高校毕业季再度小幅上扬（见图3）。招聘岗位主要集中在软件编程、互联网、电子商务、装修工程设计、教育培训以及金融、财会、法律、咨询等专业服务领域。

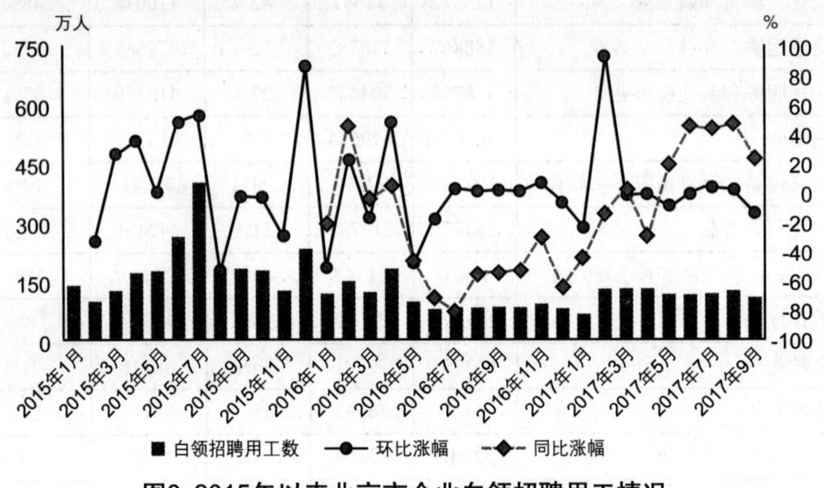

图3 2015年以来北京市企业白领招聘用工情况

蓝领用工规模波动相对较大，2017年月均267万人的水平较2016年同期的199万人增长明显，月最高用工规模比2016年低点时增长一倍有余。年内呈现出波动上行态势，用工规模从年初的142万人左右快速升至300万人左右的水平，当月同比涨幅也有大幅攀升（见图4）。究其原因，一方面是电子消费品和快消品需求增长带动技工、建筑、安装施工等制造业用工规模持续攀升；另一方面，随着北京市“疏整促”工作的大力推进，拆除违法建设、整治无证无照以及城乡结合部整治改造等专项行动促使部分蓝领工人向外疏解，导致企业对快递物流、住宿餐饮、生活服务等领域相关工种的招聘需求明显增加。

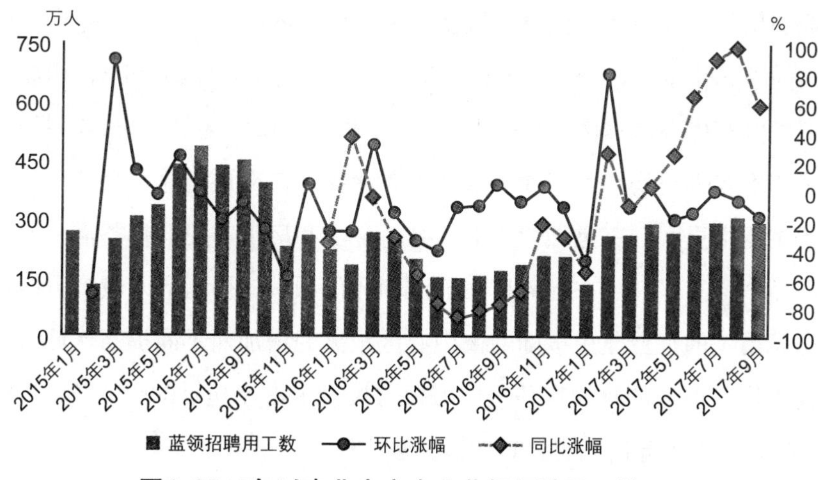

图4 2015年以来北京市企业蓝领招聘用工情况

（四）不同区域招聘用工情况

总体来看，2017年1~9月，城六区企业招聘用工规模占北京市一半以上，平原五区占比近四成，两者相差47万人左右。但随着北京市人口调控、产业和功能疏解力度不断加大，中心区部分小商品批发市场以及教育、医疗等公共服务逐步向城市外围和外省市迁出，在一定程度上影响了不同区域企业的招聘用工需求。城六区企业的招聘需求增长与生态涵养区基本相当，仅为平原五区的一半左右。生态涵养区企业招聘规模仅相当于城六区的1/10，在北京市中占比为5.4%，但年内用工需求的月均增速明显快于城六区和平原五区，在13%左右（见表4）。

表4　　2017年1~9月分区域企业招聘用工情况

	2017年1~9月月均需求	在北京市中的占比	较上年同期增长	月均需求同比增速	2017年1~9月月均增速
城六区	182万	54.3%	40万	28.2%	8%
平原五区	135万	40.3%	48万	55.2%	9%
生态涵养区	18万	5.4%	4万	28.6%	13%

分行业来看，不论是城六区、平原五区还是生态涵养区，制造业都是用工需求最大的行业，且包含住宿餐饮、居民服务和其他服务、批发零售、交通运输、仓储和邮政业以及文化、体育和娱乐业在内的城市服务性

行业的用工需求在各个区域也较为集中。但是各行业的区域分布也呈现出明显的差异化特征，一是城六区制造业的用工需求占比约为1/5，明显小于平原五区和生态涵养区各1/3和1/2的比重。二是城六区对于排名2~4的行业用工需求较为平均，而平原五区和生态涵养区在交通运输、仓储和邮政业的用工需求更大。三是城六区对信息、金融和房地产业的招聘需求比较旺盛，而平原五区、生态涵养区在能源和环保领域的用工需求较多。四是企业招聘用工的行业集中度随着离中心区距离的增加而不断提高，城六区用工需求排名前五的行业在整个区域招聘规模中占比超过60%，平原五区达到70%，生态涵养区则更接近80%（见表5）。

表5　北京市不同区域行业用工需求占比排名情况

城六区	占比	平原五区	占比	涵养区	占比
制造业	19%	制造业	31%	制造业	45%
住宿和餐饮业	13%	交通运输、仓储和邮政业	14%	交通运输、仓储和邮政业	11%
居民服务和其他服务业	13%	住宿和餐饮业	10%	住宿和餐饮业	9%
交通运输、仓储和邮政业	13%	居民服务和其他服务业	10%	居民服务和其他服务业	7%
批发和零售业	7%	批发和零售业	5%	批发和零售业	5%
文化、体育和娱乐业	5%	文化、体育和娱乐业	3%	文化、体育和娱乐业	2%
信息传输、计算机服务和软件业	2%	环保/能源	2%	信息传输、计算机服务和软件业	2%
金融业	2%	信息传输、计算机服务和软件业	2%	环保/能源	1%
房地产	1%	房地产	1%	教育	1%
教　育	1%	金融业	1%	建筑业	1%

分工作性质来看，以城市服务业和制造业为主的蓝领用工在各个区域都是最多的，热门工种也基本都集中在技工、销售、餐厨、服务员、营业员等岗位，与行业占比排名结果较为一致。各区域略有不同的是，城六区白领和蓝领的用工需求比接近于1:2，平原五区更接近于1:3，生态涵养区则更接近于1:4，且城六区对家政保洁和安保人员需求较旺，平原五区对快递员需求较大，生态涵养区则对物流仓储类岗位招聘信息更多。

三、2017年北京市就业求职及岗位薪金情况

（一）求职情况

2017年，58同城网站上求职简历的发布规模有所下降，1~9月累计发布求职简历539万份，月均发布60万份，相较2016年同期的79万份下降24%。从年内走势看，2月返京人群比较集中，也是求职高峰，当月发布规模达到95万份，为2015年4月以来的次高水平；4月开始当月发布量大幅降至50万份左右的水平，仅在7月末的高校毕业季达到了61万份的阶段性高点（见图5）。

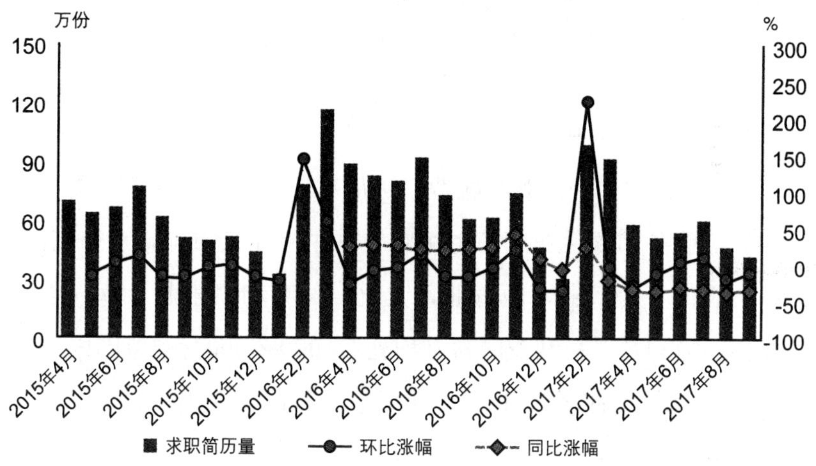

图5 2015年4月以来北京市求职简历量变化情况

注：求职简历量数据自2015年4月开始统计。

（二）招聘用工薪金变化

总体来看，2017年1~9月，北京市用工薪金月均值为5923元，较2016年同期6136元的水平下降3.5%，主要是2017年制造业用工规模增长较快，拉低用工薪金整体水平所致。年内则呈现"V"字走势，一季度、三季度薪资水平基本在6060元上下波动，5月份用工薪资仅为5548元，既是年内低点，同时也是2015年4月以来的最低水平（见图6）。

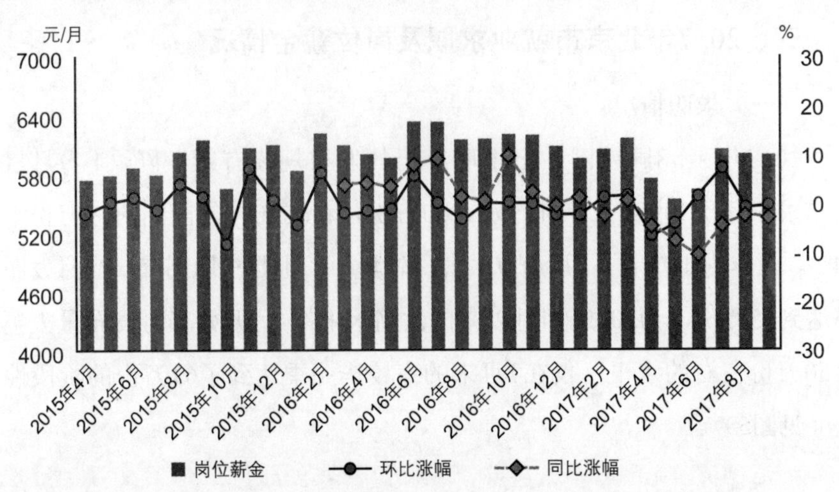

图6 2015年4月以来北京市企业招聘用工岗位薪金变化情况

注：岗位薪金数据自2015年4月开始统计。

从行业薪金水平来看，2017年1~9月，15个行业中共8个行业高于北京市均值，其中，房地产和金融业薪资最高，月均在9000元以上；信息传输、计算机服务和软件业薪资也相对较高，比北京市平均水平高出1/4左右；租赁和商务服务业，教育业，文化、体育和娱乐业，建筑业以及卫生、社会保障和社会福利业的薪资均处在6000~7000元的范围内。薪金水平低于北京市均值的7个行业中，除制造业和批发零售业的平均薪资略低以外，其余5个行业月均均在5000元以上（见表6）。

从行业薪金增长情况来看，2017年1~9月，15个行业中仅5个行业薪金水平较2016年同期有所提高，其中，信息传输、计算机服务和软件业薪金涨幅最大，达到5.11%；用工需求较旺的能源环保、建筑业和制造业用工薪金增幅也都在3%以上；批发零售业相对较低，增幅为2.17%。其余行业中，交通运输、仓储和邮政业以及农林牧渔业的用工薪金变化较为平稳，跌幅在1%以内；文化、体育和娱乐业，房地产业以及卫生、社会保障和社会福利业是用工薪金下降幅度最大的三个行业，跌幅分别达到5.42%、8.06%和13.27%（见表6）。

表6　　北京市各行业用工薪金变化情况

单位：元/月

行业用工薪金	2016年1~9月	2017年1~9月	涨幅
平均水平	6136	5923	-3.47%
房地产业	10506	9659	-8.06%
金融业	9470	9335	-1.42%
信息传输、计算机服务和软件业	7039	7398	5.11%
租赁和商务服务业	7131	6953	-2.49%
教育行业	6960	6862	-1.41%
文化、体育和娱乐业	6952	6575	-5.42%
建筑业	6237	6464	3.63%
卫生、社会保障和社会福利业	7168	6217	-13.27%
交通运输、仓储和邮政业	5885	5869	-0.27%
居民服务和其他服务业	6007	5831	-2.93%
能源/环保	5060	5261	3.97%
农林牧渔业	5288	5248	-0.77%
住宿和餐饮业	5160	5019	-2.73%
制造业	4849	4997	3.05%
批发和零售业	4611	4711	2.17%

四、主要结论

基于对58同城网站就业信息的监测，分析得出北京市就业市场运行存在的三方面特征：

一是2017年北京市企业整体用工需求较上年有所回升，技工、安装施工、服务员等蓝领岗位用工需求增加带动能源环保、制造业、建筑业、住宿餐饮等行业招聘规模快速增长，而金融、房地产、租赁和商务服务业用工需求明显下降。

二是2017年求职简历发布量较上年有一定幅度的下滑，反映出居民在北京市就职的意愿有所下降。年内依然呈现出明显的季节性变化规律，与往年的变化趋势较为一致。

三是2017年北京市整体薪金水平受制造业岗位增加的拖累较上年小幅下降，年内则呈现出先抑后扬的走势。各行业薪金的绝对水平和增长速度变化不尽一致，房地产和金融业工资水平最高但较上年均有所下降，制造业和批发零售业工资水平最低但较上年均有小幅上涨。

（执笔人：张萌[①]、姚明[②]）

[①] 张萌，北京市经济信息中心经济研究部，经济师，研究方向为宏观经济、区域经济。

[②] 姚明，58同城企业经营分析部，高级分析师。